서계 박세당의 연행록 연구

김종수 金鍾秀

1963년 경남 하동 출생.
1986년 부산대학교 사범대 윤리교육과 졸업.
한국정신문화연구원 한국학대학원에서 석·박사 과정을 마치고,
성균관대학교 대학원 한국철학과에서 박사학위 취득.
사단법인 유도회 한문연수원과 가산불교문화연구원 등에서 수학.
강릉대·인천교대·청주교대·한국교원대·한양대 등에서 강의.
현재 세명대학교 교양학부 강사.
역주서로 『국역 서계연록』이 있으며, 박세당 사상과 관련한 다수의 논문 발표.

서계 박세당의 연행록 연구

김종수 지음

2010년 11월 27일 초판 1쇄 발행

펴낸이 · 오일주
펴낸곳 · 도서출판 혜안
등록번호 · 제22-471호
등록일자 · 1993년 7월 30일

⑨ 121-836 서울시 마포구 서교동 326-26번지 102호
전화 · 3141-3711~2 / 팩시밀리 · 3141-3710
E-Mail hyeanpub@hanmail.net

ISBN 978-89-8494-407-7 93910

값 25,000 원

서계 박세당의 연행록 연구

김 종 수 지음

혜안

책머리에

인류 보편사의 자기 전개 과정에서 17세기는 매우 특별한 흐름을 보여준 시기였다. 특히 서양 사회는 중세 신학의 두터운 벽을 뚫고 새로운 문명의 패러다임을 구축해 나가기에 여념이 없던 때였다. 새로운 방법론인 실험과 관찰에 힘입은 자연과학의 놀라운 발전은 동서 문명사의 축을 급전(急轉)시키기에 충분했다. 이제 인과율에 기초한 자연과학은 신학을 대체할 만한 도도한 시대적 흐름으로 정착되고 있었다. 당시 종교적 목적 하에 중국으로 진출한 서양의 선교사들은 전도를 위한 방편의 일환으로 과학기술을 아울러 전파함으로써, 문명 교섭의 선봉장 역할까지 수행했다. 바야흐로 청(淸)의 수도인 연경(燕京)은 이방의 낯선 종교와 앞선 서양 문명의 충격을 경험하는 공간으로 연신 거듭나고 있었다.

서양 문명의 이식기에 접어든 시대적 추이 속에서 서계 박세당은 무신년인 1668년(현종 9)에 동지사 서장관 자격으로 연행 길에 나섰다. 박세당은 사행(使行)의 결과를 『서계연록』과 『사연록』이라는 두 종류의 연행록으로 마무리해 두었다. 그 중 『서계연록』에는 청초의 저 유명한 역법논쟁(曆法論爭)에 관한 견문 내용이 등재되어 있다.

즉, 박세당은 북경에서 서양의 첨단문물이 우여곡절을 겪으면서 이식되는 생생한 장면을 직접 목격했던 것이다. 그러나 박세당은 끝내이 문명 체험을 번안하는 작업은 유보했다. 한편 당초 필자가 큰 관심을 기울였던 박세당과 청조의 학계 인사들과의 교류 양상은 전무한 실정이었다. 박세당이 개척한 비판적 경학론의 방법론적 토대인고증학이 탄생되는 경위를 추적하기 위해서, 북경 체류 시에 접촉한청측 인사들에 대한 정보가 필요했기 때문이다.

그런데 『서계연록』에 걸었던 애초의 기대감이 무산된 데에 따른허탈감은 그나마 의외의 서술 단위들에 의해서 보상되었다. 그 중의대표적인 소재로는 단연 연행 왕환(往還) 길에서 보여준 박세당의투철한 실증적 탐구 노력을 지목할 수 있다. 실제 이 사안은 『서계연록』의 가장 특징적인 국면을 형성하고 있는 수준임과 동시에, 박세당의 학문적 방법론인 고증학에 대한 발효기적 일 양상을 대변해 주기도 한다. 이와 더불어 청조의 정국 전반을 겨냥한 서장관 박세당의날카로운 탐규(探窺)에의 눈빛 또한 예사롭지 않은 소재처럼 여겨졌다. 물론 대청(對淸) 정탐 내용 속에는 정월 초하룻날에 거행된 조참의(朝參儀)에 대한 면밀한 관찰 결과도 포함되어 있다. 박세당은 정조

(正朝) 적에 강희제(康熙帝)의 동정을 예의 주시했고, 사행 기간 내도 록 청제에 대한 정보를 수집하기 위해 부심했음을 『서계연록』은 확인 시켜 준다.

　무신년 사절단이 전개한 포괄적인 대청 정탐 활동은 중국 대륙에서 명·청 간에 왕조가 교체된 사정과 직접 연관되어 있다. 동아시아적 국제질서가 전면 재편된 이 대사건에 앞서, 조선 사회는 청 태종에 의해 주도된 병자호란(1636)이 남긴 길고도 힘겨운 여파를 줄곧 감수 해 오던 참이었다. 박세당은 연행 시에 호란이 남긴 비극적인 파장을 중국 대륙에서 누차 확인할 기회를 갖는다. 특히 포로로 끌려간 조선 피로인(被擄人)들을 접견한 박세당은 진정으로 이들이 떠안은 아픔 을 공유하면서, 그 실상의 일부를 연록에 채록해 두기도 했다. 때문에 박세당의 연행록은 무겁고도 어두운 빛깔의 시대적 분위기로 얼룩져 있다.

　자연히 박세당은 흥미로운 시선으로 북경의 저잣거리를 기웃거리 거나, 연행 노정상의 산수를 유람하며 흥·쾌를 만끽할 만한 심적 처지가 아니었다. 대신에 박세당은 공무 집행에 준하는 객관적 관찰자의 입장을 시종 충실히 견지했던 듯하다. 『서계연록』의 구성 체계나 내용 형성이 다소 단조로운 이유는 바로 이런 사정에 연유한다. 때문에 여타의 연행록에서는 빈번하게 취급하는 소재인 이방의 여인들을 포착한 묘사가 전무할 정도다. 물론 놀라우리 만큼 발전한 청의 경제적 현실과 관련한 소재들에 대한 묘사는 예외였고, 불교적 서술 단위 또한 차상위 소재 목록을 형성하는 수준이기도 하다. 후자의 경우는 박세당이 견지했던 구도적 세계의 일단을 암암리에 노정해 주고 있다는 점에서 주목된다.

이처럼 『서계연록』이 관찬 사료적 특징을 다분히 지닌 기록물임에 비해서, 사행 시집인 『사연록』은 작가인 박세당의 내밀한 심회를 살피기에 유용한 자료집에 해당한다. 박세당은 공식적인 언표를 삼갔던 자신의 은밀한 심회를 『사연록』을 통해서 유감없이 토로해 보이곤 했다. 그런데 『사연록』의 저변을 수놓은 박세당의 심색(心色)은 짙은 수심과 한스러움, 그리고 지난 명조를 향한 강렬한 향수 등으로 압축된다. 급기야 박세당은 청조를 상징하는 기호로써 '진(塵)'이라는 시어를 자주 구사했다. 또한 귀국 이후에 수락산 석천동으로 퇴은을

구상했던 박세당의 심경상, 영평부의 이제묘(夷齊廟)와 난하 변에
위치한 조어대(釣魚臺)의 주인공인 한응경(韓應庚)의 묘구는 각별한
관심을 끌기에 충분한 시적 소재였다.

  이상에서 적시한 사항들은『서계연록』과『사연록』의 개략적인 얼
개에 해당하면서, 본 저서의 주요 목차나 세부적인 내용을 형성하고
있다. 비록 두 저술은 기왕에 발굴되어 간행은 되었으나 지금껏 그
내용 소개가 사실상 전무한 실정이라는 점, 자연 양종 연행록과 박세
당의 사상 체계 간의 정합적인 논의 또한 부재했다는 사실, 필자는
바로 이 두 가지 지적에서 굳이 본서의 의미를 찾고자 한다. 박세당이
남긴 저술 중에서『서계연록』과『사연록』은 지금까지 미공개 상태를
유지해 온 마지막 저서라고 할 수 있다. 따라서 금번에 수행된 박세당
의 연행록을 대상으로 한 천착에의 노력이 결과적으로 서계학(西溪
學)의 외연을 확장하고, 그 지평에 깊이를 더하는 작은 계기가 되었으
면 하는 바람이다.

  끝으로 이번의 연구서가 출판되는 과정에서 큰 힘이 되어 준 한국

간행물윤리위원회의 출판지원사업에 심심한 감사의 뜻을 표하고 싶다. 더불어 역서 『서계연록』의 발행에 이어서, 본서의 출판에 대한 모든 책임을 도맡아 준 도서출판 혜안에도 거듭 감사를 드린다. 당연히도 필자의 인생 역정에서 은혜로운 인연으로 다가섰던 그 모든 분들께도 다시 한 번 더 삼가 진중한 감사를 드리는 바이다.

2010년 10월 15일
고향의 옥산봉(玉山峰)을 관하며 김종수가 쓰다.

목 차

12

제1장 서 론

1. 연구 범위와 방법론

금번 연구는 서계(西溪) 박세당(朴世堂, 1629~1703)이 남긴 두 종류
의 연행록(燕行錄)인 『서계연록(西溪燕錄)』과 『사연록(使燕錄)』이라
는 텍스트를 주요 연구 대상으로 설정했다.[1] 두 텍스트 중에서 『서계
연록』은 발굴은 되었으나, 지금껏 학계에서 그 문헌 자료적 특성과
구체적인 내용 소개 등에 대한 연구 성과는 사실상 전무한 상태다.[2]
따라서 이번의 연구를 통해서 박세당 사상체계에 대한 논의의 외연을
확장함으로써, 서계학(西溪學)의 지평을 새로운 차원으로 견인하는

---

[1] 『서계연록』은 임기중 편간(編刊)의 『燕行錄全集』(전100권, 동국대학교출판
부, 2001)의 권23의 336~395면에 실려 있다. 『사연록』은 『西溪集』(한국문집
총간 134)의 권1에 등재되어 있다. 한편 『서계연록』의 판본(板本) 소재에
관한 정보는 획득하기 어려운 상태였다.

[2] 다만 박세당의 『사연록』을 대상으로 한 선행 연구로는 崔允禎의 『西溪
朴世堂의 문학의 연구─사상적 특징과 문학과의 관련 양상을 중심으로』(이
화여자대학교 대학원 박사학위논문, 2006)가 있다. 이 논문의 제3장 C절
2항에서 「燕行을 통한 내면 토로」라는 항제(項題) 하에, 〈上使用杜工部詩
久客宜旋旆一句爲韻分作五首輒次(五首)〉와 〈山海關〉의 내용 일부를 분
석해 보았다.

일 계기로 삼고자 한다.3)

　박세당은 1668년에 동지사(冬至使) 서장관(書狀官) 자격으로 사행에 나섰다가,4) 그 이듬해의 이른 봄인 기유년(己酉年, 1669) 3월에 귀국을 했다.5) 그 무렵에 박세당이 남긴 두 종류의 연행록 중『서계연록』이 일록체(日錄體) 형식을 취한 연행일기라면,『사연록』은 왕환(往還) 노정에서 특별한 공간과 대상을 접하면서 창작된 시집에 해당한다.

　후자인『사연록』은 총 23제(題) 37수(首)로 구성된 사행시(使行詩)다.6) 조선 강역 내의 송도(松都)를 시발로 하여,7) 주로 북경[연경(燕京)]에 이르는 편도 노선과 북경에 체류했던 기간 동안에 집중적으로 창작되었다. 특히 나름의 역사적 유래를 간직하고 있거나, 특별한 심회를 자아내는 공간과 상관물 등을 접하면서 읊어졌다. 가령 여양(閭陽)·고평(高平)·광녕(廣寧)·요하(遼河)·요택(遼澤)·산해관(山海關)·이제묘(夷齊廟)·계주(薊州)·통주(通州)·북경(北京)·

---

3) 구조주의(structuralism)에 입각한 서계학의 성립 가능성에 대한 논의로는 김종수, 「박세당의 진리론과 사상 체계론」,『韓國實學硏究』4, 韓國實學學會, 2002, 145면 참조.

4) 朴世堂,『西溪集』권23, 「年譜」,〈戊申條〉, 441면, "十月以吏曹佐郞兼持平, 充節使書狀官赴燕."

5) 朴世堂,『西溪集』권23, 「年譜」,〈己酉條〉, 441면, "先生四十一歲, 三月自燕還朝復命."

6)『사연록』표제 아래의 제주(題註)에는 "무신년(1668) 겨울부터 기유년(1669) 봄까지. ○ 절사의 서장관으로 연경에 갈 때 지은 것이다(自戊申冬 至己酉春. ○ 以節使書狀官 赴燕時作)."라는 설명이 덧붙여져 있다.

7) 朴世堂,『使燕錄』,〈松都〉, 17면, "英雄已去不留蹤 今古靑靑是嶺松 何處鬒絲添一斗 橐駝橋下水悠溶"(1) ; "溝水東流山北來 繁華易盡恨難裁 欲詢舊事無遺老 唯見寒煙鎖暮臺"(2). 이하에서는 논의의 효율성을 도모하기 위한 방편상『西溪集』권1에 소속된『使燕錄』을 분리, 독립된 저서로 표기하도록 하겠다.

옥류천(玉溜泉)·연대(燕臺)·조양문(朝陽門)·조어대(釣魚臺)·영평(永平)·연대(烟臺) 등의 지역과 상관물들이 과객 박세당의 시흥을 자극했던 공간들이었다. 『사연록』은 공식적인 언표를 유보했던 작가인 박세당의 심회를 살피기에 유용한 자료집으로 평가된다. 따라서 금번 연구에서는 『서계연록』에 등재된 주요 서술단위들과 내용상 긴밀한 연관성을 지닌 『사연록』의 해당 시들도 선별적으로 취급하도록 하겠다.

한편 본 연구에서는 박세당의 전·후반기 생애의 분기점을 구획하는 『서계연록』의 특별한 연대기적(年代記的) 위상에도 주목하고자 한다. 박세당은 청(淸)으로부터 귀국한 해인 1669년(41세)에 곧장 양주(楊洲)의 수락산(水落山) 기슭에 위치한 석천동(石泉洞)으로의 퇴은(退隱)을 감행했다.[8] 박세당은 퇴은 이후로 10여 년에 걸친 치열한 궁경(窮經)의 노력 끝에 『대학사변록(大學思辨錄)』(庚申, 52세)의 완성을 시발로 하여, 일련의 저술 기획을 실행해 나가게 된다. 따라서 『서계연록』은 기행일기라는 성격에 추가하여, 박세당이 40세 이전에 남긴 유일한 저서라는 의미도 동시에 지니고 있다. 이처럼 박세당의 생애에서 『서계연록』이 점유하는 특별한 연대기적 위상으로 인하여, 서계가 구축한 후반기 사상체계와의 연계성 정도에 관한 탐색이 동시에 요구된다. 물론 그 범위는 『서계연록』에 등재된 주요 서술단위들의 특성상 극히 제한적일 수밖에 없는 실정이다.

그런데 『서계연록』이 자리한 연대기적 위상과 박세당의 전·후반기 사상의 연계성 정도에 주목하는 한, 일록체 형식의 연행일기를

---

8) 朴世堂, 『西溪集』권23, 「年譜」, 〈戊申條〉, 441면, "被臺諫參, 歸石泉. 八月除校理, 十月除司諫院獻納, 皆不赴."

18

접하는 독법 외에 별도의 독해 방식에 관한 설정을 요구하게 된다. 잠정적으로 '사상문화적(思想文化的) 독해(讀解)'로 명명될 이 방식은 『서계연록』과 박세당이 남긴 여타의 저술들을 동일한 텍스트의 지평 상에 정위시킬 것을 요청하고 있다. 일단 이 사안은 언어학(言語學) 상의 텍스트다움(textuality) [텍스트性]을 판정하는 기준인 응집성 (coherence)과 응결성(cohesion)의 혼합기준인 간(間)텍스트성의 문 제와 직결되어 있다. 응집성 혹은 결속성은 한 텍스트를 텍스트답게 만들어 주는 의미상의 조건을 지칭한다. 응집성은 택스트다움의 언어 적 조건인 응결성과는 상대되는 개념으로서, 달리 결속 구조로도 번역된다. 따라서 양자의 혼합기준인 간텍스트성은 저자(著者)이자 작가인 박세당이 텍스트를 생산하는 과정에서, 이미 확보하고 있는 다른 텍스트에 대한 지식을 포괄하는 개념을 의미한다.9)

다만 본 논의에서는 『서계연록』의 연대기적 위상을 고려하여, 불가 피하게 『서계연록』 이후에 저술된 박세당의 모든 저서들을 포괄하는 의미에서 간텍스트성의 적용 범주를 연장하려 한다. 동시에 이번의 논의에서는 전문 언어학적 영역인 응결성 개념을 적용하는 문제는 일시 유보하도록 한다. 대신에 일종의 '응집성에 기댄 간텍스트성'이 라는 방식을 사상문화적 독해법에 적용하는 방식을 취하도록 하겠다. 이 방식은 텍스트 생산자가 텍스트 사이의 의미의 그물망, 즉 내용과 주제의 일관성을 확보해 나가는 역동적 과정들을 묘사하기에 적합하 다. 이제 응집성에 기댄 간텍스트성이라는 방식을 따르게 되면, 『서계 연록』은 사서(四書)·이경(二經)을 대상으로 한 저서인 『사변록(思辨

9) 이상의 논의는 고영근, 「텍스트 형성에 있어서 응결성과 응집성의 문제」, 『텍스트 이론: 언어통합론의 이론과 실제』, 아르케, 1999, 137~188면 내용을 재구성한 결과다.

錄)』과 양대 노장(老壯) 주해서인『신주도덕경(新註道德經)』·『남화
경주해산보(南華經註解刪補)』, 그리고 여타의 저술들과 동일한 지평
상에 재배치될 수 있다.

이처럼『서계연록』이 박세당이 남긴 여타의 저술들과 동일한 텍스
트의 지평상에 재배열된 단계에서는, 그 논의 양상 또한 긴밀한 연관
성을 띤 형식으로 개진될 수밖에 없다. 따라서 잠칭 사상문화적 독해
로 지칭된 연구 방법론에 의거하게 되면,『서계연록』이 촉발한 일련의
주제들과 여타의 저술들에 담지된 의미상의 조건들 간의 간텍스트성
에 주목해야만 한다. 이는 곧 텍스트 생산자인 박세당이 텍스트들
간의 의미의 그물망, 즉 내용과 주제의 일관성을 확보해 나가는 과정
에 대한 생생한 장면들이기 때문이다.

실제 사상문화라는 고유한 용어는 역사나 문학, 그리고 철학 등과
같은 특정한 개별적 영역을 초극한 차원에서의 연구를 지향했던 유용
한 학제적(學制的) 연구방법론으로서 차용된 선례를 간직한 개념이
기도 했다. 다시 말하여 도쿄 대학(東京大學)의 미조구치 유조(溝口雄
三)를 위시한 연구팀은 중국에 대한 사상문화적 연구를 추구한 학풍
을 선보인 바가 있었다. 미조구치 유조에 의하면 사상문화적 독법은
역사와 철학 관련 소재들에 대한 동태적이며 입체적 이해를 지향함과
동시에, 나아가 종교·일상윤리·생활·관습·사회통념 등으로 파악
하고, 또한 그 총체(總體)를 사상문화라는 용어로 표현했던 것이다.[10]
따라서 사상문화적 독해 방식은 그 대상으로 설정된 기본 개념들에
대한 정태적 접근을 초극해서 시대에 따라 변화하는 모습, 심지어

---

10) 溝口雄三·丸山松幸·池田知久 저, 김석근 외 역,「서문」,『中國思想文化
事典』, 민족문화문고, 2003, 5~8면 참조.

그 의미와 위상이 변화하는 양상들까지를 통시적(通時的) 차원에서
생생하게 전시해 준다는 점에서, 본 논의에도 유의미한 연구 방법론
으로 기능할 것으로 기대된다. 이 점 문사철(文史哲)이라는 특정한
경계가 희석된 하나의 복합텍스트로서의 『서계연록』을 대상으로 삼
은 연구 방법론으로서도 유용할 뿐만 아니라, 연록상의 주요 서술단
위들의 의미와 위상이 발전적으로 변모해 가는 과정을 추적하려는
금번 연구의 취지에도 극히 부합되는 분석틀인 것이다. 특히 우리는
제4, 5장의 논의를 통해서 그 실상의 일면을 확인할 수 있으리라
본다.

추가적인 연구 방법론의 문제와 관련하여 『서계연록』상에 노정된
텍스트 생산자인 박세당의 이른바 서브텍스트(subtext)에도 주목하
고자 한다. 수잔 바스네트(S. Bassnett)에 의해 제시된 서브텍스트
개념은 대상국[淸]의 묘사를 통해서 역으로 여행자의 내면적이며 숨
겨진 의도와 더불어, 또한 그것이 여행 당사국에 대한 이미지 표출
양상 등에 관한 개념을 지칭한다.[11] 따라서 서브텍스트 속에는 여행
자가 간직한 고정관념 혹은 편견·오류 등에 의해서, 대상국 문화에
대한 조작이 불가피하게 수행되기도 한다. 물론 이러한 편견은 『서계
연록』을 통해서도 확인되는 바와 같이 여행자의 개인적 성향을 반영

---

11) Susan Bassnett, *Comparative Literature*, Oxford & other places, 1993, p.93.
   서브텍스트 개념에 대한 번역과 소개는 이혜순, 「여행자 문학론의 정립(1)」,
   『비교문학의 새로운 조명』, 태학사, 2002, 230~231면 참조. 한편 여행자
   문학의 재인식을 시도한 바스네트의 『비교문학』은 원래 19세기 이후 식민지
   개척자들의 기록을 대상으로 삼은 결과였다. 그는 표면적인 묘사 이면에
   은장된 여행자들의 부정적 의식을 규명하는 작업에 주력하였다. 연구의
   이면에는 성 연구나 탈식민지 문학연구 등과 같은 최근의 문학적 성과에
   힘입은 바가 컸다. 이 단락의 내용은 이혜순의 해당 논문을 적절히 재구성하
   여 반영한 결과다.

해 준다기보다는, 주로 민족적·시대적 사상과 연결되는 경우가 많으며, 또한 지속성을 띠는 경향마저 보여준다. 이러한 정황들은 특히 제2, 3장의 논의에서 두드러지게 나타난다.

그러나 종당에 연행록의 가치는 편견과 부정, 고립의 시각에서 이해와 포용의 차원을 지향하게 하는 데에 있을 것이다. 그런 면에서 박지원(朴趾源, 1737~1805)의『열하일기(熱河日記)』와 홍대용(洪大容, 1731~1783)의『담헌일기(湛軒日記)』는 당시 조선사회 내의 사상과 문학 방면에 획기적인 변화를 초래한 저술로 평가된다.[12] 17세기 중반의 연행록인『서계연록』은 이해와 포용을 지향하는 개방적 세계로 다가서는 과정적 성격을 띠고 있는 것으로 평할 수 있다.

따라서 서브텍스트 개념은『서계연록』을 분석하는 작업에도 유용한 독해법으로 평가되는바, 실제 본문의 제2, 3장은 그 구체적인 양상들을 반영해 준다. 가령, 대청(對淸) 탐규(探窺)로 명명된 2장의 논의 속에는 청조를 향한 정치·군사적 정탐 내용과 사회·문화적 탐문의 결과로 형성된 대청 예속(禮俗) 인식, 정월 초하룻날인 원일(元日)의 정조(正朝)에 대한 관찰을 기록한 조의기(朝儀記)의 일부 내용들이 포함되어 있다. 이는 명백히 여행자인 박세당의 숨겨진 의도가 대상국인 청조를 통해 표출된 양상들에 다름이 아닌 것이다. 이러한 관점은 불교에 대한 관심이 표출된 서술단위에도 공히 적용될 수 있는 성질의 것이다.

이처럼 복합텍스트의 성격을 띤『서계연록』이 단 하나의 서브텍스트로 응집된 형식을 취하고 있는 것은 아니다. 이 지점에서『서계연록』을 포함한 여타의 연행록들은 두 가지 사항을 동시에 고려할 필요

12) 조동일,『한국문학통사 3』(제3판), 지식산업사, 1994, 213면.

가 있다. 그것은 첫째, 텍스트 생산자의 서브텍스트가 다양하게 분화된 양상을 탐구할 필요가 있다는 사실이며, 둘째『서계연록』에서 노정된 저자의 서브텍스트가 향후의 생애를 통해서 일관된 문제의식으로 연속되고 있는가? 하는 부분에 대한 탐색이 필요하다는 점일 것이다. 전자의 문제는『서계연록』에 등재된 주요 서술단위들의 목록 및 그 취급 순위와 직결된 사안이라고 할 수 있다. 기재된 서술단위 목록 혹은 그 순위는 여행자가 간직한 모종의 의도를 차별적으로 상징해 주는 지표이기도 하다. 이런 측면에서 보자면, 특히 제2, 3장 등을 비롯한 주요 서술단위들은 여행자이자 작가인 박세당이 견지했던 서브텍스트의 다양한 양상들을 대변해 주는 결과물로 평가된다.

한편 후자의 문제는『서계연록』의 저자인 박세당의 내면적이며 은장된 의도가 여행 당사국인 청을 향한 단순한 이미지의 표출 양상 수준을 넘어서고 있다는 사실에 주목한 결과다. 다시 말하여 연행은 자연인 자격의 박세당 생애에서, 유의미한 일대 계기적 사건으로 작용한 측면 또한 다분했던 것이다. 따라서 이 사안은 전술한『서계연록』상에 노정된 고증학적 관심의 일관된 지속이라는 차원 외에도 적용 가능한 범주가 무척 다양한 편이다. 이를테면 박세당은 연행을 계기로 하여 사실주의(事實主義)에 입각한 철학적 모티프에 보다 주목하게 되었던바, 차후 이러한 사상적 동인(動因)은 자신의 비판적 경학론의 기본 색채 형성은 물론이거니와, 명분론적 대명관(對明觀)의 층차(層差)와 그 연장선에서 현실주의적(現實主義的) 대외노선(對外路線)을 확립하는 과정 상에도 일관된 철학적 원천으로 작용하게 된다. 금번 연구에서는 이 문제와 관련된 탐색을 모든 장(章)에 걸쳐서 부분적으로 수행할 계획이다.

이제 연구 범위 및 방법론의 문제와 직결된『서계연록』에 등재된 주요 서술단위와 그 구성체계에 관한 간략한 분석이 필요한 단계다.

2. 『서계연록(西溪燕錄)』의 구성과 특징

여타의 연행록 작가들과 마찬가지로, 박세당 또한『서계연록』을 통해서 다양한 소재들을 기재해 두고 있다. 주요 서술단위들을 순서대로 나열해 보면, 대청(對淸) 탐규(探窺) 부문과 고증기록(考證記錄)에 관한 것, 그리고 원일의 조의기에 관한 내용이 단연 상위 목록을 형성하고 있다. 그 뒤를 이어서 불교와 관련된 소재, 병자호란 적에 포로로 끌려간 조선 피로인(被虜人)들의 적응 실상과 청조의 민물(民物)에 대한 관찰 등에 관한 기술이 차상위 서술단위로 실려 있다. 또한 왕환 노정에서 만났던 다양한 사람들의 이야기와 무신년 사절단의 업무 수행에 관한 내용들이 자주 언급되고 있다. 그 외에 단편적인 소재들도 더러 등재되어 있으나, 일정한 주제를 형성할 만한 논의 분량에는 미치지 못한다.

특히 여타의 연행록에 비해서『서계연록』에는 이른바 장관(壯觀)을 기술한 서술단위가 상대적으로 빈약한 편이다. 이러한 사실은 연행을 전후한 작가인 박세당 개인의 심경과도 일정한 관련이 있을 뿐만 아니라, 전후(戰後) 피해국인 조선 사신들의 우울한 처지를 반영한 것으로도 보인다. 결과적 측면에서 볼 때, 여타의 연행록에 비해『서계연록』의 구성체계는 다소 단조로운 감이 없지 않다.

한편『서계연록』의 구성체계와 관련하여 특이한 사실 하나를 지적해 둔다. 그것은 이른바 첩출(疊出)로 지칭되는, 즉 동일한 내용이 반복해서 출현하는 현상에 관한 것이다. 다시 말하여『서계연록』의 350~351면은 전술된 346~347면과 동일한 지면(紙面)으로서, 그 내용이 반복되어 묘사되고 있다. 그 경위를 명쾌하게 규명할 수는 없으나, 이 사실을 박세당은 "경신첩출(庚申疊出)"로 명시해 두고 있다.[13] 이제 무신년 조선 사절단의 구성과 사행노정 등을 간략히 소개하기로 한다.

서계 박세당이 동지사의 서장관 자격으로 연행을 나선 시점은 그의 나이 40세 적인 현종(顯宗) 9년(1668) 11월 21일이며,[14] 그 이듬해 이른 봄에 귀국했다. 정사(正使)는 화곡(華谷) 이경억(李慶億, 1620~1673)이었고, 부사(副使)는 정약(鄭鑰, 1609~1686)이었다.[15] 정사인 이경억은 차후 봉사단이 해단할 즈음에, 그 청렴함으로 인하여 원역(員役)들의 탄복을 샀던 인물이다.[16]

또한 박세당은 귀국 이후에 "북경에 사신 갔다 동으로 돌아오매 온갖 고초 다 겪었으니, 만 리 길 서로 앞서거니 하며 삼사가 함께 했었지요!"라며 사행을 회고하면서, 삼사(三使) 중의 한 사람이었던 황해도 관찰사(海伯) 정약에게 시 한 수를 봉정했다.[17]

---

13) 朴世堂,『西溪燕錄』,〈庚申〉, 344면, "庚申疊出."

14) 朴世堂,『西溪燕錄』,〈戊申〉, 339면, "戊申十一月二十一日丁巳, 早朝出義州城."

15)『조선왕조실록』국역본과 여타 대부분의 연구서에서는 부사인 정약에 관한 표기를 '정륜(鄭鑰)'으로 오기하고 있다. 정약의 본관은 초계(草溪), 자는 극념(克恬)이다. 1644년(仁祖 22)에 별시에 급제하여 정언과 장령, 그리고 대간의 여러 관직과 승지를 역임하였다.

16) 朴世堂,『西溪集』권12,〈左議政李公墓碑銘〉, 235면, "使燕歸橐 散諸從役行 李蕭然 人服其淸."

17) 朴世堂,『西溪集』권2,〈奉呈海伯鄭公鑰〉, 25면, "西使東還備苦甘 相隨萬里共人三 體瘕經洗痕全見 臂折求醫術未諳 一路觀風閑詎得 數椽臨水老

박세당 일행도 조선 사신단의 전통적인 사행노정인 〈서울[漢城]-의주(義州)-봉황성(鳳凰城)-연산관(連山關)-요동(遼東)-광녕(廣寧)-사하(沙河)-산해관(山海關)-통주(通州)-북경(北京)〉 일로(一路) 코스를 왕환 시에 답습했다. 다만 무신년 사절단의 경우 요동(遼東)-심양(瀋陽)-신민둔(新民屯)으로 이어지는 노정 대신에, 요동 구성(舊城)에서 광녕으로 굴절되어 닿는 별도의 코스를 밟았던 듯하다. 왜냐하면 요동 구성에서 필관포(畢管鋪)-장가둔(將家屯)-우가장(牛家庄)을 거친 후에, 다시 요하(遼河)를 건너서 사령(沙嶺)-요택(遼澤)-고평(高平)-광녕으로 이어지는 노정들이 기록되어 있기 때문이다. 이 코스는 일시적으로 쓰인 요양(遼陽) 경가장(耿家庄)에서 우가장(牛家庄), 그리고 반산역(盤山驛)을 거쳐 광녕에 이르는 별도의 노정에 해당한다.

이에 추가하여 박세당은 영원성(寧遠城)에 도착한 후에 지난 시절의 해로사행(海路使行) 코스에 대해서도 간략하게 묘사해 두었다. 일단 박세당은 "영원(寧遠)에서 바다와의 거리가 채 10여 리가 안 된다."라는 지리적 사실과 함께, 지난 명말(明末) 무렵의 영원 지역에서의 전황(戰況)을 회고해 보이고, 또한 "일찍이 계책으로 북병(北兵)을 크게 섬멸했던" 명장인 원숭환(袁崇煥)의 전공(戰功) 등을 소개해 두었다.[18] 이어서 박세당은 "또 지난 시절 원(袁) 군문(軍門)이 이미 등래(登萊)[등주·내주] 공로(貢路)를 변경했던" 사실과 더불어서, "(당시) 조선 사절단의 부연(赴燕) 노정은 각화도(覺華島)를 경유하여

猶堪 期公略寄千丸墨 許代烏蠻負局柑."

18) 朴世堂,『西溪燕錄』,〈壬申〉, 358면, "寧遠去海 不能十里. 明之末 凶爲咽喉重, 地常屯十萬兵. 袁崇煥亦留鎭於此, 嘗以計大殲北兵. 舊有甬道 因城至海通粮運, 防攻奪."

(곧장) 남해[下]하다가, 영원(此)으로 상륙(陸)하는 코스"였으며, "각화도[島]는 영원성(寧遠城) 동남쪽의 20여 리에 위치하고 있다."라며 각화도가 위치한 소재를 정확하게 밝혀 두었다.[19] 박세당이 기술해 둔 이 해로사행 코스는 명·청 간의 왕조 교체기에 요동반도(遼東半島) 동쪽의 도서(島嶼)를 따라 항해하다가 여순구(旅順口)에서 돌아 발해만(渤海灣)으로 진입, 각화도를 거쳐 영원으로 상륙한 후에, 산해관(山海關)을 통과하여 북경(北京)에 이르는 노정에 해당한다.[20] 다만 귀로에서 무신년 사절단은 "요동은 길이 굽어서 먼 까닭에 요동성 남쪽에 위치한 천산(千山) 사이의 길을 경유해서 호랑구(虎狼口)로 빠져나오는" 코스를 선택했다.[21] 이 해로노정은 명과 조선 사이에 2백 년을 닦아온 전통적인 사행로가 차단된 이후에 개척된 해로사행의 두 코스 중의 하나였다.

여하간 무신년 사절단이 밟았던 사행노정 또한 한양에서 북경까지의 편도 노선만 해도 무려 3,000여 리나 되는, 실로 험난한 대장정이었다.[22] 박세당은 기유년 2월 12일(乙亥)의 귀로에서, 수많은 어려움 속에서 행로가 지체되곤 했던 그간의 사정을 다음과 같이 회상해

---

19) 朴世堂, 『西溪燕錄』, 〈壬申〉, 358면, "又往時袁軍門 旣改登萊貢路, 我使赴燕者, 由覺華島下陸於此. 島在城東南二十里. 宿察院 卽舊學也. 是行九十里."

20) 또 다른 하나는 요동반도 동쪽의 도서(島嶼)들을 따라 항해하다가 여순구(旅順口)에서 곧장 남하하여 등주(登州)로 상륙, 산동성(山東城)을 경유하여 북경에 이르는 노정이었다. 해로사행의 두 코스에 관해서는 林熒澤, 「朝鮮使行의 海路 燕行錄: 17세기 東北亞의 歷史轉換과 實學」, 『韓國實學研究』 9, 民昌社, 2005, 5면 참조.

21) 朴世堂, 『西溪燕錄』, 〈丙子〉, 392면, "至耿家店朝餐. 以遼東路迂 請於護行衙譯 將由千山間道出虎狼口."

22) 朴世堂, 『西溪燕錄』, 〈壬戌〉, 346면, "自我國都至燕京 三千餘里."

보였다.

> "을해일. 닭이 울자마자 출발했다. 해가 뜰 무렵에 요하(遼河)에 이르
> 러서는 얼음을 타고 강을 건넜다. 물길이 급하여 배와 노가 제멋대로
> 따로 논다. 매양 우리 사절단이 이르는 곳마다, 이상하게도 드센
> 바람을 만나기도 하고 얼음 바다에 처하기도 한다. 갖은 신고로 행로
> 가 지체되곤 하였다."[23]

전후의 조선 사절단과 마찬가지로, 박세당 일행도 북경에 도착하기
까지 갖은 신고(辛苦)를 다 겪었던 것이다. 때로는 심산유곡 속에서
길을 잃은 끝에 배회하는 기구한 처지에 놓이기도 하였으며,[24] 귀로
에서는 "차디찬 사막이 광막하게 이어지니, 동쪽으로 가는 길 섞갈리
어 시름겹네."라며 행인(行人)의 고충을 토로하기도 했다.[25] 위 인용
문은 그가 연행을 "조국 강역을 벗어나는 원역(遠役)인 까닭에, 의리
상 감히 사양할 수 없는 일"로 평가하고,[26] 사연(使燕)에 임했던 이유
를 설명해 주는 한 장면처럼 여겨진다. 한편 박세당은 한성—의주
간의 왕환 기록은 생략한 채로, 의주—북경 간의 왕래 기록만을 연록
에 싣고 있다. 이제 『서계연록』이 간직한 자료적 특성과 연록의 전체
적인 특징들을 개괄적 수준에서 짚어 보도록 한다.

---

23) 朴世堂, 『西溪燕錄』, 〈乙亥〉, 391면, "乙亥. 鷄鳴發 日出至遼河 乘氷以渡.
　　 水勢急舟楫不一. 每我使至 忱遭風 忱氷洋 多苦滯行."

24) 朴世堂, 『西溪燕錄』, 〈辛未〉, 356면, "曉發失路崎嶇 田隴間及得出 天向明
　　 矣."

25) 朴世堂, 『使燕錄』, 〈閭陽途中〉, 20면, "……歸人行不息, 飛鳥去離窮, 曠絶
　　 連寒漠, 愁迷路向東."

26) 朴世堂, 『西溪燕錄』, 〈戊申條〉, 441면, "先生以出彊遠役, 義有不堪辭者."

  우선, 『서계연록』은 박세당이 서장관 자격으로 연행 왕래 시와 북경에 체류하는 동안 직접 체험하고 목격한 내용들을 기행문 형식으로 기록한 연행일기에 해당한다. 주로 연행 길에서 관찰한 특별한 내용과 공식적인 일정 수행과 관련된 주요 내용들을 기록해 두고 있다. 대부분의 연행록은 사찬(私撰) 기록적 성격을 띠고 있지만, 박세당이 작성한 연록은 사찬 기록적 특징 외에도, 관찬(官撰) 기록에 가까운 공적 기록이라는 면모를 다분히 간직하고 있다.

  『서계연록』이 지닌 관찬 사료적·공기록적 특성은, 특히 북경에 체류했던 한 달여 기간 동안에 더욱 두드러지게 나타난다. 다채로웠을 일행의 사적 활동에 관한 사찬 기록다운 흔적은 거의 전무한 반면에, 주로 사명(使命)과 관련한 공식적 일정만을 상세하게 기술해 두고 있기 때문이다. 또한 『서계연록』에는 청국의 정세(政勢) 탐문과 관련한 포괄적인 내용들이 기재되어 있고, 실제 이 사안들은 귀국 후에 국왕인 현종에게 그대로 보고된다. 이와 같은 내용상의 구성으로 인하여 『서계연록』은 관찬 사료적·공기록적 특성이 보다 강화되고 있어 보인다. 이 점 『서계연록』이 간직한 정직한 특성이면서, 동시에 피치 못할 한계로도 평가된다.

  둘째, 『서계연록』이 간직한 또 다른 특징으로는 한성-의주 간의 왕복 기록 자체가 전무하다는 사실을 지적할 수 있겠다. 이와는 달리 비슷한 시기인 1660년에 강백년(姜伯年, 1603~1681)은 「연행노정기(燕行路程記)」를 통해서 서울에서 의주에 이르는[自京至義] 노정, 곧 약 1,050여리에 이르는 26이정(里程)을 당일 행진 거리와 함께 선명하게 제시해 두고 있다.[27] 따라서 『서계연록』 속에서는 연행을 전후한

---

27) 강백년의 「연행노정기」에 명기된 한성-의주 간 노정은 〈한성(漢城)-고양

시점에서 있을 법한 사절단의 이런 저런 이야기들을 발견하기가 어렵
다. 다만 문집을 통하여 연행 시에 서경(西京)을 왕래하는 동안 화공
조세걸(曹世傑, 1635~?)로부터 선인화(仙人畵) 여덟 폭을 증여받은
사실만을 확인할 수 있을 뿐이다.[28] 절강화풍(浙江畵風)을 선보였던
김명국(金明國, 1600~?)의 제자인 조세걸은 17세기 중·후반의 조선
화단에 큰 족적을 남긴 인물이었다. 그는 박세당의 초상화를 그렸던
인물로 추정된다.[29]

　자연『서계연록』에는 한성을 벗어날 때의 의식인 사폐(辭陛)나 귀
국 이후의 보고 의례인 복명(復命)에 관한 기록 또한 전무하다. 복명
에 관한 기록은 박세당 사후에 문인 이탄(李坦, 1669~)이 작성한
「연보(年譜)」에서, 그 간략한 사실만을 확인해 주고 있을 따름이다.[30]
이런 사정은 후대의 서호수(徐浩修, 1736~1799)가 작성한 4권 분량의
일기 형식 연행록인『연행기(燕行記)』와는 뚜렷이 변별되는 특징이
다. 서호수는 마치 일기를 쓰듯이, 단 하루도 연행 기록을 누락시킨
날이 없었다.[31]

(高陽)-파주(坡州)-장단(長湍)-송경(松京)-금천(金川)-평산(平山)-
충수(蔥秀)-서흥(瑞興)-검수(劍水)-봉산(鳳山)-황주(黃州)-중화(中
和)-평양(平壤)-순안(順安)-숙주(肅州)-안주(安州)-박천(博川)-가
산(嘉山)-납청정(納淸亭)-정주(定州)-곽산(郭山)-선천(宣川)-철산
(鐵山)-용천(龍川)-소관(所串)-의주(義州)〉로 이어지는 26이정이다.

28) 朴世堂,『西溪集』권8,「序」,〈曹將軍畵帖跋〉, 151면, "余於戊申歲 有燕行
往來過西京 世傑持此以贈. 今二十年矣." 이 선인화는 현존하는〈전조세걸
필신선도(傳曹世傑筆神仙圖)〉일 가능성이 매우 높아 보인다. 또한 조세걸
은 실경 산수화인〈곡운구곡도(谷雲九曲圖)〉를 남겼다.

29) 朴泰輔,『定齋後集』권5,「己巳愍節錄(上)」참조.

30) 朴世堂,『西溪集』권22,「年譜」,〈己酉條〉, 441면, "先生四十一世, 三月自燕
還朝復命."

31) 서호수의『연행기』가 갖는 성격에 관한 논의로는 윤대영,「18세기 후반

셋째, 내용 면에서『서계연록』전체를 통해 가장 두드러진 특징 중에 하나는 박세당이 왕환 길에서 보여준 투철한 실증적(實證的) 탐구(探究)의 태도다. 박세당이 보여준 실증적 관심권 속에는 연행 시에 그가 참고했던『지지(地誌)』와 앞선 사절단들이 남긴 연행록인 전록(前錄)은 물론이고, 비(碑)와 사원, 누각[樓]과 누대[臺] 및 묘지, 그리고 성(城)과 강하(江河) 등의 명칭과 여타의 산천지리(山川地理) 등과 같은 소재들이 모두 망라되어 있다. 심지어 박세당은 북경에서 체류했던 기간 동안의 공식 숙소인 회동관(會同館)의 낙서(落書)까지 도 무심히 그냥 지나치질 않았다. 특히 박세당은 참고했던 전록을 그대로 신뢰하기보다는, 오히려 해당 기록을 의심하는 가운데,[32] 전 록 자체를 고증의 대상으로 삼기조차 했다.[33]

나아가 박세당은 길거리 통신류의 와전된 소문에 관해서도 예의 촉각을 곤두세우는 가운데, 더러는 그 진상을 규명해 내기도 했다. 기실 박세당이 보여준 문의(文義) 궁리(窮理)와 관련된 그 유별난 고증학적 취향은, 이미 수학기(受學期) 무렵부터 그 싹수가 움트고 있었던 정황이 포착된다.[34] 어쩌면 저서『사변록』은 오래 전부터 그 탄생을 예고해 두었는지도 모르겠다. 실제 박세당은 매우 치밀하 면서 꼼꼼한 일면이 있는 학구풍의 인물이었다. 결국 연행 길에서

朝鮮과 떠이션(西山) 王朝 使節團 交流의 일 측면」,『조선과 동아시아, 그 만남의 자취』, 인하대학교 한국학연구소, 2008, 89~90면 참조.

32) 朴世堂,『西溪燕錄』,〈庚申〉, 343면, "固可疑前此奉使所記."

33) 朴世堂,『西溪燕錄』,〈癸亥〉, 346면 참조.

34) 朴世堂,『西溪集』권22,〈庚申條〉, 443면, "先生少時讀大學 至瞻彼淇澳 及前王不忘兩簡 輒疑其上下文義 不相官屬 反覆究思 終有所不通者 每掩 書而廢之. 及著思辨錄 移此兩段於第十平天下章後. 考兩程所定大學 盖 與先生同焉."

시도된 박세당의 다양한 고증 소재들을 대상으로 한 실증적 탐구 노력들은, 그가 무신년 사행을 통해서 얻은 가장 큰 수확물로 남게 된다.

이와 관련하여 박세당의 대표적인 문도 가운데 한 사람인 이탄은, 박세당이 연행을 통하여 수행한 각고의 고증 노력에 관해서 아래처럼 생생하게 전언해 주고 있다.

> "연행 노선[所過]의 산천과 길의 이정(道里) 및 지명에 대해서, 앞서 연행을 다녀온 우리 봉사단들의 기록 중에는, 허다한 오류[誤]가 유전되고 있었으나, (이를) 두 번 다시 의심하지도 바로잡으려 들지도 않았다. (이에) 선생은 중국의 제반 관련 문서들을 고증[考]하고, 해당 지역 거주민들에게 직접 문의하기도 했다. 무릇 의심할 만한 여지가 있는 것들은, 대부분 고쳐서 바로 잡았다[証正]. 이에 연로한 역관배 (譯官輩)들이 놀라워하며 탄복해 마지않았다."35)

넷째, 여타의 연행록과 마찬가지로『서계연록』또한 연경에 이르는 서행 노선의 기록 분량이 한성으로 되돌아오는 동환 노선의 그것보다 양적으로 월등히 많다는 점을 지적할 수 있다. 특히 서행 노선에서의 기록 분량은 북경 체류 시의 기록 분량과 동환 길에서의 기록 분량을 합친 것보다 많다.36) 그 주된 원인은 한 노선만 답습한 탓도 있겠으나,

---

35) 朴世堂,『西溪集』권22,〈戊申條〉, 441면, "所過山川道里及地名 我人之從 前往來者 流傳多誤 不復疑詰. 先生考諸中華逞牒 詢諸居民. 凡所可疑者 多所証正. 老譯輩驚服焉." 여기서 운위된 노역배(老譯輩)를 대표하는 인물 은 역관 장현(張炫)으로 추정된다.

36)『서계연록』은 총 336~395면 분량이다. 편의상 이를 서래 노선(336~370)과 북경 체류 시(370~384), 동환 노선 분(384~395)의 세 마디로 분절해 볼 수 있다.

애당초 균형감을 갖춘 하나의 완결된 텍스트로서의 연록을 기획하지 않은 저자인 박세당의 저술 기획이 어떤 식으로든 반영된 결과로 판단된다.

이 문제와 관련하여 박세당은 이상적인 기록서로서『상서(尙書)』의「우공(禹貢)」편을 극찬한 바가 있었다. 박세당은 "「우공」편은 구산(九山)과 구천(九川)을 열거했으되, 기록상 (굳이 불필요하게) 많은 말을 사용하지 않았고, 천만 년 이후에 그 내용을 접하는 자라도, 넉넉히 우주를 가슴 속에 담을[納] 수 있을 것"이라고 평가하였다.[37] 이 언술로 미뤄 볼 때, 박세당은 잡다한 내용을 취합하고 부화(浮華)한 기술적 묘미를 가한 기록서보다는, 압축된 상징적 의미들을 적절한 이미지의 매개를 통해 기록한 기록서를 이상적인 기록물의 조건으로 설정했던 것 같다. 실제 왕래 시에 주요 경관들을 묘사한『서계연록』의 몇몇 장면들은 박세당 스스로가 설정한 이상적인 기록서의 조건에 근접한 것으로 보인다. 가령 산해관과 각산사(角山寺), 그리고 조어대(釣魚臺) 등의 장관 묘사가 그 대표적인 사례에 해당한다.

박세당은 "산해관에 이르기 전 수십 리 즈음에서 멀찌감치 만리장성(長城)을 바라보면서" 그 장엄한 경관을 아래처럼 묘사해 두었다.

"장성은 해안에서 솟구쳐 뭇 산들에 걸쳤고, 재들을 멍에로 삼아 비스듬히 연이어져, 북으로 펼쳐진 하얀 성가퀴[粉堞]들은 흡사 구름 솜옷이 무한히 펼쳐지기를 요하는 것만 같으니, 참으로 천하의 장관(壯觀)이다."[38]

37) 朴世堂,『西溪集』권8, 〈臥遊錄序〉, 144면, "禹貢列九山九川 所記無多語, 千萬載下 讀其書者, 可以納宇宙於胸中."
38) 朴世堂,『西溪燕錄』, 〈乙亥〉, 359면, "平明發, 至山海關數十里望見長城.

곧 이어서 다시 산해관에 시선을 집중시킨 박세당은 그 장경을 『서계연록』과 『사연록』에 동시에 담아 두었다.

"평지에 자리한 산해관은 북쪽으로 각산(角山)에 기대었고, 남으로는 발해만(渤海)에 임하여, 산과 바다가 교차하는 그 사이가 겨우 십여 리에 불과한데, 아마도 하늘이 이토록 험준한 지형을 진설하여 중국을 호위하려 하셨나 보다!"[39]

"장성이 시작되는 곳
천하가 이 관문에서 펼쳐진다오.
비가 오지 않아도 성가퀴엔 자욱한 구름
날이 밝기도 전에 누대를 비추는 햇살.
방어 둔영은 만리성에 이어지고
틀어지고 제압함은 천추에 웅장하건만,
철통 같은 방비도 종내는 헛되어라.
비릿한 먼지만 구주에 가득 찼네."[40]

3. 생애와 연행

1) 생애

박세당의 생애에서 차지하는 『서계연록』의 연대기적 위상에도 주

起海岸跨山 厄嶺邐迤而北粉堞 如雲綿亘無際 實天下壯觀也."

39) 朴世堂, 『西溪燕錄』〈乙亥〉, 359면, "關在平地 北倚角山 南臨潑海 山海之交 其間僅十餘里 殆天設此險 以衛中國."

40) 朴世堂, 『使燕錄』,〈山海關〉, 17면, "長城初起處 天下此關頭 不雨雲매堞 先明日射樓 防屯通萬里 控制壯千秋 鎖鑰終虛設 腥塵滿九州(1)." 이 시를 포함한 『사연록』에 대한 국역은 『국역 서계집 1』(강여진 역, 한국고전번역원, 2009)을 주로 참조하고 부분 수정을 가하였음 밝혀 둔다.

목하려는 금번 연구의 주요한 지향점은, 자연 그의 생애에서 연행이 추수하는 파장에 대한 관심을 고조시키고 있다. 이에 일차적으로 박세당이 연행에 나서기 이전인 전반기 생애 동안의 특징적인 사항들을 분석해 보고, 또한 그것이 연행을 계기로 하여 본격 저술기에 해당하는 후반기 생애에 파급하는 맥락을 간략히 서술해 두고자 한다. 박세당의 가계(家系)와 생애(生涯)에 관해서는 이미 충분한 선행연구가 축적되어 있는 상태다.[41] 따라서 이하의 서술은 금번 연구와 유관한 전반기 생애를 특정한 사안별로 재구성해서 분석하는 방식을 취하도록 하겠다.

박세당은 1629년 8월 19일(仁祖 7) 새벽에 남원부(南原府)의 관아(官衙)에서 출생하였다.[42] 당시 부친인 박정(朴炡, 1596~1632)은 남원부사(南原府使)를 역임하고 있었다. 박정은 인조반정(仁祖反正)의 공신으로서 정사공신(靖社功臣)에 책봉된 인물이었으며, 모친은 관찰사 윤안국(尹安國, 1569~1630)의 딸인 양주윤씨(楊洲尹氏)였다.[43] 박세당은 고려 말의 명신인 박상충(朴尙衷, 1332~1375)의 10세손으로서,[44] 박상충에 이르러 반남박씨(潘南朴氏)는 비로소 "동방(東方)의

---

41) 이와 관련한 유익한 논의로는 다음 두 편의 논문을 거론해 볼 수 있다. 尹熙勉, 「朴世堂의 生涯와 學問」, 『國史館論叢』34, 국사편찬위원회, 1992 ; 金學洙, 「의정부 長巖의 반남박씨 西溪 朴世堂 가문의 가계와 인물」, 제16회 회룡문화재 기념학술대회 『西溪 朴世堂의 학문과 古文書』, 의정부문화원, 2001.

42) 朴世堂, 『西溪集』 권22, 〈己巳條〉, 435면, "大明崇禎二年先, 我仁祖大王卽位七年, 八月十九日 辛未寅時, 生生于南原府衙. 時忠肅公 爲南原府使."

43) 朴世堂, 『西溪集』 권21, 「附錄」, 〈諡狀〉, 424면, "考諱炡, 早年登第, 策靖社勳. 官至吏曹參判, 封錦州君.……妣楊洲尹氏, 觀察使安國之女, 以己巳八月十九日, 生公于南原衙舍."

44) 朴世堂, 『西溪集』 권21, 「附錄」, 〈諡狀〉, 424면, "潘南之朴, 爲東方大姓而始顯於麗季, 十代祖尙衷爲右文館直提學, 與圃牧諸賢並稱."

대성(大姓)" 반열에 등록되기에 이른다. 뿐만 아니라 원(元)을 버리고 명(明)을 섬겼던 박상충의 대외노선은 후일 동종(同宗)인 현석(玄石) 박세채(朴世采, 1631~1695)와 송시열, 그리고 박세당 삼인 간에 미묘한 해석상의 차이를 유발시켰다는 점에서도, 각별한 관심을 끄는 인물이다.[45]

한편 박세당은 직절(直截)한 부친의 성정과 기질을 그대로 빼닮았던 것으로 평가되었다. 이와 관련하여 명관이었던 양파(陽坡) 정태화(鄭太和, 1602~1673)는 "박모(朴某)는 그 아비와 같은 풍도(風度)를 지니고 있다. 사람의 문지(門地)를 살피지 않을 수 없다."라는 인물평을 수행한 바가 있었다.[46] 이러한 양파의 인물평은 후일 박세당이 지평(持平)으로 봉직할 적에, 당시 도승지였던 금시당(今是堂) 임의백(任議伯, 1605~1667)을 논죄한 계사(啓辭)를 띄운 후에 내려졌다.[47] 동시에 박세당은 "또 천성이 고집스러워 지키는 지조를 변치 않는" 불요불굴의 면모를 간직한 인물이기도 했다.[48] 서계 사후에 남구만은 박세당의 생전을 "공은 마음에 맞지 않는 것은 한 가지 일도 차마 구차히 영합하지 못했으며, 한 사람도 차마 구차히 용납하지 않았다."라고 회고했다.[49] 실상 박세당은 유년 시절에 노느라고

---

45) 朴世堂, 『西溪集』 권7, 「辨論」, 〈辨和叔論紀年示兒姪〉, 131면.

46) 朴世堂, 『西溪集』 권21, 「附錄」, 〈諡狀〉, 424면, "陽坡鄭公於客曰 朴某有乃父之風, 人之門地不可不見." 정태화의 이 평은 박세당이 사간원(司諫院) 정언(正言)으로 재직하던 중에, 선친인 박정(朴炡)과 의맹(義盟) 관계를 맺었던 당시 좌의정인 원두표(元斗杓, 1593~1664)를 탄핵한 직후 수행된 것이다. 한편 이 내용은 『藥泉集』 권23, 〈西溪朴公言行錄〉에도 실려 있다.

47) 朴世堂, 『西溪集』 권6, 〈論任議伯啓〉・〈再啓〉・〈論任議伯僚議不一避辭〉, 120면 및 〈諡狀〉, 429~430면 참조.

48) 南九萬, 『藥泉集』 권23, 「言行錄」, 〈西溪朴公言行錄〉, 366면, "且天性固執, 不變所守."

정신이 없을 때에도, 결코 맨발로 다닌 적이 없었으며, 나다니다가 혹 물건을 건드려 기울어지게 하면 반드시 가서 정돈하곤 했을 정도로 타고난 성품이 반듯하였다고 한다.[50]

그러나 비록 박세당은 반남가라는 명문가에서 태어나긴 했지만, 그의 유년기는 그다지 순탄하지 못했다. 부친은 박세당이 겨우 네살의 어린 나이 때에 홍문관(弘文館) 부제학(副提學)을 마지막 관직으로 병사(病死)하였고,[51] 3년 후에는 장형인 호군공(護軍公) 박세규(朴世圭)마저 요절하면서 가세가 급격히 기울기 시작했기 때문이다.[52] 병자호란(丙子胡亂)이 발발한 8세 때는 조모와 모친, 그리고 두 형을 따라 원주(原州)와 청풍(淸風)·안동(安東) 등지를 전전하는 힘겨운 피난 생활을 감내했다.[53] 호란 이후에는 안동에서 다시 청주(淸州)와 천안(天安) 등지를 옮겨다니며 거처하는 곤경을 겪기도 했다.[54] 이처럼 고단했던 유년기의 피난 생활에 대한 기억 때문이었을까? 후일 박세당은 『서계연록』에 병자호란 시에 피랍(被拉)된 조선인 피로인(被虜人)들의 애절한 사연들을 연민어린 시선으로 기재해 두고 있다.[55]

---

49) 南九萬, 『藥泉集』 권23, 「言行錄」, 〈西溪朴公言行錄〉, 367면, "公於意所不合者 不忍一事之苟合, 不忍一人之苟容."

50) 朴世堂, 『西溪集』 권21, 〈諡狀〉, 424면, "公幼時, 雖當游戲急遽之際, 未嘗跣足而行, 步履間 或掠物而鼓欹傾 則必就而整之. 其資性之端正如此."

51) 朴世堂, 『西溪集』 권22, 〈壬寅條〉, 435면, "先生四歲六月, 忠肅公捐館."

52) 朴世堂, 『西溪集』 권22, 〈乙亥條〉, 435면, "先生七歲 伯氏護軍公卒."

53) 朴世堂, 『西溪集』 권22, 〈丙子條〉, 435면, "先生八歲, 是冬虜難作. 先生隨兩兄, 奉王母李夫人母尹夫人, 避兵于原州淸風等地, 轉向安東."

54) 朴世堂, 『西溪集』 권22, 〈丁丑條〉, 435면, "先生九歲, 難定後自安東移寓淸州天安等地."

55) 朴世堂, 『西溪燕錄』, 〈乙亥〉, 391~392면에 기재된 내용을 소개하면 다음과

　자연히 박세당은 고독하고 빈한한 환경 탓에 제때 학업에 착수하지 못하다가, 열 살이 넘어서야 비로소 중형(仲兄)인 박세견(朴世堅, 1619~1683)으로부터 수업(受業)하기 시작했다.[56] 뒤이은 열서너 살 무렵에서야 고모부인 정사무(鄭思武)의 가르침 아래 본격적인 학업이 수행되었다. 후일 박세당은 만시(挽詩)를 통하여, 당시에 동문 10여 명과 함께 일심으로 정 선생을 따르고 섬겼다는 사실을 회고해 보였다.[57]

　이후 박세당은 열일곱 살 때에 당시 금성(金城) 현령(縣令)이었던 남일성(南一星)의 딸인 의령남씨(宜寧南氏)와 화촉을 밝혔다. 그러나 고빈(孤貧)한 자신의 처지로 인한 경제적 어려움 때문에, 처가에서 무려 10여 년이 넘도록 의지한 끝에, 벼슬길에 오른 뒤에서야 비로소 독립하여 분가할 수 있었다.[58] 처가살이를 했던 그 시기에 박세당은 처남인 약천(藥泉) 남구만(南九萬, 1629~1711)과 처숙부인 남이성(南二星, 1625~1683)과 밤을 지새워 가면서 학문을 변론하는 즐거움을

같다. "乙亥, 鷄鳴發 日出至遼河. 乘氷以渡……朝餐于河傍. 聞蒙古部落居近廣寧者 其王之母 將往鞍山湯泉沐浴. 王弟從行 過此. 臣等往觀之 王母使子邀入其帳 乃年六十餘歲老婦. 王弟年三十餘 多帶牛羊以行從. 胡一人 自言本寧邊人 被掠而來. 語未能了. 疲癃可哀 及行告辭 其容多戚. 臣問汝意欲歸乎 則便潸然下淚曰 歸豈可得. 硬咽不自勝. 臣愍之使修家信以付行中. 贈以刀紙."

56) 朴世堂, 『西溪集』 권14, 〈西溪樵叟墓表〉, 291면, "孤貧失學, 及十餘歲, 始受業於其仲兄, 亦不自力." 여기서 운위된 "수업(受業)"이란 尹熙勉의 앞의 논문(1992)에서 적절하게 번역된 대로 '글자 익히기' 정도의 학업 전수를 뜻하는 듯하다(183면).

57) 朴世堂, 『西溪集』 권22, 「年譜」, 〈壬午條〉, 435면, "先生十三四歲之際, 就學于姑夫鄭敎官思武. 先生挽人詩云 腹事鄭先生 十數同門子."

58) 朴世堂, 『西溪集』 권22, 「年譜」, 〈乙酉條〉, 435면, "先生十七歲, 聘夫人南氏于結城. 夫人卽金城縣令諱一星之女也. 南公時居結城. ○ 先生撰南氏墓誌曰 淑人歸朴氏, 朴氏孤貧 不能自立 依歸家十年餘, 旣登仕始異居."

만끽하기도 하였다.59) 이 기간 동안에 누렸던 "변론하는 즐거움"은 박세당의 노년에 이르기까지 유의미한 추억으로 소중하게 간직되고 있었다. 그러던 중 12세 적에 선친의 빈 자리를 대신해서 손자인 박세당을 자부(慈父)처럼 애지중지 아껴 주었던 조부 정헌공(貞憲公) 박동선(朴東善, 1562~1640)이 타계하게 된다. 박세당은 노년에 이르러서도 조부를 추모하는 말이 나올 때면, "문득 슬프고 목이 메여 주체할 수 없는" 심회에 무젖곤 하였다.60) 조부와는 다르게 중형인 승지공(承旨公)은 박세당에게 엄부(嚴父)와 같은 역할을 대행한 존재로서, 박세당의 생애에 진중한 의미를 지닌 인물이었다.61) 박세당은 "혹 승지공의 뜻을 어길 때면, 뜰 앞에 내려가서 종일토록 손을 모으고서 중형이 앉으라고 명하지 않으면 감히 올라가지 않았을" 정도로 어려워했었다.62) 뒷날 박세당은 생전에 심엄(甚嚴)이라는 제일의 가르침을 어김없이 실천했던 중형의 기상을 추억하면서, 청루(淸漏)를 흘리며 묘지명을 작성했다.63)

---

59) 朴世堂, 『西溪集』 권22, 「年譜」, 〈乙酉條〉, 435면, "先生時與夫人弟南相國九萬 及其叔夫南尚書二星 辨論文義, 或不相屈 以至窮日繼夜. 晚年答南相公曰 索居以來 無復昔年辨論之樂……."

60) 朴世堂, 『西溪集』 권22, 〈庚辰條〉, 435면, "先生十二歲, 貞憲公捐館. 忠肅公旣早歲, 貞憲公尙無恙, 鍾愛先生, 常置懷抱中. 先生至老追慕, 語及輒悲咽不已."

61) 朴世堂, 『西溪集』 권22, 〈己卯條〉, 435면, "先生事承旨公如嚴父, 友敬備至. 或失其意 而有不豫色, 則先生下立庭前, 終日拱手, 不命之坐, 則不敢上. 雖怒而施撻, 受之唯恭, 少無怒色."

62) 朴世堂, 『西溪集』 권21, 〈諡狀〉, 430면, "或失其意 則不庭前, 終日拱手 不命之坐 不敢上."

63) 朴世堂, 『西溪集』 권10, 〈仲兄承旨公墓誌銘〉, 192~193면, "公之敎一弟甚嚴, 二弟不敢違其訓, 且有成矣……其李世堂, 儒弱愚滯, 至老而不能進趣樹立……以無負公之敎. 今猶淸漏 而誌公幽壙."

후일 1652년 24세의 청년 박세당은 유생정시(儒生庭試)에 3등으로
합격하여 회시(會試)에 나갈 기회를 확보하게 된다.[64] 그러나 박세당
은 과거에 실패한 중형의 처지를 고려하여, 형의 진출 권유에도 불구
하고 과거 진출을 중도에 포기하기도 했다.[65] 2년 뒤에 중형이 춘당대
시(春塘臺試)에 급제하게 되자 박세당 또한 과거에 본격적으로 응시
하기 시작했다.[66] 흔치 않은 일이었다. 그리하여 박세당은 1660년인
32세에 생원초시(生員初試)에 수석을 하고, 연이어 회시에서 차석(次
席)을 차지하게 된다.[67] 실상 내용 면에서는 장원에 해당했던 것이다.
박세당은 그해 겨울에 현종의 등극을 경하하는 증광시(增廣試)에서
장원을 차지하고, 동년 11월에 성균관(成均館) 전적(典籍)을 제수 받
으면서 마침내 환로(宦路)에 진입하기에 이르렀다.[68]

그런데 박세당은 10세 즈음인 소년기에 초학(初學)했던 탓에, 미처
제서(諸書)에 해박할 겨를이 없었을 뿐만 아니라, 아직 문리(文理)
또한 능통한 경지에 이르지 못한 상태였다. 반면 이 무렵부터 이미
박세당은 문장의 의취(義趣)를 밝혀서 이해하는 철학적 소양이 타인

---

64) 朴世堂, 『西溪集』 권22, 〈壬辰條〉, 436면, "先生二十四歲, 中儒生庭試第三
名, 命赴會試."
65) 朴世堂, 『西溪集』 권22, 〈壬辰條〉, 436면, "至是承旨公有故, 未就試."
66) 朴世堂, 『西溪集』 권22, 〈壬辰條〉, 436면, "數年後承旨公登第, 先生始赴大
科, 人以爲難."
67) 후일 박세당 사후에 남구만은 이 회시에서도 사실상 박세당이 장원을 차지하
였으나 자음(子音)의 고저(高低)를 맞추는 "한 염[一簾]" 때문에, 명관인
정태화의 숙고 끝에 차석으로 배려되었다는 사실을 회고했다. 『藥泉集』
권23, 〈西溪朴公言行錄〉, 366면, "壬辰秋, 儒生庭試, 公所作擬表當居首
而一簾有供字作平聲用.……明官鄭公太和, 以爲簾若有誤, 則雖不可爲魁,
亦可置第二."
68) 朴世堂, 『西溪集』 권22, 〈庚子條〉, 437면, "先生三十二歲, 秋魁生員初試.
擧會試二等第名. 冬擢增廣甲科第一名. 十一月例授成均館典籍."

의 견해를 넘어서는 투철한 견식을 과시하고 있었다.[69] 자연히 장로
(長老)들이 이를 경이롭게 여기며, "소시 적의 빼어난 견식(見識)의
조예가 이와 같다면, 훗날의 성취를 충분히 헤아릴 만하다."라는 평을
내놓을 정도가 되었다. 결과적으로 이 예언성 평가는 적중했으며,
실제 의취 혹은 문의(文義) 탐구는 박세당의 지배적인 경학적(經學的)
성향을 대변해 주는 표현에 해당한다. 차후 박세당이 개척한 일련의
탈주자학적 경학론은 철저히 의해(義解)를 지향하는 훈고학적(訓詁
學的) 방법론의 토대 위에서 구축되었던바, 그 지적 기초는 수학기
단계에서부터 서서히 자양되고 있었다는 사실이 확인되고 있다.

이 사안과 관련하여 잠시 『대학사변록』이 저술된 경위에 대한 박세
당의 아래 언술에 주목해 보기로 한다.

> "선생은 소시 적에 『대학』을 읽다가, '첨피기욱(瞻彼淇澳)' 및 '전왕불
> 망(前王不忘)' 양간(兩簡)에 이르러, 문득 그 위아래의 문의(文義)가
> 서로 관속(貫屬)되지 않는 사실을 의심하여 반복해서 궁구하고 사색
> 하였다. 끝내 통하지 않는 부분이 있으면, 매번 책을 덮고 그만두곤
> 하였다. 『사변록』을 저술할 즈음에, 이 두 단락(兩段)을 「제10 평천하
> 장(平天下章)」 뒤로 옮겨놓았다. 양정(兩程)[정호·정이]이 편정[定]
> 한 『대학』에 상고해 본 결과, 대개 선생(의 그것)과 일치하였다."[70]

---

69) 朴世堂, 『西溪集』 권22, 〈壬午條〉, 435면, "先生童年初學, 未及淹博諸書,
   文理未甚融貫, 而發解義趣, 時能透得他人不到處. 長老驚異, 以爲兒時見
   識超詣如此, 他日成就未可量也."

70) 朴世堂, 『西溪集』 권22, 〈庚申條〉, 443면, "先生少時讀大學 至瞻彼淇澳
   及前王不忘兩簡 輒疑其上下文義 不相貫屬 反覆究思 終有所不通者 每掩
   書而廢之. 及著思辨錄 移此兩段於第十平天下章後. 考兩程所定大學 盖
   與先生同焉."

상기 인용문은 박세당이 개척한 일련의 비판적 경학론의 서곡에
해당하는『대학사변록』이 탄생된 생생한 경위를 확인시켜 주고 있다.
그것은 의취[문의] 탐구라는 박세당의 학적 성향이 오랜 시간에 걸친
집요한 문제의식의 파지를 통해서 맺은 지적 결정(結晶)이었다. 이러
한 사실은 박세당이 자신의 저서명을『통설(通說)』혹은『사변록』으
로 명명한 경위를 통해서도 재차 확인되고 있다.[71]

그런데『대학사변록』저술에 앞서서, "전주(箋註)와 해설(解說)의
잘못을 분별한" 박세당의 고개(考改) 역량은 이미『소학언해(小學諺
解)』의 개주(改註) 작업을 통해서 충분히 검증된 사실이 있었다. 역설
적으로 그것도 우암(尤庵) 송시열(宋時烈, 1607~1689)에 의해서였다.
그 간략한 배경을 살펴 보건대, 마침 현종은 동궁(東宮)에 있으면서
장차『소학』을 강론할 계획이 있었다. 그러나『소학언해』의 구독(句
讀)이 너무나 난삽하여 바르지 못한 탓에, 급기야 유신(儒臣)들에게
고증과 개정 작업을 명하기에 이르렀다.[72] 선조(宣祖) 20년인 1587년
에 한강(寒岡) 정구(鄭逑, 1543~1620)를 비롯한 교정청(校正廳) 학자
들에 의해서『소학』을 대상으로 한 언해 작업이 완성된 사실이 있었
다. 이에 그 어떤 경로로 당시 부교리(副校理)에 재직중이었던 박세당
은 이 작업에 주도적으로 관여하게 되었다.

그런데『소학언해』의 고증·개정 작업에 임했던 박세당의 다음과
같은 경학적 태도는 매우 주목할 만한 대목으로 평가된다.

---

71) 朴世堂,『西溪集』권22,〈庚申條〉, 443면, "先生旣退閑居, 遂專意加工於經
   書. 沈潛累年, 融解貫通, 然後始乃正其編簡字句之錯訛. 辨其箋註解說之
   差誤, 錄而成書. 名曰通說, 或稱思辨錄."
72) 朴世堂,『西溪集』권22,〈丁未條〉, 440면, "承命考改小學諺解及註說之進.
   今上在東宮, 將講小學. 上以小學諺解句讀, 多難澁不雅, 命儒臣考證改
   定."

42

"박세당은 이에 상세한 검토와 탐색[玩索]을 병행하면서, (결국) 언해본(諺解本)의 잘못은 대부분 전주와 해설(註說)이 (경문의) 본지[旨]를 상실한 사실에 연유하고 있음을 확신하고, (주설을) 동시에 변파하고 반박해 나갔다."[73]

전인(前人)의 정설(定設)인 전주와 해설을 아울러 변박해 나간 박세당의 『소학언해』 개정 작업은, 실상 차후에 자신이 개척한 탈주학적 경학론의 방향성과 정확히 일치하는 맥락이다. 또한 경문(經文)의 본지에 대한 믿음은 박세당이 견지했던 육경관(六經觀)과도 상응하는 대목으로서,[74] 서계 경학론의 뚜렷한 특징을 형성하고 있다. 그런데 동료들은 전인의 정설을 개역(改易)하려는 태도를 극히 꺼려하였다. 반면에 박세당은 자신의 태도에 추호의 흔들림도 없었다.[75] 결과적 측면에서 볼 때에, 39세(현종 8년) 때에 수행된 『소학언해』 고개 작업은 박세당의 확고한 경학적 방향성과 그 역량을 대외적으로 천명해 보인 첫 계기로 남게 되었다.

그리하여 박세당은 경문의 본지를 벗어나고 잘못된 부분들을 한결같이 모두 축단변론(逐段辨論)하고, 메모된 쪽지[籤]를 첨부하여 국왕인 현종에게 바쳤다.[76] 이에 현종은 지적된 내용들을 양송(兩宋) [우

---

73) 朴世堂, 『西溪集』 권22, 〈丁未條〉, 440면, "諸僚莫有擔當者, 先生乃詳加玩索, 以爲諺解之誤, 多由於註說之失旨, 並辨駁之."

74) 박세당은 『사변록』의 「서문(序)」을 통하여 자신이 견지했던 육경관을 이렇게 적시해 두었다. "육경의 글은 모두 요순 이래의 뭇 성인들의 말씀을 기록한 것으로서, 그 조리는 정밀하고 그 뜻은 구비했으며, 그 생각[意]은 깊고, 그 취지는 심원하다 할 것이다(六經之書, 皆記堯舜以來群聖之言, 其理精而其義備, 其意深而其旨遠)."

75) 朴世堂, 『西溪集』 권22, 〈丁未條〉, 440면, "同僚嫌其改易前人之定設, 先生終不撓."

암·동춘당]에게 나아가 질정을 구하였던바, 이를 접한 "송시열은
큰 찬탄을 가하고" 한두 조 외의 것은 모두 박세당의 첨론(籤論)을
따르기에 이른다.[77] 이와 같은 송시열의 태도는 후일의 이른바『사변
록』파동을 전후한 무렵에 "모성추정(侮聖醜正)"이라는 죄목 하에,[78]
노론계(老論係)가 집단적으로 보여준 배타적·공격적 경향과는 극명
하게 대조되는 처사였음은 두말할 나위가 없다.

이제 박세당이 연행에 나서기 이전에 경험했던 중요한 개인사적
사건으로서, 이른바 공의(公義)·사의(私義) 논쟁을 살펴보고자 한
다.[79] 논쟁의 발단은 당시 교리(校理)였던 사휴(思休) 김만균(金萬均,
1631~?)이 북사(北使) [청사] 영접(迎接) 건에 대한 공적 직무 수행[行
公]을 거부하는 진소(陳疏)를 하면서 빚어졌다.[80] 즉, 김만균은 병자
호란 시에 그의 조모가 강화도[江都]에서 죽었다는 이유를 들어, 차마
청사(淸使)를 영접하는 행공에 참여할 수 없다며 상소로 하소연했고,

---

76) 朴世堂,『西溪集』권22,〈丁未條〉, 440면, "凡所舛誤, 一皆逐段辨論, 付籤
以進."

77) 朴世堂,『西溪集』권22,〈丁未條〉, 440면, "上命就質于兩宋, 宋相大加贊歎,
一二條外, 皆從籤論. 今行新本諺解, 是也." 논자는 박세당이 고개한 신본
『소학언해』의 소재를 파악하기 위해 노력하였으나, 아직 그 실체에는 근접
하지 못한 상태다. 다만 우암 송시열의 저서로 알려져 온 기존의『찬정소학
언해(纂定小學諺解)』본이 바로 박세당이 고개한 신본 언해본일 수도 있다
는, 매우 조심스러운 추정을 해본다.

78) 朴世堂,『西溪集』권22,〈癸未條〉, 448면, "金鎭圭鄭澔在朝和應, 以思辨文
字之得於耳剝者, 或換化字句, 或架鑿空虛, 相與搆疏, 目之爲侮聖醜正,
請罪其人焚其書."

79) 이 논쟁에 관해서는 鄭萬祚,「朝鮮 顯宗期의 公義·私義 論爭과 王權」,
『東洋 三國의 王權과 官僚制』, 朝鮮時代史學會, 1998에 자세하다.

80) 朴世堂,『西溪集』권22,〈甲辰條〉, 438면, "校理金萬均欲避北使, 陳疏乞免.
都承旨徐必遠退却其疏. 諫官將劾徐公, 同僚有立異者, 俱引避. 先生陳箚
直立異者."

44

이에 당시 도승지(都承旨)였던 육곡(六谷) 서필원(徐必遠, 1614~
1671)은 '피해자가 부모(父母)가 아닌 경우에는 허용할 수 없다.'라는
이유를 들어 상소문의 봉입(捧入) 자체를 거부할 것을 국왕에게 청하
기에 이르렀다.[81] 이와 같은 서필원의 조치는 유사한 사례의 재발을
방지하기 위한 숙고가 반영된 결정이었다. 자연 현종도 서필원의
건의에 동의를 표했다.

추가로 김시진(金始振)·이경억(李慶億)·조원기(趙遠期)·박세당
등이 서필원의 의견에 적극 동조한 끝에, 마침내 김만균은 파직에
처해졌다. 이 일이 있기 2년 전에 서필원은 박세당의 인물됨을 두고,
아래와 같은 평을 수행한 바가 있었다.

> "쇠락한 세상에 이토록 훌륭한 의론(議論)이 있을 줄을 미처 생각하
> 지도 못했다. 훗날의 청백리 감으로서, 우리나라에도 인물이 있었다
> 고들 말하리라!"[82]

그런데 줄곧 비상한 정치적 감각을 발휘함으로써 정국을 주도해
오곤 했던 송시열이 이 사안을 본격적으로 문제 삼으면서, 사태는

---

81) 『顯宗實錄』 4년 11월 6일(庚午), "承旨徐必遠啓曰 聞昨日修撰金萬均, 以其
祖母死於江都, 客行時不忍行公陳疏……今若捧入此疏, 則從前有此情勢,
而不敢陳疏者, 皆將相繼辭免, 擧朝之臣, 行公者無幾……今後則非事在父
母者之疏, 切勿捧入, 以爲後例. 上從之." 당시 청사(淸使)는 무신년 사절단
이 북경의 회동관(會同館)에서 만난 제독(提督) 이일선(李一善)이었으며,
조선 측의 영접사(迎接使)는 허적(許積, 1610~1680)이었다.

82) 朴世堂, 『西溪集』 권22, 〈諡狀〉, 429면, "徐公必遠貽書曰 不意衰世有此好
議論, 異日淸白吏日 國有人焉." 육곡의 이 평은 박세당이 34세 때 사간원
정언으로 재직할 때 김좌명(金佐明)을 공조판서로 탁배(擢拜)하려던 시점
직전에 올린 계사인 〈論金佐明李殷相避辭〉를 접하고 내려진 것이다(『西溪
集』 권6, 「啓辭」, 119면).

걷잡을 수 없는 국면으로 치달았다. 결국 장령(掌令) 정창수(丁昌壽)와 지평(持平) 이지(李遲)에 의한 서필원 체직소가 올려졌다. 더불어 일시의 시론(時論)은 이 사안을 준론(峻論)과 완론(緩論), 다시 청론(淸論)과 삼간(三奸)·오사(五邪)라는 이분법으로 재분류하면서, 논쟁이 점차 격해짐에 따라 조정의 안정은 기약할 수 없는 지경에 이르게 되었다.[83] 물론 반대파에 의해 박세당은 완론자와 오사 중의 한 명으로 낙인된 사실은 익히 알려진 사실 그대로다. 결국 이 논쟁은 의리소관(義理所關)에 관한 한 일도재단(一刀裁斷)의 기질을 발휘한다고 평가된[84] 박세당이라는 존재의 무게감에 큰 상처를 안겨 준 사건으로 각인된다. 박세당은 송시열[회천(懷川)]이 주도했던 당시의 시론에 크게 실망한 나머지, 급기야 우암이 존재하는 한 "세상에 유위(有爲)한 일을 하기란 불가능하다."라는 판단에 도달했던 것 같다.[85]

본 논의와 관련해서 보다 중요한 점은 완론자들의 지론으로 기록된 "서필원의 소어(疏語)가 거칠고 경솔하나, 복수(復讎)에도 차등이 있다."라는 설[86]에 대한 박세당 개인의 구체적인 입장일 것이다.[87] 일단

---

83) 『顯宗實錄』 5년 윤6월 12일(壬申), "掌令丁昌壽持平李遲, 停徐必遠罷職不敍之啓……一時論議, 亦多携貳, 有峻論緩論之稱. 所謂峻論者, 皆年少崇奉宋時烈爲儒宗, 而自任以淸論者也. 所謂緩論者, 其議以爲必遠疏語雖麤率, 至於復讎差等之說, 不無意見 而欲調劑於兩間者也.……至以李慶徽尹衡聖柳尙運爲三奸, 朴世堂趙遠期朴增輝吳始壽尹深爲五邪, 而轉輾相激, 寧靖無期."

84) 朴世堂, 『西溪集』 권22, 〈諡狀〉, 432면, "平居恂恂無異於人, 而至於義理所關, 則一刀裁斷."

85) 朴世堂, 『西溪集』 권21, 432~433면, "是時懷川主時論, 當路諸人競相和附, 進退與奪, 唯視其向背. 公獨持讜議, 不肯隨其俯仰, 於是側目者衆. 公知不可有爲於世, 乃歎曰……." 회천(懷川)은 당시 송시열이 거주한 지역의 명칭이었다. 「年譜」, 〈甲辰條〉, 438면, "宋相時烈所居地名."

86) 각주 83) 참조.

박세당은 이 사안에 대해서, "병자호란 때의 하성(下城)이 심히 치욕
스러운 일이긴 하나, 종사(宗社)를 보존하기 위한 만부득이한 대책이
었다."라는 지적과 더불어, "그 후로부터 조선이 북쪽 오랑캐[北虜]에
대해서, (내심으로는) 인분여통(忍憤茹痛 : 울분을 삼키며 통한에 절
인)하는 심경이었으나, 접대(接待)의 범절(節)은 면면(黽勉)이 실천해
왔다."라는 사실을 환기시켰다.[88] 이어서 박세당은 다음과 같이 당시
의 사태를 냉철하게 진단해 보였다.

> "북사(北使)가 올 때면, 왕도 또한 가마를 숙여 임접(臨接)하거늘,
> (하물며) 신하된 자는, 비록 그 피화인(被禍人)의 자손일지라도, 이미
> 스스로 (접대지절을) 폐할 수 없는 것이다. 조정의 벼슬아치라면,
> 임금이 가마를 숙이는 판에, 도리어 곧 해직(解職)하여 피하기를 도모
> 하고, 이를 자결(自潔)의 계책으로 삼으려고만 하니, 그 주욕신사(主
> 辱臣死)의 의리에도 대단히 어그러지는 처사다. 그런데도 이를 회천
> [우암은 도리어 청의(淸議)로 허여한다. 세상에 어찌 유독 지존(至尊)
> 은 욕되이 북사를 영접하게 하고, 자신은 면하기를 꾀하는 것을 청의
> 라 하겠는가?"[89]

---

87) 서필원의 상소문에 대한 박세당의 표면적 평가는 일면 양비론(兩非論)에
   기초해 있는 듯이 보인다. 『西溪集』 권5, 「疏箚」, 〈玉堂論事箚(甲辰四月,
   爲校理時與同僚聯名)〉, 86면, "말이 진실로 광솔(狂率)하다는 것은 전하께
   서도 이미 통촉하고 계실 터지만, (이 상소에 대해) 논한 자의 경우도 너무
   과격하게 공격하였으니, 이도 실로 온당하지 못합니다(今此徐必遠疏, 語固
   多狂率, 殿下已洞燭, 而至於論者, 攻之太激, 此固未得其當)".

88) 朴世堂, 『西溪集』 권22, 〈甲辰條〉, 438면, "盖先生常以爲丁丑下城, 恥辱莫
   甚 而出於爲宗社計萬不獲已, 故自其後我國於北虜, 忍憤茹痛, 接待之節,
   黽勉行之."

89) 朴世堂, 『西溪集』 권22, 〈甲辰條〉, 438면, "北使來則自上亦屈駕臨接焉,
   爲臣子者, 雖其被禍人之子, 旣不能自廢. 立朝從仕, 則君上屈駕, 而顧乃
   解職圖避, 欲爲自潔之計, 其在主辱臣死之義, 大段乖怫, 而懷川反以淸議

위 인용문의 핵심어는 군신지의(君臣之義)에 압축되어 있는바, 이를 박세당은 부자지간에 비유하기도 했다.[90] 주욕신사(主辱臣死)란 내용상 "군주를 배반하고 사(私)를 세운다."라는, 곧 배상입사(背上立私)에 해당하는 행위로서 동양의 정치철학에도 정면으로 반하는 처사였다.[91] 또한 군신 간의 의리 문제에 관한 박세당의 논조는, 달리 17세기 명·청 간의 교체기에 초래된 춘추의리(春秋義理)를 둘러싼 관인(官人) 유자(儒者)들의 세계관의 혼란을 극복하는 논리가 창출되는 장면으로 평가되기도 한다.[92] 아무튼 박세당은 송시열 등이 청의 혹은 시론으로 자처하면서 고담대언(高談大言)하는 처사야말로, 군신 간의 의리의 중요성을 망각하고 이륜(彝倫)을 파괴하는 행위라고 규정하고 개탄을 금치 못했다. 물론 이와 같은 박세당의 입장은 평소의 언의(言議) 소신이 유감없이 피력된 결과였다.[93]

한편 박세당이 표명한 입장 속에는, 그 자신이 일관되게 견지한 현실주의적 대외노선이 융해되어 있음이 발견된다. 이러한 지적은 병자호란 시의 항복을 "종사(宗社)를 보존하기 위한 만부득이한 대책"으로 규정한 시각에서 우선적으로 확인되고 있다. 기실 박세당의

許之. 世安有獨令至尊辱接北使, 而自爲圖免之淸議乎."

90) 朴世堂, 『西溪集』 권5, 〈辭副校理疏(十月)〉, 87면, "仰臣竊聞, 君臣之間義, 分極嚴, 而情曲必通, 譬猶父子, 無所舍隱."

91) 蔡沈 저, 金赫濟 교열, 『書集傳』 권7, 「康誥」, 1992, 17장의 註, "按上言民不孝不友, 則速由文王作刑罰, 刑玆無赦……背上立私, 則速由玆義, 率殺."

92) 이에 관해서는 金容欽, 「朴世堂을 둘러싼 老·少論의 갈등」, 『朝鮮後期 老·少論 分黨의 思想基盤』, 연세대학교 대학원 사학과 석사학위논문, 1994, 45면 참조.

93) 朴世堂, 『西溪集』 권22, 〈甲辰條〉, 438면, "一種時論藉口淸議, 高談大言, 而不知君臣之義之爲重, 彝倫之斁敗, 乃至於此, 深可慨也. 先生意見如此……直伸己見, 而平素言議, 屢形於此."

48

현실 인식은 "시의(時義)와 지난 사적[往迹]을 참작(參酌)해 보건대, 강화(講和)가 필연(적 형세)임을 확신했던," 곧 소위 형세론(形勢論) 에 입각한 지천(遲川) 최명길(崔鳴吉, 1586~1647)의 강화론과도 일맥 상통하는 바가 있다.[94] 박세당은 "하루아침에 성(城)이 함락되어 상 하(上下)가 어육(魚肉)이 된다면, 종묘사직을 어디에 두겠는가?"라는 최명길의 현실 인식을 계승하고,[95] 차후에 그 연장선에서 "(오로지) 삼가고 조심하여 그 두려움을 다해야만 하는" 현실주의적 사대론(事 大論)을 구축하기에 이르렀던 것이다.[96]

따라서 박세당은 주욕신사라는 의리를 망각한 채로 청사 영접이라 는 행공을 도면(圖免)하려 한 김만균의 처세는 물론이거니와, 이를 청의로 포장한 송시열의 논리에도 끝내 동의할 수 없었던 것이다. 지금 청사 영접 건으로 표면화된 박세당과 송시열, 양인의 상반된 대외노선은 병자호란 당시의 척화파(斥和派)에 대한 평가에서도 재 차 확인되는 사실이다.

우선, 송시열은 〈삼학사전(三學士傳)〉의 편찬을 통해서 척화의 기 절(氣節)을 드높이 선양하는 가운데,[97] 춘추의리론에 입각한 명분론 적 대외노선을 강력히 지향했다. 이에 반해서 박세당은 척화파를 겨냥하여 다만 "또 (스스로) 목을 매는 (필부의 하찮은) 절개[諒]를

---

94) 朴世堂, 『西溪集』 권11, 〈領議政完城府院君崔公神道碑銘〉, 227면, "臣爲 此羈縻之言者, 非敢不顧是非, 徒爲利害之說. 酌之以時義, 參之以往迹, 信其必然."

95) 朴世堂, 『西溪集』 권11, 228면, "今日之計, 和與戰耳, 而欲戰兵弱, 言和則 忌. 一朝城陷, 上下魚肉, 置宗社何地."

96) 朴世堂, 『孟子思辨錄』, 「梁惠王(下)」편 제3장 註, "字小者 慈育而得其樂, 事大者 恪愼而致其畏."

97) 宋時烈, 『宋子大全』 권213(한국문집총간 115), 「傳」, 〈三學士傳〉, 145면.

좇아서, 막중한 종사를 저버리는 일"이라고 폄하하며 일축했다. 나아
가 박세당은 최명길이 주도한 화의론(和議論)이야말로, 진정 "시의
(時義)를 깊이 헤아려, 애초부터 강한 적을 함부로 자극하여 (종사의)
전복(顚覆)을 자초하지 않으려 한" 선견(先見)이라고 높이 평가했
다.98) 특히 박세당은 화의론의 연원을 임란(壬亂) 시의 우계(牛溪)
성혼(成渾, 1535~1598)으로까지 소급하였는데, 이러한 서계의 인식
은 매우 주목되는 대목이다. 임진왜란 당시에 성혼은 "종사(宗社)가
위중하기 때문에, 시세[時]를 살피고 역량을 헤아리는 것을 의롭게
여겼기 때문"이라는 북송(北宋)의 장식(張栻) [남헌(南軒)]의 금(金)나
라 공격 불가론을 차용하는 방식으로, 명 · 일(明日) 영국 간의 화의에
찬성하는 견해를 피력했었다.99)

그러므로 우리는 이 지점에서 몇 가지 사항에 특별히 주목할 필요
가 있다. 그것은 첫째, 차후 박세당이 확정해 나간 대외노선 속에는
우계에서 지천으로 이어져 온 나름의 역사적 연원을 간직하고 있었다
는 사실이며, 둘째, 또한 그것은 전술한 소위 "서김지사(徐金之事)"
건을 계기로 하여 일정 부문 가시적 윤곽을 드러내기 시작했다는

98) 朴世堂,『西溪集』권11,〈領議政完城府院君崔公神道碑銘〉, 231면, "至於
  和議, 深量時義, 初不欲橫挑强敵, 自速顚覆, 又不忍以宗社之重, 從溝瀆之
  諒."
99) 朴世堂,『西溪集』권11,〈領議政完城府院君崔公神道碑銘〉, 227면, "今宣
  祖時, 天朝諸將倦用兵有和計. 令我請於天朝. 成渾謂可許." 그런데 성혼
  의 뒤를 이어 일본(日本)과 화의를 주장한 의병장 출신의 전라도 관찰사
  이정암(李廷馣, 1541~1600)이 곤경에 처하게 된다. 이에 이정암을 신구(伸
  救)하기 위한 우계의 발언 속에는 장남헌(張南軒)의 "금불가벌론(金不可伐
  論)"과 함께, 그 구체적인 해명도 포함되어 있다. 우계의 이 해명은 그의
  문인(門人)이었던 최명길의 강화론으로 연속된다 : "渾言韓侂胄伐金, 先儒
  罪之, 以危社稷. 張南軒亦言金不可伐, 此以宗社爲重, 而相時度力爲義
  耳."

점이며, 셋째, 자연 무신년 연행은 박세당이 구축해 가는 현실주의적 대외노선에 대한 사실적 차원의 정당성을 부여받는 계기로 작용할 가능성이 높았으리라는 추정 등에 관한 것이다.

한편 박세당은 이 사태[서김지사]의 추이를 유심히 지켜보면서, 송시열이 주도하는 정국 하에서는 자신의 경세론적(經世論的) 포부와 구상을 펼칠 만한 공간은 극히 협소하다는 판단을 하기에 이르렀고, 이에 사실상 퇴은(退隱)을 결심하기에 이른다.[100] 그런데 차후에 박세당이 단행한 석천동 퇴은 구상의 이면에는, 첫 부인인 의령남씨(宜寧南氏)의 장지(葬地)를 수락산 서쪽 기슭의 장자곡(長者谷)으로 정했던 사실과도 깊은 연관이 있다. 이때에 박세당은 장자곡 주변의 수승한 자연환경을 사모한 나머지 주변 동네를 '석천동(石泉洞)'으로 명명하고, 곧 복거(卜居)할 의지를 내심 다졌던 것이다.[101] 박세당은 38세 5월에 상처(喪妻)를 하고 다음 해인 39세 때인 1667년에 계부인(繼夫人) 정씨(鄭氏)를 맞아들였다.[102] 모두 연행에 나서기 일여 년 전의 일이었다. 계부인 정씨는 박세당이 50세가 되던 해의 9월에 타계했다.[103]

---

[100] 朴世堂,『西溪集』권22,〈戊申條〉, 441면, "及因徐金之事, 與受其謗, 先生知不可有爲於世, 而但若隷仕而已, 則非其心."

[101] 朴世堂,『西溪集』권22,〈丙午條〉, 439면, "五月哭夫人南氏. 卜葬于水落山西麓長者谷. 先生愛其泉石之勝, 名其洞曰石泉. 遂有卜居之意."

[102] 朴世堂,『西溪集』권22,〈丁未條〉, 440면, "聘繼夫人鄭氏. 夫人卽諱時武女也."

[103] 朴世堂,『西溪集』권22,〈戊午條〉, 442면, "九月, 哭夫人鄭氏."

2) 연행 전후

이제 무신년 연행을 전후로 한 박세당의 심경과 향후 구상 등을 추적해 보도록 하겠다. 편의상 박세당의 생애를 전반부와 후반부로 나눌 때에, 무신년 연행은 그 경계선을 구획해 주는 분기점으로 작용하고 있다. 전술한 내용을 통해서 사행에 임하기 직전 시기의 박세당은 관직 사퇴와 상처·재취 등과 같은 개인사적 사건으로 인하여 매우 복잡다단한 심경 속에 처해져 있었을 것임을 짐작할 수 있다. 자연 작가가 처한 특별한 처지나 심경은 작품인 연록의 형성에도 영향을 미치는 주요한 요인이 되었다는 사실에 주목하게 된다.

청국의 문물제도의 융성함과 정국과 군사적 안정, 그리고 경제적 풍요에 대한 불가피한 시인을 제외한 박세당의 대청 이미지는 한마디로 '진(塵)'이라는 시어로 압축할 수 있다. 그는 취한 듯 무심한 천도(天道)의 너머에서[104] 여전히 중원을 요동치는 저 고약한 피비린내 먼지[腥塵]가 "실로 천하의 장관"인 산해관마저 관통하고 있음을 감지하였고,[105] 급기야 그 후각적 여운을 심상 깊숙이 각인한 상태로 귀국했다. 이 '진' 이미지는 "연유로(燕遺老)"라는 명조(明朝)의 유민 입장에서,[106] 차후 연행 길에 나서는 주변 인물들에 대한 연속적인

---

104) 朴世堂,『使燕錄』,〈上使用杜工部詩久客宜旋旆一句爲韻分作五首輒次(五首)〉, 17면, "天道不能夕 昨申而今酉 誰更保長年 得與松喬友……"(一首);『西溪集』권4,〈送崔參判奎瑞赴燕(二首)〉, 72면, "一醉年多不奈天.";『西溪集』권4,〈使燕日和叔囑余略訪時事及再燕……作此詩以道意……寄和叔〉, 81면, "……奈何天帝醉時多 已聞北狩親操盖……."

105) 朴世堂,『使燕錄』,〈山海關〉, 17면, "長城初起處 天下此關頭……防屯通萬里 控制壯千秋 鎖鑰終虛設 腥塵滿九州." 산해관의 정경 묘사는『서계연록』,〈乙亥〉, 359면 참조.

106) 朴世堂,『西溪集』권4,〈贈李參議德成使燕〉, 83면, "西去迢迢路幾千 巫閭山外少人煙 請君試問燕遺老 能復衣冠憶往年."

자문 코드로 재생되기에 이른다.[107]

박세당은 주로 소론계 인사들인 최석정(崔錫鼎)·최규서(崔奎瑞)
·남구만(南九萬)·박필성(朴弼成)·이덕성(李德成)·이홍적(李弘
迪)·이덕수(李德壽) 등의 연행 자문에 응했으며, 또한 시로써 이들의
부연(赴燕)에 화답하기도 했다. 결코 간단한 작업은 아닐 테지만,
차후로 소론계 인사들의 연행록 전승 관계 및 그 특징에 관한 탐색이
필요해 보인다. 아무튼 박세당은 연행 기간 동안에 시종 조속한 귀국
[早歸] 의향에 젖어서 지냈던 듯하다.[108] 동시에 박세당은 심리적으로
다분히 자폐 상태를 유지했던 것도 같다.

그런데 박세당의 무신년 사절단에 동승한 경위를 살펴보면, 애초
자발적 동기에 의한 흔쾌한 결정에 따른 것이 아니었다는 사실이
확인된다. 박세당은 나름 고민스러운 숙고 과정을 거친 끝에 가까스
로 동참에 응하였던 것이다. 이러한 사실과 관련하여 박세당은 "조국
강역을 벗어나는 원역(遠役)인 까닭에, 의리상 감히 사양할 수 없는
일"이라는 고심의 일단을 내비추고 있었다.[109] 박세당은 사절단 일원
으로 제수(除授)된 이후에, 사연에의 동참 여부를 두고 나름의 장고를
거듭했던 것으로 보인다.

---

107) 朴世堂, 『西溪集』 권3, 〈崇禎皇帝手書克己復禮四字有使者得之燕市今在
宋相國家云(三首)〉, 50~51면. 박세당은 성진(腥塵)이라는 표현(一首)에 추
가하여, 호진(胡塵)이라는 시어를 사용하기도 했다(二首).

108) 朴世堂, 『使燕錄』, 〈永平〉, 19면, "永平地是古邊州 何況如今更旅游……日
中塵暗曛曛……馬首漸東歸意速 故園花動掩書樓"; 〈上使用杜工部詩久
客宜旋旃一句爲韻分作五首輒次(五首)〉; 같은 책, 18면, "西來固多幸 幸
與公同旅 此地不勝悲……故國滄溟東 何事日留連 但應及早歸 前路有三
千"(其四); 〈次上使人日詩韻〉, 같은 책, 19면, "風光爭似漢陽時 多費他鄉
一首詩 春夢獨歸東海 日窺紅浪欲生遲."

109) 각주 26) 참조.

이제 북경에서 정월 초하룻날 밤을 맞이한 박세당은 봉사단의 상사 (上使)인 이경억의 두공부시(杜工部詩)에 5수의 시를 분작하여 차운 (次韻)했다. 이경억은 박세당이 "다행히도 공(公)과 함께 주선(周旋) 한" 금번 연행의 경험을 무척 행운으로 여겼을 만큼 존중의 대상이었 다. 후일 박세당은 "출생 시 (백발이 성성한) 노인이 나타나서 이름을 지어준 이몽(異夢)"을 간직했었던 이경억의 사후에, 애절한 심정으로 비명(碑銘)을 작성해 주기도 했다.110) 그런 화곡에게 박세당은 연행 을 전후한 자신의 내밀한 심회를 아래의 시로써 솔직하게 고백해 보였다.111)

素性本山林 行世昧適宜　천성이 본디 산림 취향, 적절히 맞추는 처세에는 어두워.

强宦不入心 强食不安脾　마지못한 환로(宦路)가 마음에 들지도 않고, 억지 봉록은 비위에도 거슬려.

且圖休中逸 得免忙裏疲　장차 쉬면서 편히 지내, 다망함 끝의 피로를 떨치고자 했는데.

奮起西赴燕 受命不敢遲　분연히 떨쳐 서쪽 연행에 나선 것은, 감히 왕명을 지체할 수가 없어서였지.

跋涉新道路 抛棄舊園池　산 넘고 물 건너 처음 가는 길, 옛 동산 이며 연못일랑 다 잊어버려.

蹈義苟如渴 安恤一軀爲　의를 따르기를 참으로 목마르듯 한다 면, 어찌 이 내 한 몸만을 위하리.

天地是樊籠 不必戀方陲　천하란 새장 같은 것, 반드시 변방 모

110) 朴世堂,『西溪集』권12,〈左議政李公墓碑銘〉, 233면, "以光海庚申九月二 十二日丙申生公. 生有異夢 老人來授之名."

111) 朴世堂,『使燕錄』,〈上使用杜工部詩久客宜旋旆一句爲韻分作五首輒次〉 (五首), 18면.

	통이에 연연할 필요야 없겠지.
所恐時節晚 差池見彤墀	때를 놓쳐 북경 당도에 차질이 날까봐
	못내 염려스러웠지.

인용된 위의 시 속에는 금번 연행에 임하는 박세당의 내밀한 심회가 잘 압축되어 드러나 있다. 이 시에 앞서 박세당은 동년[戊申, 40세] 정월에 옥당(玉堂)에서 해관(解官)을 결심하고, 의도적으로 월과(月課)를 세 번씩이나 제출하지 않다가 파직(罷職)을 자청한 사실이 있었다.112) 그 무렵에 박세당은 "훗날 나의 삼경처(三逕處) [은사(隱士)의 문정(門庭)]를 묻거들랑, 송국(松菊)을 가꾸어 뜨락에 가득하기를 즐긴다고 전해 주오!"라는 시를 통해서, 망설임 없는 은둔의 의지를 피력해 보이곤 하던 차였다.113) 은둔의 배경과 관련하여 박세당은 "뜻을 굽히고 몸을 욕되게 하여, 그[우암] 지침만을 따르기보다는, 차라리 내가 좋아하는 바를 좇아서, 전답 가에서 몸을 마치는 편이 낫지 않겠는가?"라고 하여, 정치적 이유가 결정적 요인으로 작용하였음을 토로했다.114)

고백된 정치적 이유란 모든 면에서 박세당과 대척점에 위치했던 우암 송시열을 지칭한 표현임은 재론의 여지가 없다. 박세당은 우암 주도 하의 당시 정국을 "응급유퇴(應急流退)"로 압축하고 피화(被禍)할 뜻을 밝혔던바, 이는 곧 결연한 은퇴 의지를 천명한 것이다.115)

---

112) 朴世堂, 『西溪集』 권22, 〈戊申條〉, 440면, "先生四十歲, 正月以文臣月課, 三次不製罷職. 遂歸于楊州水落山石泉洞 而居焉."

113) 朴世堂, 『西溪集』 권22, 〈戊申條〉, 440면, "他日問我三逕處 好栽松菊滿階庭."

114) 朴世堂, 『西溪集』 권22, 〈戊申條〉, 441면, "乃曰 與其屈志辱身 隨其翕張 豈若從吾所好 以沒身於畎畝間也哉."

따라서 인용된 위의 시는 관직 사퇴를 전후하여 박세당이 품어 왔던
은둔 지향 의식의 연장선에 놓여 있는 것으로 감상된다.

　보다 근원적인 은퇴 변(辯)은 박세당이 미리 자찬(自撰)해 두었던
〈서계초수묘표(西溪樵叟墓表)〉에서 밝히고 있는 바와 같이, "세상을
위해서 훌륭한 일을 하기도 충분치 못했고", 또한 "구정(救正)하기에
는 불가능하다."라는 자신이 구상했던 경세의지의 좌절 예감을 지목
할 수가 있다.116) 더 나아가 박세당은 미래에 대한 예견적 전망이라는
차원에서 볼 때에, 조선 사회 자체가 이미 경상기(傾喪期) 초입 단계인
"집이 기울긴 했으나, 아직 붕괴되지는 않은[傾而未圮]" 단계에 진입
한 것으로 진단하고 있기조차 했다.117) 박세당이 판단하기에, 이미
기울어진 집인 조선을 복구하기 위해서는 군주와 재상의 정상적인
역할 수행이 요구되었다. 그러나 군주와 재상의 정상적인 역할의
부재로 인하여, 조선 사회가 직면한 난국을 정면으로 돌파해 나가기
란 현실적으로 무리라는 것이 박세당이 내린 최종적인 판단이었다.
더욱이 박세당은 국왕인 현종(顯宗)에 대한 큰 실망감을 가감 없이
피력해 보였다. 박세당은 현종을 "용렬하고 어리석은 군주[庸君暗主]"
로, 좀더 격한 표현으로는 "말세의 교만하고 혼미한 군주[驕昏之主]"

---

115) 朴世堂, 『西溪集』 권22, 〈戊申條〉, 440면, "又嘗題僧軸曰 唯應急流退 不負
　　　點頭人."

116) 朴世堂, 『西溪集』 권14, 「碣銘」, 〈西溪樵叟墓表〉, 291면, "自見才力短弱
　　　不足有爲於世, 世又日穎 不足以救正也."

117) 박세당은 『시경(詩經)』의 당구지의(堂構之義)를 차용한 가운데, 수성기(守
　　　成期)에서 경상기(傾喪期)로의 이행기 국면을 이렇게 묘사하였다(朴世堂,
　　　『西溪集』 권5, 〈應求言疏〉, 89면) : "譬之室屋旣圮, 治而居之者, 必改基以
　　　築……鞏固完備, 可以遺子孫 而無後憂矣. 若其傾而未圮, 則不然……亦足
　　　以復其舊 而無後憂矣.……身受其殃 而不自覺, 若居宅者, 早見腹壓之害,
　　　必不憚盡其心而爲之, 何勞逸之足論乎.……是故先王重堂構之義也."

로 지탄했었다.[118]

박세당은 해관 직전에 그런 현종에게 경세론적 대안이 집약된 〈응구언소(應求言疏)〉를 제출했다. 이는 삼정(三政)의 문란을 포함한 적폐(積弊)된 시국 전반을 향한 회심의 재조(再造) 기획안인데, 사실상 현실적으로 그 실현이 불가능하다는 좌절된 경세 의지는, 그로 하여금 광자(狂者)의 심경으로 인도하게 했다. 시 〈해직후작삼수(解職後作三首)〉는 미친 듯 울부짖는 광기서린 박세당의 의분(義憤)을 생생하게 그려내고 있다.[119] 그가 연행 중에 사연(賜宴)의 핵심 일정인 정월 초하루의 조참의(朝參儀) 적에 청조 강희제(康熙帝)의 동정에 예의 촉각을 곤두세웠던 이유 또한 바로 이러한 맥락에서였다. 박세당은 철저히 군권강화론을 통한 일련의 개혁을 꿈꾸었다.[120]

이에 추가하여 박세당은 『장자(莊子)』의 한 구절을 끌어와서, "천하란 하나의 새장 같은 것"이라는 의식적 영역에서의 공간 확장을 꾀하

---

118) 朴世堂, 『西溪集』 권5, 〈應求言疏〉, 88면, "臣竊痛朝廷好爲無實之擧 上以欺天……猶不知悔 甘處於庸君暗主之間……"; 같은 책, 90면, "其罕朝者卽末世驕昏之主耳."

119) 朴世堂, 『西溪集』 권4, 「補遺錄」, 〈解職後作三首〉, 82면. 그 중에서 제2수는 이러하다: "지리소가 양양하게 요역을 비웃으니, 조물주가 네게 교만함을 유난히 많이 주었구나. 부역과 곡식이 천자의 힘 아니라 하기 어렵건만, 크게 노래하며 또 감히 요순시대를 오시(傲視)하네(支離攘臂笑征搖 造物偏饒爾得驕 賦栗難言非帝力 狂歌又敢傲唐堯)." 『장자(莊子)』「인간세(人間世)」에 등장하는 '지리소'는 기괴한 형상을 한 장애인에 해당하는 인물이다. 때문에 그는 각종 국가의 징역과 요역을 면제 받는 대신에, 병자에게 지급되는 곡식을 받아 먹으면서 권력에 아랑곳 않고 요순시대보다도 더 편안한 생을 영위할 수 있었다.

120) 박세당의 정치적 입장과 출처(出處) 방식, 대내외 시국(時局) 인식과 대응의 방향, 그리고 정치・사회의 운영 주체에 대한 견해를 군주론(君主論)・대신론(大臣論) 위주로 분석한 논의로는 金駿錫, 「西溪 朴世堂의 爲民意識과 治者觀」, 『東方學志』 100, 연세대학교 국학연구원, 1998, 165~181면 참조.

고 있었음이 주목된다. 이러한 의식상의 지평 확장 시도는, 필경 조선
이라는 작은 "변방 모퉁이에 연연할 필요가 없는" 위안과 해방의
공간을 제공해 주었기 때문일지도 모른다. 광활하고도 호방한 장자풍
(莊子風)의 기상에 의탁한 박세당은 마침내 옛 원지(園池)마저도 잊고
싶었다. 따라서 "분연히 연행 길에 나선 것은, 감히 왕명을 지체할
수가 없어서"이기도 했지만, 일면 답답한 해동(海東) 모퉁이 공간을
일시 "포기(抛棄)하고픈" 별리(別離)의 심정 또한 크게 작용했던 것이
다. 결과적으로 박세당의 연행은 새장을 벗어나는 장유(壯遊)의 의미
로 기억되지는 못했던 듯하다. 반면에 박세당은 결코 자신이 영원히
"해동인(海東人)"이라는 사실을 망각하지는 않았다.121) 그는 해동인
의식에 충만한 위인이었다. 결국 박세당은 연행 길에 나섰다. 실상
세상과의 이별 의례를 겸한 마지막 여행길이기도 했다.

　이처럼 연행을 전후하여 특별한 심회와 인생 구상에 젖어 있었기
때문일까? 박세당은 왕환의 길목에서 특별히 영평부(永平府)의 이제
묘(夷齊廟)와 명대(明代) 한응경(韓應庚)의 묘(墓)에 각별한 관심을
표명하였다. 전자는 서래(西來) 길에,122) 후자는 동환 길에서 각기
관찰과 기록의 대상으로 낙점되었다. 저 세 사람은 귀국 이후 수락산
석천동으로 잠수한 뒤에, 박세당 자신의 동일시 모델로 추존되었던
매월당(梅月堂) 김시습(金時習, 1435~1493)과도 일면 상통하는 고답
(高踏)의 기풍을 간직한 위인들이다. 위의 세 사람을 통해 박세당은

---

121) 朴世堂,『西溪集』권4, 〈送人赴燕〉, 73면, "撲撲騰騰薊北塵 年年歲歲海東
　　人 車徒跋涉千山遠……."

122) 朴世堂,『使燕錄』, 〈上使用杜工部詩久客宜旋旆一句爲韻分作五首輒次
　　(其四)〉, 18면, "西來固多幸, 幸與公周旋, 此地不勝悲, 悲見舊鼎遷……."
　　서래(西來)는 북경을 도착지로 설정한 조어로, 동환(東還)과는 대비되는
　　표현에 해당한다.

58

자신의 염퇴의지(恬退意志)를 재삼 확인하고,[123] 귀국 이후에 구체화할 퇴은 구상을 내심 다졌던 듯하다.

이제 무신년 사절단 일행은 난하(灤河)를 건너서 막 이제묘에 접어들었다. 사우(祠宇)는 사방이 높은 담장으로 휘둘러졌고, 그 정문에는 "고죽성(孤竹城)"이라는 표지가 붙어 있었다. 사절단 일행은 복장을 갖추고 사당에 들어 참배했다. 진흙으로 다져 만든 두 조각상[塑像]이 나란히 잘 보전되고 있었다. 이제묘를 참배하던 도중에 박세당은 특히 사액(賜額)인 "청절사(清節祠)"라는 편액과 사우의 중문에 아로새겨진 "완악한 지아비를 청렴하게 하고, 나약한 지아비는 입지(立志)를 갖게 된다[廉頑立懦]."라는 문구, 사당[堂] 명인 "읍손(揖遜)"과 누각 명인 "소청(遡清)", 그리고 누대에 붙여진 이름인 "청풍대(清風臺)" 등과 같은 문구들을[124] 유심히 눈여겨봐 두었다. 그리고 "속까지 훤히 드러낸 난하의 맑은 물로, 님을 따라 더럽혀진 의복을 씻을진저!"[125]라는 소청(遡清)에의 결의를 흉중 깊숙이 각인한 채로 귀국했다.

차후 박세당이 구상하고 문인들에 의해 구체적으로 실행에 옮겨졌던, 이른바 석천동 경영에 선행한 모델을 이제묘가 조성된 영평 경영(永平經營)으로부터 제공받았을 것으로 추정해 본다.[126] 사실 조선

---

123) 박세당은 肅宗 6년(1680)인 52세 적에 왕으로부터 "恬退清苦之節"이라는 별유(別諭)를 받았다. 朴世堂,『西溪集』권22,「年譜」,〈庚申條〉, 443면, "繼而特宣別諭曰 爾之恬退清苦之節, 近所罕有 予常嘉獎."

124) 朴世堂,『西溪燕錄』,〈己卯〉, 362면, "又渡灤河 入夷齊廟 高墻四圍 榜其門曰孤竹城. 臣等具服入謁 則廟爲二塑像……而重新在洪武九年成化世 賜名清節扁 其中門曰廉頑立懦 堂曰揖遜 樓曰遡清 臺曰清風臺在廟後……."

125) 朴世堂,『使燕錄』,〈夷齊廟〉, 17면, "北海何年別 西山餓不歸 心知讓弟是 眼見伐君非 故國誰歌麥 遺祠欲薦薇 灤河清到底 從子濯塗衣."

126) 석천동 경영에 관한 논의로는 다음의 글에 자세하다. 金鶴洙,「의정부 長巖의 반남박씨 西溪 朴世堂 가문의 가계와 인물」, 제16회 회룡문화제 기념학

중기의 사절단 대부분이 이제묘를 참배하고 신성시했던 정황이 있다. 그런데 박세당의 추념(追念)은 여타의 사절단들에 비해서 좀더 의식적인 부분이 있다. 후일 박세당은 특히 백이(伯夷)의 절개와 우중(虞仲)의 은둔 행적에 내포된 두 극치를 겸한 인물로서 김시습을 평가하면서,127) 자신을 그 연장선에서 위상지우는 이념적 계보 상속 작업을 시도한다. 따라서 이제묘를 접하는 여타의 조선 사절단의 시선과 은둔을 통한 계승 의지에 충만했던 박세당의 그것에는 분명한 차이가 존재한다. 더불어 박세당은 우리 동방에는 비교할 대상이 없는, 최승(最勝)의 이제묘가 위치한 영평 지역의 "그 아름답고도 고운 산수"에 감탄해 마지않았다.128) 결과적으로 이제묘 참배를 계기로 하여 착상된 차후의 영건(營建) 구상은, 금번 연행을 통해서 박세당이 거둔 큰 수확 중의 하나로 등록될 전망이다.

실제 박세당은 후일 산수도 빼어났을 뿐만 아니라 지명마저 동일했던 근기 지역의 영평현(永平縣) 동남쪽 계곡에 별장(別莊)을 경영할 의사가 있었다. 그러나 가난한 자신의 형편으로는 그 자금을 도저히 감당하기 어려워 무위에 그치고야 만다.129) 결국 당초 영평 별업(永平別業)을 조성하려던 계획은 석천 경영(石泉經營)에 전념하는 방향으

술대회, 『西溪 朴世堂의 학문과 古文書』, 의정부문화원, 2001, 81~91면 ; 심경호 외, 『서계 박세당 선생과 石泉洞 경영』, 경기문화재단, 2008.

127) 朴世堂, 『西溪集』 권9, 〈梅月堂影堂勸緣文〉, 161~162면, "其或以伯夷之心而蹈虞仲之跡, 旣得求仁 又中淸權, 合二子之極致而一之者 則世孰得以加之哉. 若淸寒子 生五期……."

128) 朴世堂, 『西溪燕錄』, 〈己卯〉, 363면, "……皆石上有孤竹君廟. 永平之地山水明媚, 雖東方鮮有其比夷齊廟最勝."

129) 朴世堂, 『西溪集』 권4, 〈聞永平縣東南有谷 水石甚佳 意欲營之 苦於乏資雲路相國方求退 勸其辦此 追跡玉屛 不肯也 故作二首〉, 71면.

로 궤도가 전면 수정된 듯하다. 그런데 우연찮게도 매월당 사우에
내려진 청절사라는 편액과 석천동 계상(溪上)에 세워진 청풍정(淸風
亭)이라는 명칭 또한 이제묘의 편액 및 대명과 일치한다. 청풍정은
박세당 사후인 1729년(英祖 5)에, 서계의 고족(高足)인 서당(西堂)
이덕수(李德壽, 1673~1744)에 의해서, 백이와 숙제에 비견된 김시습
의 청풍(淸風)과 대절(大節)을 기린다는 의미에서 붙여진 이름이
다.130) 마침내 연행 길에서 참배했던 영평 경영의 주인공인 이제의
얼이 박세당에 의해 김시습으로 재점화되면서, 석천 경영이 지향하려
는 정신세계의 이념적 계보가 완비되기에 이른 것이다.

이에 앞서 박세당은 조각상 대신에, 원래 홍산(鴻山)의 무량사(無量
寺)에 안치되어 있던 매월당 김시습의 초상화를 수락산 동봉의 서편
석림사(石林寺) 곁으로 봉안해 왔다.131) 수락산 동봉의 "매월당(梅
月堂)"은 김시습이 1472년(壬辰) 가을을 전후하여 거처했던 옛터로
서,132) 산의 동쪽 봉우리 편에 위치하고 있다.133) 박세당은 백이와

---

130) 李德壽,『西堂私載』권4,「淸風亭宴遊記」, 240면, "風之淸兮 來東峰之高風
者耶. 風之高兮 接首陽之淸風者也. 於是名 其亭曰淸風亭. 遂爲之記."

131) 朴世堂,『西溪集』권22,〈丙寅條〉, 444면, "先生以欲營建祠宇於東峰之西
石林之傍.……因謨移金公所自畵之在鴻山無量寺者 奉安于此." 당초 석림
암(石林庵)은 반남박씨의 재궁사찰(齋宮寺刹)로 남아 있었다. 몇 차례에
걸친 유실과 전소, 그리고 복원 과정 끝에 현재의 석림사는 1965년에 신축되
었다(〈石林寺沿革〉). 한편 현재의 석림사는 지장보살을 주불(主佛)로 삼는
원력사찰로 변모하였다.

132) 金時習,『梅月堂集』권12,「金鰲錄後志」, 281면, "辛卯春 因請入京, 壬辰秋
城東瀑泉精舍卜築終年云 癸巳春志." 수락산과 매월당에 관한 세밀한 논의
로는 安東濬,『金時習 文學思想 硏究－小說의 思想의 基盤을 중심으로－』,
한국학대학원 박사학위 논문, 1994, 23~27면 참조.

133) 朴世堂,『西溪集』권22,〈丙寅條〉, 444면, "梅月堂金公所居舊址 在於水落
山之東峰."

숙제를 이은 김시습을 자신의 정신적 동일시 모델로 요청했던 것이다. 이러한 석천 경영의 이면에는 동환 길에서 답사했던 조어대(釣魚臺) 한응경의 퇴은 사례를 통해서, 모종의 영감과 확신을 제공받았던 사실 또한 중요한 계기로 작용하였을 것이다.

아무튼 이제묘 참배를 통해서 향후 영건 구상에 충만했을 박세당은 수려한 산수를 자랑하는 영평부에서, "백이(伯夷)의 사우에 깃든 얕고 깊은 수심"을 읽었고, 서재를 가리고 있을 고국의 봄꽃을 그리면서, "동쪽으로 갈수록 돌아갈 마음 조급해라."라며 조속한 귀국 의향을 피력해 보였다.134) 더불어 동환 이후에 삼경처 돌입 구상에 충만했던 박세당의 심경상, 난하 변에 우뚝하니 자리한 조어대와 그 주인공인 명대의 한응경 또한 예사롭지 않은 인연으로 다가섰다.135)

일단 박세당은 이상적인 기록서로 평가한 「우공」편의 서술 양식에 준하여, 조어대의 경관을 기록해 두었다. 이어서 박세당은 한응경의 묘구와 구택에 시선을 집중시켰다. "난하의 북쪽에 흡사 덮개 모양새를 한 울창한 소나무 숲의 산이 바로 한응경의 묘구(墓丘)"고, "묘의 동쪽 모서리 강가에는 수풀 동산 속에 (고색 창연한) 가옥[屋宇]이 자리하고 있으니, 곧 한응경의 구택(舊宅)"이었다.136) 박세당이 한응경의 묘지와 구택에 주목한 데는 그럴 만한 이유가 있어서였다. 박세당은 한응경의 퇴은과 풍절을 통하여 자신의 미래를 읽었고, 또한

---

134) 朴世堂, 『使燕錄』, 〈永平〉, 19면, "永平地是古邊州 何況如今更旅游 李廣碑前多少恨 伯夷祠裏淺深愁 日中塵暗曛曛夕 春半雲寒凜凜秋 馬首漸東歸意速 故園花動掩書樓."

135) 朴世堂, 『西溪燕錄』, 〈甲子〉, 386면, "渡沙河取下路 往觀釣魚臺. 臺明監察御使韓應慶所築 在灤河……."

136) 朴世堂, 『西溪燕錄』, 〈甲子〉, 397면, "河之北有山如覆蓋 松林茂鬱則應庚墓丘, 墓東隅河 有園林屋宇 卽庚應舊宅."

아래와 같이 곧 맞이할 운명을 예감했던 것이다.

"(한응경은) 만력(萬曆) 연간에 (이곳 조어대 위의) 누각[樓]으로 물러
나 은둔했다. (이후로) 다시는 관직에 응하지 않다가, 최후를 맞이하
여 이 산 언덕에 몸을 거두어 묻었다. (참으로 그의) 풍절(風節)은
숭상할 만하다. 그 자손들 또한 여전히 구업(舊業)을 망실하질 않았다
고 한다."137)

확실히 한응경과 박세당, 양인의 인생 이력과 지향처에는 닮은
부분이 있다. 복건도(福建道) 감찰어사(監察御使)를 역임한 한응경의
경우처럼,138) 박세당 역시 황해도[海西] 암행어사(36세)를 수행한 환
력을 지니고 있다.139) 더욱이 양인은 퇴은 이후에 관직에 임하는
자세도 닮았다. 이위(李衛, 1686~1738)의 『기보통지(畿輔通志)』 권74
에 의하면 자가 희백(希白)인 한응경은 47세 적에 병으로 치사(致仕)
한 이후로 일곱 차례에 걸친 소명이 있었으나, 조정의 부름에 일체
응하지 않았다고 한다. 박세당도 석천동 은둔 이후로 특별한 두 경우
를 제외하고는, 두 번 다시 관직에 응하지 않았다. 그 경우도 극히

---

137) 朴世堂, 『西溪燕錄』, 〈甲子〉, 387면, "萬曆時退隱于此樓 官不起 及沒囚葬
焉. 風節足尙 其子孫猶不失舊業云."

138) 金昌業의 『燕行日記』 권8과 金景善의 『燕轅直指』 권2의 「出彊錄」에는 한응
경이 "福建道監察御使"를 역임한 사실을 기록해 두었다.

139) 한국학중앙연구원에 기탁된 반남박씨(潘南朴氏) 서계종택(西溪宗宅) 전적
(典籍) 중에서, 가칭 『西溪雜錄』(마이크로필름 no. 10179-1, 12항목), 「海西
綉行日記」 및 『西溪集』 권22, 「年譜」, 〈甲辰·乙巳條〉를 참조할 것. 「해서
수행일기(海西綉行日記)」는 1664년(顯宗 5) 10월 4일의 출성(出城) 정황에
서 시작하여, 동년 11월 13일까지인 한달 열흘 남짓한 수의야행(繡衣夜行)
기록만 담고 있다. 나머지 기간 동안의 기록은 누락되었다. "自此以後日記
缺." 물론 이에 앞서 박세당은 35세 때에도 "어사로서 강화도 군저(軍儲)로
가서 안찰을 했던(以御使往按江都軍儲)" 경력도 있다(「年譜」, 〈癸卯〉).

짧은 기간에 불과했다. 그리고 수락산 자락에 위치한 두 부인의 봉분 (封墳) 사이에 자신을 묻었다. 박세당이 견지하고자 했던 풍절은 닮은 꼴을 한 자식들에게 그대로 의미가 상속된다. 이제묘에 이은 한응경 의 묘구는 동환을 목전에 둔 박세당을 크게 고무 진작시켰고, 차후에 맞이할 운명에 대한 일말의 안도감과 함께 그의 마음에 심심한 위안 처를 제공해 주었을 것이다.

이윽고 동해객(東海客) 박세당은 조어대의 전설로 화한 한응경을 기리면서 연작 2수의 시를 남겼다.[140]

> 숲을 나와 나무꾼에게 물어
> 난하 변의 조어대에 당도하니
> 여울 물길은 굽이굽이 급하고
> 돌층계 길은 꼬불꼬불 가파르네.
> 사람은 소미성[少微]과 더불어 은거했고
> 나그네는 동해에서 왔다오.
> 평생토록 그리던 일 허사가 되었으니
> 광막한 회포를 누구에게 토로할꼬?

위의 시 속에는 수락산의 '동봉(東峰) [매월당]'에 대련한 의미인

---

140) 朴世堂, 『使燕錄』, 〈釣魚臺〉, 19면, "林外問樵者 河邊到釣臺 急灘流曲折 懸磴勢盤回 人與少微隱 客從東海來 百年虛想像 曠抱爲誰開."(其1) 소미 성은 은거하는 덕 높은 선비인 처사(處士)를 뜻한다. 이 별이 밝게 빛나면 처사가 세상에 나온다고 한다. 나머지 제2수는 이러하다: "한공이 물러나던 날, 문 밖에는 소명이 이르렀건만, 부중의 말 죽이고, 여울가에서 낚시질을 하였네. 사안(謝安)의 동산엔 소나무 소리 맑고, 도잠(陶潛)의 집에는 버들 그늘 시원하구나. 적막하여라 아득한 옛일이 되었구나, 이 사람을 나는 따라갈 수 없네(韓公歸隱日 門外有徵書 殺却府中馬 釣來灘上魚 謝山松籟 冷 陶宅柳陰疏 寂寞成千古 斯人吾不如)."(其2)

64

'서계(西溪)'의 경우처럼,[141] 일민(逸民)인 한응경의 풍절에 대한 추존 (追尊)과 계승 의지가 넘쳐나고 있다. 또한 박세당은 좌절된 자신의 경세 의지를 한응경에게 하소연하면서, 이미 천고(千古)의 세월 속으로 자취를 감춘 한응경을 향해 "이 사람을 나는 따라갈 수 없네."라며,[142] 흠모의 염과 계승 의지를 재차 천명해 보였다. 그런 점에서 박세당의 금번 연행은 득의한 소득이 있었다.

각기 서래 길과 동환의 길목에서 접한 이제묘와 한응경의 유적을 접하는 박세당의 시선 속에는, 당시 그의 내면 풍경의 한 장면이 노출되고 있었다. 이런 정황들은 박세당이 사행 기간 내도록 퇴은 구상에 몰입하고 있었음을 반증해 준다. 이와 같은 작가의 심경은 이후 논의될 일련의 문명 충격에 대한 수용 태도를 결정해 주는 변수로도 작용하게 된다. 뿐만 아니라 퇴은 구상에 몰입했던 작가의 심경은 작품인 연록의 내용 형성에도 일정 부문 영향을 미치고 있음이 분명해 보인다.

물론 박세당은 스스로 "연행은 진실로 다행[西來固多幸]"인 것으로 자평하고 있었다.[143] 기실 이러한 박세당의 언명은 청조에 대한 부정적인 체험과 이미지까지를 포함한 종합적인 평가에 해당한다. 이런 정황들은 다음 제2장의 논의를 통해서 그 분명한 실상의 일면이 드러나리라 본다.

---

141) 朴世堂, 『西溪集』 권2, 「石泉錄(上)」, 〈東峯〉, 31면, "東峯已無舊精舍……西溪老翁住溪畔." 이 시는 무신년인 1668년에 창작되었다.

142) 朴世堂, 『使燕錄』, 〈釣魚臺〉, 19면, "韓公歸隱日 門外有徵書……寂寞成千古 斯人吾不如(2)."

143) 朴世堂, 『使燕錄』, 〈上使用杜工部詩久客宜旋旆一句爲韻分作五首輒次〉, 18면, "西來固多幸 幸與公周旋……但應及早歸 前路有三千(2)."

제2장 박세당의 대청탐규(對淸探窺)

서계 박세당이 활동했던 17세기 중·후반의 조선 사회는 양란이 초래한 미증유의 정치·사회적 혼란 양상과 더불어, 중국 대륙에서는 명·청(明淸) 간에 왕조가 교체된 복잡한 국제정세의 흐름에 편승되고 있었다. 이제 조선 사회는 양란으로 초래된 전후 질서체계의 수립이라는 국가 내부적 과제에 추가하여, 청조가 주도하는 새로운 동아시아적 질서체제에 적응해 나가야만 하는 난제를 덤으로 안게 되었다. 당시의 조선 사회는 중국 중심의 국제질서에 대한 대응 노력이 국내의 제반 정책적 노선을 향해서도 그대로 규정력을 행사하는, 매우 특수한 정치적 현실을 유지하고 있었다.

그런데 오랑캐[胡]로 치부되었던 만주족에 의한 청조의 출현은 조선 사회를 일대 혼란 속으로 밀어넣었다. 이에 춘추의리론(春秋義理論)에 입각한 명분론적 대명관은 명청 간 왕조 교체에 따른 조선 지성계의 새로운 대응양식으로서, 차츰 시대적 지배이념으로 정착해 가고 있었다. 또한 조선 사회는 내외의 위기 국면을 정면으로 돌파해 가려는 대처 노력을 다각적인 국가재조(國家再造) 담론으로 표출하고도 있었다. 박세당의 무신년 사행은, 이처럼 내외로 복잡한 시국과 교체기적 국제정세의 와중에서 수행되었다.

박세당이 조선 사절단의 삼사(三使) 중 서장관 자격으로 사행에 나선 시점은, 병자호란(1636)이 발발한 해로부터 32년 이후의 일이다. 당시 조선왕조는 대륙의 새 주인인 청조와 맺은 조약을 실천하기에 급급했으나, 정작 청조 또한 중원에서 여전히 불안한 정국 속에 처해 있었다. 따라서 귀국 이후에 사행 경위를 보고할 책무를 지닌 서장관 박세당의 시선은 매우 예리하게 빛나고 있었다. 이 시선은 탐규(探窺)로 지칭되는 대청정탐(對淸偵探)이라는 성격을 띠며, 청조의 정치경제·사회문화 전반에 걸친 철저한 탐문을 겨냥하는 눈빛이기도 했다. 당연히 그 결과는 귀국 후 국왕인 현종(10년)에게 그대로 보고되기에 이른다.

이번 제2장의 논의에서는 연행일기인 『서계연록』과 박세당의 문집인 『서계집』을 주요 텍스트로 삼는 가운데, 사행을 전후해서 형성했던 박세당의 대청 인식 전반을 규명하도록 하겠다. 이에 일차적으로 박세당이 수행한 청조의 정치·군사적 분야에 걸친 정탐 내용을 소개하고 분석하려 한다. 이 영역들은 차후의 논의인 사회·문화적 분야에 대한 인식과 더불어, 박세당이 구축한 대청 인식의 윤곽 중 중요한 세부적인 한 축(軸)을 구성하고 있다. 이제 연행 시에 청조를 향해 주시했던 박세당의 주요 시점(視點)들을 짚어보고, 최종적으로 이러한 관찰 포인트들이 재구축한 대청 인식의 전모에 근접해 가도록 하겠다.

1. 정치·군사적 정탐

1) 한족(漢族)의 실태와 청조의 범죄자 및 반민(叛民) 대책

(1) 사행과 탐규

실학을 집대성했던 다산(茶山) 정약용(丁若鏞, 1762~1836)은 북경에 사신으로 나서려는 복암(伏菴) 이기양(李基讓, 1744~1802)에게, 일국의 사신이 수행해야 할 막중한 책무를 다음과 같이 강조했다.

"옛날에 대부(大夫)로서 다른 나라에 사행을 가는 자는, 작은 일[事] 하나를 보고서도 그 나라 예의가 돈독하고 얇은 정도를 알며, 미미한 한 가지 사물[物]을 보고서도 그 나라 법 기강의 해이[弛]와 확립[立]의 정도를 알아서, 이 (사·물 관찰)로써 (해당국의) 성쇠를 점치고 흥망을 결단하였으니, 이를 일러 '그 나라를 살펴본다[覘國]'라고 하는 것이다. 점국은 명민함과 예지를 두루 갖춰서 발군한 자가 아니라면, 불가능한 것이다."[1]

다산은 상기 인용문을 통하여 사신의 중대한 임무를 점국과 관련시켜 설명하고 있다. 점국이란 내용상 정탐(偵探)과 동의어이며, 달리 남몰래 형편을 알아본다는 의미인 점후(覘候)와도 상통하는 개념이다. 이를 박세당은 "탐규(探窺)"로 지칭했던바,[2] 이 용어로 미뤄보건대 그가 매우 의식적인 차원에서의 대청 정보수집 활동을 전개했을 것임을 확인시켜 준다. 한편 다산은 대상국에 대한 사물 점국을 통하

---

1) 丁若鏞,『與猶堂全書』2집(영인본),〈送李參判使燕京序〉, 392면, "古者 大夫之使於異國者, 見一事之小 而知其國禮義之敦薄, 見一物之微 而知其 國法紀之弛立, 以之卜盛衰決興敗 是之謂覘國. 覘國非有明敏睿知 出乎 其類者, 不能也."

2) 각주 6) 및 36) 참조.

68

여 예의와 법 기강 등을 정탐함으로써, 그 나라의 흥망성쇠의 추이를 판단할 수 있다고 보았다. 또한 다산이 점국의 우선적 대상으로 예의와 법·제도 등을 설정하고 있었음은 주목되는 사실이다. 이 점 박세당이 수행한 일련의 대청 탐규 내용과도 일치하는 부분이기 때문이다.

사실 정도나 양상의 차이는 있을지언정, 중국에 파견된 역대 조선 사절단의 경우 줄곧 나름의 점국을 시도해 왔다고 볼 수 있다. 다만 내외 정세가 복잡하고 미묘한 시기에는 그 범위나 강도가 한층 더 광범위하고 치열했던 정황의 차이가 있었을 뿐이다. 1662년에 연행에 나섰던 정태화는 몽골의 변란[喜峯事]에 주목한 기록이 있다.3) 이후 1673년에 오삼계(吳三桂)가 반란을 일으키자 조선 사절단은 목격자의 전문, 당보(塘報)·순보(循報) 등과 같은 정부 간행물은 물론이고, 심지어는 숙소에 이웃한 유구국(琉球國)의 사신에게 들은 내용까지 속속 보고하기도 했다.4)

이처럼 조선 사절단들에 의해 시도된 지속적인 점국의 노력들은, 마침내 1828년(純祖 28) 치수(癡叟) 홍기섭(洪起燮)의 보좌관[幕裨]으로 사행에 나섰던 박사호(朴思浩)에 의해서 〈점국(覘國)〉이라는 별도 소재의 작품으로 결정되기에 이른다.5) 조선 사절단들이 시도한 점국

---

3) 『顯宗實錄』 10년 3월 4일(丁酉), "鄭太和曰 向之所憂者 蒙古作變 梗於貢路." 거론된 "몽골작변(蒙古作變)"이란 2장 3절에서 취급할 몽골의 희봉구(喜峯口) 범경(犯境) 사태인 '희봉사'를 지칭한다. 정태화는 연행 결과를 『임인음빙록(壬寅飮氷錄)』으로 마무리해 두었다.

4) 김문식, 「조선후기 지식인의 자아인식과 타자인식 - 대청교섭을 중심으로」, 『大東文化硏究』 39, 성균관대학교 대동문화연구원, 2000, 429면.

5) 朴思浩, 『心田稿』 권2, 「留館雜錄」, 〈覘國〉, "覘國有術. 古人得之言語問答之外 如更鼓橋梁 執玉高卑 陣詩閱樂 市價貴賤 有所徵矣. 今人一入燕京 輒曰……"

의 주요 내용에는 해당국의 예악과 법 제도 외에도, 정치·경제·군사·문화 영역과 산천 지리 등까지 포함되었다. 후대 북학파(北學派) 일원의 경우에는 이용후생(利用厚生)과 관련된 사항들이 점국의 새로운 대상에 포함되는 추세를 보여준다.

박세당의 경우 이용후생과 관련한 내용은 드문 편이나, 여타의 내용들은 모두 포괄하고 있다. 그는 귀국 이후에 명재(明齋) 윤증(尹拯, 1629~1714)에게 보낸 서신에서 "그 (청조의) 정령(政令)과 득실(得失) (에 관한 정보)는 더욱 탐규(探窺)하기 어려웠다."라는 소감을 피력했다.6) 여기서 지칭된 탐규는 내용상 정탐과 동일한 의미다. 이 표현으로 미루어 보건대, 박세당을 포함한 무신년 사절단의 경우 명백히 대청 정탐에 관한 책무를 미션처럼 수행했을 것을 짐작할 수 있다.

한편, 정사 이경억과 부사 정약을 수행한 서장관 박세당이 연행에 나섰던 1668년(顯宗 9)은 병자호란이 발발한 해로부터 32년 이후의 시기였다. 당시 청조는 강희제(康熙帝, 1654~1722) 즉위 7년째를 맞고 있었다. 이 무렵의 조선은 병자호란이 남긴 제반 파장을 치유해 나가고자 하였으며, 청조 또한 중원에서 아직 주도적인 지배력을 확보하지 못한 채 불안한 정국에 처해 있었다. 조선은 명·청 간의 교체기적 질서체제에 적응해 가면서도, 다른 한편으로는 사라져가는 명조에 대한 짙은 향수를 간직하고 있던 시기였다. 따라서 청조를 향해 시도된 박세당의 정탐 내용 역시 경제·문화적 분야보다는 주로 정치·군사·사회적 분야에 더 치중된 특징을 보여준다.

---

6) 朴世堂, 『西溪集』 권19, 「簡牘」, 〈與尹子仁拯〉, 393면, "其政令得失, 尤難探窺."

또한 박세당이 청조를 대상으로 시도한 탐규 내용은, 부분적으로 후대 대영제국의 메카트니(George Macartney, 1737~1806)가 중국을 정탐했던 맥락을 연상케 해주는 감이 없지 않다.[7] 1793년 발해만의 대고항(大沽港)에 입항했던 메카트니의 경우, 중국과 자유로운 무역을 전개하기 위한 당초의 목적을 넘어서고 있었다. 다만 메카트니는 청조에 대한 침략을 가상한 시뮬레이션 하에, 군사적 정탐까지 치밀하게 병행했다는 점에서는 박세당의 탐규 활동과는 분명한 차이가 있다.

이후로 본 논의에서는 연행 관찰자인 박세당의 시선이 다양한 소재 영역으로 분산되고 있는 사정을 감안하여, 이들 관찰 포인트를 몇 항목으로 세분하여 논의를 진행하도록 하겠다.

(2) 한족의 차별 실상

우선, 당대 조선의 지식인이 견지했던 평균적인 지성 감각과 마찬가지로, 박세당 역시 존주론(尊周論)에 기초한 대명(對明) 명분론적(名分論的) 사고로부터 결코 자유로울 수 없었다. 명조야말로 중화문명의 정수를 계승했을 뿐만 아니라, 임란 시 조선에 재조지은(再造之恩)을 베푼 상국(上國)이기도 했다. 따라서 당시 대명의리론은 조선 지성계의 평균적인 상식감에 해당했다. 물론 춘추대의론에 관한 박세당의 입장은 노론계의 거두인 우암 송시열의 그것과는 사뭇 변별되는 바가 있다.

박세당은 약 20여 년 후의 저서인 『맹자사변록(孟子思辨錄)』(61세)

---

7) 김상조, 「박지원과 메카트니의 중국 인식 비교」, 조규익 외 엮음, 숭실대학교 한국전통문예연구소, 『연행록연구총서8-사상·의식』, 學古房, 2006, 16~28면 참조.

을 통하여, 철저한 현실 인식에 기초한 가운데 소위 강화론(講和論)의
이론적 토대를 다음과 같이 밝혀 두었다.

"강한 적에게 몰려서 나라를 옮기고 전란(難)을 피하여, 선대 임금의
제사를 존속하며 후일의 성공을 도모하는 것, 이것이 자신이 죽고
나라가 멸망하는 것과 비교할 때에, 이익과 손실이 어떠하기에, 곧
'대대로 지키던 것이니 떠나지 말라.'라는 의논을 그 사이에 늘어서
놓겠는가?"[8]

위 인용문 속의 '대대로 지키던 것이니, 떠나지 말라.'는 대목은,
혹자(或者)의 말인 "대대로 지켜오는 것이라, 자신이 마음대로 할
수 있는 것이 아니니, 목숨을 바치고 떠나지 말라."라는 원문을 압축
한 내용이다.[9] 혹자의 이 언술을 두고 주자(朱子) [주희(朱熹)]는 "이
는 국군(國君)이 사직(社稷)을 위해서 죽는 떳떳한 법"이라는 해석과
더불어, 『춘추공양전(春秋公羊傳)』의 "이른바 국가가 멸망하면 군주
가 죽는 것이 올바른 법[正]이라는 것은, 바로 이것을 말한다."라는
견해를 피력해 두었다.[10]

따라서 박세당의 상기 언명은 정도(正道)인 춘추대의에 의거한 명
분론적 입장을 천명한 주자주(朱子註)와는 확연히 구분되는, 즉 권도

---

8) 朴世堂, 『孟子思辨錄』, 「梁惠王章句(下)」 제14장의 註, "逼於强寇遷國違
難, 存先君之祀, 圖後日之功, 其視身死國亡者, 得失如何, 而乃有世守勿去
之論, 行於其間也."

9) 『孟子集註』, 「梁惠王章句(下)」 제14장, "或曰 世守也, 非身之所能爲也,
效死勿去也."

10) 『孟子集註』, 「梁惠王章句(下)」 제14장의 朱子註, "又言 或謂土地, 乃先人
所受 而世守之者, 非己所能專, 但當致死守之, 不可舍去. 此國君死社稷之
常法, 傳所謂國滅君死之正也, 正謂此也."

(權道)에 입각한 탄력적인 현실주의적 노선이 피력된 결과인 것이다. 이 점 박세당이 간직한 대명 명분론에는 이념적 경직성에서 다소 신축성이 있을 것임을 암시해 준다. 그러나 박세당 역시 성적(聖跡)으로 집약되는 명의 유풍(遺風)을 향하여 강렬한 향수를 품고 있었다. 박세당은 귀국 후에 반곡(盤谷) 이덕성(李德成, 1655~1704)의 부연(赴燕)에 화답하는 시를 통해서, 자신의 처지를 망한 명을 잊지 못하는 "연유로(燕遺老)"로 규정하기도 했다.[11]

이제 박세당은 북경으로 향하는 연행 길목에서, 명조의 후예와 그 유민인 한족(漢族)들을 향하여 큰 관심을 표명하고 있었다. 일차적으로 박세당은 영평(永平) 지역에서 명의 후예와 순치제(順治帝)의 장자(長子)의 거취 문제에 관한 탐문을 시도하게 된다. 박세당은 "듣자 하니 명의 후예들 중에는 서방(西方)의 오랑캐[羌胡] 땅에 사는 자가 있다는데, 실제 이런 말들이 떠돌고 있는지?"와 "(청의) 순치제의 장자 또한 서달(西㺚)에 있어서, 항시 쟁단(爭端)의 여지를 안고 있다는 소문이 과연 사실인지?"를 동시에 질문했다. 이 탐문에 대하여 상대는 "명의 후예 중에서, 선황(先皇) [의종(毅宗)]의 아들이 있다는 소문은 아직 접하지 못했다."라고만 응답했다.[12] 박세당은 대화를 나눈 상대가 조금은 신실[愿]해 보여서, 들었던 소문대로 기록해 두기로 하였음을 밝히고 있다.[13] 아무튼 박세당의 첫 탐문 속에는 명·청

---

11) 朴世堂,『西溪集』卷2,「補遺錄」,〈贈李參議德成使燕〉, 83면, "西去迢迢路幾千 巫閭山外少人煙 請君試問'燕遺老' 能復衣冠憶往年."

12) 朴世堂,『西溪燕錄』,〈己卯〉, 365면, "問 聞明後裔有在西方 羌胡中者 果有此說也. 順治長子 亦在西撻 常有爭端 亦然乎. 答 明之後 未聞先皇之子有此聞." 당일 박세당과 대화를 나눈 상대는 사하역(沙河驛)의 주인 강수재(姜秀才)였다. 〈己卯〉, 363면, "朝餐于野鷄坨 夕宿沙河驛 主人姜稱秀才 夜與語."

간의 왕조 교체에 따른 조선 사신단 혹은 조선왕조의 첨예한 관심이
잘 반영되어 있다.

저문 명조를 향한 박세당의 강렬한 향수는 만주족에 비해 상대적으
로 차별받는 처지에 놓인 한족[한민]들의 실태를 파악하려는 노력을
통해서도 재차 확인되고 있다. 한족의 차별 실상에 대한 박세당의
정탐은 자연스럽게 청조에 대한 전반적인 정세 탐문으로 연결되고
있다.

조선 강역을 벗어난 지 5일째로 접어든 1668년 11월 25일(辛酉).
박세당은 일명 진이보(鎭夷堡)로도 불리는 통원보(通遠堡)에서, 한
문관(門館)의 선생인 김계정(金啓正)과의 문답을 통하여,[14] 관동과
관서 지역에서 명의 유민들이 겪는 고충과 그 구체적인 실상에 관한
정보를 입수하게 된다. 박세당은 김계정에게 "처음으로 중국 땅을
밟은 탓에, 지금 천하가 잘 다스려지고 있는지와 민생(民生)이 안락한
지의 여부를 잘 모르겠다."라며 유도성 질의를 띄웠다.[15] 청의 정세
전반을 염탐하려는 박세당의 이 질문에 대해서, 김계정은 "관서(關西)
지역은 죄다 기하권(旗下圈) [청의 팔기제]에 들어서, 피점령민[占民]
들은 명령을 감당하질 못했었지요. 때문에 관동(關東)으로 흘러들어
차역(差役)을 피해 면하기를 도모하는 자들이 많은 실정입니다."라고
대답했다.[16] 물론 피점령민들이 반드시 모두 한족임을 의미하지는

---

13) 朴世堂,『西溪燕錄』,〈己卯〉, 365면, "臣所與問答者如此. 其人亦似稍愿故
隨聞以記."

14) 朴世堂,『西溪燕錄』,〈辛酉〉, 342~343면, "平明. 踰長嶺……夕至通遠堡
一名鎭夷堡　宿察院.　有小兒數輩　來見叩拜　自言讀論語……問其有師
否……則姓名金啓正　撫寧縣人　家貧無資　在此堡爲人作門館."

15) 朴世堂,『西溪燕錄』,〈辛酉〉, 343면, "又問 初履此土, 不知如今 天下淸平
民生安樂否."

않을 것이다. 그러나 이 답변을 통하여 피점령민인 다수의 명의 유민, 특히 한족이 당하는 차별 정도를 충분히 가늠해 볼 수 있다.

이어서 박세당은 기하(旗下)가 어떤 종류의 관직인지를 문의했다.[17] 이 질문을 통해서 보건대, 박세당은 기하로 지칭된 청의 팔기제도(八旗制度)에 관해 사전 정보나 지식이 전혀 부재한 상태였음을 알 수 있다. 팔기제도는 약 7,500여 명에 달하는 인원을 조직한 1구사(gū-sa)인 기(旗)를 최종 단위로 삼는 군·정(軍政) 합일 제도다. 1607년에 홍(紅)·황(黃)·남(藍)·백(白)의 사기(四旗)가 성립하였고, 청 태조인 누르하치가 1616년에 다시 양홍(鑲紅)·양황(鑲黃)·양남(鑲藍)·양백(鑲白)의 팔기(八旗)로 재조직하여 전 민을 모두 기의 예하에 두게 한 제도를 지칭한다.

덧붙여서 박세당은 "관외(關外)에서는 관내(關內)를 어떻게 바라보고 있는지?"에 관한 추가 질문을 던졌다. 이에 답하기를, "관동(關東)은 오래도록 황폐한 지역으로 인민들이 잠시 집결을 하였으나, 또한 겨우 입에 풀칠이나[糊口] 할 따름이지요. 관서(關西) 지역의 경우는, 인민들이 도망가고 흩어져서 전곡(錢粮) (의 부담)이 너무나 무겁습니다. 관동 지역과 비교해 보더라도, 도리어 그만큼은 못한 실정이지요!"라고 대답했다.[18] 이 지역 일대에 걸친 정보를 어느 정도 확보한

---

16) 朴世堂, 『西溪燕錄』, 〈辛酉〉, 343면, "答 關西之地 盡被旗下圈, 占民不堪命 故流落關東, 以圖躱免差役者多." 여기서 관내(關內)는 관서(關西)와, 관외(關外)는 관동(關東)과 동일한 의미이며, 그 경계는 산해관이다. 관동은 더러 요동 일대를 지칭하는 경우도 있다. 또한 차역(差役)이란 원래 송대의 과역을 지칭하는 개념으로서, 이 과역법은 민가를 9등분하는 가운데, 상위 4등에서 인부를 징발하여 부역을 시키고, 하위 5등에 대해서는 부역을 면제시켰다.

17) 朴世堂, 『西溪燕錄』, 〈辛酉〉, 343면, "問 旗下是何等官. 答是王子庄頭."

18) 朴世堂, 『西溪燕錄』, 〈辛酉〉, 343면, "又問 關外視關內如何. 答 關東久荒之

다음, 박세당은 강남(江南)의 제남(濟南) 지역에서 발생한 지진(地震)으로 인한 인명의 손실 정도를 확인하기 위하여 추가로 질문을 던졌다.[19]

더 나아가 박세당은 한족이 받는 구체적인 차별 실태를 파악하기 위하여, 집요한 정탐을 병행하여 진행시키기도 하였다. 특히 박세당은 관리를 임용하는 과정에서 만주족에 비해 한족이 받는 차별의 실태를 파악하는 데 주력하였다. 그 결과 오령(五嶺) 외 지역의 경우, "(하위의 한직인) 청랭(淸冷)한 관아[官署]는 대부분 한족이 차지하고 있으며, 더러는 재력 있는 만주족이 옮겨 오기도 한다."는 증언을 확보하였다.[20] 이어서 박세당은 고위직 대신들의 수탈과 민족 간 차별 문제로 정탐의 수위를 점차 높여 나갔다.

이에 박세당은 집정(執政)한 대신들 중에서 한민의 기득권[田]을 강탈해서 만주족에게 재분배하는, 이른바 권지(圈地)에 관한 소문을 확인한 결과, "지난해(1667) 정월 16일까지는, 영평부(永平府)의 모든 관아에는 만주족 비율이 (고작) 10~20%"정도였으나, "(지금은 대신 집정자들이) 십 중에 팔구 할을 만주족에게 부여했으며, 한민(漢民)은 불과 일이 할만을 유지"하고 있을 뿐이라는 사실을 확인하기에 이른다.[21] 애초 청조는 내각(內閣)과 육부(六府)의 관리를 임용할 때 만주

地 人民暫集, 亦僅能糊口而已. 至于關西 人民逃散 錢粮太重, 較之關東 反不如耳."

19) 朴世堂, 『西溪燕錄』, 〈辛酉〉, 343~344면, "問 聞今年濟南等地地震 江南龍鬪 人命多損 是否. 答然." 제남(濟南)은 지금의 산동 역성현(歷城縣)이다.

20) 朴世堂, 『西溪燕錄』, 〈己卯〉, 365면, "五嶺外皆是淸官耶. 有漢官同守乎. 答 淸冷官署 俱是漢人 如有錢在滿洲居移." 오령(五嶺)은 중국 남쪽에 있는 대유령(大庾嶺)·시안령(始安嶺)·임하령(臨賀嶺)·계양령(桂陽嶺)·양양령(揚陽嶺)을 지칭한다.

족과 한족을 동수로 병용하는 균형감 있는 화합책을 적용했다. 그러나 이 정보를 통해서 지방 행정 관아의 경우 한족에 대한 차별 정도가 다소 심각한 수준이었음을 짐작할 수 있다. 이는 지방 행정의 경우 만·몽(滿蒙) 출신의 총독(總督)이나 순무(巡撫)의 감독을 받게 하고, 한인 위주로 구성된 녹영(綠營)도 팔기장군(八旗將軍)이나 중앙의 지휘 아래 종속시킨 강희제의 정책이 초래한 부정적인 여파의 일환이었던 것으로 분석된다.

한족의 차별 실태를 둘러싼 구체적인 정보를 접한 박세당은, "어찌 인주(人主)로서 이따위 정령[令]을 시행한단 말인가?"라는 책임 귀속에 관한 비판의 목청을 더 높였다. 이에 강수재(姜秀才)는 명·청 간에 왕조가 교체된 이후로 발생한 현상이라는 대답으로 응수했다.[22] 이런 사정 때문에 귀국 후에 정사 이경억은 한인에 대한 수탈이 극에 달하여 "토붕와해(土崩瓦解)"의 형세에 임박했다는 상황 판단을 국왕인 현종에게 보고하게 된다.[23] 물론 박세당의 인식은 이와는 달랐다.

이어서 박세당은 자신이 던진 새로운 질문에 대한 상대의 답변을

---

21) 朴世堂, 『西溪燕錄』, 〈己卯〉, 364면, "問 聞大臣執政者 多奪漢民田 以與滿人 然否. 答 去年正月十六日 永平盡書 滿洲十存一二. 問 十取八九 以與滿洲 而漢民只得一二乎. 曰 然."

22) 朴世堂, 『西溪燕錄』, 〈己卯〉, 364면, "何人主行此令. 答曰 但聞兩黃旗換地以至如此." 여기서 양황기(鑲黃期)는 애초 홍타이지 관할이었으나, 순치제가 친정한 이후 시점에는 그가 기주(旗主)가 되었다. 박세당은 이 표현에 내포된 의미를 다시 질문했지만("兩黃旗爲誰 則不肯明說"), 결국 무위에 그치고야 만다. 박세당은 다소 복잡한 팔기제도에 관해서 여전히 문외한의 상태였다. 한편 수재(秀才)는 향시(鄕試)의 자격이 있는 부·주·현(府·州·縣)의 생원(生員)을 지칭한다.

23) 『顯宗實錄』 10년 3월 4일(丁酉), "慶億等具以所聞見對曰……最可危者 侵虐漢人 罔有紀極 皆有曷喪之歎 若有桀驁者一呼 則將必有土崩瓦解之勢矣."

통해서 실로 놀라운 정보를 접하게 된다. 이 답변은 박세당에게 일면
의 부러움과 함께 동시에 깊은 절망감까지 안겨준 것이기도 했다.

> "질문 : 황제가 친정(親政)한 이후로 민심(의 동향)은 어떠한가요?
> 답변 : 매우 좋습니다.
> 재차 물으니, 곧장 답변하기를, 황제께서는 훌륭한 점[好處]이 너무나
> 많은 분이십니다!"[24]

사하역(沙河驛) 주인으로부터 의외로 놀라운 답변을 접한 박세당
은 서둘러 다른 질문으로 화제를 옮겨 갔다. 그러나 박세당이 내심으
로 받은 충격 정도는 실로 컸을 것이다. 애초 강희제는 일곱 살의
어린 나이에 순치제를 계승하여 즉위하여, 오배(鰲拜)를 비롯한 4
대신(大臣)의 보정(輔政)으로 통치를 수행해야 했다. 그러나 조선
사절단이 귀국한 1669년에는 4 대신 중에서 전횡을 일삼던 오배를
제거하고 친정을 시작함으로써, 마침내 청조가 중원에 대한 지배를
실현시켜 나가는 확고한 기틀을 다지기에 이른다.

실제 강희제는 한갓 오랑캐풍의 거친 무인 수준 이상의 대단한
호학 군주로서, 문무가 잘 겸비된 명철한 중원의 제왕이었다. 뿐만
아니라 강희제는 빼어난 기예(技藝)와 불심(佛心)까지 갖춘 군주였으
며,[25] 농사를 매우 소중히 여겨 이를 반영하는 법령을 제정하였던

---

24) 朴世堂,『西溪燕錄』,〈己卯〉, 365면, "問 皇帝親政後 民心如何. 曰甚好.
又問 則答曰 皇帝好處甚多."
25) 朴趾源 저, 민족문화추진위원회 편,『熱河日記』(2007),「盛京雜識」,〈盛京
伽藍記〉, 212면. 연암은 강희제의 기예와 불심을 이렇게 묘사했다: "성경(盛
京)에 위치한 성자사(聖慈寺)에 손수 작은 탑 수백 개를 만들었는데, 그
크기가 주사위만 하고, 그 아로새긴 솜씨가 기묘하여 신(神)의 경지에 이르
렀다 할 만하다."

바,26) 여러 정황상 사하역 주인이 내린 강희제에 대한 평가가 결코 공치사에 머문 정도가 아니라는 사실을 수긍하게 된다. 그는 사후에 관화(寬和)한 정치작풍(政治作風)을 펼쳤던 인물로도 평가된다.27) 박세당은 이런 강희제의 친정 사실을 사전에 인지하고 있었던 것 같고, 이제 그런 강희제의 실질적인 교화력을 직접 현장에서 확인하게 된 것이다.

차후 박세당은 북경에 체류하는 동안에도 강희제의 동정에 온갖 촉각을 곤두세우며 예의 주시하기에 이른다. 기실 황제 관련 정보는 사절단이 수집하는 외교정보 중에서도 가장 중시된 사항으로, 조선의 대중국 외교정책의 수립 및 시행을 위해서 필수적인 사행 활동에 포함되었다.28) 그런데 앞서 사하역 주인의 발언을 통해서 박세당이 받은 충격은 두 가지 정치적 의미를 내포하고 있는 것으로 해석된다. 그것은 첫째, 군권강화론에 입각한 일련의 개혁안을 입안했던 자신의 구상에 빗댄 부러움이었으며, 둘째, 후론될 남명정권(南明政權)의 부활에 걸었던, 즉 반청복명(反淸復明)에의 기대감이 무산된 데 따른 크나큰 실망감 때문이었다. 무신년 사행을 통해서 박세당은 은산철벽처럼 우뚝한 강희제를 체험하였고, 그런 강희제는 은연중에 『서계연록』의 아이콘으로 정착해 가고 있었다.

이에 추가하여 박세당은 재상에 의해 매관과 매직이 자행되고 있는

---

26) 朴趾源 저, 민족문화추진위원회 편, 『熱河日記』(2007), 「渡江錄」, 80면.

27) 傅樂成 저, 辛勝夏 역, 『中國通史(下)』, 지영사, 1999, 770면.

28) 金暻綠, 「朝鮮時代 朝貢體制와 對中國使行」, 『明淸史硏究』 13, 明淸史學會, 2008, 114~115면. 기타 상사(喪事)와 같은 황실 관련 정보, 인사이동을 중심으로 한 중국의 정세, 변방의 군사정보, 각종 서책의 출판 현황, 요동의 정세 변화 등이 포함되었고, 이 내용들은 귀국 후 서장관이 문견단자(聞見單子) 형식으로 승정원에 장계(狀啓)하게 된다.

구체적인 정황들도 아울러 포착했다. 풍윤현(豊潤縣)의 주인인 왕수재(王秀才)와 야밤에 이루어진 대화를 통한 탐문의 결과였다.[29] 박세당은 내외의 관직을 제수(除授)할 적에, 공사(公私) 기준이 제대로 적용되고 있는지의 여부를 궁금해하였다. 이에 대해 주인은 "후혜(厚惠)가 있으면 자리를 챙기고, (후혜가) 없으면 그만"이라는 식의 답변으로 매관의 실상을 털어 놓았다. 박세당은 후혜가 결국 돈[錢]을 의미하는 표현임을 확인했다.[30] 이에 박세당은 "재상(宰相)이 매관[鬻官]을 하면, 그 관리는 반드시 백성을 못살게 굴 것인데, (학정을) 어찌 감당해 낼 도리가 없는 백성들은, (결국) 반란[亂]을 일으키지 않겠는가?"라는 의미심장한 질문을 던졌다.

차후의 논의를 통해서도 확인되는 바와 같이, 박세당은 시종 반란이 유발될 수 있는 일말의 가능성에 대해 예의 주목하고 있었다. 그런데 박세당이 던진 다소 부담스러운 이 질문에 대해서, 주인은 "작금에는 호걸이 (일개) 소민(小民) 출신에서 나오는 법이 없고, 오직 (뇌물로 관직을) 받을 따름입니다."라는 답변으로 애써 예봉을 피해 갔다.[31] 이는 과거를 거치지 않은 채 곡식[粟]이나 재물로 관리에 진출한 경우로서, 곧 이른바 연납(捐納) 혹은 연관(捐官)으로 칭해졌다.[32] 아무튼 박세당은 인사의 철칙인 선공후사의 기준이 무시된

29) 朴世堂, 『西溪燕錄』, 〈庚辰〉, 365~366면, "過鐵城坎坂橋 夕宿豊潤縣 主人姓王稱秀才 夜與語." 풍윤현(豊潤縣)은 비교적 북경에 근접한 지역으로, 봉사단은 귀로인 동환 길에서도 이 집에서 묵게 된다. 387면, "壬戌. 微雪. 朝餐于沙流河 渡還鄉河 夕宿豊潤王秀才家. 是行七十里."

30) 朴世堂, 『西溪燕錄』, 〈庚辰〉, 366면, "問 以內外官職除拜公私. 答 有厚惠則得 無則否. 問 厚惠如何. 曰 錢而已."

31) 朴世堂, 『西溪燕錄』, 〈庚辰〉, 366면, "問 宰相鬻官 官必虐民 民何以堪能不至亂乎. 對 當今無豪傑出小民, 唯受之而已."

80

채로 만연된 매관 매직의 현장을 거듭 확인하였다.

실제 성위(誠僞)·공사(公私) 간의 분변 논리는 박세당이 지향했던 위기지학(爲己之學)을 실현하기 위한 준엄한 방법론적 논리에 해당한다. 특히 "공사 간의 의리(公私之義)" 문제는 그가 귀국 이후 수락산 석천동으로 은둔한 이래 누차에 걸쳐 제출한 사직소의 저변을 형성한 논리이기도 했다.[33] 약천(藥泉) 남구만(南九萬, 1629~1711)이 박세당의 사후에 회고해 보였듯이, 그는 철저히 선공후사(先公後私)의 의리를 지향하려 노력했던 인물이었다.[34] 여하간 이처럼 매관 매직과 관련된 누적된 정보들은, '진(塵)'으로 압축되는 박세당의 대청 이미지를 흉중에 더욱 강하게 각인시키는 계기로 작용했을 것이다.[35]

이상에서 논급된 고위직에 의한 매관과 독직 양상, 그리고 한족의 차별 실태에 관한 규찰 결과는 귀국한 이듬해에 명재 윤증에게 보낸 서신을 통해서, 보고적 평가어로 압축되어 아래처럼 정리되고 있다. 귀국 직후인 기유년(1669) 3월 27일이었다.

"그 (청조의) 정령과 잘잘못(에 관한 정보)는 더욱 탐규(探窺)하기가 어려웠소. 다만 몰래 들어보니, 자못 낭팍(狼愎)한 제후[少主]들이 좋은 명예를 드러내지 않은 자들도 있었고, 정사를 보필하는 대신들

z

32) 傅樂成 저, 辛勝夏 역, 앞의 책, 1999, 846면.
33) 朴世堂, 『西溪集』 권6, 〈辭加資兼帶弘文館提學疏〉, 116면, "恩紀雖緣比例混擧 而在於公朝事體, 不免推類太廣之失. 在於微臣畏私 增廣追念不窮之痛, 竊恐非兩盡公私之義."
34) 南九萬, 『藥泉集』 권23, 〈西溪朴公言行錄〉, 367면, "余於此 雖不得從公言, 亦感公先公後私之義, 至于今 不敢忘諸心也."
35) 朴世堂, 『西溪集』 권3, 「石泉錄(中)」, 〈崇禎皇帝手書克己復禮四字有使者得之燕市今在宋相國家云(三首)〉, 50~51면. 박세당은 성진(腥塵)이라는 표현(一首)에 추가하여, 호진(胡塵)이라는 시어를 사용하고도 있다(二首).

중에는 탐욕스레 독직[黷]을 하는 정황도 있더군요. 또한 원망과 비방
하는 어조가 높은 한인(漢人)들을 자주 접하긴 했더랬지요. 그런데
참으로 기이한 사실은, (한인들이) 대부분 내 질문에 성실히 응해
주곤 했었는데, 탄식을 하거나 분통을 터트리는 법이 없더군요. 그러
니 (원방(怨謗)하는 한인들의) 말을 도대체 믿을 수가 있어야지요!"[36]

명재에게 보낸 서신의 내용은 서래 길에서 염탐한 청의 정국 현황
과 정확히 일치하는 내용임을 알 수 있다. 박세당의 경우 특히 인용된
한인의 사례를 통해서, 일종의 동아시아적 문화적 정통성에 관한
담론이랄 수 있는 존주론과, 이에 기반한 대명 명분론적 사고 또한
급격히 와해되는 국면에 처했으리라 여겨진다. 조선 지식인이 간직했
던 오랑캐 만주족에 대한 정서와는 달리, 현지 한족은 너무나 다른
소회를 간직하고 있었다. 뿐만 아니라 한인들은 대체로 무난한 적응
력을 보여주고 있었으며, 더욱이 강희제의 관화한 정치력으로 "필경
기울어지는[必偃]" 반향(反響)의 조짐까지[37] 드러내고 있었다. 이러
한 현상은 관화와 인정(仁政)으로 평가되는 강희제의 치적이 초래한
민생들의 자연스러운 반응이었다.

이처럼 무신년 사행을 통해서 획득된 청조에 관한 전반적인 정보성
은, 박세당으로 하여금 현실주의적 대외노선에 관한 사실적 차원에서
의 논리적 정당성을 확보하는 계기로 작용했을 것이다. 실제 박세당

---

36) 朴世堂,『西溪集』권19,〈與尹子仁拯〉, 393면, "其政令得失 尤難探窺. 但微
   聞 少主頗狼愎 令聞不彰. 輔政之人 又有貪黷之聲. 又見漢人多怨謗 而所
   可異者 皆是隨問勉應 未有咨嗟憤歎者 所以未可信耳."

37) 朱熹,『論語集註』,「第12 顏淵」, 19장, "季康子問政於孔子曰 如殺無道 以就
   有道 何如. 孔子對曰 子爲政 焉用殺. 子欲善 而民善矣. 君子之德 風 小人
   之德草, 草上之風 必偃."

은 중국[청] 주변 번국(藩國)들 간의 상대적 차원에서의 대소강약(大
小强弱)은 인정하면서도, 동시에 "중국에 견주어 보면 일개 주(州)·
현(縣)·향(鄕)에 불과할 따름이요, 중국에 대항할 만한 형세[勢]가
아니다."라는 사실을 여실히 통찰하고 있었다. 이어서 박세당은 그럼
에도 불구하고 "단지 자기 나라의 험고함과 강성함만을 믿고 복종하
려 들지 않아 멸망을 초래하게 되었다."라는 역사적 사실을 환기시켰
다.38) 기실 이러한 환기법은 북벌론(北伐論)으로 지칭되는 무모한
정략이 반복되고 있던 조선의 현실에 대한 경종의 의미를 담고 있다.
그리하여 박세당은 동시대를 전후한 시기의 북벌론자들을 미친 개와
연약한 개미에 빗대어 다음과 같이 의미 있는 비유를 하였다.

　　"이는 비유하자면 미친 개[猘犬]가 사람을 물다가 몽둥이에 맞아 죽고,
　　약한 개미가 제방을 뚫다가 급류에 휩쓸리는 것과 같은 일이니, 어찌
　　슬픈 노릇이 아니겠는가?"39)

위 인용문처럼 박세당은 당시 조선 지성계 내에 범람하고 있던
북벌론의 관념적 허구성과 그 정략적 간계를 철저히 꿰뚫고 있었다.
이 시기의 북벌론이 당시 사회구조의 모순에서 야기된 내부 문제를
외부로 전가 혹은 엄폐시킴으로써, 자기 기만에 가까운 체제 유지에
기여하는 이념으로 기능했다는 지적 또한 같은 맥락에서다.40) 이

38) 朴世堂, 『西溪集』 권8, 〈平濟塔碑跋〉, 149면, "夫南蠻北狄東夷西戎, 各有
　　軍長 各有土地, 大小强弱 於斯分矣. 然其所謂强大者, 特此强於彼 彼大於
　　此. 其視中國 不過一州一縣一鄕耳. 非能有抗中國之勢也. 直負其險阻 恃
　　其强盛 不肯服順 以取滅亡."
39) 朴世堂, 『西溪集』 권8, 〈平濟塔碑跋〉, 149면, "譬猶猘犬搏人 斃於挺下
　　弱蟻穿提 漂於浪沫 可不哀也哉."

지적은 박세당이 우암 주도 하의 북벌론에 반대의 입장을 표명했던 이유와도 일맥상통하며, 그러한 확신은 연행을 통해 점차 심화되고 있었던 것이 분명하다. 특히 강희제를 둘러싼 일련의 정보들은 박세당이 견지했던 현실주의적 대외노선의 '사실적' 차원의 정당성의 한 원천으로 기능하기에 족한 사건들이었다.

(3) 청조의 범죄자와 반민 처벌

한편, 박세당은 중국대륙 내부에서 각종 범죄자와 반청(反淸) 세력에 대처하는 청조의 단호하고도 엄격한 조치를 거듭 확인하였다. 범죄 사안 중에는 인삼을 몰래 채취하다가 발각된, 곧 이른바 잠채사(潛採事) 문제도 포함되어 있다. 또한 박세당은 추가적으로 범죄자와 반민들을 특정한 지역으로 이송·유배시키는 가운데 집중적으로 관리하고 있다는 사실도 감지하게 된다. 다시 말하여 청조가 범죄자와 반민들을 처벌하는 사안에서, 나름의 일관된 대책을 적용하고 있었다는 것을 암시해 주는 사례들인 것이다.

박세당은 북경에 이르는 서래 길에서 풍윤현의 주인인 왕수재와 야밤 대화를 나누는 가운데, 상기 문제에 관한 정탐을 시도한 바가 있었다. 박세당은 주인에게 "(중국 내의) 죄인들을 (주로) 심양(瀋陽)과 영고탑(寧古塔) 지역으로 이송[徙]한다는 소문"에 대한 진상을 확인한 결과, "그렇다."라는 확답을 접하게 된다.[41] 그런데 차후의 정탐을 통해서도 확인되듯이, 당시 영고탑과 심양 지역은 중국 대륙의

---

40) 李離和, 「北伐論의 思想史的 檢討」, 『創作과 批評』 38, 창작과비평사, 1975, 249~272면 참조.

41) 朴世堂, 『西溪燕錄』, 〈庚辰〉, 366면, "過鐵城坎板橋 夕宿豊潤縣 主人姓王稱秀才 夜與語問……問聞多徙罪人 於瀋陽及寧古塔然否. 曰然."

범죄자들을 집중적으로 수용하는 특수한 공간으로 활용되었던 정황
들이 엿보인다.

차후 귀국 길에서 박세당은 우연히도 원래 북경에 거주했던 한
한인이 몰래 북쪽 깊숙이 진입하여 인삼을 채취[採蔘]하다가 발각되
어 수갑에 채워진 채 이송되는 장면을 목격하게 되었다.[42] 다음 날에
박세당은 삼사 중에 서장관인 자신을 시종했던 배역(陪譯)인 김시징
(金時徵)에게 "저 한인(漢人)의 (인삼) 잠채(潛採)가 과연 어느 지역에
서 이루어겼는지?"에 관한 정보 수집을 주문했다.[43] 이 지시에 대해
서 김시징은 "어피(魚皮) 지방에 이르러서, 잠채사(潛採事)가 발각되
었다."라는 사실을 보고했다.[44] 여기서 운위된 어피 지방이란 뒤이은
김시징의 만주권 풍속에 관한 보고인 "그 (만주)의 풍속은 오로지
채렵(採獵)을 일삼은 탓에, 통칭하여 어피달자(魚皮㺚子)라고 부른
다."라는 진술을 참고해 보건대,[45] 아마도 만주 주변의 특정 지역을
지칭하는 듯하다. 여하간 박세당은 조·청 양국 간에 자주 분란의
씨앗을 안겨주었던 인삼 채취 문제에 대해서도 큰 관심을 표명하였음
이 재차 확인된다.

---

42) 朴世堂, 『西溪燕錄』, 〈庚午〉, 388면, "庚午 漢人居北京者, 潛往深北 採蔘見
發 鎖送至此."
43) 朴世堂, 『西溪燕錄』, 〈庚午〉, 389면, "且其人潛採 果於何地."
44) 朴世堂, 『西溪燕錄』, 〈庚午〉, 389면, "答到魚皮地方 潛採事露."
45) 朴世堂, 『西溪燕錄』, 〈庚午〉, 389면, "答滿洲無統領 亦屬于寧古, 人物不
多. 其俗專事採獵 通名爲魚皮달子." 운위된 달자는 흉악 무도한 야만인
(barbarian)을 뜻하는 단어다. 팔기제도의 기본 단위인 니루(牛彔; niru)는
원래 화살[矢]을 의미했던바, 이 니루는 만주족의 수렵 관행에서 발전한
씨족 조직과 관련되어 있다고 한다. 金斗鉉, 앞의 논문, 1989, 149면 각주
36) 참조. 따라서 어피달자란 어획(漁獲)과 피물(皮物)을 위해 수렵하는
흉악한 야만인을 의미하는 표현이다.

기실 지난 시절 후금(後金)의 인삼 무역은 누르하치가 차후 중원의 제국(帝國)인 청으로 발전해 나가는 도정에서 중요한 재원 조달 역할을 수행한 사업이었다. 인삼이 제공해 주는 경제적 이익에 관한 중요성을 철저히 인식하고 있었던 청조는 심양에서 북경으로 천도(遷都)한 이후에도, 만주 지역에서 생산되는 인삼에 대한 일반인의 접근을 통제하기 위해 지대한 노력을 기울였다.[46] 아무튼 이는 청조가 중원 내에서 자행되는 인삼 잠채사 건을 여전히 엄중하게 취급하고 있었다는 사실을 확인해 주는 사례였다.

이에 추가하여 박세당은 청의 범죄자와 반란민이 겪는 처벌 현황에 관해서도 예의 주시하였다. 박세당은 귀환 길에 북경 근교인 무령현(撫寧縣)에 인근한 유관(楡關)의 한 가게[店]에서 묵게 되었다. 박세당은 유관의 점주(店主)에게 "나는 멀리서 중국에 (사신으로) 왔는데, 만나는 사람들마다 한결같이 눈이 어두운 듯 (식견이 부족)하여[貿貿], 족히 더불어 대화를 나눌 수가 없어서 심히 실망하였소!"라는 그간의 심회를 토로했다.[47] 이 지적에 대하여 주인은 "남쪽은 그렇지가 않다."라는 대답과 함께, 특히 명의 유민들이 당하는 피해의 실상을 다음과 같이 증언해 주었다.

"다만 고가세족(故家世族)의 경우 경미한 죄라도 범하게 되면, 즉각 당사자는 주살을 당하고, 그 처자들은 심양 북쪽[藩北]으로 이송[徙]을 해갑니다. (거주지가) 옮겨져 이송된 자들은 서로 (같은) 도(道)에

46) 김선민, 「越境 採蔘과 後金-朝鮮의 관계」, 2008년 인하대학교 한국학연구소 '동아시아한국학' 학술회의, 『조선과 동아시아, 그 만남의 자취』, 인하대학교 한국학연구소, 2008, 15~16면.
47) 朴世堂, 『西溪燕錄』, 〈乙丑〉, 387면, "風寒. 朝餐于背陰堡 過蘆峯口撫寧縣 夕至楡關宿店……臣曰 吾遠來中國 所遇皆貿貿 無足與語 甚失所望."

소속되더라도, 어찌 차마 말이라도 나눌 수가 있을까요?"[48]

유관 점주의 이러한 증언은 누대에 걸친 문벌 집안인 명조의 고가 세족의 경우 사소한 실수만 범해도 그에 따른 처벌의 수위가 가혹하였음을 시사해 준다. 박세당은 우연히도 명을 대표하는 유민인 고가 세족들이 당하는 심각한 차별 실태에 관한 정보를 접하게 된 것이다.

실상 이러한 사태는 지난 순치제 친정기 이후부터 보여준 한인 지배층에 대한 상반된 정책의 일면으로서 이해될 수 있을 듯하다. 청조는 일면 한인 관료들을 관대히 포용했던 반면, 다른 한편으로는 이때가 한인 신사층(紳士層)에 대한 탄압기로 인식될 만큼 탄압이 빈발하기도 했다.[49] 이들 한인 신사층은 관직 경력자인 신층(紳層)과 미입사(未入仕) 학위(學位) 소지자로서 중간층을 형성한 사층(士層)으로 구성된 사회계층이었다. 특히 청조가 강남 신사층을 탄압한 이면에는 이들 신사층 자체를 탄압하려는 목적 외에도, 거시적 안목에서 청조의 재정 확보와 통치 기반의 확립이라는 국가적 현안을 해결하기 위한 상징적 표현이라는 측면이 다분하다.[50] 유관 점주의 발언 속에는 당시의 이런 사정들이 녹아 있었다.

뿐만 아니라 박세당 일행은 연산역(連山譯) 역점(驛店)의 노변에서 수레에 실린 일군의 부인 무리들을 조우하기도 했다. 한 수레당 평균 3~4인 정도가 실려 있었다. 이에 박세당은 역관을 시켜 그 이유를

---

48) 朴世堂, 『西溪燕錄』, 〈乙丑〉, 387면, "其人曰 南土不如是. 但故家世族 梢涉 微罪 輒誅其身 其妻子於瀋北. 遷徙者 相屬於道 可忍言耶. 是日行七十 里."

49) 金斗鉉, 앞의 논문, 1994, 162~164면 참조.

50) 吳金成, 「明·淸時代의 國家權力과 紳士」, 서울대학교 동양사학연구실 編, 『講座 中國史 Ⅳ-帝國秩序의 完成』, 지식산업사, 1994, 224~234면.

알아보게 하였다.[51] 지시를 수행한 역관은, "도망자를 은닉[藏匿]한 자는 그 일이 발로될 경우, 그 남자는 주살하고 (남겨진) 처자들은 영고탑으로 이송한다."라는 보고를 행했다.[52] 수레의 수효가 도합 24대였으므로, 줄잡아서 최소 72명에서 96명에 달하는 수의 은닉자 처자들이 강제 이송중인 상태였던 것이다. 언급된 도망자에 관한 구체적인 정보는 생략되어 있으나, 중국 내부의 범죄자일 가능성이 매우 높다. 이 사안으로 미뤄 보건대, 도망자 문제에 대처하는 청조의 조치는 매우 단호한 수준이었다는 사실이 확인된다. 뿐만 아니라 청조는 조선에서 다시 붙잡아 심양으로 되돌려보낸, 곧 이른바 피로인(被擄人) 출신의 조선인 도망자[도회인(逃廻人)]들의 경우는 발뒤꿈치를 절단하는 단지형(斷趾刑)이라는 혹형을 가했다.[53]

그런데 박세당은 전날 목격한 강제 이송중인 은닉자 부인들에 대한 궁금증이 여전히 해소되지 않은 상태였다. 그리하여 다음날 송산(松山)의 소릉하(小凌河)에 위치한 작은 가게의 노상에서, "어제 (강제) 이송된 부인들이 어느 지역 출신들인지?"를 다시 탐문했다.[54] 되돌아온 답변 속에는 중요한 정보가 담겨 있었다. 답변자의 말에 의하면, "(강제 이송자) 모두 복건(福建)·귀주(貴州)·운남(雲南)·광동성(廣東) 등지의 사람들이고, 그 중에는 해간부(海間府) 사람들도 포함되어

---

51) 朴世堂, 『西溪燕錄』,〈辛未〉, 389면, "辛未, 陰大風. 曉發過三首山……連山驛, 見驛店路傍 有婦人載車者甚衆. 其一車 各有三四人, 使驛問故."
52) 朴世堂, 『西溪燕錄』,〈辛未〉, 389~389면, "言藏匿逃人者 事發, 殺其男子 移妻子于寧古塔. 凡二十四車."
53) 世子侍講院, 『瀋陽狀啓』, 丁丑 9월 6일, "今番刷來中三人段……逃廻之人 輒施斷趾之刑, 故此等人 亦爲重傷 姑留調治後 計料爲白齊."
54) 朴世堂, 『西溪燕錄』,〈壬申〉, 390면, "壬申. 風未明, 過松山小凌河……路上 令更詢 昨日所移婦人 是何地人."

88

있는데, 곧 반민(叛民)의 처자[妻孥]들로서, 노비 신분으로 전락시켜 심양으로 천배(遷配)되는 자들"이라는 것이었다.[55] 덧붙여 상대는 "(도망자에 대한) 은닉[臧亡] (여부)를 대질하지 않고, (곧장) 영고(寧古)로 이송되는 자들"이라고도 하였으나, 답변 내용이 어제 역관이 보고했던 내용과는 무척 달랐다.[56]

이러한 답변 내용의 불일치에도 불구하고, 우리는 연록에 채록된 몇몇 사례를 통해 몇 가지 중요한 사실을 확인할 수 있게 되었다. 그것은 첫째, 도망자를 은닉시키는 범법 행위에 대한 청조의 처벌 수준이 매우 엄격했으며, 둘째, 남명정권과 반청세력이 결집한 중국 남부지역의 반민들에 대한 대처 방식 또한 매우 단호하고도 가혹한 수준이었다는 점, 셋째, 중국의 각종 범죄자들과 반민들은 심양과 영고탑 및 영고 지역 같은 특정 지역에 집중적으로 수용되고 있었으며, 또한 이들은 노역자나 노비로 사역되고 있었다는 정황 등에 관한 것이다.

2) 청조와 몽골의 군사적 동향 정탐

(1) 청조의 정국과 거리 탐문

박세당은 청조의 군사적 동향에 관해서도 예의 촉각을 곤두세우는 가운데, 그 실상을 파악하기 위하여 상당한 노력을 기울였다. 청이 중국 전역을 완전히 장악하고 실질적인 제국을 수립한 시점은 1683년

---

55) 朴世堂,『西溪燕錄』,〈壬申〉, 390면, "回言 並是福建貴州雲南廣東等地處人, 海間府人 亦在其中, 乃叛民妻孥 沒爲奴婢 遷配瀋陽者."
56) 朴世堂,『西溪燕錄』,〈壬申〉, 390면, "非坐臧亡 而徙之寧古者, 所言與昨不同."

이었다. 무신년 사절단이 연경행을 나선 시기는 청이 북경을 점유한 1644년으로부터 약 22년이 경과했고, 강희제 즉위 7년을 맞는 해였다. 그러나 청의 정국은 전반적으로 여전히 불안한 국면에 처해 있었다. 북경에서 축출된 명의 관료들과 유민들은 남경(南京)에서 신종(神宗)의 손자인 복왕(福王) 주유숭(朱有崧)을 황제로 삼아 이른바 남명정권(南明政權)을 수립했고, 이후 당왕(唐王)－노왕(魯王)－계왕(桂王)으로 이어진 남명정권은 반청세력의 구심점 역할을 하고 있었다.[57]

이에 더하여 청조는 1640년대 중반부터 1670년대에 걸쳐 동남연해(東南沿海) 지방에서 정지룡(鄭芝龍)과 정성공(鄭成功), 그리고 오삼계(吳三桂) 등의 반청세력으로부터 큰 도전에 직면해 있었다. 1681년에 와서야 오삼계 등의 반란이 종식되었고, 1683년에는 대만의 정씨(鄭氏) 세력도 청에 투항했다. 이렇게 반청세력이 일소되면서 마침내 청은 중원 지배의 확고한 기반을 마련하기에 이른다. 이에 청은 1684년 이후로 해금령(海禁令)과 천계령(遷界令)을 해제함으로써 대륙 지배에 대한 뚜렷한 자신감을 드러냈다.[58] 동시에 1684년 이전에 번국의 사절단에게 적용했던 문금(門禁) 조치도 차츰 완화하는 추세를 보이게 된다. 그러나 무신년 조선 사절단의 경우, 청의 문금 조치 때문에 북경에서의 행보가 그다지 자유롭지 못했다. 심지어 일행은 청의 정예군인 갑군(甲軍)에 의해 관소인 회동관(會同館)에서 사실상 관금(官禁) 상태에 놓인 채 며칠 밤을 지내기도 했다.[59]

---

57) 金斗鉉, 앞의 논문, 1994, 158~169면.

58) 韓明基, 「'再造之恩'과 조선후기 정치사 : 임진왜란~정조대 시기를 중심으로」, 『大東文化硏究』59, 성균관대학교 대동문화연구원, 1989, 209~211면.

59) 김종수, 「西溪 朴世堂의 燕行錄과 북경 체류 32일」, 韓國實學學會, 『韓國實學硏究』16, 民昌社, 2008, 33~35면.

이와 같은 청조의 정국 하에서 무신년 조선 사절단의 활동은 매우
제한적일 수밖에 없었으며, 노상에서 접한 거리의 인사들 또한 정보
원으로는 비협조적인 경우가 허다했다. 이처럼 다소 열악한 정탐
여건 속에서도, 박세당은 몇몇 항목에 관해서는 매우 집중적인 탐문
을 전개하였다. 그 중에 눈길을 끄는 정탐 소재로는 거리(距離) 탐문
이다. 즉 박세당은 연행 왕환 길목에서 특정 지역을 중심으로 한
주변의 반경 일대 지역과의 거리[去]를 탐문하고자 상당한 노력을
기울였던 것이다. 특히 만주 지역을 중심으로 한 반경 일대 지역에
관한 정탐은 북경에 이르는 서래 길에서 우선적인 정탐 대상으로
설정되었다. 이 거리 탐문 속에는 자연히 해당 지역의 인구나 조직
등과 같은 부수적 사항에 관한 정탐도 수반되는 양상을 보여준다.

박세당은 전술한 풍윤현 주인인 왕수재와 나눈 야밤 대화를 통하
여, 중국 내의 죄인을 영고탑으로 이송한다는 소문의 실상을 확인하
고 난 뒤, 영고탑에서 북경까지의 거리가 "수천 리"라는 사실을 확인
했다. 이어서 "(풍윤현에서) 만주(滿洲)와 영고탑(寧古塔) 중 어느
지역이 더 멀리 위치해 있는지?"를 질문하고, 다시 만주에서 심양까지
의 거리를 문의한 결과 "한 달 남짓해야 겨우 도착할 수 있다."라는
주인의 답변을 접했다.60) 이상의 풍윤현 주인과의 대화를 통해 시도
된 정탐 내용은 후론될 배역 김시징을 통해 확인한 탐문 내용과 유사
하다.

나아가 박세당은 앞서 거론된 한족의 '인삼 잠채사 건'을 계기로
하여, 만주를 중심으로 한 반경 일대 지역에 관해 상세한 정탐을

60) 朴世堂, 『西溪燕錄』, 〈庚辰〉, 366면, "問寧古塔去北京幾里. 曰數千里. 又
問 滿洲與寧古塔何地爲遠. 曰寧古塔甚遠. 問滿洲去瀋陽幾里. 曰月餘方
到."

시도했다. 이 지역 일대에 대한 탐문은 왕환 길에서 동시에 시도되었다. 박세당은 서장관인 자신을 시종했던 배역인 김시징에게 심양에서 영고탑(寧古塔), 영고(寧古)에서 만주까지의 거리를 탐문할 것을 지시했다.[61] 이에 김시징은 영고에서 심양까지의 거리는 1,700여 리이며, 만주와 영고 사이는 불과 300여 리에 불과하다."는 보고를 올렸다.[62]

더불어 박세당은 청군이 북경 진입을 위해 일전을 치렀던 영원성(寧遠城)에 근접한 영고(寧古) 지역을 중심으로 한 일대 지역과 만주 지역에 대해서 지속적인 정탐을 진행해 오고 있었다. 지난 시절에 청의 누르하치는 바로 이 영원성에서 명의 원숭환(袁崇煥)에게 패퇴를 하고 화의를 도모했었다. 누르하치는 영원성을 중심으로 한 명조 측의 북방 수비의 위력을 거듭 절감했고, 이를 계기로 북경 진입을 위한 전략을 수정하기에 이른다.

연이어서 박세당은 배역 김시징에게 "영고에 장군(將軍) [팔기장군]이 있는 것과 유사하게, 만주에도 또한 통령(統領)이 존재하는지 여부"와 "영고에 견준 (만주의) 인구의 다소" 정도를 탐문할 것을 지시했다.[63] 이에 김시징은 "만주에는 통령이 없고 영고에 부속되어 있으며, 인구가 그다지 많지 않다."는 정황 보고와 함께, 어피달자(魚皮㺚子)로 통칭(通名)되는 만주(족)의 풍속에 관해서도 겸하여 답변을 올렸

---

61) 朴世堂, 『西溪燕錄』, 〈庚午〉, 389면, "臣使陪譯金時徵往問 自瀋陽至寧古塔 及寧古距滿洲幾里."
62) 朴世堂, 『西溪燕錄』, 〈庚午〉, 389면, "答到魚皮地方 潛採事露. 寧古去瀋陽千七百里. 滿洲去寧古 只三百里."
63) 朴世堂, 『西溪燕錄』, 〈庚午〉, 389면, "又使問 滿洲亦有統領, 如寧古之有將軍乎. 人物多少 比寧古如何."

92

다.[64]

그런데 박세당이 수행한 이 거리 탐문이 과연 어떤 전략적 목적을 겨냥하였는지에 관해서는 쉽게 단정하기 어렵다. 다만 거리 탐문이 주로 〈만주-심양-영고탑-영고-영원성〉 구간으로 집중된 이면에는, 건주여진(建州女眞)에서 출발한 후금(後金)이 중원의 제국인 청조로 발전해 나간 노정을 반추해 보는 의미가 담겨 있지 않을까 추정해 볼 따름이다. 따라서 박세당의 거리 정탐 역시 그 나름의 군사적 정보라는 의미를 갖고 있었던 것으로 분석된다.

(2) 반청세력의 정탐과 반청복명에 대한 기대

청조의 군사적 동향 전반에 관한 박세당의 정탐은 당시 조선 사절단이 수행했던 중요한 임무임과 동시에, 박세당 개인이 견지했던 대명관의 일단을 잘 보여주는 사안이었다. 이 방면에 관한 박세당의 정탐 속에는 전술한 남명정권의 동정은 물론이고, 삼번(三藩)으로 대변되는 반청세력의 동향과 대만(臺灣)을 거점으로 장기 할거한 정씨(鄭氏) 일족에 관한 첩보 등이 모두 망라되어 있다. 따라서 우리는 박세당이 획득한 해당 정탐 내용을 통하여, 강희제 친정기 초반 무렵의 청조의 정국 전반에 관한 일련의 정보를 접하게 된다. 동시에 이러한 정보는 조선왕조의 큰 관심거리이기도 했다.

우선, 박세당은 역관 장현(張炫)의 증언을 토대로 하여, 계미(癸未, 1643) 연간의 송산(松山) 전투에서 명군의 대장인 조대락(祖大樂)이 맞이한 장엄한 최후를 간략히 묘사하였다.[65] 박세당의 패루(牌樓)

---

64) 朴世堂, 『西溪燕錄』, 〈庚午〉, 389면, "答滿洲無統領 亦屬于寧古, 人物不多. 其俗專事採獵 通名爲魚皮韃子."

언급에 이어서,[66] 후대의 연암(燕巖) 박지원(朴趾源, 1737~1805)도 영원성 한길 가에 마주친 조대락의 패루 주련(柱聯)에 새겨진 송덕시 (頌德詩)를 소개해 두고 있다.[67] 이 조씨(祖氏) 일족은 요동 지역의 무장 명문가 출신이었다. 조대락의 종제(從弟)인 조대필(祖大弼) 역시 행산성(杏山城)이 함락되면서 최후를 맞이했다.[68] 더불어 박세당은 장현의 전언을 빌려서 송산전에서 오삼계와 연합한 홍승주가 일전을 치른 용골대와 마부대의 전황을 압축해서 소개하고 아울러 그 치열하고도 비참했던 남병(南兵)의 마지막 장면을 아래처럼 병기해 두었다.

"송산 전투는 급박했었습니다. 총독 홍승주(洪承疇)는 장차 오삼계 (吳三桂) 등의 십여만의 무리들로 이뤄진 13개 총병(總兵)과 연합해 서, 성을 재탈환하러 왔었지요. 성 북쪽에 웅거하고 있던 청군은 크게 놀랐었죠. 이에 청의 용골대(龍骨大)와 마부대(馬夫大) 두 장수 는 동병(東兵) 600명을 청하여 전열을 가다듬고 홍의포를 발사하기 시작했답니다. 청군의 맹렬한 공격에 죄다 몰살을 당할 지경에 처하

65) 朴世堂, 『西溪燕錄』, 〈辛未〉, 356면, "過松山 張鉉言癸未年間 大將祖大樂 守此成, 淸人攻之三年不下 殺傷甚衆, 及城陷大樂死. 淸人怒其堅守 盡坑 其民 夷其城. 今有新集之民 凋殘已甚."

66) 朴世堂, 『西溪燕錄』, 〈壬申〉, 358면, "夕至寧遠城 內有祖大壽大樂牌樓 並銅石爲之制……."

67) 朴趾源, 앞의 책, 「馹汛隨筆」, 272~273면, "松檟如初慶善培于四世(무덤이 산뜻하여 경사가 네 대에 쌓이고), 琳琅有赫賁永譽于千秋(자손이 현달하여 영광이 천추에 빛나리)." 또한 주련의 뒷면에는 "桓赳興歌國倚干城之重(노 래로 찬송하니 늠름한 모습은 간성의 중책이요), 絲綸錫寵朝隆 酩鼎之褒 (임금이 총애하여 기록한 공훈은 금석에 새겼구나)."라고 새겨졌다.

68) 朴世堂, 『西溪燕錄』, 〈辛未〉, 357면, "行山亦祖大弼所守 城陷而死. 大弼大 樂之從弟."

자 남병(南兵)은 경악하기 시작했습니다. 마침내 홍승주가 군사를 버리고 패주하면서, 명군은 대패하고야 말았습니다!"[69]

당시 봉림대군(鳳林大君)과 소현세자(昭顯世子)도 직접 참전했던 이 송산전[70]은 청군이 북경을 장악하려는 도정에서, 특히 산해관 진출의 분수령을 이루는 중요한 전투에 해당했다. 이어지는 장현의 전언에는 병자호란 때에 조선이 당했던 처절하리만큼 뼈아픈 상처를 환기시키기에 충분한 내용이 담겨 있었다.

"저는 그 당시 마침 선왕(先王)[효종]을 뒤따라 다니며 수행하여 모시고 있었습니다. 선왕께서는 지난 세월을 추억하면서, 남한산성이 함락되었던 당시의 일로 효유(諭)하는 데에 말이 미치면, 한동안 비통한 심회에 젖어 있곤 하시더군요!"[71]

박세당은 병자호란을 "(가만히) 앉은 채로 들끓는 솥단지 물에 (생살을 데인) 피해를 당한[坐受沸鼎害]" 식의 형국으로 빗대어 표현했다.[72] 남한산성이 함락된 당시의 일[時事]은 그 한 극점을 상징하는 역사적 사건이었다. 자연히 지난 세월에 효종은 이국의 송산 전투에

---

69) 朴世堂, 『西溪燕錄』, 〈辛未〉, 356~357면, "又云 松山之急也 洪承疇將吳三桂等 十三總兵以下萬衆 來舊奪據城北山, 清人大懼 龍馬二將 請以東兵六白 充前列發砲仍攻 所擊盡死 南兵震駭. 承疇棄師而走 軍遂敗."

70) 朴世堂, 『西溪燕錄』, 〈辛未〉, 357면, "又言松山陷時 先王與昭顯世子 同在軍中."

71) 朴世堂, 『西溪燕錄』, 〈辛未〉, 356면, "又云炫其時隨是適後. 及追至先王諭以破城時事 聖懷慘然久之."

72) 朴世堂, 『使燕錄』, 〈上使用杜工部詩久客宜旋旆一句爲韻分作五首輒次〉의 5수, 19면.

참전하면서, 홀로 하성(下城) 콤플렉스를 앓고 있었던 것이다.

청조에 끝까지 항거했던 반청세력을 향한 박세당의 관심은 여기서 그치질 않았다. 박세당의 정탐은 사천(四川)·운귀(雲貴)·복건성(福建城)의 진수자(鎭守者)와 그 정황 탐색으로 이어졌다. 사실 이 일대 지역에 관한 첫 정탐은 전술한 통원보 문관의 훈장인 김계정과의 문답을 통해 시도된 적이 있었다. 이때에 박세당은 성부(省府)가 건치(建置)된 이 지역에서 반란(叛擾)이 일어날 가능성에 대해 탐문을 벌인 결과, "(잘) 모르겠다."라는 답변을 접한 사실이 있었다.[73]

당시 중국의 남부 지역은 북경 입성과 함께 장악된 화북(華北) 지역과는 달리 남명정권의 반청운동, 그들과 결합한 한인 신사층의 반청기병(反淸起兵), 또한 그에 따른 권력의 공백 상태에서 유구(流寇)와 토적(土賊)들의 발흥 문제가 맞물리면서, 내지 정복과 질서 확립을 위해 해소되어야 할 청조의 긴급한 현안 지역이었다.[74] 자연 이 남명정부가 평정되기 이전 시점에서, 청의 정세와 민심의 동향에 관한 전반적인 정탐은 조선 사절단에 부여된 중요 임무이기도 했다.[75] 그러므로 사천성 이하의 사부(四府) 지역에서 반란이 유발될 가능성에 대한 탐문은 암암리에 남명정권과 반청세력의 적극적인 활약을 통해 청조가 전복되기를 희망하는, 즉 반청복명에 대한 기대감이 충족되기를 바라는 박세당과 조선왕조의 관심이 투영된 결과로 분석된다. 실제로 이런 기대감은 당시 조선 지성계의 평균적인 기류를 대변해주는 사안이었다.

---

73) 朴世堂, 『西溪燕錄』, 〈辛酉〉, 344면, "又問 雲貴兩廣福建 並皆建置省府 無有叛擾者乎. 曰不知."

74) 金斗鉉, 앞의 논문, 1994, 161면.

75) 이 문제에 관해서는 김문식, 앞의 논문, 2000, 429면 참조.

96

이 지역에 대한 두 번째 정탐은 말투가 다소 망녕된 감이 없지
않았던 영평부 주인인 한유(韓愈)의 17세손과의 야밤 문답을 통해
수행되었다.[76] 그는 이 무렵에는, "사천성(四川城)은 노경왕(老耿王)
이 이미 사망해서, 대신에 소경(小耿)이 그 땅을 지키고 있으며, 운귀
성(雲貴城)의 경우는 오왕(吳王)이 진수하고 있는데, 오왕은 곧 (오)삼
계(三桂)"를 의미한다고 전언했다. 그러나 "노소경(老小耿)이 (구체
적으로) 누구를 지칭하는가?" 하는 질문에 대한 명확한 답변은 들을
수 없었다.[77] 다시 박세당은 복건성(福建城)의 진수자를 파악하고자
했으나, "지금은 진수자(鎭守者)가 없다."라는 응답만을 접했다.[78]
청의 정국 현황에 대한 박세당의 정탐은 다음 날[己卯]에도 계속되었
다.

이 정탐 또한 사하역 주인과의 야밤 문답을 통해서 수행되었다.
박세당은 이 지역의 가을 작황이 전년에 비해 "반 타작[半收]" 수준임
을 확인하고, 여타 13성(省)의 연흉(年凶)에 관한 탐색을 시도한 결과,
금년의 경우 산동성(山東城)이 수재(水災)가 가장 심한 지역이라는
답변을 듣게 된다.[79] 전날에 이어서 박세당은 양광(兩廣)·운귀·복
건·사천성 등지를 진수하는 자가 누구인지에 관해 정탐을 시도했다.

---

76) 朴世堂, 『西溪燕錄』, 〈戊寅〉, 361면, "平明. 過蘆峯口背陰鋪……夕宿永平
府. 主人姓韓云是韓愈十七世孫 言甚妄 夜與問答."
77) 朴世堂, 『西溪燕錄』, 〈戊寅〉, 362면, "言四川則老耿王已凶 小耿新守其地,
雲貴則吳王鎭守 吳王者卽三桂. 而問老小耿爲誰 則對不能識其名." 여기
서 '노경왕(老耿王)'은 삼번(三藩) 중의 한 사람인 경중명(耿仲明)일 것으로
추정해 본다.
78) 朴世堂, 『西溪燕錄』, 〈戊寅〉, 362면, "問 福建誰守 則答時無鎭守者."
79) 朴世堂, 『西溪燕錄』, 〈己卯〉, 363면, "此地秋事如何. 答 半收. 問 十三省同
然否. 答 外城多被水災. 問 何地最甚 曰山東爲最."

그러나 상대는 시치미를 떼었고, 연이은 질문 후에야 겨우 "대략 다들 태평성대[太平境]를 누리고 있다."는 식의 은폐성 답변만을 접할 수 있었다.[80] 박세당은 사하역 주인에 대하여 정보원 자격으로서 최소한의 신뢰는 보내고 있었다.[81] 그러나 그와 동시에 박세당은 "노변[路傍]에 거주하는 이런 류(流)들의 경우, 조선 사절단[東使]을 많이 접해본 까닭에, (눈치) 수작에도 익숙할 뿐만 아니라 상대의 의향을 살펴서 순구편설(順口便說)하며 억양(抑揚)하는 기색이 뚜렷하므로, 말한 바를 모두 신뢰할 수 없다."고 판단하여 정보원의 신뢰성에 관해 의구심을 결코 버리지 않았다.[82]

그런 사하역 주인으로부터 박세당은 뜻밖에도 수도(水盜)로 지칭된 '정굉공(鄭宏公)'에 관한 정보를 입수하게 된다. 이 답변은 상대의 자발적인 토로 형식을 취하고 있다. 사하역 주인은 당시 정굉공으로 지칭되는 해상세력의 침탈 때문에 "사천성 이하 사부 민중의 생계가 떨거지 상태"로 전락했음을 전언해 주었다. 덧붙여 주인은 "(이에) 황상(皇上)이 직접 수도(水盜)와 통하기를 요했다."라며 당시의 절박했던 사정을 설명했다.[83] 그러나 끝내 정굉공의 소재와 향방은 파악할 수가 없었고,[84] 대신에 정굉공으로 지칭된 해상세력에 의한 사부민의 피살이 "(지난) 5년 가을"에 가장 많이 자행되었다는[85] 정보를

---

80) 朴世堂, 『西溪燕錄』, 〈己卯〉, 363면, "雲貴兩廣福建四川等地 何人鎭守. 答不知. 因又問 曰大約俱在太平境."

81) 朴世堂, 『西溪燕錄』, 〈己卯〉, 365면, "其人 亦似稍愿 故隨問以記."

82) 朴世堂, 『西溪燕錄』, 〈己卯〉, 365면, "但見此流居路傍 多閱東使, 故習於酬酢 視人意向 順口便說 顯有抑揚之色, 所言未必盡信."

83) 朴世堂, 『西溪燕錄』, 〈己卯〉, 364면, "卽曰 四川下四府生民 一無所有. 問 爲何無存者. 答曰 皇上要其通水盜. 問 水盜爲誰. 曰鄭宏公."

84) 朴世堂, 『西溪燕錄』, 〈己卯〉, 364면, "問宏公時在何地. 曰不知去向."

추가로 입수하는 선에서 그쳤다. 짐작컨대 여러 정황상 '정굉공'은 대만을 거점으로 삼아서 23년 간에 걸쳐서 항청(抗淸) 할거를 진행시켰던 정성공(鄭成功)·정경(鄭經) 부자를 오칭한 표현으로 추정된다.

이에 박세당은 사천성과 해중(海中)[대만]과의 먼 거리 정도를 감안해 볼 때, 해상세력인 정씨가 어떻게 이 지역과 상통할 수 있었는지를 궁금해했다. 이 의문에 관해서 상대는 "어찌 (거리의) 원근(遠近)을 논하는가?"라는 반문을 해왔다.[86] 이 반문은 해중과 육지와의 먼 거리 정도가 별반 장애 요인이 되지 못했음을 시사해 준다. 그 만큼 대만을 거점으로 한 해상세력이 막강했던 것이다. 대만의 정성공은 순치 16년(1659)에 남경을 공략하기도 했고, 나아가 여송(呂宋)[필리핀]을 정벌하려고까지 했다. 강희 원년인 1662년에 39세의 나이로 정성공이 죽자, 하문(廈門)에서 대만으로 돌아온 장남인 경(經)이 대를 이어 항청 할거를 진행했다.[87] 정경은 삼번의 난을 틈타서 복건·광동 연안에 다시 세력을 확장했고, 삼번의 난이 평정된 이후에는 한때 동남연해의 중요한 할거세력으로 등장했으나 점차 세력이 약화되었다. 아무튼 의외의 계기로 촉발된 박세당의 '정굉공 탐문'은 이러한 배경을 담고 있다. 또한 해상세력인 정씨 일족의 적극적인 활약을 통해서, 염원한 명조부흥의 촉진을 기대하고 있었던 사정을 반영해 주고 있다. 이러한 정황은 전술한 남명정권과 삼번으로 지칭되는 반청세력에게 걸었던 기대감과 동일한 맥락에서 이해될 수 있는 부분이다.

---

85) 朴世堂, 『西溪燕錄』, 〈己卯〉, 364면, "問 四府民被殺在何時. 答 五年秋."
86) 朴世堂, 『西溪燕錄』, 〈己卯〉, 364면, "問 鄭是水盜 常在海中 四川去海絶遠 緣何相通. 答 何論遠近."
87) 傅樂成 저, 辛勝夏 역, 앞의 책, 1999, 765면.

(3) 몽골의 범경(犯境) 사태 : 희봉사(喜峯事)

더불어 박세당은 몽골의 범경(犯境) 사태에 관해서도 촉각을 곤두세우는 가운데, 끈질긴 정탐을 병행하였다. 특히 박세당은 몽골의 희봉구(喜峯口) 침범 사안을 희봉사(喜峯事)로 약칭하면서,[88] 근년에 유발된 희봉사 문제의 실상을 파악하고자 주력하였다. 그런데 희봉사로 약칭된 몽골의 범경 사안은 결코 간단하지 않은 저변의 사정을 묻어 두고 있다. 그러므로 몽골의 희봉구 지역에 담긴 역사적 이해를 잠시 도모해 볼 필요가 있다.

1629년 10월 2일. 후금의 홍타이지 [태종]는 심양을 출발하여 명에 대한 공격, 곧 북경 점령 길에 나섰다. 그는 명조 최후의 보루인 원숭환이 절벽처럼 버티고 있는 영원성으로 향하는 직공 루트 대신, 전략적 차원에서 몽골족들이 살고 있는 만리장성의 외곽으로 우회하는 길을 선택했다. 홍타이지는 장성(長城) 동북쪽의 희봉구와 영평부 관할인 용정관(龍井關), 그리고 준화(遵化) 관할의 대안구(大安口)라는 세 곳을 통과해서 직접 북경 부근으로 진입하는 기습 전략을 수립하고 실천하기에 이르렀다. 이 기습 전략은 원숭환이 굳게 지키고 있던 영원성과 산해관을 우회하여 북경을 공격할 수 있음을 입증해 준 것이다. 특히 희봉구로 진입할 때, 홍타이지는 평소 공들였던 몽골의 코르친(科爾沁) 부족을 향도로 내세웠다. 이는 진작에 혼인정책 등과 같은 몽골 부족에 대한 회유책을 펼쳤기 때문에 가능했고, 마침내 산해관 동북쪽의 장성 외곽을 우회하여 돌파하고자 했던 후금의 전략은 성공을 거두었다. 이 우회 진입 전략으로 인하여, 산해관에서

---

88) 朴世堂, 『西溪燕錄』, 〈戊寅〉, 362면, "問喜峯事 則初云未聞 屢問乃言 亦有是事觀其人."

100

영원성으로 이어지는 주공로(主攻路) 방어에 집중하고 있던 명군은 결국 허를 찔리고야 말았다.

　그런데 이 같은 불행한 사태를 이미 명장 원숭환은 정확히 예견하고 있었다. 즉, 원숭환은 일찍이 숭정제(崇禎帝)에게 올린 상소문을 통하여, 산해관을 제외한 장성 외곽지역의 방어 태세가 몹시 취약하다는 점, 따라서 후금이 몽골을 회유해서 쳐들어올 경우 심각한 사태가 발생하리라는 상황을 경고한 바 있었다. 그러나 명 조정은 이 사태에 대비하여 특별한 대책을 강구하지 않았다. 결국 동년 10월 26일, 후금군은 황성(皇城) 코앞의 경기(京畿) 지역까지 들이닥쳤다.[89] 뒤이어 후금의 간계(奸計)에 놀아난 어린 숭정제의 처사 때문에 원숭환은 되레 소환당하여 처형되는 비운을 맞이하였다. 이상의 부연 설명을 통해 희봉구 지역이 명조의 멸망과 관련하여 깊은 유서를 간직한 역사적 공간임을 이해할 수 있다. 박세당이 특별히 희봉사 염탐에 주력한 이유도 이러한 맥락에서였다.

　박세당의 희봉사 탐문은 일차적으로 전술한 통원보의 문관 훈장인 김계정을 통해 수행되었다. 박세당은 김계정에게 몽골족이 희봉구를 침범했다는 소문에 관한 사실 여부를 확인한 결과, 그 자는 "저 또한 그와 같은 소문을 접하기는 했으나, 미처 그 실상은 확인하지 못했다."라고만 응답했다.[90] 그런데 김계정은 희봉사 문제에 대해 매우 조심스러워하고 있었고, 답변을 꺼리는 기색 또한 역력해 보였다. 그는

89) 이상의 내용은 『서울신문』에 기획 연재된 한명기의 「아픈 역사에서 배운다 : 병자호란 다시 읽기」 시리즈 중에서 no. 47(2007/11/28)과 no. 50(2007/12/11) 부분의 관련 내용을 적절히 재구성하여 반영한 결과다.
90) 朴世堂, 『西溪燕錄』, 〈辛酉〉, 344면, "問 傳聞蒙古來犯喜峯口 此言信否. 答 吾亦聞此 未審其信. 遂辭而歸 頗有畏忌之色. 是日行六十里."

결국 서둘러 자리를 파하고는 되돌아갔다.[91]

몽골의 군사적 동향에 대한 두 번째 정탐은 한 조선 피로인(被擄人)과의 대화를 통해서 수행되었다. 그는 병자호란 때 피략(被掠)된 과천(果川) 상초리(霜草里) 출신의 피로인이었다. 당시에 그는 요동 근지에 거주하면서 농장의 소작인인 장노(莊奴)로 사역하고 있었다.[92] 박세당은 이 피로인에게 "근년에 몽골이 관외 지역을 침범한 사실"을 인지하고 있는지를 질의했다. 이 질문에 대하여 그는 "금년(1668) 봄에도 몽골 지역은 몇년째 이어지는 흉년이 겹쳤고, 시장[場]이 열리기를 바랐으나, 미가(米價) 상승에 분노한 나머지, 드디어 소와 말을 겁탈[劫取]하고 인명을 상해한 끝에, 곡류[粟] 60바리를 약탈해 왔다." 라며 그간의 정황을 비교적 자세히 전해 주었다.[93] 이어서 이 과천 출신의 조선 피로인은 "금년처럼 가문 해에는, (양식 부족으로) 7월이 되면 당연히 (관외 지역을) 재침할 듯하나, 일시적으로 당장의 원성은 사그라진" 상태임을 확인해 주었다.[94] 그런데 이 정보는 몽골의 범경 사태가 군사적·정치적 야심에서 비롯된 결과가 아니라는 사실을 확인시켜 준다. 다시 말하여 자연재해인 잦은 가뭄과 이로 인한 연이은 흉년 때문에 야기된 양식 부족 같은 생계 문제가 범경을 촉발한

91) 朴世堂, 『西溪燕錄』, 〈辛酉〉, 344면, "遂辭而歸, 頗有畏忌之色. 是日行六十里."

92) 朴世堂, 『西溪燕錄』, 〈壬戌〉, 344~345면, "壬戌 未明發. 逢胡人訪以地名 見臣下馬拜 又能爲東語.……本居果川霜草里 爲宣陵守護軍 年十六歲. 遇丙子被掠于蒙古而來……執時居遼東近地爲莊奴."

93) 朴世堂, 『西溪燕錄』, 〈壬戌〉, 345면, "問 聞蒙古近犯關外 汝知之乎. 曰今年春蒙古 以其地連年凶歉, 求開市 而怒米價高, 遂劫取牛馬 傷害人命 掠粟六十車以歸."

94) 朴世堂, 『西溪燕錄』, 〈壬戌〉, 345면, "今年若無水 七月當再來 而時姑無聲息矣."

102

주된 요인이었던 것이다. 따라서 박세당이 애초 희봉사 정탐에 걸었
던 일말의 기대감도 역시 퇴색될 상황에 처하게 되었다.

이 탐문에 앞서서 박세당은 북경에 이르는 노정 중에 사하역 주인
을 통해서, 이미 희봉·요동 등지에 대한 몽골족의 침범 사실을 확인
한 바가 있었다. 박세당의 이 질문에 대하여 주인은 "희봉 (지역은
사하역에서) 멀지 않은 곳이나, 지금껏 (그런 소문을) 전혀 들어보지
못했다."라고만 응답했다.[95] 이어서 박세당은 주인에게 "13성에는
전혀 도적이나 절취[竊發]의 화난이 없는지" 질의했으나, "아직 듣지
못했다."라는 회피성 답변에 직면했다. 그러나 누차에 걸친 질문 끝
에, 마침내 상대는 "(그런) 사실이 있었음"을 시인했다. 또한 "어느
방면이 가장 심한가?"라는 질문에 대해 상대는 "몽골 지역이 가장
골칫거리[首]"라는 사실을 실토했다.[96] 이와 같은 사하역 주인의 실토
를 통해서, 이미 박세당은 몽골의 범경 사태가 심각한 현안으로 부상
된 상태였음을 인지하였을 것이다.

이상에서 기술된 박세당의 희봉사 정탐은 청조를 향한 몽골의 "모
반(謀反)하는 실상"을 정탐하는 성격이 다분하다.[97] 희봉사로 대변되
는 몽골의 범경 사태가 함축하는 사안의 중요성 때문인지, 박세당은
이미 전록(前錄)과 앞서 북경을 다녀온 사절단들을 통해서 사전 정보
를 확보한 상태였던 것 같다. 그러나 당초 희봉사에 걸었던 박세당의

---

95) 朴世堂, 『西溪燕錄』, 〈己卯〉, 363면, "聞蒙古向者 來犯喜峯遼東等地信否.
答喜峯不遠 絶未有聞."

96) 朴世堂, 『西溪燕錄』, 〈己卯〉, 364~365면, "問 十三省絶無盜賊 竊發之患乎.
答未聞. 屢問乃曰有之. 問 何方爲尤. 曰蒙古爲首."

97) 『顯宗實錄』 현종 10년 3월 4일(丁酉), "慶億曰: "喜峯口部落甚强 故淸人畏
之 而至於謀反 則未有實狀." 이 내용은 귀국 후의 보고서에서 정태화의
희봉구 지역에 대한 질문에 대해 정사 이경억이 답변한 부분에 해당한다.

기대와는 달리, 당시 희봉구 사태는 정치·군사적 이유 때문이 아닌, 주로 생계 문제를 해결하기 위한 절취의 성격이 짙은 것으로 드러났다. 또한 이런 유형의 절취 행위는 일종의 관행처럼 정착하여 후대에 이르도록 지속적으로 유발된 정황도 있다.

약칭 희봉사 정탐 외에, 박세당은 모족[貌]의 범경 사태에 대해서도 관심을 표명한 사실이 있었다.[98] 짐작컨대 질의된 모족은 실제로는 중국 서남 지역의 소수민족인 묘족(苗族)·요족(瑤族)·이족(彝族) 중에서 묘족을 지칭한 표현인 듯하다. 후일에 이 묘족은 소수민족 중에서 대표적인 일련의 봉기를 유발하기에 이른다. 박세당의 이 질문을 접한 사하역의 주인 강수재는 "아직 변경을 침범했다는 소문은 듣질 못했습니다. 다만 보상을 요구한다는 소문은 들리더군요!"라는 답변을 들려주었다.[99] 서남 지역의 토착 지배세력인 토사(土司)들은 오삼계가 주도하던 삼번의 난을 진압하던 청조에 적극적으로 협조하여 전공을 세웠다.[100] 보상을 요구한다는 소문은 이런 사정과 관련되어 있지 않을까 추정해 본다.

그런데 희봉사 정탐과는 다르게 묘족의 범경 사안에 관한 정탐은 단발성 탐문에 그쳤다. 그러나 묘족의 범경 사안에 대한 박세당의 탐문을 통해서, 무신년 사절단이 청조의 전반적인 정세에 걸쳐서 매우 포괄적 수준의 정탐을 기획하고 있었다는 사실을 재차 확인할 수 있었다.

---

98) 朴世堂, 『西溪燕錄』, 〈己卯〉, 364면, "又問貌未犯境乎."
99) 朴世堂, 『西溪燕錄』, 〈己卯〉, 364면, "答未聞犯境. 但聞要賞."
100) 林桂淳, 『淸史 - 만주족이 통치한 중국』, 신서원, 2007, 291면.

3) 소결

이상의 논의를 통하여 정치·군사적 분야에 걸친 박세당의 대청 탐규 내용의 대체를 소개하고 분석해 보았다. 1668년 연행에 나섰던 조선 사절단의 경우, 병자호란이 발발된 시점으로부터 불과 32년 만이라는 특수한 여건과 함께, 명·청 간의 왕조 교체기라는 동아시아적 국제질서의 재편과 맞물리면서 정탐의 대상과 강도 또한 특별할 수밖에 없었다. 특히『서계연록』은 병자호란이 남긴 긴 여파를 간직하고 있을 뿐만 아니라, 청조를 대상으로 한 일련의 탐문 내용을 수록하고 있어서, 강희 7년을 전후한 청조의 정국 전반에 걸친 풍부한 자료들을 제공해 주고 있다. 이는 곧 당시 조선왕조가 필요로 하는 정보들이기도 했다. 이번 절의 논의에서는 수록된 내용 중에서, 주로 정치·군사·사회 분야와 유관한 내용들을 취급했다. 또한 정탐된 내용들은 박세당이 현실주의적 대청 인식을 형성해 나가는 과정에서 매우 중요한 인식론적 계기들로 기능했을 것으로 추정된다.

물론 박세당이 시도한 탐규 내용들을 분석해 볼 때, 그 역시 일정 부문 이상의 명분론적 대명관을 견지하고 있었음이 확인되었다. 다시 말하여 박세당은 무신년을 전후하여 청조를 압박했던 일련의 정국 변수들이 반청복명이라는 기대감을 충족시켜 주는 방향으로 작용하기를 갈망했던 것이다. 또한 명의 유민 신세로 전락한 한족의 차별 실태에 대한 박세당의 관심은, 가칭 호한분리(胡漢分離) 의식으로 명명할 만한 수준을 형성하고 있었던바, 이 점 저문 명조를 향한 그의 명분론적 인식의 일단을 잘 대변해 준다.

더불어 박세당은 청조가 각종 범죄자 및 반민들에 대처하는 처벌 방식에 관해서도 예의 주목하였다. 특히 이들을 영고탑이나 심양과 같은 특정 지역에서 집중적으로 수용하고 관리하는 모습은 매우 특기할 만한 사안이었다. 이들은 노역자나 노예 신분으로 사역될 처지였다. 또한 박세당은 특정 지역을 중심으로 한 반경 일대 지역의 거리 탐문도 병행했다. 이 점 지난 만주 지역의 후금 시절에서 중원의 제국으로 발전해 나간 청조의 역사를 반추해 보는 의미가 담겨 있을 것으로 추정된다.

무엇보다 박세당은 남경을 거점으로 삼은 남명정권의 활약상과 삼번을 위시한 일련의 반청세력의 군사적 동향을 파악하기 위한 정탐에 주력했다. 우연히 접하게 된 정굉공으로 지칭된 해상세력에 관한 정보 또한 박세당을 한껏 고무시킨 계기로 작용했다. 그러나 희봉사로 약칭된 몽골의 범경 사안과 더불어, 은연중 반청복명을 염원했던 박세당의 기대감은 차츰 퇴색될 상황에 처하게 된다. 청조의 강희제는 점차적으로 이들 반청세력을 진정시켜 나갈 국면으로 전회하고 있었고, 희봉사 또한 정치·군사적 야심에 의해 촉발된 사안이 아닌, 긴급한 생계 문제를 해결하기 위한 동기에서 야기되었음이 확인되었기 때문이다. 더욱이 공사 간 기준을 벗어난 인사정책을 성토한 박세당의 언성과는 달리, 청제는 그 정치적 교화력으로 민생들로부터 칭송의 대상으로 부각되고 있었다.

이제 박세당이 시도한 일련의 정탐 내용은 분명한 시사점 하나를 제공해 주고 있다. 그것은 무의미한 의리론적 명분론보다는, 당면한 현실에 기초한 실질(實質)을 추구하는 길에 관한 암시였다. 이제 박세당은 무신년 연행을 통해서, 자신의 현실주의적 대외노선에 대한 '사실적' 차원에서의 이론적 정당성을 누차 확신했을 것으로 분석된다. 막강한 청조의 현실을 있는 그대로 인정하고 수용하는 길, 차후

조선은 바로 이 지점에서 생존의 활로를 모색해야 한다는 것이 박세당
이 내린 최종적인 결론이었다. 차후의 논의 순서는 사회·문화적 분야
를 향한 박세당의 시선을 재추적하고 분석하는 작업이 될 것이다.

2. 사회·문화적 탐문 : 대청(對淸) 예속(禮俗) 인식

박세당은 연행 기간 동안 청조의 사회·문화적 실상을 파악하기
위해서도 상당한 주의력을 집중시켰다. 물론 청제(淸帝) 강희제에
대한 조의(朝儀)를 기록한 조의기(朝儀記)를 제외하면, 그 관찰의 강
도는 정치·군사적 분야에는 훨씬 미치지 못하는 수준이다. 그러나
이 방면에 대한 박세당의 관찰 역시 그의 대청 인식을 구축하는 유의
미한 세부적 편린들을 구성하고 있다. 그러므로 연행 왕환의 길목에
서 관찰된 사회·문화적 분야와 관련한 제반 소재들을 수습해서, 하나
의 입체적인 의미의 구조물로 형상화시켜 볼 필요가 있다. 다만 논의
의 효율적인 개진을 위해 편의상 풍속(風俗)과 예악(禮樂)을 합성하
여, 이 절의 타이틀을 예속(禮俗) 인식으로 설정하도록 하겠다.

1) 풍속 관찰

이 항목의 논의와 관련하여, 우선적으로 주목되는 사항은 변모한
중국의 풍속 전반에 걸친 관찰자 박세당의 시선이다. 조선 강역을
벗어난 지 5일째로 접어들던 1668년 11월 25일(辛酉). 박세당은 일명
진이보라고도 불리는 통원보에서 하룻밤을 묵으면서, 마침『논어(論
語)』를 독송하고 있던 학동들 중에서 진선(陳善)이라는 소년을 통해
서 그의 문관 선생인 김계정을 만나게 된다. 본디 무령현 출신인

김계정은 빈한한 가정 형편 때문에 통원보에서 문관을 개설하여 아이
들을 가르치는 일로 생업을 삼고 있었다.101) 박세당은 이 문관에
대하여, "당시 중국의 풍속에는, 선생[師]을 집으로 초빙해서 그 자제
들을 가르치곤 했는데, 이를 문관(門館) 선생으로 불렀다."라는 부연
설명을 해두고 있다.102) 중국식 가정교사 제도에 대한 박세당의 관심
이 잘 드러나 있다.

며칠이 지난 후에 박세당 일행은 여양역(閭陽驛)에 묵으면서, 처자
를 거느리고 이동중인 청장(淸將) 8인을 조우하게 된다. 따로 사절단
일행에게로 다가온 네 명의 청장 가운데 "그들 중 나이가 열여덟
살 가량인 한 자제는, 한자 해독에 매우 능숙했다. (이에) 박세당은
필묵(筆墨)을 증여했다."103)라는 기록을 남겼다. 문속(文俗)을 숭상
하는 박세당의 태도가 재차 감지되는 장면이다. 물론 여타의 연행록
에서도 이런 사례들은 자주 접할 수 있다.

반면에 영원 지역에서는 과거의 학사[舊學]가 찰원(察院)으로 그
용도가 변경된 공간이 박세당의 주의를 끌었다.104) 다만 특별한 언급
은 없었다. 그러나 새벽녘 일찍 찾아 배알한 "선사(先師)의 정우(庭宇)
가 관리되지 못해서, 더럽혀진 정도가 너무 심한" 장면은 몹시 불쾌한

---

101) 朴世堂, 『西溪燕錄』, 〈辛酉〉, 342~343면, "平明. 踰長嶺……夕至通遠堡
一名鎭夷堡 宿察院. 有小兒數輩 來見叩拜 自言讀論語……問其有師
否……則姓名金啓正 撫寧縣人 家貧無資 在此堡爲人作門館."

102) 朴世堂, 『西溪燕錄』, 〈辛酉〉, 343면, "中國之俗 迎師于家 以敎其子弟者,
謂之門館先生."

103) 朴世堂, 『西溪燕錄』, 〈庚午〉, 355면, "過北鎭堡 朝餐于閭陽驛. 淸將八人
挈其妻孥 往寧古塔 過此. 其四人來見 而其一人之子 年十八 能解漢字.
臣贈以筆墨."

104) 朴世堂, 『西溪燕錄』, 〈壬申〉, 358면, "……島在城東南二十里. 宿察院 卽舊
學也."

108

체험으로 와 닿았다.105) 차후 학교에서 다른 용도로 변경된 장면을
산해관(山海關)에서 다시 한 번 더 목격하게 된다. 산해관의 성장(城
將)이 조선 사절단을 위해서 주최한 환영 연회의 공간이 지난 명조
적에는 위학(衛學)의 명륜당(明倫堂)이었던 것이다.106) 물론 이번 경
우에도 아무런 촌평을 남기지는 않았다. 그러나 명륜당의 변경된
용도를 접하고서, 박세당은 내심으로 만감이 교차했을 것이다. 박세
당은 "아마도 하늘이 이토록 험준한 지형을 진설하여 중국을 호위하
려 하셨나 보다!"라며 산해관의 경관에 감탄을 연발했지만,107) 다른
한편으로는 "구주(九州)를 요동치는 (고약한) 피비린내[腥塵]"를 심안
으로 감지하고 몸서리를 치기도 했다.108)

사실 학교의 용도를 변경하여 다른 공간으로 활용하게 한 청조의
실용적 조치를 찬탄하기에는, 아직 다소 때 이른 감이 없지가 않다.
이러한 시간성(時間性, temporality)의 문제로 인하여 박세당은 후대
의 북학파 일원들이 보여주었던 이용후생적 사고를 발휘할 만한 심적
여유는 없었다. 때문에 무신년 연행 기간 동안에 박세당은 철저히
도덕과 문화의 잣대로 일관되게 청조를 재단하고 있었다. 물론 당시
청조의 도덕과 문화 수준에 비해 조선의 그것이 비교 우위에 놓여
있다는 식의 문화적 우월의식에 충만한 언명은 박세당에게서 발견되
지 않는다. 그러나 암암리에 문화적 우월의식이 전제되고서야 대상국

---

105) 朴世堂,『西溪燕錄』,〈癸酉〉, 358면, "癸酉, 曉起謁先師庭宇 不治污穢已
甚. 早發過七里坡……."
106) 朴世堂,『西溪燕錄』,〈丙子〉, 360면, "丙子, 城將邀宴于舊衛學明倫堂."
107) 朴世堂,『西溪燕錄』,〈乙亥〉, 359면, "關在平地 北倚角山……殆天設此險
以衛中國."
108) 朴世堂,『使燕綠』,〈山海關〉, 17면, "長城初起處 天下此關頭……鎖鑰終虛
說 腥塵滿九州."

에 대한 평가도 가능한 법이다. 따라서 박세당이 견지했을 소중화(小中華) 의식은 잠재태의 형식을 취하고 있었던 것으로 평할 수 있다.

그런데 박세당은 동환 길목에서 이미 저문 명조의 문화체(文化體)에 대하여 짙은 향수에 무젖어 있는 한 노인을 만나게 된다. 그 발단은 박세당의 의관과 두발 상태에서 기인하였다. 진자점(榛子店)에서 아침을 먹고 막 망우교(忙牛橋)를 지나려는 참이었는데, 말을 대기시켜 둔 노변에서 인근의 거주자들이 웅성거리며 모여서 구경을 하고 있었다. 그들 무리 중에서 남루한 옷차림의 나이 예순 가량 되는 한 노인이, 하필 박세당을 지목하며 여러 소년들에게 마치 훈시라도 하듯이 다음과 같이 말했다.[109]

"이분은 아직도 의관(衣冠)이 구속(舊俗) 그대로인데, 지금 천하에서 유독 조선(朝鮮)만이 체발(剃頭)을 따르지 않고 있지! 하도 비통해서 절로 눈물이 날 지경이네."[110]

`귀국이 임박한 시점에서 겪은 일이었다. 이 노인은 이른바 "연유로(燕遺老)"로 칭할 만한 명의 유민인 한족일 가능성이 매우 높다. 노인은 박세당이 취한 의관과 두발로 인하여, 자신의 무의식 속에 억압되어 있었던 문화적 콤플렉스가 덧나고 있었던 것이다. 향후에 박세당은 의관과 체발 문제를 소재로 하여 소론계의 주요 인사들의 연행 자문에 응하거나, 혹은 부연(赴燕)에 화답하는 시(詩)를 통해 이를

---

109) 朴世堂,『西溪燕錄』,〈癸亥〉, 386면, "癸亥, 過板橋河鐵城坎 朝餐于榛子店. 過忙牛橋 駐馬路側 居人聚觀. 有人年幾六十餘 衣藍縷指臣謂諸少年曰……."

110) 朴世堂,『西溪燕錄』,〈癸亥〉, 386면, "此猶衣冠舊俗, 今天下獨朝鮮不剃頭耳. 悽然欲涕."

누차 환기해 보이게 된다.

이제 박세당의 입장에서도, 청인(淸人)의 의관과 체발(剃髮) [변발] 문제는 크나큰 문화적 이질감을 자아내게 하는 원천으로 작용하고 있었다. 이러한 사실은 정월 초하룻날의 원일 정조 때의 기록을 통해서도 거듭 확인되었다. 서반(西班)으로 분류된 조선 사절단과 비교적 가까운 위치에는, 그 정확한 신원을 파악하기 어려우나, 심히 비루한 몰골을 한 일종(一種) 호인(胡人)들이 자리하고 있었다.[111] 박세당은 "게다가 이상하게 땋아 올린 머리와 의복[着]이란, 흡사 청나라 사람들을 방불하며, 두건 위에 갖옷으로 가선을 취한 모양새[制] 또한 (조선과는) 다르다."[112]라는 촌평을 내놓았다. 이 표현에서 음미할 필요가 있는 부분은 박세당이 이들을 '일종 호인'이라고 명명한 이유에 관한 것이다. 다시 말하여 박세당은 변발과 복제(服制)가 청나라 양식과 닮았다는 기준 하에, 이들을 일종 호인으로 칭명했다. 이 점 박세당이 청나라식의 변발과 복제, 즉 조선과 다른 양식의 두건을 접하고 극심한 문화적 이질감을 느꼈음을 반증해 준다.

또한 이러한 사실은 여타의 문화적 양식 혹은 제도에 대한 박세당의 비평 근거가 유가적 기준이었음을 시사해 주며, 실제로 이 기준은 여타 사례들을 통해서도 일관되게 적용되었다. 그런데 여기서 운위된 유가적 복제란, 기실 당제(唐制)를 계승한 명제식(明制式) 의관을 의미하며, 그 핵심 사항은 정수리에 머리털을 묶는 상투 형식이었다. 이 복제는 홍무(洪武) 원년(1368)에 명 태조인 주원장(朱元璋)의 소령

---

111) 朴世堂,『西溪燕錄』, 374~375면, "臣等就西班而待.……臣等所坐 稍近有一種胡人聚坐 其狀甚陋."

112) 朴世堂,『西溪燕錄』, 375면, "且異所戴與着 髮髻淸人 而帽頂裘緣制亦不同."

(詔令)에 의해서 원대(元代)의 호속(胡俗) 일체를 타파하면서, 중국의 구제(舊制)대로 의관을 복구한 전통을 잇고 있었다.113)

뿐만 아니라 박세당은 흡사 서양인과 비슷한 모습을 한 몽골별종사 (蒙古別種使)를 접한 소감도 남겨 두었다. 처음 이들에 관해서 박세당 은 "그 (일종 호인의) 윗자리에 좌정한 자의 모습은 흡사 서양인(西洋 人)을 닮았고, 모직 갓옷으로 가를 두른 의복이 심히 조밀한" 차림새 를 한 "이들이 어느 나라 사람들인지?"를 몹시 궁금해하였다.114) 결국 답변을 통해서 이들이 몽골별종(蒙古別種)이라는 사실과 해당국의 위치, 그리고 "그 나라와 북경까지의 거리가 7천여 리여서, (지난해) 7월에 고국을 출발하여 (이듬해 신년인) 이제 막 북경에 도착했다."라 는 정보 등을 확보했다.115) 그러나 언어 소통상의 한계와 질문자들의 상이한 질의 내용 등으로 인하여, 그 나라의 토속(土俗)이며 정조(正 朝)에 참석하게 된 경위 등에 관해서는 더 이상의 정보를 획득할 수 없었다. 실상 몽골별종으로 지칭된 이 종족은 '코가 큰 오랑캐'라는 의미에서 대비달자(大鼻㺚子)라고도 칭명되었던 러시아인, 곧 아라 사(俄羅斯) 사절단의 일원이었다. 이들이 몽골별종으로 지칭된 이면 에는 중국 중심의 지리관이 작용한 결과며, 여성을 겁탈하고 사납고

---

113) 稻葉君山 저, 但燾譯 訂, 앞의 책, 민국 3년, 上 3-7면에서 재인용, "詔使復冠 如唐制. 初元世祖自朔漢起 而有天下. 盡以胡俗變易中國之制. 士庶咸辮 髮椎髻胡帽, 無復中國之衣冠之舊……至是悉命復舊衣冠, 一如唐制. 士民 皆以髮束頂 其辮髮椎髻胡服胡言胡姓, 一切禁止. 於是百有餘年之胡俗, 盡復中國之舊."

114) 朴世堂,『西溪燕錄』,〈乙未〉, 375면, "其上坐者 狀類西洋人, 衣緣毳裘甚緻 密. 問是何國人."

115) 朴世堂,『西溪燕錄』,〈乙未〉, 375~376면, "或言是蒙古別種 在北海邊 或云 在西北極遠海 近於西洋. 或云 其居去北京七千里 離國七月 方至北京. 旣 不通語 所問又各不同 無因悉其土俗 及就內班."

112

큰 개를 데리고 사는 야만인이라는 의미에서 달자(撻子)라고 별칭되었다고 한다.116)

그런데 이 몽골별종이 좌정한 자리는 조선 사절단의 바로 아래 위치였는데, "비리고 누린내를 풍겨서 (절로) 코를 움켜잡게 하여 근접이 불가할" 정도였다.117) 이들 몽골별종에 대하여 역관들도 "그들은 바지도 없이 다만 상의(上衣)만으로 하체를 가려서 감춘다."라는 불평을 토로했다.118) 역관들이 보기에도 몽골별종사의 복장은 흡사 무도한 라마승의 그것을 연상시키는 차림이었던 듯하다.119) 여하간 역관들이 내뱉은 불평을 통해서, 유가적 복제에서 이탈한 양식에 대한 거부감은 비단 박세당 일 개인에게 국한된 차원이 아니었음을 알 수 있다.

이 같은 양상에 대한 심정은 후대의 도곡(陶谷) 이의현(李宜顯, 1669~1745)이 작성한 연록에서도 동일하게 표출되었다. 이의현은 통관들에 의해 조선 사절단이 몽골별종사와 조금 사이가 뜨는 배려를 받은 끝에, "예(禮)에는 비록 위아래로 연좌(聯坐)하게 되어 있으나, 저들은 몹시도 더러우니 옷자락을 상접(相接)하게 할 수가 없다."라며120) 인접하여 좌정했던 당시의 정황을 연록에 기재해 두었다. 이를테면 유가적(儒家的) 문화체에 입각한 복제와 두발을 이탈한 양식,

116) 김문식, 「조선후기 지식인의 러시아 이해」, 『韓國實學研究』 16, 民昌社, 2008, 359~367면 참조.
117) 朴世堂, 『西溪燕錄』, 〈乙未〉, 376면, "其人臣等下 腥臊擁鼻 不可近."
118) 朴世堂, 『西溪燕錄』, 〈乙未〉, 376면, "譯輩又言 其無袴 只以上衣覆下體."
119) 朴世堂, 『西溪燕錄』, 〈庚午〉, 355면, "今聞此僧 亦食暈肉不着袴, 見其狀態 極兇頑."
120) 李宜顯, 『更子燕行雜識(上)』, "我國使臣 例坐蒙古之下. 通官輩引余輩 稍間之日 例雖上下聯坐 而彼穢甚不可衣裾相接也."

특히 청나라식의 그것은 박세당과 역관들에게 심각한 문화적 이질감을 자아내게 하였던 것이다. 이러한 문화적 이질감이라는 사태를 달리 바라보자면, 그것은 전후의 조선 사절단들이 간직한 서브텍스트 속에 은장된 편견 혹은 고정 관념에 의해서 대상국인 청의 문화가 무의식적으로 조작되는 장면에 해당한다. 또한 이 경우의 서브텍스트란 여행자 일 개인의 성향을 넘어선 차원, 곧 민족적·시대적 사상과도 밀접하게 관련되어 있을 뿐만 아니라 지속성을 띤다는 주장121)에 설득력을 실어준다.

차후에도 소수민족의 복식은 조선 사절단들에 의해 지속적인 관찰 대상으로 떠올랐고, 주로 조선의 복식과 명·청의 복식을 비교의 관점에서 기록하는 경향을 보여준다.122) 결과적으로 의관과 두발은 각기 상이한 세계관(世界觀)을 상징하는 하나의 문화체로 간주되며, 이러한 문화적 차이들로 인하여 조선 사절단 일행은 심각한 문화적 이질감만을 자극받았던 것이다.

한편 문화체 개념은 세계관과 구체적이고도 물적인 제도(制度) 및 제도론(制度論)을 구성 요소로 하면서, 동시에 그 요소들 사이의 상호 규정적·정합적 관계까지 포괄하는 차원의 잠정적인 개념으로 설정되어 제시된 바가 있었다.123) 유학 혹은 정주학적(程朱學的) 세계관을 반영한 명조의 복제 및 두발 양식과 만주족에 의한 청조의 그것 간에는 분명한 차이가 있었고, 지금 박세당의 경우 낯선 소수민족의

121) 이혜순, 앞의 논문, 2002, 232 및 242면 참조.
122) 임기중, 「연행록의 복식(6장)」, 『연행록 연구』(증보판), 일지사, 2006, 311~317면.
123) 鄭一均, 「제1장 緖論: 儒敎社會의 文化體 硏究와 經學」, 『茶山 四書經學 硏究』, 一志社, 2000, 20~24면.

복제를 청조의 연장선에서 독해했던 것이다. 또한 그것은 단순한 문화적 차이로 인한 충격이라는 수준을 넘어서, 상이한 문화체 혹은 세계관이 복제를 통해서 맞서고 있는 형국을 취하고 있었다. 이러한 사례는 존주론에 터전한 박세당의 문화적 대명관의 일단을 분명하게 노정해 주는 계기였던 것으로 평가된다. 실제 박세당은 비단 청조의 복제와 체발뿐만 아니라 앞선 두 왕조인 금·원(金元)의 문화 양식에 대해서도, 결코 동아시아의 문화적 정통성에 관한 담론인 존주론을 계승한 후예의 지위를 허용하지 않았었다.124) 박세당 역시 매우 의식적 차원에서 분명한 화이론(華夷論)의 기조를 유지하고 있었음을 알 수 있다.

그리하여 청인들의 이질적인 복제와 체발 상태 등은, 박세당이 형성했던 대청 이미지인 '진(塵)' 이미지125)를 더욱 심화시켜 나가는 촉매제로 작용했던 듯하다. 북경에 체류한 기간 동안에 박세당은 "중국에는 더러운 티끌[塵]만 가득해서, 요동(遼東)과 계주(薊州) 이래로, 흩날리는 그 티끌 먼지떼들을, 차마 다 감당할 수조차 없을 지경"이라는 불평조로 논평했다.126) 『사연록』 속의 근체시 〈영진(詠塵)〉

---

124) 朴世堂, 『使燕錄』, 〈上使用杜工部詩久客宜旋旆一句爲韻分作五首輒次〉 (其五), 18면, "旄頭彗幽朔 雲氣掃磅沛 詎云玉帛事 不復冠裳會 金元遷居 內 虞夏曾無外……."

125) 朴世堂, 『西溪集』 권3, 「石泉錄(中)」, 〈崇禎皇帝手書克己復禮四字有使者 得之燕市今在宋相國家云(三首)〉, 50~51면. 박세당은 성진(腥塵)이라는 표현(一首)에 추가하여, 호진(胡塵)이라는 시어도 사용하고 있다(2首). 〈送 人赴燕〉, 73면, "撲撲騰騰薊北塵 年年歲歲海東人 車徒跋涉千山遠……異 音誰與通談說 孤客思鄉淚點頻"; 〈贈李參議德成使燕三首〉, 83면, "碣石 金臺十丈塵, 殊音異服更誰親, 燕中体怪東來客, 不似悲歌易水人"(2首); 〈送雲路南相國使燕六首〉, 48면, "聞君將有行 知君向薊北 車馬已帶風塵 色……莫問人民間桑海"(6首).

126) 朴世堂, 『使燕錄』, 〈詠塵〉, 19면, "中土多塵 遼薊以來 不勝其坌撲……."

속의 '진'[먼지]은 다만 봄철의 황사를 지칭한 표현이라기보다는,[127] 실은 "매우 깊은 뜻을 우의한[託意尤深]" 상징적 시어에 해당한다. 따라서 박세당이 형성했던 진 이미지는 북경에 이르는 노정 동안의 관찰과 체험을 총평하는 의미를 담지하고 있음과 동시에, 사실상 대청 이미지를 축약시킨 일종의 기호(記號)에 상응하는 개념으로 평가된다. 차후로 이 진 코드는 부연시를 통한 연행 자문 과정에서 지속적으로 재생되기에 이른다.[128] 특히 달라진 언어[異音] [수음(殊音)]와 이질적인 의관[異服]은 여전히 진 이미지의 원천으로 기능하고 있었다는 점이 주목된다.

특히 청나라의 언어와 복제에 대한 박세당의 강한 거부 반응은 사행 도중에 중형인 박세견에게 보낸 편지 글 속에서도 발견된다. 즉, 중국 현지에서 박세당은 "귀에 들리고 눈에 보이는 것이, 모두 이상한 차림이요 이상한 말"뿐이어서, "어찌해 볼 도리가 없는" 변모

---

127) 박세당은 청음(淸陰) 김상헌(金尙憲, 1570~1652)이 먼지[塵]를 읊은 절구 한 수를 천고의 걸작(昔石室相公 朝京師, 嘗有塵詩 極其摸像, 實爲千古絶作.)으로 평하면서, 귀국 장도를 앞에 둔 북경에서 자유로운 형식의 시인 근체시 〈영진(詠塵)〉 한 수를 지어 화답하였다(今上使台丈, 亦有詠塵一絶 託意尤深 途間不及奉和. 今行車已脂 正愁此物, 忘陋輒構近體一首 仰呈.): "서쪽으로 날다가 어느새 동쪽으로(乍向西飛乍向東), 멀리 보면 시커멓고 가까이선 희뿌옇네(遠看漠漠近濛濛). 새벽엔 가마솥에 붙었다가 그을음으로 먹 만들고(晨棲炊飯煤分墨), 저녁엔 들보 먼지 노래에 날리면 촛불이 붉은 빛 빌려 주네(夕動歌樑燭借紅). 켜켜이 쌓인 곳 여린 풀 묻어 버리고(堆處也能埋弱草), 휘몰아쳐 하늘 멀리 아득해져 버리네(漲時還解暗長空). 계문에서 가야 할 길 천여 리(薊門前去千餘里), 봄이 되어 매일 부니 어이 견디리(叵耐春來日日風)." 한편 김상헌이 창작한 시 〈진(塵)〉은 『淸陰集』 권9의 「朝天錄」에 실려 있다.

128) 朴世堂, 『西溪集』 권4, 〈送人赴燕〉, 73면, "撲撲騰騰薊北塵 年年歲歲海東人 車徒跋涉千山遠……異音誰與通談說 孤客思鄕淚點頻"; 〈贈李參議德成使燕三首〉, 83면, "碣石金臺十丈塵, 殊音異服更誰親, 燕中体怪東來客, 不似悲歌易水人(二首)."

한 현실에 심히 괴로웠다는 심회를 토로했던 것이다.[129]

마침내 박세당은 "화이(華夷)가 오래도록 혼속(混俗)하여 구분하기 어려운" 괴이한 문화적 절충 현상을 목도하였음과 더불어,[130] "산하(山河)는 예전과 다름이 없으되, 풍속(風俗)은 시절 따라 변하기도 한다."라는 엄연한 사실을 수용하기에 이르렀던 것이다.[131] 차후 박세당은 우주적 차원에서 작용하는 운동의 메커니즘을 상변(常變)이라는 두 패턴으로 정형화해 두기에 이른다.[132] 지금 박세당은 시절 따라 변모한 화이혼속 양상을 두고, "천운은 변(變)과 정(正)이 있어, 인력으로 어찌할 수 없다네."라며,[133] 불가피하게 변화한 현실 그 자체를 수용해야만 하는 이유를 우주적 차원에서 정당화해 보였다. 작금의 중국 대륙의 현실은 우주적 차원에서 진행된 상변·변정이라는 운동기제에 따른 결과, 즉 "천지의 운수(數)가 저절로 그러한 것"으로 독해할 수밖에 없었던 것이다.[134] 이제 호불호라는 개인적 수준의 선호도와는 별도로, 이미 진행된 청의 풍속 변화를 수용하려 했던 박세당의 이러한 태도는 그가 구축해 나간 사실주의적 사조의 한

---

129) 朴世堂, 『西溪集』 권18, 「簡牘」, 〈上仲氏承旨公〉, 362면, "此間所可苦者……耳目所接, 盡是異服異音……無如何者, 惟此耳."

130) 朴世堂, 『西溪集』 권3, 〈送雲路南相國使燕六首〉, 48면, "華夷久混俗難分……薊土國殘無舊植……長城遙起隱層雲."

131) 朴世堂, 『西溪集』 권4, 〈蒙遠伯李弘迪將使燕寄書求別詩奉此長短律〉, 70면, "山河非改昨 風俗各當時————皆身歷 送君聊道之."

132) 朴世堂, 『論語思辨錄』, 「先進」편 11장의 註, "顧死生人鬼, 其理本一, 但所異者, 苟盡其常變, 斯可推, 故知生而能事人."

133) 朴世堂, 『使燕錄』, 〈上使用杜工部詩久客宜旋旆一句爲韻分作五首輒次〉, 20면, "……不復冠裳會 金元遞居內 虞夏曾無外 天運有變正 人力不可奈……."

134) 朴世堂, 『使燕錄』, 18면, "……哀余病心人 有淚如傾泉 感傷且奚爲 天地數自然……(其四)."

축을 형성해 나갈 조짐이다.

그러나 박세당의 경우 여타의 인사들과는 달리, 기록상으로 끝내 북벌(北伐) 대계(大計)에 관한 언급은 찾아보기 어려웠다. 이러한 사실은 박세당이 견지했던 현실주의적 대청 노선과 일맥상통하는 바가 있으며, 또한 그가 의리론적 대명관 속에 끝내 함몰되지 않은 중요한 이유를 설명해 준다. 분명 박세당이 견지한 명분론적 대명관의 내용 속에는 문화적·의리론적 차원이라는 상이한 두 질적 층차가 분열되고 있었고,[135] 필경 의리론적 차원의 대명 명분론의 탈각은 자연히 북벌론을 비판하는 논조로 이어질 수밖에 없었던 것이다.

나아가 조선 강역인 의주(義州)에 도착하기 일주일 전날인 1669년 2월 12일(乙亥). 사절단이 요하(遼河)를 도강할 즈음 박세당은 탐사스러운 한속(漢俗)을 접하고는 다시 한 번 더 비분하게 된다. 요하인(遼河人)들은 매년 주기적으로 반복되는 조선 사절단의 조공 관행을 익히 알고 있었다. 특히 요하 변에 사는 사람들은 개인 소유의 선박[私舡]을 이용해서 강을 건네주고는, 그 대가를 지불받아서 이익을 취하곤 했다.[136] 또한 이들은 무리를 동원하여, 요하의 빙판을 깨서 거의 수십 리에 이르는 길을 넓혀 선박 운행이 용이하게끔 조치해 두었다. 그리고는 조선 사절단들에게 "강바람이 차서 강이 꽁꽁 얼어붙었소!"라고 했다. 그들은 흥정이 적당한 선에 이를 때까지 끝내 그 계책을 팔지 않았다. 일행이 요하에 이르자, 과연 얼음을 깨서 뱃길을 넓혀 둔 자취가 보였다. 한속의 탐사(貪詐)한 정도가 이 지경이었다.[137]

---

135) 김종수, 「西溪 朴世堂의 對淸 禮俗認識」, 『東方學』 16, 韓瑞大學校 東洋古典研究所, 2009, 264면.

136) 朴世堂, 『西溪燕錄』, 〈乙亥〉, 391면, "乙亥, 鷄鳴發 日出至遼河……近河人以私舡接渡 而受其價獲利. 臣等路聞 遼河人知臣等."

요하인들은 얼음판을 깨서 넓혀 놓은 뱃길에 대해서 좀더 높은 값을 흥정하고 기대했던 것이다. 박세당은 한인들의 잇속 행태에 대해서도 그 전말을 예의 관찰하고, 그 결과를 연록에 기재해 두었던 것이다.

이에 더하여 박세당은 옥전현(玉田縣) 관리[縣吏]의 거짓말 수작을 체험하기도 했다. 사절단이 하룻밤을 묵은 곳의 주인 손씨(孫氏)에 의하면, 그는 현의 관리로 임명된 지 불과 수일이 지난 신참에 불과했으나, 조선 사절단의 행진 일정의 완만[早晩] 등을 조율하는 지휘 임무를 겸하고 있었다.138) 그런데 이 관리는 "연흉(年凶)을 핑계 삼아서, 도중에 겁탈[劫]이 빈번하므로, 당국[淸]이 때 이른 출발[放行]을 달가워하지 않는다."라는 말로 박세당에게 에둘러댔다.139) 이에 박세당은 주인 손씨에게 겁적(劫賊)의 출현 여부를 확인하였었고, 대소파안한 주인의 실상 토로 덕분에, 결국 현 관리의 전언은 모두 거짓 농간[欺騙語]에 불과했던 것으로 밝혀졌다.140) 그 관리는 나름 모종의 노림수가 있었던 것이다.

사실 이 밖에도 조선 사절단이 왕환 노변에서 접한 가도(街道)의 인사들 중에는 눈치 수작에 능한 경우가 허다했다. 물론 청국의 탐오(貪汚)한 풍습과 가례(家禮)를 벗어난 상제례(喪祭禮), 그리고 복제에

---

137) 朴世堂, 『西溪燕錄』, 〈乙亥〉, 391면, "且至招聚 傍近居人 鑿開河氷 幾數十里, 欲要利運. 曰風寒河氷 隨合竟售其計. 及至河 果見有鑿開之跡. 漢俗之貪詐 至此."

138) 朴世堂, 『西溪燕錄』, 〈辛巳〉, 366~367면, "辛巳, 平明. 渡還鄕河……過高麗堡……夕至玉田縣. 主人姓孫 自言是浙江人 今爲縣吏數日, 來衙譯百般 操切使行早晩動 輒爲指揮計."

139) 朴世堂, 『西溪燕錄』, 〈辛巳〉, 367면, "又託年凶 道中多劫, 不肯淸早放行."

140) 朴世堂, 『西溪燕錄』, 〈辛巳〉, 367면, "及問主人 以劫賊有無 則大笑云 此間人煙稠密 行旅絡繹, 年事不至甚歉 未聞此事, 況有甲卒隨行, 豈有他慮. 此等欺騙語 不足爲意. 是日行七十里."

대한 비판은 여타의 연행사들 역시 비슷한 흐름을 보여준다.141) 아무
튼 이런 사례들 또한 청조의 대외적 신뢰성 문제와 관련하여, 박세당
에게 극히 부정적 이미지를 덧씌우는 계기로 작용하였다.

이상에서 논급된 박세당의 청조 풍속에 대한 인식은, 차후 연행에
나선 명곡(明谷) 최석정(崔錫鼎, 1646~1715)에게 주는 「부연서(赴燕
序)」를 통해서 그대로 재생되고 있음이 확인된다. 선대(先代) 이래로
최석정 가문과 박세당 집안은 누대에 걸쳐 세교(世交)를 유지해 온
각별한 내력을 지니고 있었다.142) 박세당은 그런 최석정에게 다음과
같이 진지한 논조로 연행에 임하는 자세에 관해서 자문해 주었다.

"선비로서 불행히도 동방 모퉁이에 태어나서, 아직도 중국의 광대함
과 선왕(先王)의 구적(舊迹)을 접하지 못하고. 다만 서책[書傳]만을
읽으면서 …… 어찌 슬프지 않겠는가? 다행히도 사행의 일원이 되어,
중국을 유람하면서 지난날 보고 싶었으나 보지 못했던 것을 보고,
지난날 밟고 싶었으나 밟지 못했던 곳을 밟게 되었으니, …… 그런데
또 불행스럽게도 세상(이치)에는 오륭(汚隆)[성쇠]이 있어서, 그 (중
국의) 강역을 거닐고 그 땅을 밟으며, 그 사람을 보고 그 풍속을
관찰하더라도, (이미) 의관이 바뀐 지도 오래되었고, (옛) 문물[文物]

141) 임기중, 「연행록의 대청·대조선 인식」, 『연행록 연구』(증보판), 일지사,
    2006, 391~396면.
142) 선대에 박세당의 부친인 금주공(錦州公) 박정(朴炡, 1596~1632)과 지천(遲
    川) 최명길(崔鳴吉, 1586~1647)은 동맹지의(同盟之誼)를 맺었다. 또한 명곡
    의 아우인 손와(損窩) 최석항(崔錫恒, 1654~1724)은 박세당에게 정신적으
    로 사제지간임을 고백한 바 있으며, 명곡과 더불어 서계의 두 아들인 태보·
    태유와 막역한 친분을 유지했다(『西溪集』권21, 〈諡狀〉, "不佞先祖遲川公
    與公之先子錦洲公, 早有同盟之誼 而契許特深. 先君子與公, 同里閈相善.
    不佞奧自幼少時, 稔聞公言論風範, 景仰有素, 及長與二胤後先登朝, 繼修
    舊誼, 情好無間. 亦嘗訪公幽居, 獲拜床下……雖無束脩之禮, 寔有執鞭之
    願, 若論其情誼, 與及門之士 何異").

은 죄다 사라져버려, 고국(故國)의 구도(舊都)에서 한탄만 할 따름이니, 이 또한 족히 슬프지 않겠는가? …… (유안(幼安)의) 유풍(遺風)이 이미 사라지고 …… (헌후(軒后)의) 유적(遺跡)이 벌써 민멸되었으니, 곧 어찌 그윽한 사모와 깊은 감회를 일으키며, 울울이 (고인을) 생각하는 한이 일지 않겠는가? 자네가 이번 연행(燕行)에서 얻을 것은, 장차 이 정도에 불과할 것이네! 간신히 이를 말하여 자네에게 전별[贈]로 삼으니, 자네가 중국에 가면, 필경 내가 한 말이 생각날 것이네!"143)

명곡 최석정은 1697년(숙종 23, 강희 36) 9월에 진청사(奏請使)로서 부사 최규서(崔奎瑞, 1650~1735)와 서장관 송상기(宋相琦, 1657~1723)와 함께 북경에 다녀와 복명(復命)을 했다.144) 박세당이 연행 자문과 전별을 겸하여 명곡에게 전한 당부의 말 속에는, 무신년 연행 때 그가 관찰하고 품었던 소회가 그대로 재생되고 있음을 볼 수 있다.

이러한 사실은 박세당이 북경에서 정사 이경억의 두공부시(杜工部詩)에 차운했던 시를 통해서도 재차 확인된다. 당시 북경 체류 11일째를 맞이한 동해객(東海客) 박세당은 "유도(幽都)의 왕성했던 기운이 소진하여, 풍경이 예전만 같지 못하다."라는 심회를 토로함과 동시에,

---

143) 朴世堂,『西溪集』권7,「序」,〈送崔參判錫鼎赴燕序〉, 139~140면, "士不幸而生偏陋 未覩中國之大 而履先王之舊迹, 但讀書傳……寧不哀哉. 其幸而得備行人 遊乎中國 覩前之欲覩而未覩 踐向之思踐而未踐 斯可以償宿負愜素期, 無復有餘恨遺慨也. 而乃又不幸 世有汚隆, 涉其域履其土 見其人觀其俗, 衣冠而變易久矣 文物而掃除盡矣, 故國舊都 悵然而已, 玆又不足悲歟. 今子之行,……遺風既遠……聖跡遂泯, 則詎不有以起遙慕激深感,悒悒而懷不可作之恨也. 子之所得於是行者 將不過此. 聊道之以爲子之贈. 子之彼也 其必念余言哉." 여기서 "득비행인(得備行人)"은 삼사(三使)가 구성됨을 뜻한다.

144)『肅宗實錄』23년 9월 6일(癸未), "奏請使 崔錫鼎等, 回還復命, 引見慰諭."

홀연히 지나간 명조 300여 년의 일들이 남긴 무실체성[空]을 유적으로만 위안해야 했다. 급기야 어찌해 볼 도리도 없는 무력감에 심히 자괴감을 느낀 나머지 편태(鞭笞)를 자청해 보기도 했으나, 마땅한 크기의 채찍마저 구할 길이 없는 절망스러운 심경의 나락에 떨어져 있었다.145)

특히 청조의 풍속과 의관, 문물제도에 대한 박세당의 실망감은 극한 지경에 달한 상태로, 그것은 곧 존주론에 터전한 명조의 문화적 정통성에 대한 짙은 향수를 표상해 주는 것이었다. 박세당이 보기에 청조에는 그러한 유풍(遺風)과 성적(聖跡)이 모조리 민멸되고야 만 상황이었다. 이러한 사정은 박세당이 취한 의관과 체발을 접하면서 숨겨둔 심경을 토로했던 명의 유민 또한 마찬가지였다. 여하간 고국과 구도로 상징되는 저문 명조를 향한 박세당의 문화적 명분론적 사고의 수위는 이를 데 없이 더 높았음이 거듭 확인되고 있다. 대신에 박세당은 주자학적 체계에 의해 이론적으로 더욱 강화된 견고한 의리론적 명분론의 성(城) 안에서 수인(囚人)이 되는 길은 과감히 거부했다.

2) 예악(禮樂) 관찰

한편, 박세당은 청조의 예악(禮樂) 제도에 관해서도 나름의 면밀한 관찰을 병행해 오고 있었다. 본디 예악이란 공자가 "일[事]이 이루어지지 못하면 예악이 일어나지 못하고, 예악이 일어나지 못하면, 형벌(刑

---

145) 朴世堂, 『使燕錄』, 〈上使用杜工部詩……分作五首輒次〉, 18면, "余本東海客 游燕歲月積……幽都旺氣盡 風光不如昔 條忽三百載 往事空撫跡 云何唐虞人……鞭笞恥無力 有箠不盈尺"(其2).

罰)이 알맞지 못하고, 형벌이 알맞지 못하면 백성들이 손발을 둘 곳이 없어진다."라고 천명했듯이,[146] 질서[序]와 조화[和]를 동시에 추구해 나가는 동양적 정교(政敎)의 양대 방편이었다. 물론 예악이 표방하는 원리적 차원의 이념과 현실적 적용이라는 실제 사이에는 늘 큰 간극이 존재해 왔다. 그러나 동양적 전통에서 예악은 정치적 수단이면서 동시에 도덕적 교화를 위한 방편이라는 중요한 두 가지 기능을 수행해 왔다. 그런데 예악과 관련한 소재들 역시 『서계연록』 도처에 산재해 있는 양상을 취하고 있다. 또한 악(樂)과 관련된 소재보다는 의례나 의식과 같은 예제(禮制) 방면의 소재가 상대적으로 더 풍부한 편이다. 따라서 이들 소재들을 수습해서 의미의 체계를 형성하고 평가해 볼 필요성을 느끼게 된다.

『서계연록』에서 기본적으로 예악과 관련된 서술단위들은, 사절단 일행이 수행한 공식적 업무와 연관해서 파생되고 있다. 우선, 사절단이 심양에 도착하여 호례부(戶禮部)에 방물(方物)을 필납하면서[147] 체험했던 내용을 주목해 본다. 방물은 일차적으로 심양 호례부에 수납하고, 여타의 세폐(歲幣)는 북경에 도착한 후 홍의각(弘義閣)에 필납하는 절차를 밟게 된다. 금번 무신년 사절단의 경우 방물 수납을 담당한 원역들을 제외한 일행은 먼저 광녕(廣寧)을 향해서 길을 떠났다. 그런데 며칠 후 심양에서 방물 수납을 담당했던 견관(遣官)인

---

146) 朱熹, 『論語集註』, 「제13 子路」, 3장, "事不成 則禮樂不興, 禮樂不興 則刑罰不中, 刑罰不中則民無所措手足." 이 경문(經文)에 대하여 "范氏曰 事得其序之謂禮, 物得其和之謂樂……禮樂不興則施之政事 皆失其道, 故刑罰不中"이라는 주해를 덧붙여 놓았다.

147) 이 부분에 관한 내용은 朴世堂, 『西溪燕錄』, 〈甲子〉, 348면 참조. 심양에서만 도합 73짐[駄] 분량에 달하는 엄청난 방물을 필납했다("大小好紙 六萬三千張……共七十三駄于瀋陽").

변이보(卞爾輔)는 "(아역) 김용립(金龍立)이 (필납할 방물) 수색하기
를 그치지를 않아서, 겨우 수납을 마치고 (광녕으로) 돌아왔다."라는
불평어린 사정을 털어놓았다.[148] 짐작컨대 장부에 등재된 방물 목록
과 실제 수효를 깐깐하게 대조해 보고, 또한 일일이 물품의 상태를
챙겼던 것 같다.

물론 변이보가 쏟아놓은 불평에 대한 박세당의 촌평은 생략되어
있다. 그러나 이를 연록에 올려 둔 사실을 통해서 견관과 동일한
심경이었음을 알 수 있다. 이 경험은 중국 강역에 접어든 이래, 처음으
로 타자인 청조에 의해 조선이 규정된 경험이었다. 이처럼 불쾌한
경험은 일종의 '사건(Geschehen)적'인 의미를 내포하고 있다. 특히
언어 사건(speech-event)은 타자의 시선에 의해 자기가 규정되는 경
험을 뜻한다.[149] 차후로 박세당은 최규서에게 띄운 부연시를 통해서,
"사신 행렬이 자주 연행 길을 달리니, 수치스럽긴 하지만 또한 그럴
수밖에."라며 속내를 드러내 보이지만,[150] 이제 방물 수납 과정을
통해서 그러한 비감을 현장에서 재차 느꼈을 것이다.

그런데 이에 앞서서 조선 사절단 또한 심양 호례부의 관리들에게
마냥 고분고분하게 대하지는 않은 듯했다. 식후에 사절단이 묵은

---

148) 朴世堂, 『西溪燕錄』, 〈乙巳〉, 355면, "卞爾輔等 自瀋陽到. 龍立需索不已,
僅得輸納而來云."

149) 해석학에서 Geschehen은 사건(event) 혹은 생기(生起, happening)로 번역되
는 독특한 중요성을 내포하는 개념이다. 특히 구어(口語) 수행에 의해 발생
하는 이 언어 사건은 어떤 내적 의도를 회상하는 힘을 발휘하게 한다. 이
순간 말은 더 이상 말이기를 멈추고 하나의 '사건'으로 화하게 되는 것이다.
리차드 팔머 저, 이한우 역, 『해석학이란 무엇인가?』, 문예출판사, 2001,
42~43면.

150) 朴世堂, 『西溪集』 권4, 〈送崔參判奎瑞赴燕二首〉, 72면, "茫茫禹跡屬誰邊
一醉年多不奈天 冠蓋數趨燕塞路 事雖堪恥也須然(1)."

숙소를 찾아 온 외랑직고(外郎直庫) 두 명과 아역(衙譯)인 김용립
등에게, "신등(臣等)은 저들을 흡사 봉성인(鳳城人) 같은 류[例]로 대
했던" 것으로 기록되어 있기 때문이다.[151) 조청 양국의 관리들 사이에
는 묘한 긴장감이 흐르고 있었던 듯하다. 차후로 박세당은 타자인
청조가 조선을 규정하는 방식에 대해 예의 주시하게 된다. 특히 이
시선은 주로 여타의 번국(藩國)들에 비해 상대적으로 차별 대우를
받았던 조선 사절단에 대한 청조의 의전에 집중되곤 했다. 물론 봉황
성에서처럼 조선 사절단이 아역을 통해서 성장(城長)에게 현관례(見
官禮)를 면하게 해줄 것을 요청한 끝에 허락을 받아내는 등의 호의
표시도 없지는 않았다.[152) 그러나 이러한 사례는 극히 예외적인 경우
로서, 조선 측의 긴장을 완전히 해소하기에는 좀더 긴 세월이 흘러야
만 했다.

　그뿐만이 아니었다. 덩달아서 심히 낯선 장면이 눈앞에서 펼쳐지고
있었다. 박세당은 아래의 사태를 유심히 응시하면서, 또한 통탄해
마지않았다.

> "외랑직고는 서리(胥吏) 류(流)이거늘, (호례부의) 시랑(侍郎)과 함께
> 나란히 앉아서 (상하 품계의) 구별이 없으니, 그 예의 차등화 정도[禮
> 數]의 소략함[簡]이 이와 같았다."[153)

---

151) 朴世堂, 『西溪燕錄』, 〈甲子〉, 348면, "甲子, 瀋陽戶禮部 侍郎二人來此,
　　欲至察院相見 故不得早發. 食後始與外郎直庫各二人 衙譯金龍立偕來.
　　臣等待之如鳳城人例."

152) 朴世堂, 『西溪燕錄』, 〈己未〉, 341면, "使阿譯通城將 求免見官禮得許. 是日
　　行四十里."

153) 朴世堂, 『西溪燕錄』, 〈甲子〉, 348면, "外郎直庫 乃胥吏之流 而與侍郎 竝坐
　　無別, 其簡於禮數 如此."

박세당이 보기에, 이들 청조 관리들은 예별(禮別)의 원리에 따른
상하 간의 위계 개념조차 없어 보였다. 후대의 도암(陶菴) 이재(李縡,
1680~1746)는『사례편람(四禮便覽)』을 통해서, 당시 중국의 예악 상
황을 "악존예멸(樂存禮滅)"이라는 문구로 압축해 두기에 이른다. 이
처럼 예가 민멸된 중국의 경우는 "예존악멸(禮存樂滅)"한 조선 사회
의 강고한 예제와 단연 대비되었다. 여하간 지금 박세당의 시야에는
유사 '예멸' 현상이 전개되고 있었던 것이다. 이 시기의 조선에서는
복제논쟁(服制論爭)이 무성하게 진행되는 상황이었고, 일면 예학(禮
學)은 주자학의 형식적·제도적 심화기의 일 국면을 대변해 준다.
그런데 박세당이 보기에 청조의 예수, 곧 예의 제도화(institutionali-
zation)인 품절(品節) 정도는 너무나 소략해 보였다. 이 점 박세당에게
큰 문화적 충격으로 와 닿았다.

한편, 조선 사절단은 압록강을 건너기 전에 의주성(義州城) 서문(西
門)의 강 언덕에서 자체 수검(搜檢)을 실시한 바가 있었다.[154] 두
번째 수검(點)은 "천하제일관(天下第一關)"인 중국의 산해관(山海關)
에서 이루어졌다. 관문 안에서 대기하고 있던 청장(淸將)은 사람과
말들을 세밀히 조사한 뒤에, 사절단 일행을 가장 늦게 입관(入關)시켰
다.[155] 물론 이러한 조치는 조선 사절단을 차별 대우한 결과라기보다
는, 수많은 물량과 인원을 고려한 판단이었을 것이다. 입관과 수검
과정에 대한 연록의 논평은 생략되어 있다. 입관에 이어서 성장의
요청으로 일행은 성의 누각에 올라 주변 장경을 관람했다. 다음날

---

154) 朴世堂,『西溪燕錄』,〈戊申〉, 339면, "十一月二十一日丁巳 早朝出義州城
西門江岸搜檢."
155) 朴世堂,『西溪燕錄』,〈乙亥〉, 360면, "旣到關 淸將坐關內. 悉點人馬以入
臣等最後入."

126

성장은 조선 봉사단을 환영하는 요연(邀宴)을 주최했다.156) 성장은 사절단을 이끌어 먼저 북경 방향인 서쪽을 향해서, 세 번 절하고 아홉 번 머리를 조아리는 예인 삼배(三拜)와 구고두(九叩頭)를 취한 뒤 요연에 임했다. 또한 연회가 끝나자 다시 서쪽을 향해서 일배(一拜)와 삼고두(三叩頭)를 하고 서로 읍례를 하면서 자리를 빠져나왔다.157)

돌이켜보면, 이 삼배와 구고두는 굴욕의 저 삼전도(三田渡) 남녘에서 인조(仁祖)가 질퍽거리는 맨 진흙 바닥 위에서 청 태종에게 처음으로 취해 보인 호례(胡禮)였다.158) 이제 서장관 박세당도 몸소 이 낯선 배고(拜叩)의 예를 체험해 본 것이다. 차후에도 여러 번 배고할 기회가 더 주어진다. 그러나 연록 전체를 통해서 배고에 관한 박세당의 단상을 찾아보기는 어렵다. 또한 성장이 주최한 요연에서 악과 유관한 내용 또한 생략되어 있다. 대신에 산해관을 지키고 있던 연로한 마패(麻貝)의 온정만을 부기해 두고 있을 뿐이다.159) 귀로인 동환길에서도 산해관 성장은 다시 요연을 주최했고, 박세당은 부사와 원역(員役)들과 더불어 연회에 응했다.160) 물론 이번에도 그 구체적인 내용에 관해서는 언급이 없다. 그런데 삼배 구고두 예와 관련해서,

---

156) 朴世堂,『西溪燕錄』,〈丙子〉, 360면, "丙子, 城將邀宴于舊衛學明倫堂."

157) 朴世堂,『西溪燕錄』,〈丙子〉, 360면, "引臣等 先西向三拜九叩頭, 乃就坐. 宴罷復西向一拜三叩頭 相揖而出."

158) 작자 미상, 김광순 역,『산성일기』, 서해문집, 2007, 94~95면, "그때 한(汗)[청 태종]은 장막을 두르고 황양산을 받치었으며, 용문석을 깔고 다시 수놓은 비단으로 만든 교룡요를 편 구층으로 된 단(壇) 위에서 인조의 예(禮)를 받았다."

159) 朴世堂,『西溪燕錄』,〈丙子〉, 360면, "守關老麻貝 具食以送, 臣等却之 固請不已, 乃受之酬謝以物. 是日留."

160) 朴世堂,『西溪燕錄』,〈丙寅〉, 388면, "丙寅, 大風. 過深河驛……渡石河 夕至山海關. 城將邀宴. 臣與副使偕往受之."

1720년(숙종 46)에 정사 자격으로 사행을 다녀온 이의현은 "대개 우리들은 두 번씩 가서 절하고 머리를 조아리는 예를 행하는 일이 (무척) 괴로웠다."라는 소감을 솔직하게 피력해 두었다.[161] 당시 이의현은 정조 이후에 소위 상사사(賞賜事) 문제로 다시 예부를 예방해야 하는 상황이었다.

이후 북경에 체류했던 기간 동안에 예악과 관련된 소재는 주로 공식적인 사명(使命)을 수행하는 과정에서 파생되고 있다. 조선 사절단이 관소인 북경의 옥하(玉河) 변에 위치한 회동관(會同館)에 도착한 첫날. 중국 측 통역관들과 제독(提督) 이일선(李一善)이 미리 도착해서 기다리고 있었고, 제독은 내일 예부에서 표문(表文)을 자문할 것을 전언하고, 먼저 정문(呈文)을 수취해 갔다.[162] 드디어 무신년 동지사의 공식 일정이 시작된 것이다. 물론 이 표문이란, "성절(聖節)·정조(正朝)·동지(冬至)·중궁천추(中宮千秋)·태자천추(太子千秋) 및 경조사(慶弔事) 등의 일이 있으면, 모두 모름지기 예를 올리고, 대신 및 내관에게 명하여 표문을 받들고 오게 하라."는[163] 청 태종(太宗)의 조유(詔諭)에 따른 의례상의 한 절차에 해당한다.

북경 체류 이튿째 날(丙戌). 사절단은 의관을 갖추고 예부를 방문하여 정표(呈表)를 자문했다. 좌우로 나눠 선 예부 관리들에 대하여 삼사(三使)는 무릎을 꿇고 절하는 궤례(跪禮)를 취하고 표문을 전달했

---

161) 李宜顯, 『庚子燕行雜識(上)』, "盖吾輩則 以再行拜叩禮爲苦, 併欲免禮部行."

162) 朴世堂, 『西溪燕錄』, 〈乙巳〉, 371면, "臣等具冠服乘馬 從朝陽門入 行八九里 渡玉河橋 至會同觀. 通官等聚待 提督李一善亦至. 言明日當呈表咨于禮部 先取呈文居."

163) 『仁祖實錄』 15년 1월 28일(戊辰), "其聖節冬至中宮千秋太子千秋 及有慶弔事等事, 俱須獻禮 命大臣及內官 奉表以來."

128

다.164) 이 날 예부는 정월 초하룻날의 조의인 원일(元日) 대조(大朝)를 경하하는 희악(戱樂)을 베풀었다. 예부의 통역관이 조선 사절단에게 머물러 관람할 것을 권유했으나, 일행은 이를 굳이 사양하고는 곧장 회동관으로 복귀했다. 반면에 몽골 사절단은 공연장을 찾아서 희악을 관람한 것으로 알려졌다.165) 병자호란이 발발한 이후 시기라는 특수한 사정을 고려한 탓인지, 몽골사에 비해 조선 사절단은 나름 근신하고 자숙하려고 노력했던 것 같다.

박세당은 산해관에서 삼배 구고두에 이어서 궤례를 취했으나, 역시 아무런 논평을 남기질 않았다. 사정은 표문을 전달할 적에도 마찬가지였다. 물론 이들 서술단위에 대한 박세당의 무언표성이 결코 이 방면에 대한 판단 중지를 의미하지는 않는다. 직접적인 언표 대신에 박세당은 〈출관(出關)〉이라는 시를 통해서, 산해관에서 느꼈던 "세상이 어지러워져 성현(聖賢)이 끊겨, 고금(古今)의 수심[愁]이 무궁하다."라는 소감을 피력해 보였던 것이다.166) 또한 전술한 바대로, 북경에서 체류했던 기간 동안에 박세당은 무력함에 따른 자괴감으로 인하여 채찍[鞭笞]을 자청하고도 있었다. 나아가 귀국 후에 소감을 청한 명재 윤증에게 보낸 서신을 통해서, "하늘[天]이 취하신 지도 이미 오래되었다."라는 자조 깊은 탄식을 내뱉었다.167) 지금 박세당은 "천

---

164) 朴世堂, 『西溪燕錄』, 〈丙戌〉, 371면, "丙戌, 早朝具服詣禮部 呈表咨文. 禮部官分立左右 三使並跪以傳."

165) 朴世堂, 『西溪燕錄』, 〈丙戌〉, 371면, "是日禮部 肆元日大朝戱樂. 通官勸臣 等留觀 辭以非, 便還館. 聞蒙古使 往觀戱."

166) 朴世堂, 『使燕錄』, 〈出關〉, 19면, "東來迎白馬 西去送靑牛 世亂陀賢聖 無窮古今愁."

167) 朴世堂, 『西溪集』 권19, 〈與尹子仁書〉(己酉, 3월 27일), 393면, "……天之醉 亦已久矣, 尙復何說."

운의 변정(變正)에 따라 인력으로는 어찌할 도리가 없는"[168] 불가항
력적인 대국인 청조 앞에서, 그저 침묵으로 일관하고 있을 따름이었
다. 이런 심경은 이후로 전개할 논의에서도 동일한 기조를 유지하게
된다.

　박세당은 정사 이경억의 〈옥류천(玉溜泉)〉에 차운한 아래의 시를
통하여, 북경에 체류했던 기간 동안 느꼈던 비감(悲感)을 드러내 보였
다.

　　바위 밑 구멍 하나 샘물은 퐁퐁 솟아나는데
　　예전 글 찾아 읽곤 더불어 처연해졌네.
　　눈 위의 기러기 자국마냥 잠시 모였던 것 천고가 되었으니
　　구름 타고 떠난 학이 다시 올 날 정히 언제일까.
　　상사 행차 배회할 때 공의 마음 속에 한 있었고
　　고관 반열 나에겐 인연이 없네.
　　어이하여 만사가 지금처럼 이리 되었는가
　　중천에는 일월이 매달려 있건만.[169]

　1669년 원일의 정조(正朝)를 사흘 남겨둔 날(壬辰). 흐린 날씨가
밤이 되자 눈을 뿌렸다. 제독 이일선이 회동관을 찾아와서 말하기를,
"내일부터 당장 홍려시(鴻臚寺)에서 정조(에 대비한) 리허설[習儀]을
실행해야 한다."라고 전언해 왔다. 또한 그는 "우선 오늘은 관내에서
예습을 하라."고도 했다. 제독의 말대로 복장을 갖추고 마당[庭]에

---

168) 朴世堂, 『使燕錄』, 〈上使用杜工部詩久客宜旋旆一句爲韻分作五首輒次〉
　　(其五), 18면, "……天運有變正 人力不可奈……."
169) 朴世堂, 『使燕錄』, 〈次上使李相國慶億玉溜泉韻〉, 17면, "巖底汎汎一眼泉
　　舊題尋讀共悽然 泥鴻暫集成千古 雲鶴重來定幾年 軒蓋低回公有恨 衣冠
　　瞻覯我無緣 奈何萬事今如此 曾是中天日月懸."

130

나가서, 원역들을 이끌고 북향 삼배와 구고두를 연습했다. 더불어
제독은 원역들이 취해야 할 예에 관해서도 결코 소홀함이 없었다.
재연(再演)을 시키는 동안 박세당 등은 선 채로 바라만 보았다.170)
번국의 제후 및 사신들과 신료들이 다 집결해서 조회할 원일 정조에
임하는 청조의 사전 준비가 매우 철저했음을 알 수 있다.

이제 북경에서 세모(歲暮)를 맞이한 당일에 박세당은 청조의 세모
의례를 예의 주목하고 있었다. 특히 이날 주목되는 연록상의 기록으
로는 이른 아침에 광록관(光祿官)이 보내온 세식(歲食) 다섯 상[五盤]
에 관한 묘사가 눈길을 끈다.171) 모두 다섯 상인데, 한 상마다 각기
43 기물[器]이나 갖추어져 있었다. 광록관은 다섯 상 중에서 세 상은
삼사에게, 나머지 두 상은 원역들에게 나눠서 보냈다. 이어지는 광록
관의 전언에 의하면, "황제가 직접 하사하신 음식입니다."라고 했
다.172) 그런데 이번에는 구례와는 달리 광록시(光祿寺)에서 군[巨軍]
에게는 세식을 보내오지 않았다.173)

그런데 한 상에 43 기물이나 구비된 식의 청조의 문물제도로 인하
여, 전후의 조선 사절단들은 청조의 기물이 화려하고 사치스러운
정도가 이미 극한에 달했다고 판단하여 이를 망조(亡兆)로 진단하곤
하였다. 무신년 사절단 또한 이러한 사실을 두고, 귀국 이후에 국왕인

---

170) 朴世堂,『西溪燕錄』,〈壬辰〉, 372~373면, "壬辰, 陰夜雪. 李一善來言 明當
行正朝習儀于鴻臚寺. 今日宜於館內豫習. 依言具服就庭 率員役北向三拜
九叩頭. 一善又以員役等禮 未閑習令再演. 臣等立觀."
171) 朴世堂,『西溪燕錄』,〈甲午〉, 373면, "甲午, 早朝光祿官 領送世食 凡五
盤……."
172) 朴世堂,『西溪燕錄』,〈甲午〉, 373~374면, "凡五盤 盤各四十三器, 其三送三
使 二送員役.……言皇帝所自送."
173) 朴世堂,『西溪燕錄』,〈甲午〉, 374면, "舊例光祿寺 應送巨軍."

현종에게 "정조(正朝) 때에 그들을 보니, …… 복제(服制)와 기물(器物)들이 화려하여 눈이 어지러울 정도였다."라고 보고했다.[174]

그러나 무신년 사절단의 경우, 그 최종적인 진단은 여타의 전후 사절단과는 분명한 차이가 있었다. 이어서 동지사 일행은 "조선의 가난하고 검소한[寒儉] 안목으로 관찰하였기 때문에, 과도(過度)하다고 판단한 것이지, 이를 결코 망조로 단정을 지을 수는 없다."라는 평가적 보고를 올렸던 것이다.[175] 무신년 사절단의 정세 판단은 좀더 객관적 실체에 근접해 가고 있었다.

여하간 박세당은 세식이 거군에게는 지급되지 않은 사실을 주목하고, 드물게 간략한 언급을 남겨 두었던 듯하다. 아마 박세당은 세식이 지급되는 과정을 통해서, 연흉과 같은 청나라 정국의 일단을 감지하였던 것 같다. 실제 박세당은 무신년 연행 기간 동안에 줄곧 청조의 정국 전반에 걸친 탐규에 주력했다. 또한 회동관 통역관들을 통해서 당해 연흉과 도적떼 등에 관한 정보를 이미 확보하고 있던 터였다.[176] 따라서 박세당은 세식이 지급되는 범위를 관찰하면서 청 정국의 일단을 전망했을 것으로 판단된다.

이 절의 논의와 관련된 소재로는 하마연(下馬宴)과 상사(賞賜),[177]

174) 『顯宗實錄』 10년 3월 4일(丁酉), "以正朝時見之 雖下官 皆着黑貂裘 服御器物 華靡奪目."

175) 『顯宗實錄』 10년 3월 4일(丁酉), "冬至正使李慶憶 副使鄭綸 書狀官朴世堂 自燕京還. 上引見 問彼中事狀. 慶憶等俱以所聞見對曰 我國人 每以彼中 奢侈已極 必以覆亡爲言 而此有不然.……以我國寒儉之目見之 故以爲過度 而此不必爲其亡兆."

176) 朴世堂, 『西溪燕錄』, 〈丁亥〉, 371면, "夜微雪. 通官等言 年凶多偸, 方物未納 恐有他慮."

177) 상사(賞賜) 혹은 회사(回賜)란 번국의 조공에 대한 황제의 답례에 해당하는 의식을 지칭한다. 이를테면 주종(主從)·종번(宗藩) 관계의 구체적인 표현

132

그리고 상마연(上馬宴) 등의 서술단위가 남아 있으나, 특기할 만한 내용은 부재한 편이다. 박세당 역시 배고의 예로 세 의식이 거행된 간략한 과정들을 압축적으로 기술해 두고 있는 반면에, 자신의 관점이 개입된 흔적은 남겨 두질 않았다. 다만 의식이 끝난 후에 차 돌리기[行茶]와 진찬(進饌), 그리고 헌주(獻酒) 삼배의 순서로 마감된 하마연의 경우 흡사 원일의 사연(賜宴)을 축소한 느낌이었다.178) 더불어 다음날 진행된 상사 의식과 관련하여 박세당은 통관들에 의해 "상단품(賞段品)이 박하니 당장 바꾸시오!"라며 물품이 뒤바뀐 경위를 소개하면서, "원일의 조의(朝儀) 때와 같았다."라는 간략한 소감을 피력해 두었다.179) 예부상서가 더듬거리는 말로 주관한 하마연과는 달리,180) 상마연을 베푼 청관인 예부 "시랑(侍郞)의 언동[動止]이 하도 민첩해서" 박세당은 그에게 관심을 표명했고,181) 결과적으로 이들 두 사람은 박세당이 북경에 체류했던 기간 동안에 연록에 등재된 드문 사람으로 남게 되었다.

1669년 기유 정월 초하룻날. 박세당 일행은 조회(朝會)를 위해 복장을 갖추고 오문(午門) 밖의 큰 마당[大庭] 중앙에 좌정했다. 조회에 참석한 자들은 좌우로 분반(分班)을 하였는데, 조선 사절단은 서반(西

<hr>

에 상응하는 의식으로서, 그 구체적인 물목(物目)에 관해서는 김창업의 『노가재 연행일기』의 「재회물목(齋回物目)」에 상세하게 명시되어 있다.

178) 朴世堂, 『西溪燕錄』, 〈壬子〉, 383면, "行茶後進饌 獻酒三盃畢. 又起就陛上拜叩相揖 罷歸."

179) 朴世堂, 『西溪燕錄』, 〈癸丑〉, 383면, "具服詣午門外 賞贈諸物隨至. 通官等言 賞段品薄當改 久之改至……如朝儀."

180) 朴世堂, 『西溪燕錄』, 〈壬子〉, 383면, "晩朝 具服往禮部 漢尙書郝惟訥押宴."

181) 朴世堂, 『西溪燕錄』, 〈乙卯〉, 384면, "至中門外 而還其侍郞淸官 動止開敏, 問其年三十八 子數人爲鰕云."

班)에 소속되어 정조에 대기하였다.182) 차후로 전개할 주요한 논의인
정조와 연회[賜宴]에 대한 기록인 조의기(朝儀記)는 예악, 특히 악과
관련된 풍부한 자료를 제공해 주고 있다. 이 기록물이 담지하고 있는
독립적인 자료적 가치와 그 성격을 고려하고, 또한 이 절의 논의와의
중복된 서술을 피하기 위해서 다음 제3장에서 별도의 논의 공간을
확보하기로 하겠다.

3) 소결

지금까지의 논의를 통하여 연행 체험을 통하여 형성된 풍속과 예악
방면에 관한 박세당의 대청 인식을 개괄적으로 소개하고 분석해 보았
다. 박세당이 수행한 청조의 풍속과 예악에 대한 관찰은 역대 조선
사절단이 수행해 온 대(對) 중국 점국의 전통을 계승한 측면 또한
다분했다. 박세당의 경우 대청 풍속과 예악에 대한 관찰은 정치·경
제 분야에 걸친 탐규 내용과 더불어, 그가 형성한 대청 인식의 세부적
축을 구축하고 있었다. 특히 사행에 나선 시기가 명·청 간의 왕조
교체기와 병자호란이 발발했던 해로부터 32년 만이라는 특수한 사정
으로 인하여, 관찰자인 박세당의 시선은 더욱 예리한 빛을 발휘하고
있었다.

우선, 박세당은 용도가 변경된 구학(舊學)과 사우(祠宇) 등의 사례
들을 통하여 쇠락한 청조의 문속(文俗)과 유속(儒俗)을 동시에 읽었
다. 또한 탐사한 한속과 거짓 농간을 시도했던 관리배 등은 박세당에
게 퇴영한 청조의 유풍(遺風)을 가늠케 해주는 지표처럼 인식되고

---

182) 朴世堂, 『西溪燕錄』, 〈乙未〉, 374면, "乙未, 五更具服 詣東長安門外下馬
自左夾入門……會朝者 分班左右 臣等就西班而待."

있었다. 또한 박세당의 의관과 두발 상태를 지목하며 일순 비통한 심회를 토로했던 명의 연로한 유민을 통해서는 모종의 문화적 동질감을 느끼고도 있었다. 이와 같은 박세당의 관찰 시점들은 그가 문화와 도덕의 기준에 입각해서 청조의 그것을 재단하고 있었다는 사실을 시사해 준다. 이는 암암리에 청조에 대해서 비교 우위에 서 있다고 생각한 조선 지식인의 잠재적 소중화 의식이 발휘된 결과로 분석된다. 실제 박세당은 화이혼속(華夷混俗)을 개탄해 마지않았다. 결국 박세당은 최석정의 부연에 덧붙인 전별의 말을 통하여 확인되듯, 성적과 유풍이 민멸된 청조의 풍속을 야만스러움을 언표하는 '진' 이미지로 뇌리 깊숙이 압축해 두기에 이른다.

또한 박세당의 대청 예악 인식 역시 풍속 인식과 마찬가지로 매우 부정적인 양상을 띠고 있었다. 특히 예수가 무시된 듯한 청조 관리배의 상하 간의 품계 의식은 그 구체적인 사례로 지목되기에 충분했다. 이제 박세당은 이와 유사한 체험을 정월 초하룻날의 조의가 진행되는 동안에도 더 감내해야 하는 상황 앞에 직면하였다.

박세당은 연행 기간 동안에 무력감과 자괴감에 휩싸였던 때문인지, 다소 자폐적인 분위기 속에 무젖은 가운데, 조속한 귀국 의사를『사연록』을 통해 누차 내비추고 있었다. 그런데 이런 심경은 자신의 대청 체험을 경세론 차원으로 승화시켜 나가는 과정에서, 일정 부문 장애 요인으로 작용하고 있어 보인다. 가령 찰원과 연회석으로 일시 그 용도가 변경된 학교나, 사연 시에 임시 무대로 활용된 폐전에 대한 그의 관찰 포인트 등이 그러한 사례들로 지목할 수 있다. 확실히 박세당이 청조를 재단했던 기준인 도덕과 문화 의식과 이용후생을 지향하는 실용적 사고 간에는 다소 큰 간극이 발견된다. 사실 위기지학(爲己之學)을 지향했던 박세당의 인간학에는 근본(根本) 도학적(道學的) 특성이 강하게 내포되어 있다. 물론 이 시기는 그 특수한 여건상 북학론(北學論)에 근접하는 사고를 발휘하기에는, 아직은 때 이른 감이 없지 않은 것도 사실이다. 비록 박세당이 춘추의리론에 기반한 명분론이 구축한 견고한 성 속에 함몰되지는 않았지만, 결과적으로 이 간극은 대청 체험의 활용이라는 차원에서 볼 때 일정한 한계를 지녔던 것으로도 평가된다.

제3장 1669년 원일(元日)의 조의기(朝儀記)

서계 박세당은 1668년에 동지사 서장관 자격으로 사행에 나섰다가, 그 이듬해인 기유년 3월에 귀국했다. 무신년 동지사 사절단에게 부여된 사명은 정월 초하룻날의 정조(正朝)에 참석하는 일과 방물(方物) 및 세폐(歲幣)를 필납하는 일, 그리고 청조의 정국을 탐문하는 일 등에 관한 임무였다.

이때 박세당은 연행(燕行) 체험을 기록한 두 종류의 저술인 『서계연록』과 『사연록』을 남겼다. 전자는 의주−북경 간의 왕래 노정과 북경에 체류했던 동안 체험하고 목격한 내용들을 기행문 형식으로 기록한 연행일기에 해당한다. 이에 비해 후자인 『사행록』은 총21수의 시(詩)만을 문집인 『서계집』에 수록한 채로 발간되었다. 주로 역사적 유래가 있거나 특별한 심회를 자아내는 공간과 대상물을 접하면서 창작되었다.

그런데 17세기 중후반을 전후한 무렵의 조선 사회는 내외로 복잡하고도 미묘한 상황에 처해 있었다. 중원에서는 명·청 간에 왕조 교체기를 맞이하고 있었고, 병자호란이 발발한 해로부터 불과 32년이

경과한 탓에 전후 질서의 수립에도 골몰했던 시기였다. 자연 조·청 양국 간에는 미묘한 전후의 여운이 잔존하고 있었다. 이에 조선 사회 는 청조가 주도하는 새로운 동아시아적 국제질서 체제에 편입하고 적응해 나가면서, 동시에 전쟁이 남긴 긴 파장을 수습해 나가야만 하는 이중의 어려움 속에 직면해 있었다. 이러한 조선의 처지는 향후 무신년 사절단이 중국에서 수행해야 할 임무의 성격에도 큰 영향을 미치게 된다.

현존하는『서계연록』에 실린 정월 초하룻날인 원일(元日)의 정조에 대한 기록인 조의기(朝儀記)는 조의와 연회[사연(賜宴)]에 참석한 결 과를 기록한 것이다. 그런데 박세당의 조의기는 조의와 연회에 대한 객관적인 묘사라는 성격 외에도, 관찰자인 박세당의 시점이 적극 개입된 특징을 보여주고 있다. 박세당은 조의가 진행되는 동안에 청제(淸帝)의 동정에 예의 주목했으며, 여타의 번국(藩國) 사절단에 비해서 상대적으로 차별 대우를 받았던 조선의 위상을 유심히 관찰하 고도 있었다. 또한 사연의 하이라이트인 희무(戱舞)에 관해서도 관찰 력을 집중시킴과 동시에, 도덕과 문화의 잣대로 촌평을 덧붙여 놓고 있다. 조의와 연회가 진행되는 동안, 박세당은 새로운 정보를 제공해 줄 만한 모든 소재들에 대해 예의 주시하면서 촉각을 곤두세웠다.

따라서 금번 논의에서는 일차적으로『서계연록』에 실린 조참의(朝 參儀)에 대한 전체적인 내용을 개괄하고 소개할 계획이다. 나아가 조의기 속에 투영된 박세당의 시점을 재해석하는 방식을 통해서, 조의기로까지 연장된 이 시기 대청 점국(覘國)의 일면과 여타의 문화 적 코드들에 내장된 다양한 의미망에 대한 해독도 병행할 생각이다.

1. 조참의와 주요 관찰 포인트

정사 이경억을 단장으로 한 무신년 조선 사절단 일행은 통주읍(通州邑)의 영통교(永通橋)를 지나서 팔리보(八里堡)에서 아침을 먹은 후에, 마침내 1668년 12월 20일(乙亥)에 북경의 조양문(朝陽門) 외곽에 당도하였다.[1] 사절단은 조양문에서 관복 차림을 하고 다시 말 위에 올랐다. 조양문 쪽에서 걸어서 들기를 8~9여 리, 이윽고 옥하교(玉河橋)를 건너서 향후 북경에 머무르는 동안의 공식 숙소인 회동관(會同館)에 도착했다. 중국 측 통역관들이 모여서 대기하고 있었고, 제독(提督) 이일선(李一善) 또한 이미 도착해 있었다. 제독은 내일 예부에서 표문을 자문할 것을 전언하고, 먼저 정문(呈文)을 수취해 갔다.[2] 드디어 금번 조선 사절단의 공식 일정이 시작된 것이다.

회동관에 도착한 첫날을 포함하여 박세당 일행이 북경에 체류한 기간은 1668년 12월 21일부터 이듬해인 기유년 1월 24일까지 정확히 33일 동안이었다.[3] 무신년 사절단은 정례사행(定例使行)인 동지사였

---

1) 朴世堂, 『西溪燕錄』, 〈乙酉〉, 371면, "乙酉, 平明. 過永通橋……朝餐于八里堡 至朝陽門外 入東岳廟."

2) 朴世堂, 『西溪燕錄』, 〈乙酉〉, 371면, "臣等具冠服乘馬 從朝陽門入 行八九里 渡玉河橋 至會同觀. 通官等聚待 提督李一善亦至. 言明日當呈表咨于禮部 先取呈文居. 是行四十里."

3) 朴世堂, 『西溪集』 권18, 「簡牘」, 〈上仲氏承旨公〉, 362면, "弟以去臘廿一到燕, 以今正月廿四離燕, 留彼凡三十三日 而卽東路矣." 한편 박세당은 북경에서 33일을 체류할 수밖에 없었던 저변의 사정을 두고, 원역들이 "연경에서 시간을 끌면서 일찍 떠나려고 하지 않아, 깨우쳐 출발시키느라 연경을 떠난 시기가 이전 사행에 비해서 5, 6일을 더 넘긴 결과를 면치 못하였습니다(因彼中拖延, 不肯早行提撥, 離燕時期, 比諸從前, 不免差過五六日)."라며 박세견에게 토로했다(363면). 박세당은 귀국 후에 사행 일정이 지체된 데에 따른 책임 문제를 우려하고 있었다("想於先來未到前, 都下大小, 必多以使行稽滯, 妄爲騷屑, 以貽憂念, 此甚可恨可恨.").

으며, 원일의 정조에 조회하는 일과 방물을 필납하는 일 등을 주요 사명(使命)으로 하였다. 이에 추가하여 서장관 박세당은 청조의 정국 전반에 걸친 대청 정탐 임무 또한 동시에 수행하게 된다.

1) 원일 정조

무신년 사절단이 북경에 체류한 기간 동안의 주요 일정은 예부에서 정표를 자문하고 세폐를 필납하며, 원일 정조에 참석한 다음에 하마 연과 상사, 상마연 등으로 이어지는 공식 일정을 수행하는 일이었다. 물론 이 중에서 원일 정조에 참석하는 일이 가장 중요한 사명에 해당한다. 자연『서계연록』도 북경 체류 시에 청제인 강희제에 대한 정월 초하룻날의 조참의에 가장 많은 비중을 할애하고 있다. 반면에 북경에 머무른 동안의 여타 기록은 몇몇 소재들을 제외하면, 다소 부실한 양상을 면치 못하고 있다.

조의란 연회를 지칭하는 오후의 사연(賜宴)까지 포함시킨 개념이다. 따라서 엄밀한 의미에서의 조의기란 태화전(太和殿) 대정(大庭)에서 청조 군신(群臣)들의 진하표(陳賀表)에서 시작하여, 제후(諸侯)들이 청제에게 배고(拜叩)의 예를 취하는 조의의 전 과정뿐만 아니라, 연회[사연]에 대한 기록까지를 포괄하는 의미로 규정되어야 마땅하다. 물론 사연은 별도로 오후 시간에 진행되었으나, 조의에 부속된 행사라는 성격을 띠고 있기 때문이다. 후대의 노가재(老稼齋) 김창업(金昌業, 1658~1721)은 선친인 문곡(文谷) 김수항(金壽恒, 1629~1689)의 연행록인『계축일기(癸丑日記)』를 참고한 가운데, "앞서 들으니 조참의(朝參儀) 후에는 관례로 다례(茶禮)와 연례(宴禮)를 행한다고 한다."라는 전문(前聞) 사실을 기록해 두었다.[4] 또한 김창업은 "연례의 경우 전례[例]대로 행하던 일이었는데, 근년에는 폐지되었다."라는 사실을 적시해 두고, 그 이유로서 "아마 황제가 검소한 것을 숭상하고 비용을 아낀 끝에, (군이) 불필요하다고 여긴 것 같다."라는 분석을 덧붙여 놓았다.[5] 김창업의 『노가재 연행일기(老稼齋燕行日記)』는 1712년을 전후한 시기에서의 사연의 전말과 함께, 그가 사연[연례]을 조의의 연장선에서 이해했음을 반증해 준다.

이런 맥락에서 박세당의 조의기는 조의와 사연을 아우르면서, 행사가 진행된 시간대별로 그 진행 과정을 매우 압축적으로 기술해 두고 있다. 다만 여기에서는 논의를 효율적으로 전개해 나가기 위해 조의와 사연을 구분하여 관찰자이자 기록자인 박세당의 시점들을 재추적해 나가도록 하겠다.

북경 체류 이틀째 날(丙戌). 조선 사절단 일행은 복장을 갖추고서 예부를 방문하여 정표에 관한 자문을 구했다. 좌우로 나눠 선 예부 관리들에 대하여 삼사(三使)는 동시에 무릎을 꿇고 절하는 궤례(跪禮)로써 답례하고 정표를 전달했다. 이 날 예부는 정월 초하룻날인 원일의 조의(大朝)를 경하하는 희악(戱樂)을 베풀었다. 예부는 중국 측 통역관을 통해 사절단 일행에게 머물러 관람할 것을 권유했으나, 일행은 이를 군이 사양하고는 곧장 회동관으로 복귀했다. 관람을 거절한 조선 사절단의 태도와는 달리, 몽골 사절단 일행은 공연장을 찾아서 희극을 관람했던 것으로 알려졌다.[6] 여유로운 몽골사와는

4) 金昌業, 『老稼齋燕行日記』 권4, 「癸巳年」, "前聞朝參儀後 例行茶禮宴禮 癸巳癸丑兩年 先君子日記 有參茶禮宴禮之語……."

5) 金昌業, 『老稼齋燕行日記』 권4, 「癸巳年」, "若宴禮 乃例行之事 而近來廢之. 曾於太和殿前 十二爐燒沈香 今亦無此事. 意皇帝向儉惜費而肰也."

6) 朴世堂, 『西溪燕錄』, 〈丙戌〉, 371면. 병술일의 기록을 적절히 요약하고

142

달리 자숙하며 근신했던 조선 사절단의 처신이 감지되는 장면이다.

임진일(8). 도착 첫날에 회동관에서 사절단 일행을 맞이했던 제독 이일선이 회동관을 찾아왔다. 당장 내일부터 정조(正朝)를 위한 의례 학습(習儀), 즉 조의 리허설을 홍려시(鴻臚寺)에서 연습할 것을 주문해 왔다. 그는 우선 당장 오늘부터 회동관 내에서 예습할 것을 전언했다. 제독의 지침대로 복장을 구비하고 뜰에 나서서, 사절단의 원역(員役)들을 이끌고 북향 삼배(三拜)와 구고두(九叩頭)를 익혔다. 제독은 원역 등의 의례 연습도 결코 소홀히 하지 않았다. 의례를 재연하는 동안 박세당 등은 선 채로 지켜만 보았다. 다음날(癸巳). 서둘러 아침 일찍부터 홍려시를 예방했다.[7] 1669년(己酉) 1월 1일(乙未).

이 날은 북경에 체류한 지 11일째 되는 날이며, 원일 조의가 거행되는 날이다. 이 특별한 날에 일어난 일들에 관한 박세당의 관찰은 매우 세밀하며 관련 기록 또한 비교적 풍부한 편이다. 기실 조의란 청 황제를 알현하는 사폐(辭陛) [폐현(陛見)]를 뜻하며, 그 대상은 청제 강희제(康熙帝)였다. 청나라 연호(年號)로는 강희 8년째를 맞는 날이면서, 동시에 유령의 명(明) 숭정(崇禎) 42년째이기도 한 기유(己酉) 신년이었다. 약 보름 후에 박세당은 관소인 회동관 벽에 씌어진 유구국(琉球國) 사신들의 낙서(落書)를 통해서, 유구국에서는 이미 강희 연호를 채택하고 있다는 사실을 인지한다.[8] 이와 같은 '사실

재구성한 결과다. 특별히 인용을 요하지 않을 경우, 이하의 본문 내용도 동일한 방식을 따르도록 하겠다.

7) 朴世堂, 『西溪燕錄』, 〈壬辰·癸巳〉, 372~373면 중에서 조의기와 관련된 내용을 요약하고 정리한 것이다. 본문의 괄호 안 숫자는 북경 체류 경과일을 의미한다.

8) 朴世堂, 『西溪燕錄』, 〈更子〉, 379면, "最下一行云 康熙四年 巳九月三日 王舅通事."

들'(facts)에 대한 목격과 체험은 차후 박세당이 자신의 현실주의적 대청 노선을 확립해 가는 과정에서 직간접적인 변인의 하나로 작용했을 가능성이 높다. 차후에 박세당은 동종(同宗)인 화숙(和叔) 박세채(朴世采, 1631~1695)와의 토론 과정을 통해서, 다수의 역사적인 논거를 거론하는 가운데 명·청 간 왕조 교체라는 사실에 따라 새 연호인 강희를 채택해야 함을 주장하기에 이른다.9)

정월 초하룻날인 을미일(11). 사절단 일행은 오경(五更) 무렵에 복장을 갖추고 장안문(長安門) 동편 외곽에 이르러 말에서 내려 좌측 협문[左夾]을 통해 들어갔다. 오직 황제만이 출입할 수 있는 문인 단문(端門)과 천안문의 누각, 태청문(太淸門)과는 달리 천안문과 태청문 사이의 좌우에 있는 동장안(東長安)·서장안(西長安) 두 문은 백관들이 통행하는 문이다.10) 문루(門樓)의 기둥과 대들보, 서까래는 모두 동석(鍊石)으로 만들어졌다. 지난 명나라 시절에 이 문이 누차 화재를 입은 탓으로 목재를 석재로 대체했다고 한다. 그 실상 중에는 지난 1644년 4월 29일, 이자성(李自成, 1606~1644)은 제호(帝號)를 참칭했던 이 날 저녁에 궁전과 구문(九門)의 성루를 불살랐고, 다음날에 명의 태자와 두 왕을 데리고 서안(西安)으로 도주했던 사실도 계루되어 있다.11)

다시 박세당 일행은 금수교(金水橋)를 지나서 천안문 우측 협문으

9) 朴世堂, 『西溪集』 권7, 「辨和叔論紀年示兒姪」 및 「答和叔書」 참조.
10) 金昌業, 『老稼齋燕行日記』, 「癸巳年」, "閣制奇巧 乃如畵……端門天安門樓 亦二層九閣 太淸門 獨一層 而三門皆閉 惟皇帝出入. 天安太淸之間 左右 有西長安東長安兩門. 此百官通行之門也."
11) 稻葉君山 著, 但燾 譯訂, 『淸朝全史(上)』, 上海社會科學院出版社, 民國 3년, 上3-5면.

144

로부터 들었다. 정문인 단문을 지나 우측 협문 편에서 오문(午門)
외곽의 대정 중앙에 좌정했다.12) 이 자리는 서쪽 곁채[西廡] 아래로서,
대정 서쪽은 사직(社稷)이고 동무의 동편에 태묘(太廟)가 위치하고
있었다. 조의에 참석한 자들은 좌우로 나뉘어 분반(分班)을 했는데,
조선 사절단은 서반(西班)으로 분류되어 정조에 대기했다.13) 오문에
는 오봉루(五鳳樓)로 불리는 다섯 누각이 있다. 또한 오문의 좌우에는
두 협문이 있는데, 통관의 안내에 따라 서반은 우측 액문(掖門)을
통해서 들고, 동반(東班)은 좌측 액문으로 입장을 했다.14)

막 해가 뜰 무렵에, 드디어 황제가 황옥교(黃屋轎)를 타고 나타났
다. 오문에서 가마에 오른 자들이 전후로 각 8인이었는데, 모두 붉은
비단 옷 차림에 표범 꼬리 장식을 하고 있었다. 선두에서는 호위병격

---

12) 朴世堂,『西溪燕錄』,〈乙未〉, 374면, "己酉 正月一日 乙未. 五更具服 詣東
安門外下馬 自左夾入. 門樓柱梁及椽 皆鍊石爲之. 明時此門屢災 故以石
代木云. 過金水橋 從天安門右夾入. 過端門右夾 就午門外 大庭中坐."

13) 朴世堂,『西溪燕錄』,〈乙未〉, 374면, "西廡下 其西爲社稷, 東廡之東爲太
廟. 會朝者 分班左右 臣等就西班而待." 여기서 지칭된 서반은 동반(東班)
에 상대되는 분반(分班) 개념에 해당한다. 즉, 조의 적에 행사를 진행하는
홍려시(鴻臚寺)의 관원인 서반(序班)과는 구분되는 개념이다. 김창업은 이
서반이 행한 역할 중의 한 장면을 다음과 같이 기술해 두었다.『老稼齋燕行
日記』권1,「朝參儀」, "홍려시 서반이 사신 이하를 이끌고 어로에 이르러
오배삼고두례를 행한 뒤에, 마침내 오른쪽 액문을 지나서 입현하게 하였다
(一行立於監生之前 少焉, 午門三門盡闢, 鴻臚寺序班, 引使臣以下, 到御
路上, 行五拜三叩頭禮, 遂由右掖門 而入見)." 이어서 김창협은 "문무관이
동서로 마주보고, 규의어사는 중정에 벌여 서며, 사신 이하는 그 뒤에 섰다
(文武官東西相向, 糾儀御史列於中庭, 使以下就其後而立)."라고 서술해
두었다. 이 기록을 참고해 보건대, 1669년의 조의 때 조선 봉사단이 편제된
서반 또한 청조의 무관(武官)들이 소속된 반이었던 듯하다.

14) 朴世堂,『西溪燕錄』,〈乙未〉, 376면, "午門上有五樓 名五鳳樓. 久後通官等
引臣等隨班入. 諸王近侍出入 由午門左右夾 而其餘東班 從左掖門入 西班
從右掖門入. 臣等亦從右入."

인 장마(杖馬) 5~6명이 인도하였는데, 이들은 황제를 마주 대하고 있었다. 검은 관을 쓰고 현복(玄服) 차림의 제후며 대신들과 좌우의 수행자들이 도합 육칠백여 명에 달했다. 그들이 착용한 갖옷 복장들이란 화려하고도 아름다웠다. 오문 밖에서 말을 탄 자들이 앞서거니 뒤쫓거니 하는 통에, 정연한 행렬을 이루지 못했다.[15] 참으로 장관이었다. 그것은 무시할 수 없는 대국의 위용을 상징해 주고 있었다.

한편 이처럼 화려한 청조의 복제며 기물(器物) 등을 두고, 무신년 사절단은 귀국 후에 국왕인 현종에게 다음과 같은 보고를 올렸던 사실이 주목된다.

> "정조 적에 저들을 보니, 비록 하급 관리일지라도 모두 흑초구(黑貂裘)를 입었고, 사용하는 기물들은 화려하여, 눈이 어지러울 정도였습니다."[16]

이제껏 접해 보지 못했던 청조의 화려하며 사치스러운 복제·기물 등으로 인하여, 앞선 사절단들은 이를 청조의 망조라고 진단하기조차 했었다.[17] 그러나 무신년 사절단이 내린 진단은 전혀 달랐다. 즉, 이경억 등은 "우리나라의 가난하고 검소한 안목으로 보았기 때문에, (복제·기물 등이) 과도하다고 판단한 것이지, 이것으로 반드시 그

---

15) 朴世堂, 『西溪燕錄』,〈乙未〉, 374~375면, "平明. 帝乘黃屋輀出. 自午門乘輀者 前後各八, 俱着紅錦衣豹尾. 前導其杖馬 在前五六. 對帝戴黑披玄 諸王貴臣 及左右隨後者 六七百人. 於午門外 乘馬馳逐 不成行列."

16) 『顯宗實錄』 권16, 10년 3월 4일(丁酉), "以正朝時見之, 雖下官 皆着黑貂裘, 服制器物 華美奪目."

17) 『顯宗實錄』 권16, 10년 3월 4일(丁酉), "我國人 每以彼中奢侈已極, 必以覆亡爲言."

146

망할 조짐[亡兆]으로 여길 수는 없습니다."라고 보고함으로써,[18] 보다 객관적인 실체에 근접해 가고 있었던 것이다.

그런데 이 날 청제는 종묘를 배알하는 의례에 앞서서, 특별히 황제의 먼 선조인 등(鄧) 장군의 사당에 분향하는 제례를 먼저 거행했다.[19] 박세당은 우선적으로 종묘를 먼저 배알하지 않은 청제의 원일 첫 일정이 선뜻 이해되지 않았다.[20] 누르하치와 유고(有故)했던 까닭에 봉사(奉祀)되었던 명대의 장군 등좌(鄧佐)는 차후 민간에서 마마신[痘神]으로 숭배되면서, 제신을 안치한 당자(堂子)에 함께 모셔지게 된다.[21] 이 점 샤먼을 숭배했던 여진족의 종교적 전통과도 밀접하게 관련 있어 보인다.

이윽고 일출 무렵이 되자 강희제는 다시 환궁했다. 행렬을 나눈 의장대가 북을 두드려 음악을 연주하며 선두에서 이끌었다. 앞서 등 장군의 제당에 분향하기 위해 출궁할 적의 간솔한 의식과는 사뭇 격식이 달랐다. 의장대가 천자 거동 시의 행렬인 노부(鹵簿)를 통솔해서 오문 밖에 이르자, 행렬들은 일제히 좌우로 나눠 섰다. 그 의식이 심히 엄숙하여 한 치의 착오도 없었으며, 모두 황제의 뒤를 따랐다. 이때에 조선 사절단을 포함한 동반(東班)과 서반(西班)은 다만 내도록 장궤(長跪)를 취하고 있었을 따름이다.[22]

18) 『顯宗實錄』 권16, 10년 3월 4일(丁酉), "以我國寒儉之目見之, 故以爲過度, 而此不必爲其亡兆."
19) 朴世堂, 『西溪燕錄』, 〈乙未〉, 375면, "聞將往鄧將軍祭堂焚香.……答是帝遠祖."
20) 朴世堂, 『西溪燕錄』, 〈乙未〉, 375면, "問將軍何神 而天子不謁宗廟 謁此廟."
21) 稻葉君山 著, 但燾 譯訂, 앞의 책, 民國3年, 上1-103면 참조.
22) 朴世堂, 『西溪燕錄』, 〈乙未〉, 375면, "日出還宮. 儀仗鼓樂 分行前引, 不似

대정에 동·서반이 다 집결하자 강희제는 다시 황옥교를 타고 서쪽
곁채로부터 태화전에 당도했다.23) 통관(通官)들의 전언에 의하면,
강희제는 먼저 태황과 태후, 그리고 황태후를 배알한 후 어전으로
돌아와서 문무 관료들의 하례를 받는다고 했다.24) 조금 후에 동쪽
곁방[東廂]에서 나온 제는 벌써 어좌[坐辟]로 나아가고 있었다. 그때
붉은 옷차림으로 필(蹕)을 맡은 장마 4인이 어로(御路)의 양쪽 가에
나눠 서 있다가, 모두 벽제(辟除)를 세 번 알린 후에야 그쳤다. 장마는
곧 원래 자리로 복귀했다.25) 이때에 청조의 문무 신료들은 제 자리로
나가서 북향 장궤를 취하고는, 이윽고 태화전에 가득한 찬성의(贊聲
意)가 울려퍼졌으니, 이것이 바로 군신들의 하표(賀表)라는 것이다.
이들은 삼배와 구고두를 알리는 소리에 맞춰서 예를 표하고는 곧
물러났다.26)

　이제 서반으로 분류된 조선 사절단과 몽골별종(蒙古別種) 등의 조
공국들이 조의를 표할 순서였다. 박세당은 이 정황을 "통관 등이
비로소 신등(臣等) 이하(以下)를 인도하여 서정(西庭)으로 나아가서

　　出宮時之簡. 率鹵簿 到午門外 左右分立 其儀甚肅 不失尺寸而隨後.……
　　東西班 但長跪而已."
　23) 朴世堂, 『西溪燕錄』, 〈乙未〉, 376면, "庭下東西班畢集 帝又乘輦下殿 由西
　　廂入."
　24) 朴世堂, 『西溪燕錄』, 〈乙未〉, 377면, "通官等言 將詣太皇太后皇太后 歸受
　　賀."
　25) 朴世堂, 『西溪燕錄』, 〈乙未〉, 377면, "久之從東廂來 旣就坐辟. 仗馬卽有四
　　人 朱衣執蹕 分立御路兩傍, 凡三擊蹕然後止. 仗馬乃復舊所." 한편 박사
　　호(朴思浩)의 〈태화전기(太和殿記)〉에는 집필(執蹕) 대신에 "이윽고 채찍
　　을 세 번 울리니, 그 소리가 전각을 울린다(鳴鞭三聲 聲震殿宇)"라고 서술되
　　어 있다(『心田稿』 권2, 「留館雜錄」).
　26) 朴世堂, 『西溪燕錄』, 〈乙未〉, 377면, "於是文武官 就位北向長跪 隨聞殿上
　　有贊聲意 其爲群臣賀表也. 讀止傳臚三拜九叩頭乃退."

148

어로 가까이에 차례대로 서게 하였다. 또 조금 앞으로 나가서 전례[儀]대로 배고(拜叩)를 취한 후에 곧바로 물러났다."라고 간략히 묘사해 두었다.27) 통관 등은 다음 차례로 몽골별종 사절단을 이끌어 고배(叩拜)를 취하게 했다.28) 이 삼배 구고두 예와 관련해서, 1720년(숙종 46)에 정사 자격으로 사행을 다녀온 도곡(陶谷) 이의현(李宜顯, 1669~1745)은 "대개 우리들은 두 번씩 가서 절하고 머리를 조아리는 예를 행하는 일이 (무척) 괴로웠다."라는 소감을 피력해 보였다.29) 이 기록과는 달리 『서계연록』 전체를 통해서 배고의 예를 취한 심회에 관한 박세당의 언급은 끝내 찾아보기가 어려웠다.

조참의 의식이 끝나자 박세당 일행은 다시 우측 협문인 정도문(貞度門)을 통해 태화전을 벗어나, 동장안문 밖에서 말을 타고 숙소인 회동관으로 복귀했다. 일행은 서둘러서 식사를 마친 후 황제가 주최하는 공식 연회인 오후의 사연에 참석하기 위해서 다시 오문을 거쳐서 태화전에 도착하게 된다.30)

이상의 내용이 원일 정조에 관한 『서계연록』의 대략적인 기록에 해당한다. 그렇다면 조의가 진행되는 동안 박세당의 시선은 과연 어떤 부분에 집중되고 있었을까? 이제 원일의 정조를 지켜본 박세당

27) 朴世堂, 『西溪燕錄』, 〈乙未〉, 377면, "通官等 始引臣等以下 就西庭近御路 序立. 又稍進 拜叩如儀 旣退."
28) 朴世堂, 『西溪燕錄』, 〈乙未〉, 377면, "又引蒙古別種 使叩拜時 蒙古王子亦 來 而聞……."
29) 李宜顯, 『庚子燕行雜識(上)』, "盖吾輩則 以再行拜叩禮爲苦, 倂欲免禮部 行." 당시 이의현은 정조 이후에 상사사(賞賜事) 문제로 다시 예부를 예방해야 하는 상황이었다.
30) 朴世堂, 『西溪燕錄』, 〈乙酉〉, 377면, "復由貞度出 至東長安門外 乘馬歸館 催食畢卽赴賜宴. 又至午門外少休 入太和殿."

의 시점과 그 속에 담긴 다양한 의미망들을 분석해 보도록 하겠다.

2) 황제의 동정(動靜)과 여타의 시점

신년객(新年客)[31] 박세당은 원일 정조가 진행되는 동안에 몇몇 사항에 관해서 매우 세심한 관찰력을 발휘하고 있었다. 특히 박세당은 청제인 강희제의 동정 파악에 매우 비중감 있는 시점을 할애했다. 그 외에 몽골별종사의 유별난 외양과 복제, 몽골 왕자 등도 주요한 관찰 대상이었다. 그런데 굳이 가설 연역주의와 같은 과학철학을 차용하지 않더라도, 본디 사물에 대한 관찰이란 불가피하게 특정한 가치기준 혹은 하나의 이론적 가설을 전제로 하기 마련이다. 이제 박세당이 관찰의 대상으로 삼은 특징적인 소재들을 소개하고, 그 이면에 놓인 일련의 의미망들을 분석해 볼 필요가 있다.

무엇보다 박세당은 강희제의 동정이나 그와 관련된 정보 수집에 지대한 관심을 표명하였다. 박세당이 청제의 동정에 관심을 표명한 이면에는 향후 청조의 정국 추이에 대한 판단을 도모한다는 의미 이상의 보다 복합적인 맥락들이 개입되어 있다. 당시 즉위 초반이었던 강희제는 오배(鰲拜)를 비롯한 사대신(四大臣)들에 의한 보정기(輔政期) 국면 하에 놓여 있었을 뿐만 아니라, 일련의 반청세력 및 남명정권(南明政權)의 활약상으로 인하여 매우 불안정한 정국에 처해 있었다.[32] 자연 청조의 정국과 청제에 관한 정보 수집은 조선왕조

---

31) 朴世堂, 『使燕錄』, 〈出朝陽門〉, 19면, "新年客厭燕南地, 萬里人愁薊北天."
32) 이 부분에 관한 논의로는 金斗鉉, 「淸朝政權의 成立과 發展」, 서울대학교 동양사학연구실 편, 『講座 中國史 Ⅳ-帝國秩序의 完成』, 지식산업사, 1994, 158~169면 참조.

의 큰 관심사로 부각될 수밖에 없었던 시기였다. 청조의 정세와 민심의 동향을 파악하기 위해서 노력했던 조선 사절단은, 특히 남명 정부의 향배에 예의 촉각을 곤두세웠다. 그리하여 1673년에 오삼계(吳三桂)가 반란을 일으키자 조선 사신들은 목격자의 전문과 당보(塘報)·순보(循報) 같은 정부간행물, 심지어 이웃에 숙소를 둔 유구 사신들로부터 전해들은 내용까지 속속 보고하기에 이른다.33) 또한 군권강화론에 입각한 개혁 구상에 충만했던 박세당 개인 차원에서도 강희제와 관련된 정보는 중요한 관찰 포인트로 설정되고 있었다.

박세당이 강희제에 관해 첫 정보를 접한 계기는 북경에 이르는 서래(西來) 길에서, 하룻밤 묵었던 사하역(沙河驛)의 가게[店] 주인인 강씨(姜氏)를 통해서였다. 박세당은 서래 길에서 한족(漢族)이 받는 일련의 차별상을 접하고는, "어찌 인주(人主)로서 이따위 정령[令]을 시행한단 말인가?"라고 질타하면서34) 그 책임 귀속에 관한 비판의 목청을 더 높인 바가 있다. 이어서 박세당은 주인에게 강희제의 친정(親政) 이후 드러난 민심의 동향에 관한 질문을 던졌다. 이 질문에 대해서 강씨는 "황제는 훌륭한 점[好處]이 너무나 많으신 분"이라는 실로 놀라운 답변을 전해 주었다.35) 상대의 이 발언은 지방의 행정 관아에 만연된 차별적 인사 문제를 비판했던, 박세당이 애초 기대했던 답변과는 너무나 판이한 정보를 담고 있었다. 실제 후세의 사가(史家)들로부터 관화(寬和)한 정치 작풍(作風)을 펼쳤다는 평가

---

33) 제2장 1절의 각주 4) 참조.

34) 朴世堂, 『西溪燕錄』,〈己卯〉, 364면, "何人主行此令. 答曰 但聞兩黃旗換地以至如此."

35) 朴世堂, 『西溪燕錄』,〈己卯〉, 365면, "問 皇帝親政後 民心如何. 曰甚好. 又問 則答曰 皇帝好處甚多."

를 받는[36] 강희제에 관한 이 첫 정보는 실로 충격적인 것이었다. 이에 박세당은 북경의 태화전에서 정조와 사연이 진행되는 동안에도 강희제의 사소한 동태까지 예의 주시하였고, 또한 그 정보를 빠짐없이 연록에 실어 두게 된다.

청제에 관한 두 번째 정보는 역관(譯官) 장현(張炫)에 의해서 입수되었다. 장현은 이미 정태화가 남긴 연행록에서 삼대역(三大譯)이라는 평가를 받을 정도로 유능하면서 성실하기도 한 조선 사절단의 일원이었다.[37] 장현은 "제(帝)가 곧 무영전(武英殿)으로 (임시 거처를 옮겨) 갈 것"이라는 전문(傳聞)과 함께, 우연히 잠시 접한 "평상복 차림으로 승마하여 칼을 찬 수십 인을 거느리고 다니는 제"[38]의 평소 거동에 관해서 간략히 언급해 주었다. 이어서 장현은 청 측의 통관들끼리 나눴던 말인 "태화전이 낮고 비좁아서, 내년 정월이면 리모델링[改搆]을 해서 확장 공사를 할 것이며, 곧 (임시) 어전을 무영전으로 옮길 예정이어서, 강희제가 직접 무영전을 드나들며 살피고 있다."라는 사실도 아울러 전해주었다.[39] 기록에 의하면, 놀랍게도 강희제는 바로 이 태화전 공사가 진행되는 동안에도 매일 강관(講官)이 진강(進講)을 궐함이 없도록 재촉할 정도로 대단한 호학 군주였다.[40] 무영전은 후일 건륭제(乾隆帝)가 사고전서(四庫全書) 편찬을 주도할 때에는

---

36) 傅樂成 著, 辛勝夏 역, 앞의 책, 1999, 770면.

37) 鄭太和, 『陽坡遺稿』 14, 「飮氷錄」, 〈10월 11일〉, "俄而自禮部招書壯官及張趙徐三譯而去……仍以書壯官及張趙徐三大譯姓名 記錄玉河館."

38) 朴世堂, 『西溪燕錄』, 〈庚寅〉, 372면, "張炫以下……而回言初入忽聞 帝將往武英殿過其所 譯官等少避立侯 俄見帝常服乘馬 數十人帶釖."

39) 朴世堂, 『西溪燕錄』, 〈庚寅〉, 372면, "步隨少間 復回通官輩言 太和殿卑狹 欲以明年正月 改搆以逼近大內. 將移御武英殿 帝自往視之."

40) 稻葉君山 著, 但燾譯 訂, 앞의 책, 民國 3년, 上3-99면.

152

선사처(繕寫處)로 다시 한 번 더 그 용도가 변경되는 운명을 맞이하게
된다. 여하간 지금까지의 강희제를 둘러싼 동정 묘사는 특별한 정보
성을 담지하고 있다기보다는, 일상(日常) 속에서의 강희제 거동과
그 주변에 관한 이야기들, 곧 일상 속의 '하찮은 이야기들'(trifling
narratives) 수준에 불과한 것이었다. 거대담론과는 달리 이처럼 사소
한 이야기들은 주제가 안겨 주는 진중한 무게감은 부재한 편이다.

  그런데 계속 이어진 장현의 전언 내용 속에는 실로 의미심장한
정보가 담겨 있었다. 이어서 장현은 "황제는 매일 두 번씩 청정(聽政)
하고, 조회를 나눠서 늦은 시간까지 보며, 오늘은 또한 태화전에서
어거하고 있다."라는 정보를 전해 왔던 것이다.[41] 짐작컨대 장현의
이 전언으로 인하여 박세당을 일순간 경악시켰을 것으로 생각된다.
강희제야말로 군권강화론에 입각한 일련의 개혁 구상안을 입안한
박세당이 염원한 이상적인 군주상에 근접한 인물로 비쳐졌기 때문이
다. 또한 서래 길에서 접했던 "황제는 훌륭한 점이 너무나 많으신
분"이라는 세간의 평가가 한갓 공치사에 머문 빈말이 아니었음을
박세당은 차츰 수긍하기 시작했으리라 본다. 실제 강희제는 중국인들
이 가장 이상시한 군주상을 한 몸으로 실현해 보인 인물이라는 평가
를 받고 있다.[42]

  일찍이 박세당은 관직을 사퇴하기 직전에 제출한 〈응구언소(應求
言疏)〉(丁未, 39세)를 통해서 현종을 "용렬하고 어리석은 군주[庸君暗
主]"로, 좀더 격한 표현으로는 "말세의 교만하고 혼미한 군주[驕昏之

41) 朴世堂, 『西溪燕錄』, 〈庚寅〉, 372면, "又言皇帝日再聽政分朝晚 今日亦御
   大和殿."
42) 稻葉君山 著, 但燾譯 訂, 앞의 책, 民國 3년, 上3-104면.

主]"로 강하게 지탄한 사실이 있었다.[43) 박세당의 이 상소문은 흡사 명종(明宗)과 문정왕후(文定王后)를 동시에 질타했던 남명(南冥) 조식(曺植, 1501~1572)의 〈을묘사직소(乙卯辭職疏)〉를 방불하는 감이 없지 않다.[44) 아무튼 박세당이 극언을 마다하지 않고, 현종을 이토록 평가 절하한 중요한 이유는 바로 국왕의 불시조(不視朝)와 권정(倦政)의 폐단 때문이었다.[45) 현종의 이러한 임정 태도는 군권강화론을 통한 개혁을 꿈꾸었던 박세당을 좌절케 하였고, 마침내 우암 송시열과 더불어 수락산 석천동으로의 퇴은(退隱)을 재촉하게 한 원인(遠因)으로 축적되어 가고 있었다. 그런데 지금 강희제를 둘러싼 동정과 정보는 조선의 국왕과는 너무나 판이한 내용이었다.

결국 강희제의 성실한 집정 태도와 더불어 중국 전역에 걸친 안정적인 정국 장악에의 노력은 박세당으로 하여금 반청복명에의 기대감을 접게 하는 중요한 하나의 계기로 작용했을 뿐만 아니라,[46) 동시에 청조에 대한 의리론적 차원의 명분론적 사고를 차츰 와해시킬 국면으로 인도하고 있었다. 실제 귀국 후에 박세당은 명재(明齋) 윤증(尹拯, 1629~1714)에게 보낸 편지에서, 중국 서남북(西南北) 방면의 반청세력과 남명정권의 위세를 극복해 가면서, 점차 안정된 정국을 확보해 가는 청조의 현실을 인정할 수밖에 없는 사정을 착잡한 심정으로

---

43) 朴世堂, 『西溪集』 권22, 〈應求言疏〉, 88면, "臣竊痛朝廷好爲無實之擧 上以欺天……猶不知悔 甘處於庸君暗主之間……" ; 90면, "其罕朝者 卽末世驕昏之主耳."

44) 曺植 著, 경상대학교 남명학연구소 옮김, 『남명집』, 한길사, 2001, 314면.

45) 朴世堂, 『西溪集』 권22, 90면, "臣請略數當今之弊……則不視朝是也. 本朝列聖 勤于聽政 孜孜忘疲 則何獨不然.……殿下之接群臣者 凡幾數矣."

46) 김종수, 「西溪 朴世堂의 對淸戰國 一考」, 『軍史』 70, 국방부군사편찬연구소, 2009, 124~129면.

토로하였다.⁴⁷⁾ 박세당은 명조 부흥[復明]에 거는 기대감 대신에 막강한 청조의 존재를 인정하고 수용해야만 하는 현실을, "하늘이 취한 지도 벌써 오래되셨다."라는 절망스러운 표현으로 대신하기도 했다.

여하간 이런 사정 때문에 박세당은 정조가 진행되는 동안에 강희제의 사소한 동정까지도 예의 주목했던 것이다. 자연 강희제에 대한 박세당의 관찰은 사연이 펼쳐진 오후 시간에도 지속되었다. 결과적으로 『서계연록』에 등재된 조의기는 청제인 강희제의 동정에 가장 주목했던 특징을 보여준다. 실제 대 황제 관련 정보는 조선왕조가 가장 중시했고, 또한 절실히 필요로 했던 일급 사안에 해당했다.⁴⁸⁾

이에 더하여 박세당은 서반으로 분류된 몇몇 번국 사절단들의 외양과 거동에 관한 기록도 남겨 두었다. 가령, 정확한 신원 파악을 못한 한 부류의 호인(胡人)과 아라사(俄羅斯) 사절단을 지칭하는 몽골별종사, 그리고 조선 사절단에 비해 더 나은 의전상의 대우를 받았던 몽골사(蒙古使) 등에 관해서도 일정한 시점을 할애하였다. 이들은 조선 사절단과 비교적 근거리에 위치하고 있었다.

우선, 박세당은 한 부류[一種]의 호인으로 지칭한 이들에 대해서, "신등이 앉은 자리 가까이에는 한 부류의 호인들이 모여서 좌정하고 있었는데, 그 모습이 심히 비루하였다. 게다가 이상하게 땋아 올린 두발과 의복[着]이란, 흡사 청나라 사람들을 방불하며, 두건 위에 갖옷으로 가선을 취한 복제 또한 (사뭇 조선과는) 달랐다."라고 소개하고

---

47) 朴世堂, 『西溪集』 권19, 〈與尹子仁書〉, 393면, "元明以來 幅員所有者 無不有之. 西南北三隅 未見有兵革之變. 至於內地 不言可想. 天之醉 亦已久矣. 尚復何說. 蒙古犯境 竟亦不實."

48) 김경록, 「朝鮮時代 朝貢體制와 對中國 使行」, 『明清史研究』 13, 明清史學會, 2008, 114면.

있다.[49] 이 표현에서 음미할 부분은, 박세당이 이들을 일종 호인으로
명명한 이유에 관해서다. 다시 말하여 박세당은 변발과 복제가 청나
라 양식과 닮았다는 판단 기준을 가지고 이들을 '일종 호인'이라고
칭했던 것이다. 이러한 호칭법은 박세당이 청나라식의 두발과 복제,
즉 조선과 다른 양식의 두건을 접하고 극심한 문화적 이질감을 느꼈
다는 사실을 반증한다. 이러한 사실은 박세당이 여타의 문화적 양식
혹은 제도에 대한 비평의 근거가 유가적 기준이었음을 시사해 주며,
이 기준은 여타 사례들을 통해서도 일관되게 적용되고 있다. 그런데
여기서 운위된 유가적 복제란, 기실 당제(唐制)를 계승한 명제식(明制
式) 의관을 의미하며, 그 핵심적인 사항은 정수리에 머리털을 묶는
상투 형식이다. 이 복제는 홍무(洪武) 원년(1368)에 명 태조인 주원장
(朱元璋)의 조령(詔令)에 의해 원대(元代)의 호속(胡俗) 일체를 타파
하면서, 중국의 구제(舊制)대로 의관을 복구한 전통을 잇고 있었다.[50]

이제 조선 봉사단 다음 순서로 조의를 표했던 몽골별종사에 대한
박세당의 관찰 내용을 살펴보기로 한다. 처음 이들에 관해서 박세당
은 "그 (일종 호인의) 윗자리에 좌정한 자들의 모습은 흡사 서양인(西
洋人)을 닮았는데, 모직 갖옷으로 가를 두른 의복이 심히 조밀해 보이
는" 차림새를 한 "이들이 어느 나라 사람들인지?" 몹시도 궁금해하였
다.[51] 결국 답변을 통해서 이들이 "북해(北海) 변에 위치한" 몽골별종

---

49) 朴世堂, 『西溪燕錄』, 〈乙未〉, 375면, "臣等所坐 稍近有一種胡人聚坐 其狀
甚陋. 且異所戴與着 髣髴淸人 而帽頂裘緣制 亦不同."

50) 稻葉君山 著, 但燾譯 訂, 앞의 책, 民國 3년, 上3-7면에서 재인용, "詔使復冠
如唐制. 初元世祖自朔漠起 而有天下. 盡以胡俗變易中國之制. 士庶咸辮
髮椎髻胡帽, 無復中國之衣冠之舊……至是悉命復舊衣冠, 一如唐制. 士民
皆以髮束頂 其辮髮椎髻胡服胡言胡姓, 一切禁止. 於是百有餘年之胡俗,
盡復中國之舊."

156

이라는 사실과 더불어, "서북쪽의 극히 먼 바닷가에 위치하고 있는데, 서양과 가깝다."라는 지리적 정황, 그리고 "그 나라와 북경까지의 거리가 약 7천여 리여서, (지난해) 7월에 고국을 출발하여 (이듬해 신년인) 이제 막 북경에 도착했다."라는 추가적인 정보 등을 확보했다.52) 그러나 언어 소통상의 한계와 질문자들의 상이한 질의 내용 등으로 인하여, "그 나라의 토속(土俗)이며 내반(內班)에 나아가게 된 경위 등"에 관한 더 이상의 정보는 획득할 수 없었다. 박세당이 궁금해했던 바와 같이, 실상 이들 아라사 사절단인 몽골별종사는 중국 중심의 조공적 질서체계와는 무관한 처지였으며, 무역상의 이유 등으로 동진을 시도중인 상황이었던 것으로 파악되고 있다.53)

그런데 이 몽골별종이 좌정한 자리는 조선 사절단의 바로 아래 위치였는데, "비리고 누린내를 풍겨서 절로 코를 움켜잡게 하여 근접하기조차 어려운" 정도였다.54) 이들 몽골별종에 대하여 역관들 또한 "저들은 바지도 없이 다만 상의(上衣)만으로 하체를 덮어 가렸다."라는 불평을 토로했다.55) 역관들이 내뱉은 불평을 통해서, 유가적 복제[儒服]를 이탈한 양식에 대한 거부감이 비단 박세당 일 개인에 국한된 차원이 아니었음을 알 수 있다.

이러한 양상은 후대의 이의현 또한 동일하였다. 이의현은 통관들에

---

51) 朴世堂, 『西溪燕錄』, 〈乙未〉, 375면, "其上坐者 狀類西洋人, 衣緣氈裘甚緻密. 問是何國人."

52) 朴世堂, 『西溪燕錄』, 〈乙未〉, 375~376면, "或言是蒙古別種 在北海邊 或云在西北極遠海 近於西洋. 或云 其居去北京七千里 離國七月 方至北京. 既不通語 所問又各不同 無因悉其土俗 及就內班."

53) 김문식, 앞의 논문, 2000, 359~367면 참조.

54) 朴世堂, 『西溪燕錄』, 〈乙未〉, 376면, "其人臣等下 腥臊摍鼻 不可近."

55) 朴世堂, 『西溪燕錄』, 〈乙未〉, 376면, "譯輩又言 其無袴 只以上衣覆下體."

의해 조선 사절단이 이들과 조금 사이가 뜨는 배려를 받은 끝에,
"예(禮)에는 비록 위아래로 연좌(聯坐)하게 되어 있지만, 저들은 몹시
도 더러우니 옷자락을 상접(相接)하게 할 수가 없다."라는 당시의
정황을 연록에 담아 두었다.[56] 결국 당시 의관과 두발 등을 포함한
복제는 각기 상이한 세계관을 상징해 주는 하나의 제도(制度)로서의
문화체(文化體)였던 것으로 평가해 볼 수 있다.[57] 따라서 원일 정조
시의 태화전 대정은 상이한 세계관과 제도로 무장한 일군의 번국들이
집결한 공간이기도 했으며, 일면 유학 혹은 정주학적 제도의 전도(前
途)에 관한 모종의 전망도 암시해 주고 있었다.

한편, 박세당은 조선에 비해서 의전상의 특별대우를 받았던 몽골사
를 향해서도 예의 주목하고 있었다. 이들 몽골사와 조선 사절단이
처한 상이한 처지는, 이미 예부에서 주최한 희악 관람 건을 통해서도
확인된 바 있었다. 이러한 사정은 정조 때에도 재차 확인된다. 전술한
바대로, 조선 사절단이 청제에게 배고를 취한 다음 순서로 몽골별종
사가 배고를 취할 무렵, 마침 몽골 왕자도 대정의 서반에 도착하였다.
그런데 들리는 소문에 의하면, 몽골 왕자는 "(이에) 앞서 (청조 군신들
의 진하표 시에) 청한(淸漢) 문무 신료들과 동시에 예를 올렸다."라고
했다.[58] 이러한 사실은 청 측에서 의전상 특별한 배려를 도모한 결과
다. 그런데 몽골사에 대한 특별 대우는, 동시에 상대적으로 차별 대우

---

56) 李宜顯, 『更子燕行雜識(上)』, "我國使臣 例坐蒙古之下. 通官輩引余輩 稍
間之曰 例雖上下聯坐 而彼穢甚 不可衣裾相接也."
57) 文化體 개념에 대해서는 鄭一均, 「제1장 緖論: 儒敎社會의 文化體 硏究와
經學」, 『茶山 四書經學 硏究』, 一志社, 2000, 20~21면 참조.
58) 朴世堂, 『西溪燕錄』, 〈乙未〉, 377면, "蒙古別種使 叩拜時, 蒙古王子亦來.
而聞先與淸漢文武 同時行禮."

를 받는 조선의 자기 위상을 확인시켜 주는 의미도 내포하고 있다. 다시 말하여 그것은 타자인 청조에 의한 조선에 대한 자기규정을 상징해 주는 일종의 사건적 의미를 함축하고 있는바, 이 점 후론될 연회기에서 재론토록 하겠다.

이상에서 개진된 내용을 통하여 조의가 진행된 전 과정에서, 박세당의 시선에 포착된 몇몇 특징적인 소재들을 짚어 보았다. 이를 통하여 우선 박세당이 강희제의 동정에 예의 주목하게 된 저변의 사정을 이해할 수 있게 되었다. 또한 일종 호인의 경우와 몽골별종의 사례를 통해서, 복제와 두발 상태 및 습속(習俗)으로 대변되는 상이한 세계관 및 제도가 정립(鼎立)하고 있는 문화적 접촉 공간인 원일의 태화전 대정의 풍경도 지켜보았다. 그러나 몽골사에 비해 상대적으로 차별 대우를 받는 현장을 목격한 박세당의 심경은 그리 평온하질 못했다. 이처럼 불편했던 박세당의 심경은 오후의 연회석상에서도 동일한 기조를 유지하였다.

2. 사연(賜宴)과 주요 관찰 포인트

원일의 오후에 주최된 사연의 내용은 진다(進茶)와 진찬(進饌), 희무(戱舞)와 진주(進酒)로 구성되었고, 또한 이 순서대로 진행되었다. 연회에 대한 기술 분량은 오전에 진행된 조의 분에 비해서 상대적으로 소략한 편이다. 그러나 연회기에 대한 묘사는 악(樂)과 관련한 드문 내용일 뿐만 아니라, 또한 17세기에 저술된 연행록에서는 찾아보기 어려운 내용이어서, 그 자료적 가치가 매우 높다고 할 수 있다. 따라서 이하의 연회기는 연록에 서술된 내용을 진행된 순서에 준하여 소개하고, 해당 서술단위에 부기된 박세당의 촌평을 겸하여 음미하는 방식으로 논의를 진행하도록 하겠다.

연회기에 대한 첫 번째 기술 내용은 청조의 문무 관료들과 번국 사신들의 좌석 배치 순서에 대한 언급으로 시작되고 있다. 특히 연회에 임하는 조공국 사절단들의 좌석 배치 순서는, 몽골사에 비해 상대적으로 차별 대우를 받았던 오전의 기억을 재차 환기시켜 주었다. 일단 박세당은 회동관에서 서둘러 점심 식사를 마치고, 태화전에 도착한 이후에 "(태화)전(殿)의 서쪽 모퉁이를 통해 돌층계[陛]에 올라서, 태화전 바깥쪽 층계 서편에 좌정"했음을 기록해 두었다.59) 연회가 시작될 공간의 좌석 분포 또한 오전에 거행된 조의 적의 동·서반 분류를 그대로 적용시켰음을 알 수 있다.

이어서 박세당은 좌석 배치의 순서와 관련해서, "몽골 왕자가 맨 앞자리에 앉았고, 신 등(의 조선 사절단)은 그 다음 자리였으며, 또 (몽골)별종이사(別種夷使)가 그 다음이었다."라고 기술해 두고 있다.60) 그런데 이처럼 조선 사절단에 비해서 몽골사가 의전상 특별대우를 받은 이면에는 충분히 그럴 만한 이유가 있었다. 몽골은 지난 후금(後金) 시절부터 지금에 이르도록 청조와 일종의 군사적 동맹관계를 유지해 오고 있었다. 지난 1629년에 후금의 홍타이지(太宗)가 북경 점령 길에 나섰을 때, 몽골은 큰 전략적 협조를 수행했었다. 뿐만 아니라 몽골은 청 태종이 직접 주도한 제2차 조선정벌인 병자호란에도 참전하여 조선 강역을 유린하기도 했다. 따라서 몽골사에

---

59) 朴世堂, 『西溪燕錄』, 〈乙未〉, 377면, "由殿西角升陛 坐於殿外陛西."

60) 朴世堂, 『西溪燕錄』, 〈乙未〉, 377면, "蒙古王子在首 臣等次之, 別種夷使 又次之."

160

대한 청조의 우대 조처는 단순히 조선에 대한 차별 대우라는 차원을
넘어서, 청과 몽골 양국 간의 우호관계가 반영된 결과였다. 그러나
박세당의 입장에서 볼 때에, 몽골사에 대한 청조의 우대 조처는 "앉은
채로 들끓는 솥단지 물에 (생살을 데인) 피해를 당한[坐受沸鼎害]"
식의 형국[61]으로 빗대어 표현한 병자호란의 아픈 기억을 다시금 환기
시켜 주는 계기로 작용했다. 계속해서 박세당은 "돌층계 동편에는
청한 (문무 신료) 이품(二品)이 늘어서 앉았고, 제왕(諸王)과 대신(大
臣)들은 모두 전내(殿內)로 들었으며, 백관들은 대정[庭] 한가운데에
좌정했다."라고 하여, 연회석상의 배치도 전체를 상세히 묘사해 두었
다.[62]

그런데 약 40여 년의 세월이 흐른 후 18세기 초반인 1712년에 작성
된 김창업의 연행록은 당시 현격히 변모된 조선의 위상을 "또 외국은
으레 서반(西班)의 끝에 서게 마련인데, 우리나라 사신 이하는 모두
다른 나라 사신 위에 섰다."라고 확인시켜 주고 있다.[63] 다시 재조정
된 좌석 배치를 통해서 역전된 조선의 위상이 감지되는 대목이다.
좀더 후대로 내려오면서 병자호란이 남긴 강렬한 반청의식도 수그러
들기 시작했고, 이에 비례해서 조선에 대한 청조의 인식 또한 찬탄조
로 돌변하는 상황을 맞이하기에 이른다.

양직(養直) 서호수(徐浩修, 1736~1799)는 1790년(정조 14)에 건륭

---

61) 朴世堂,『使燕錄』,〈上使用杜工部詩久客宜旋旆一句爲韻分作五首輒次〉
   (其五), 18면, "旌頭彗幽朔……愍伊衆蒼生 坐受沸鼎害……久客宜旋旆."
62) 朴世堂,『西溪燕錄』,〈乙未〉, 378면, "陛東 則淸漢二品列坐. 諸王大臣 皆入
   殿內. 百官在庭中坐定."
63) 金昌業,『老稼齋燕行日記』,「朝參儀」, "外國例序於西班之末 而我國使以
   下 皆序於諸國使臣之上."

제(乾隆帝)의 만수절(萬壽節)에 사은부사(謝恩副使)로서 청을 다녀왔고, 사행기록으로『연행기(燕行記)』를 남겼다. 그런데 서호수의『연행기』속에는 면모 일신한 조선의 위상을 확인시켜 주는 건륭제의 다음과 같은 어제영(御製詠)이 실려 있다.

"예의의 나라라 원래 부(賦)와 영(詠)에 익숙하니,
상원절[上元]의 첩자(帖字) 시구를 늘려야 하겠구나."

이어서 건륭제는 "근알(覲謁)은 시에 능한 이가 응당 오겠지."라는 일구를 더했다.[64] 조선은 이미 허여된 동방예의지국이라는 문화적 면모에 추가하여 문헌국[文獻之國]으로서의 자존심도 회복해 나간 추이를 과시했던 것이다. 물론 이러한 상황의 변화는 박세당 일행이 연행에 나섰던 1668년을 전후한 무렵에는 상상조차 할 수 없는 일이었다.

이제 좌석 배치가 완료되면서 후속 행사인 연회가 시작되었다. 먼저 차(茶)가 나왔다. 그런데 박세당은 내놓은 차의 향과 그 맛을 두고 극도의 불쾌감을 표시했다. 즉 박세당은 "나온 차 한 종류의 색깔은 약간 불그스레한 빛을 띠었는데, 차맛이 누릿하고 기름지게 느껴져서, 억지로 마시다가 게워낼 뻔한" 소감을 피력했던 것이다.[65] 묘하게도 박세당의 이 음다(飮茶) 품평은, 그의 대청(對淸) 이미지를

64) 徐浩修,『燕行紀』,「起鎭江城至熱河」, "又乾隆詠我國使有云 禮義國原閑 賦詠, 上元帖字句當增. 有云覲謁應來能句人." 상원절은 음력 1월 15일이며, 첩자는 시문(詩文)을 쓴 시첩(詩帖)을 뜻한다.
65) 朴世堂,『西溪燕錄』,〈乙未〉, 378면, "進茶一種 色微紫味極羶膩 强飮欲嘔."

상징해 주는 부호(code)인 성진(腥塵)을 연상시킨다. 박세당은 서래
길에서 "산과 바다가 교차하는 그 사이가 겨우 십여 리에 불과한데,
아마도 하늘이 이토록 험준한 지형을 진설하여 중국을 호위하려 하셨
나 보다!"라며 산해관(山海關)의 경관에 감탄을 연발했지만,[66] 동시
에 중원을 요동치는 저 고약한 피비린내를 심안으로 감지하고 있었
다.[67] 지금 연회석상에서 맛본 차맛을 통해, 박세당의 뇌리 속에는
산해관에서 감지한 성진 이미지가 중첩되고 있었다.

차 마시기의 다음 순서로 음식상 차림이 나왔다[進饌]. 박세당은
음식의 종류며 그 맛에 관한 품평은 일체 생략했다. 대신에 그는
조의에 이어서 재차 차별 대우를 받는 조선의 위상에 관해서 언급해
두었다.

> "이윽고 음식이 차려져 나왔다. 저 몽골 왕자는 1인이 한 상을 (받았고),
> 신등과 (몽골)별종은 모두 삼사(三使)가 상 하나로 겸상을 했다."[68]

일반적으로 차별 행위는 타자와 비교하는 방식을 통해서 수행되곤
한다. 오전에 있었던 정조 적에도 몽골 왕자는 청조의 관료들과 동등
한 조건에서 하표를 취했었다. 이제 조의에 이은 연회석의 음식상
차림을 통해서도, 청조는 몽골에 명백히 비교되는 조선의 자기 위상
을 재차 학습시켰던 것이다. 후대인 김창업의 『노가재 연행일기』에는

66) 朴世堂, 『西溪燕錄』, 〈乙亥〉, 359면, "平明發 未至山海關……山海之交 其
間僅十餘里, 殆天設此險 以衛中國."
67) 朴世堂, 『使燕錄』, 〈山海關〉, 17면, "長城初起處 天下此關頭……防屯通萬
里 控制壯千秋 鎖鑰終虛設 腥塵滿九州."
68) 朴世堂, 『西溪燕錄』, 〈乙未〉, 378면, "久之進饌. 其蒙古王子一人一案. 臣
等及別種 皆三使共一案. 鍾石懸列楹間而不作."

역전된 조선의 위상을 "다른 나라의 사신 일행은 다만 상 하나를 받았으나, 우리나라는 세 사신이 각기 한 상씩, 그리고 대통사(大通使) 이하는 3인이 아울러 한 상을 받았다."라고 묘사해 두고 있다.[69] 실제 18세기 조청 관계는 17세기와는 확연히 달랐고, 이 점 좌석 배치에 이은 상차림을 통해 그대로 반영되었음이 재차 확인된다. 따라서 연회석상에서의 좌석 배치와 상차림, 그리고 후론될 강희제의 사주 (賜酒) 행위 등은 곧 하나의 텍스트로서의 연행록을 복원 가능한 상황과 적절하게 관련시켜 주는 요인인 상황성(situationality)을 지칭 하는 것으로 분석된다.[70]

그런데 이처럼 불쾌한 차별 사태는 비단 여기서 종료되지 않았다. 연회의 마지막 순서인 진주(進酒) 타임에서도, 청조는 재삼 몽골에 비교되는 조선의 현주소를 확인시켜 주었다. 그런데 이번에는 박세당 이 오랑캐 사신[夷使]이라고 호칭했던 몽골별종사보다 조선의 위상은 더 격하되고 있었다. 이 점을 박세당은 "몽골 왕자와 (몽골) 별종사가 동시에 전중(殿中)으로 안내되어 들었고, 강희제가 친히 술을 따랐 다."라고 간략히 기술해 두고 있다.[71] 결국 사연의 대미를 장식한 강희 제의 사주(賜酒) 행위는 이른바 '드러나지 않은 상징'(unrecognized symbols) 개념을 떠올리게 한다.[72] 청조는 황제에 의한 술 따르기

---

69) 金昌業, 『老稼齋燕行日記』, 「朝參儀」, "諸國使臣一行 只給一床 而我國三 使 各給一床. 大通使以下 三人並給一床."

70) 고영근, 「텍스트 형성에 있어서 응결성과 응집성의 문제(제5장)」, 『텍스트 이론: 언어통합론의 이론과 실제』, 아르케, 1999, 137~188면 참조. 상황성은 제시된 텍스트 자료가 담화 참여자들에게 알려지지 않은 새 정보인지, 아니 면 알려진 낡은 정보인지를 결정하는 요인인 정보성(informativity)과 더불어 사회적 요인을 형성한다.

71) 朴世堂, 『西溪燕錄』, 〈乙未〉, 378면, "蒙古王子及別種, 並引入殿中, 賜以 酒."

164

행위로 표상(表象)되는 간접적인 의사 표현 방식을 통해서, 동시에
고도의 정치적 행위를 수행하고 있었다. 그 결과는 공히 몽골 혹은
몽골별종사에 비교되는 조선의 자기위상 규정으로 귀결되고 있었다.
따라서 이 경우의 '사주' 행위란 범상한 술 따르기 양식과는 명백히
구분되는 하나의 상징적 행위를 겸하였던 것으로 해석된다.[73]

그런데 지난 명조 적에 비해서 심히 격하된 조선의 위상은 이미
심양(瀋陽)에서 그 조짐의 일단이 감지된 바가 있었다. 그 징후는
방물을 수납하는 과정을 통해 포착되기 시작했다. 부신년 소선 사절
단은 일차적으로 견관(遣官) 변이보(卞爾輔)와 청역(淸譯) 정효량(鄭
孝亮)의 주도 하에 심양의 호례부에 도합 73짐[馱]에 달하는 분량의
방물을 필납했다.[74] 나머지 방물과 세폐는 북경의 홍의각(弘義閣)에
서 필납하는 절차를 밟게 된다.[75] 그런데 방물 수납을 맡았던 견관
변이보는 며칠 후에 "(호례부의 아역인) 김용립(金龍立)이 (방물을
계속) 수색하기를 그치질 않아서, 겨우 수납을 마치고 (광녕으로)
돌아왔다."라는 불평을 털어놓았다. 짐작컨대 장부에 등재된 방물

72) F. Allan Hanson, *Meaning in culture*, pp. 96~99. 한손(F. Hanson)에 의하면
    가톨릭의 오랜 종교적 전통에서 성수(聖水, Holy water)는 단순한 물(water)
    과는 달리 죄인의 죄를 정화하거나 혹은 재세례하는 상징으로 변용된다.
73) 김창업은 선친인 김수항(金壽恒, 文谷, 1629~1689)의 『계축일기(癸丑日記)』
    를 인용하면서, "1673년(癸丑)에는 예부상서로 하여금, 아버님을 인도하여
    태화전 내에 앉고 술을 내렸다 하니 이것은 정말 특별한 경우였다(癸丑則
    使禮部尙書 引先君坐太和殿內賜酒, 此固別擧)."라는 기록을 남겨 두었다
    (『老稼齋燕行日記』 권4).
74) 朴世堂, 『西溪燕錄』, 〈甲子〉, 348면, "遣官卞爾輔淸譯鄭孝亮 領送大小好
    紙六萬三千張 雜色木二千六百疋 紅緣紬二百疋 靑黍皮七領 白米用唐斗
    量七斗 共七十三馱于瀋陽."
75) 朴世堂, 『西溪燕錄』, 〈庚寅〉, 372면, "張炫以下 領方物歲幣 往弘義閣畢
    納."

목록과 실제 수효를 깐깐하게 대조해 보고, 또한 일일이 물품의 상태를 챙겼던 것 같다.

결과적으로 심양에서 선행된 이 불쾌한 체험은 향후 조선 사절단들의 전도와 그 위상을 예감케 해주는 조짐이었으며, 실제 이 불안한 예감은 연속적인 차별 대우로 현실화되고 있었다. 여하간 이 체험은 중국 강역에 접어든 이래 처음으로 타자인 청조에 의해 조선의 자기 위상이 규정된 사건적인 의미를 내포한다. 한편 조선 사절단 또한 청의 관리배들에게 고분고분 대하지는 않은 듯했다. 사절단은 일행이 묵고 있던 숙소로 찾아온 심양 호례부(戶禮部)의 외랑직고(外郞直庫) 두 명과 아역인 김용립 등은 "신등(臣等)은 저들을 마치 봉성인(鳳城人)과 같은 비류[例]로 대했다."라고 기록되어 있기 때문이다.76) 조·청 양국의 관리들 사이에는 여전히 묘한 기류가 흐르고 있었던 것이다.

이제 진찬에 이어서 연회의 하이라이트인 희무(戱舞) 한 마당이 펼쳐졌다. 박세당은 희무를 감상한 소감을 전체적 수준과 세부적 차원이라는 두 단계로 나눠서 피력해 두었다. 우선 전체적 수준에서 내린 희무에 관한 촌평은, "뒤섞여 동시에 진행[雜進]된 희무의 모양새[體貌]는 단아[雅]하지 못했다."라는 평가어로 압축되고 있다.77) 박세당은 아정(雅正)이라는 유가 고유의 도덕적·예술적 기준으로 희무의 구성과 전개를 평가하였던 것이다. 다시 박세당은 세부적인 차원에서 각각 희극[戱]과 춤[舞]으로 나눠서, "그 춤은 비고(鼙鼓)의 키를 켜서

---

76) 朴世堂, 『西溪燕錄』, 〈甲子〉, 348면, "甲子, 瀋陽戶禮部 侍郎二人來此, 欲至察院相見 故不得早發. 食後始與外郞直庫各二人 俉譯金龍立偕來. 臣等待之如鳳城人例."

77) 朴世堂, 『西溪燕錄』, 〈乙未〉, 378면, "戱舞雜進 體貌不雅."

마디[節]와 박자[拍]를 만들었고, 그 희극은 말 인형[偶馬] 가면으로
전투 장면을 형상하였다."라며 희무의 특징을 묘사했다.[78] 따라서
희무를 체모가 단아하지 못하다고 평가한 이유는 전자인 춤보다는,
아무래도 말 인형으로 전투 장면을 형상화한 후자의 희극에서 구해질
수밖에 없다.

전투 장면을 형상화한 희극은 그 시기 청조의 사회적 컨텍스트가
투영된 결과로 분석해 본다. 지난 명 희종(熹宗)에서 청의 강희제[聖
祖]에 이르는 약 100년 동안은 기존의 전기(傳奇)가 점차 몰락하는
기간이었고, 특히 청군이 입관(入關)한 이후로는 여러 종류의 공조(腔
調)를 포함한 난탄(亂彈)이 일어나기 시작하는 무렵이었다.[79] 그러나
『서계연록』에 드러난 기록상으로는 극본을 포함한 희곡의 명칭에
관한 정보는 전무한 실정이다. 이러한 사실은 각기 「희본명목기(戲本
名目記)」와 「제희본기(諸戲本記)」 등을 남겼던 18세기의 박지원과
김경선의 경우와는 판이하게 달랐던 당시의 사정을 반영해 준다.
여하간 전후 피해 당사국의 사신인 박세당의 입장에서 봤을 때, 상무
적 기풍을 형상화한 희극은 단아한 도덕적 에토스와는 거리가 멀었
다. 따라서 희극에 대한 박세당의 평가는, 일면 무악(武樂)을 "지극히
아름다우나, 진선(盡善)하지는 못하다."라고 품평한 공자의 언명[80]을
연상시켜 주는 바가 있다. 한편 연행록 저자들의 희곡관(戲曲觀)은
후기로 접어들수록 희곡의 가치를 긍정하고 이를 적극 이용하려는

---

78) 朴世堂, 『西溪燕錄』, 〈乙未〉, 378면, "其舞 則振臂鼓箕 以爲節拍, 其戲
則假面偶馬 以象戰鬪."

79) 傅樂成 著, 辛勝夏 譯, 앞의 책, 1999, 871면.

80) 朱熹, 『論語集註』, 「第8 八佾」, 25장, "子謂韶 盡美矣 又盡善, 謂武 盡美矣
未盡善也."

경향이 대두되는 추이를 보여준다. 이와 같은 추이는 병자호란 이후 강렬했던 반청의식이 서서히 약화되면서, 점차적으로 북학파(北學派)가 형성되어 가는 과정과 거의 일치한다는 견해가 있는데, 주목할 만한 부분이다.[81]

이어서 박세당은 "또 여장(女裝)을 한 무희는 조선 전래[我俗]의 광대놀이[優戱]와 비슷하다."라고 하여,[82] 조·청 양국의 희극을 비교의 관점에서 감상하기도 했다. 희극을 연출하는 무대에서는 여성역을 맡은 남자 배우의 외모가 여성적일수록 연기에 유리하며, 실제 극장의 수준과 관객의 흡입을 결정하는 요소로 작용했다. 덧붙여 박세당은 광대가 묘기를 연출하는 모습을 소개하고, "음악을 맡은 자는 끝이 뾰족한 모전 삿갓을 썼는데, 그 모습이 참으로 우스웠다."라는 소감을 피력하였다.[83] 박세당은 귀국 이후에 국왕에게 제출한 보고서[등록(謄錄)]를 통해서도, 상기 장면을 연록에 기재한 내용 그대로 인용하고 있다.[84]

박세당이 희무를 묘사한 방식은 매우 간결한 문장 속에 특징적인 장면들을 내장시키는 서술법이었다. 이 같은 서술 방식은 만리장성·산해관·조어대 등과 같은 연행 노정상의 주요 장관(壯觀)들을 묘사

---

81) 李昌叔,「燕行錄 중 中國戱曲 관련 기사의 內容과 價値」,『중국문학』33, 한국중국문학회, 2000, 16~17면. 면수 표시는 인터넷 유포본을 참고한 결과다.

82) 朴世堂,『西溪燕錄』,〈乙未〉, 378면, "又有女裝之舞 我俗優戱."

83) 朴世堂,『西溪燕錄』,〈乙未〉, 378면, "其優人縛骻引嘯 頗覺肖似 而執樂者 乃戴高頂氈笠 其狀可笑."

84)『同文彙考補編』권1,「冬至行書狀官朴世堂見聞事件」(1668), "鍾石之懸列於楹間而不作. 戱舞雜進 體貌不雅, 其舞則……其戱則……又有女裝之舞……而執樂者, 乃戴高頂氈笠 其狀可笑."

할 때도 그대로 적용되었다. 때문에 희무가 연출된 세세한 부분까지
음미하기에는 다소 미흡한 감이 없지 않다. 그러나 이 방면의 필수적
요소인 연출자로서의 배우와 무희, 그 무대인 폐전, 그리고 관중이라
는 세 조건은 모두 구비된 기록물로 평가된다. 또한 18세기 이전
시기에 작성된 연회기로는 보기 드물게 비교적 상세한 기록물에 해당
한다. 동시에 관찰자인 박세당 자신의 관점을 분명하게 투영시켜
둠으로써, 당대 세상 읽기의 유용한 지침서 역할도 아울러 수행하고
있다.

차후의 순서로서 무대 혹은 극장 대용격인 폐·전(陛·殿) 및 관중
과 관련된 박세당의 기술을 살펴보도록 한다. 무엇보다 동해객(東海
客) 박세당은 희무가 펼쳐진 무대 공간이 바로 폐·전이라는 사실과
더불어, 제왕 대신이 번갈아가며 모두 폐·전에서 한 바탕 춤사위를
연출한 장면에서 크게 문화적 충격을 받은 듯 보였다. 박세당이 바라
보는 한 그것은 하나의 파격(破格)에 해당하는 행위였다.

"그 희무는 아울러 태화전의 폐상(陛上)과 (전(殿)의) 기둥 안쪽에서
펼쳐졌다. 또 제왕과 대신들이 서로 차례대로 (모두) 일어나서 태화
전 안쪽에서 춤을 추었다.[85]

기술된 태화전의 폐상이란 태화폐(太和陛)의 위쪽 공간을 뜻한다.
오문 안 내정(內庭)의 오른쪽에는 정전(正殿)이 있는데, 구명은 황극
전(皇極殿)이었으나 새로 태화폐로 개명을 했다. 세 계단으로 이뤄진
태화폐는 모두 돌로 난간을 만들었고, 그 위에는 구리로 된 큰 향로

---

85) 朴世堂,『西溪燕錄』,〈乙未〉, 378면, "其戱舞 並於殿陛上 及殿楹內爲之.
又諸王大臣 相次以起 舞於殿內."

네댓 쌍[對]과 일산, 깃발들이 뒤섞여 세워져 있었다.[86] 바로 이 공간
일대의 주변이 지금 임시 무대로 설정된 것이다. 중국의 전통극장은
그 소재에 따라 궁정·도시·향촌·사원·기타 극장 등으로 분류되고
있으나,[87] 박세당이 남긴 연록을 통해서는 역시 이와 관련된 정보를
확인할 길은 없다.

이제 제왕 대신 및 백관들이 빠짐없이 모두 무대 위로 나아가 차례
대로 춤을 추는 순서가 끝나자, 안주로 고기 한 상[盤]과 술 한 종류가
나왔다.[88] 연회의 마지막 순서인 진주(進酒) 단계로 접어든 것이다.
이어 몽골 왕자와 몽골별종은 동시에 태화전 안으로 안내되어 들었
고, 특별하게도 강희제는 이들에게 친히 술을 따랐다.[89] 진찬의 경우
와 마찬가지로, 이번에도 박세당은 술과 안주의 맛 등과 관련된 언급
을 생략했다. 그 대신에 몽골 왕자와 몽골별종에 대한 강희제의 사주
사실만 간략히 덧붙여 두었다.

연회석상이 파하자 다시 돌층계를 따라 내려와 대정에 이르러서,
일배(一拜)와 삼고(三叩)를 취하고 물러나서는 회동관으로 되돌아왔
다.[90] 1669년 정월 초하룻날 동안 종일토록 진행된 조의와 연회를
떠올리면서, 그날 밤 박세당은 과연 어떤 상념에 젖었을까? 정월
초하룻날 저녁에 창작된 것으로 확인되는 시, 곧 봉사단의 상사(上使)

---

86) 朴世堂, 『西溪燕錄』, 〈乙未〉, 376면, "就內庭右正殿 卽舊皇極殿 今改名太
和陛. 凡三級 皆爲石欄 上設大銅香爐四五對 傘蓋幡幢錯列."

87) 李昌叔, 앞의 논문, 2000, 4~10면.

88) 朴世堂, 『西溪燕錄』, 〈乙未〉, 378면, "臨畢, 進肉一盤酒一種."

89) 朴世堂, 『西溪燕錄』, 〈乙未〉, 378면, "蒙古王子及別種 並引入殿中 賜以
酒."

90) 朴世堂, 『西溪燕錄』, 〈乙未〉, 378~379면, "旣終宴 復循陛下 至於庭 一拜三
叩退歸館."

인 이경억의 두공부시(杜工部詩)에 차운(次韻)한 5수의 시 속에는 무심한 천도(天道)에 대한 원망이 곳곳에 배여 있다.[91] 그 순간 박세당은 천도가 장구할 수도 없을뿐더러, 인간 세상에 영원성을 보장해 주지도 못하는 불가해한 그 무엇임을 뚜렷이 자각하고 있었다. 이에 박세당은 자신의 무의식의 심층을 억압하는 야릇한 불안감을 옛날의 신선인 적송자(赤松子) 왕자교(王子喬)에 투사(projection)시킴으로써, 한 순간 덧없기만 한 세월을 영원히 보상받고 싶은 충동에 휩싸이기도 하였다. 이처럼 착잡했던 박세당의 심경은 이미 역사 속으로 사라져 간 명조(明朝)를 향한 짙은 향수를 표상해 준다.

3. 소결

이상의 논의를 통하여 서장관 박세당이 관찰한 원일의 조의와 사연에 대한 기록을 개략적으로 소개하고 검토해 보았다. 정조와 사연으로 나뉘어 작성된 조의기는 박세당이 북경에 체류했던 기간인 32일 동안에 작성된 연록 중에서, 단연 가장 많은 분량을 차지하고 있다. 이 점 원일 정조가 방물·세폐 필납과 더불어 가장 중요한 사명인 까닭도 있지만, 조의와 사연에 축약된 다양한 정치적·문화적 코드를 해독하려는 작가인 박세당의 관심이 반영된 이유 또한 크게 작용했을 것이다. 따라서 개진된 논의의 방식은 조의와 사연에 대한 연록의 내용을 먼저 소개하고, 동시에 특징적인 서술단위 속에 내장된 다양

---

91) 朴世堂, 『使燕錄』, 「上使用杜工部詩久客宜旋旆一句爲韻分作五首輒次(五首)」, 18면, "天道不能久 昨申而今酉 誰更保長年 得與松喬友 游燕了十一 萬事但揮手……."

한 의미와 코드들을 해독하는 순서를 따랐다.

박세당이 남긴 조의기에는 정조 이전 과정과 원일의 조참의, 그리고 오후의 연회인 사연에 이르기까지 시간대별로 그 전말을 매우 압축적으로 묘사한 특징이 있다. 나아가 박세당은 태화전을 위시한 각종 건물들과 그 구조 및 명칭 문제 등에 대해서도 비교적 상세히 묘사하고 있다. 이러한 서술 경향은 원일 정조가 전개된 전 과정을 통해서도 동일하게 적용되고 있다. 따라서 조의기에 관한 한 『서계연록』은 여타 17세기의 그것에 비해서, 하나의 전범에 준하는 기록물의 위상을 확보하고 있어 보인다. 따라서 이 시기를 전후한 여타의 조의기와 비교와 고찰을 병행하는 작업에서, 『서계연록』은 일정한 비교의 준거를 제공해줄 만한 기록물로 평가된다.

더욱 중요한 사실은 조의기 속에 투영된 저자 박세당의 관찰 방식일 것이다. 박세당이 관찰했던 시점 속에는 17세기 중후반을 전후한 조・청 관계의 미묘한 양상은 물론이고, 그가 견지했던 화이관(華夷觀)과 문화적 대명관(對明觀)의 일단이 융해되어 있다. 이러한 사례는 원일 정조 적에 이웃한 자리에 위치했던 몽골별종사와 일종 호인의 복제나 두발을 응시하는 시선과 '이사'로 칭명한 호칭법을 통해서도 거듭 확인된다. 은연중에 잠재적 문화적 우월의식에 충만했던 박세당의 시점과는 달리, 정조와 사연의 전 과정에서 조선은 소외된 가운데 명백히 차별 대우를 받고 있었다. 그 징후는 몽골사에 대한 특별한 의전상의 우대를 통해 간접적으로 드러나기 시작했고, 연회석상의 좌석 배치나 상차림 방식 등을 통해 확연히 표면화되고 있었다. 급기야는 오랑캐 사신으로 규정했던 몽골별종사에 대한 강희제의 배려인 사주 행위를 통해서, 조선에 대한 차별 대우는 절정에 달하였다. 또한 연회석에서 목격한 제왕 대신들의 춤 한마당 장면과, 하필 폐상과 태화전을 무대로 설정한 경위는 그다지 문화적인 풍경도, 또한 실용적인 조처도 아니었다.

게다가 북경에 이르는 서래 길과 정조가 진행되는 과정을 통해서 확보된 청제 강희제를 둘러싼 여러 정보들은 박세당을 더욱 우울하게 만들었다. 강희제는 정치적 교화력과 그 성실한 청정 태도라는 양 측면에서 모두 이상적인 군주상에 근접한 인물로 보였기 때문이다. 자연 화려한 복제며 기물을 두고, 이를 청조의 망조라고 진단했던 앞선 사절단의 진단은 수정되어야 마땅했다. 이제 복명(復明)의 꿈은 아스라해져만 갔고, 강희제 주도 하의 청조와 비견된 고국의 현실은 안타까움만 더해줄 뿐이었다. 또한 전투 장면을 형상화시킨 희극은 단아하지 못했으나, 중국 전역에 걸쳐서 점차 안정된 국면으로 접어드는 청조의 자신감을 반영해 주고도 있었다. 이에 비해 누릿하니 기름진 차맛은 산해관에서 감지된 피비린내와 그 이미지가 중첩되면서, 박세당으로 하여금 심한 역겨움을 자아내게 하였다.

결국 조의와 사연을 다 치른 그날 밤 박세당은 상사인 이경억과 더불어 연작 다섯 수의 시로써, 낮 동안에 체험했던 우울한 기억들을 서로 위안해야만 했다. 차후 박세당이 개척한 비판적 경학론에서 핵심적 위상을 점유하게 될 인격적(人格的) 천(天)은, 때로는 그 자기 현현(顯現) 방식[道]이 참으로 무심하게만 여겨진 길고도 지루한 정월 초하룻날이었다.

제4장 『서계연록』의
고증기록과 실증적 탐구

　본 논의의 주요 텍스트인 『서계연록』에는 박세당이 연행 시에 접한 다양한 소재들이 서술단위로 등록되어 있다. 제4장에서는 이들 소재 중에서, 특히 박세당의 투철한 실증적(實證的) 탐구(探究) 노력에 주목하고자 한다. 이러한 양상은 『서계연록』 전체를 일관하는 가장 두드러진 내용상의 한 특징을 형성하고 있기 때문이다.

　박세당이 보여준 실증적 관심권 속에는 연행 시에 그가 목도하고 관찰했던 각종 건물들과 비(碑)·명(銘) 및 서체(書體), 성(城)과 강하(江河) 등이 모두 망라되어 있다. 뿐만 아니라 박세당은 그가 참조했던 『지지(地誌)』는 물론이고, 앞선 사절단이 작성한 연행기록인 전록(前錄)까지 고증의 대상으로 삼았다. 박세당이 연행 시에 시도한 실증적 탐구 노력은, 일면 "사물에서 증험한다(驗於事物)."라는 실증주의적 기치를 표방한 청대의 고염무(顧炎武, 1613~1682)의 학문 원칙을 연상케 해준다. 고염무는 「음학오서후서(音學五書後序)」를 통해서, 자신의 저서가 편집된 경위를 두고, 지난 "30여 년간 산천과 정자(亭

子)와 고을을 날마다 쫓아다녔다."라며 각고한 실증적 연마 과정을
토로하였다.[1] 물론 박세당이 고염무의 학풍에서 직접적인 영향을
받았던 것은 아니다.

그런데 연행 시에 수행된 박세당의 실증적적 탐구 노력은, 차후
그가 개척한 탈주자학적(脫朱子學的) 경학론(經學論)에 대한 방법론
적 기초로 서서히 발효되어 가는 국면을 반영하고 있다. 이러한 진단은
이미 단순한 가설적 추론 수준을 넘어서고 있다. 이에 일차적으로『서계
연록』에 드러난 다양한 고증(考證) 소재들을 정밀하게 분석할 필요성을
느낀다. 따라서 이번 장의 논의는 박세당이 개척한 비판적 경학론의
방법론인 고증학(考證學)을 염두에 두면서, 그 단초를 열어 나간『서계
연록』상의 실증적 사례들을 규명하는 작업에 주력할 것이다.

향후 이러한 연구 성과들이 누적되면, 중국과 일본의 고증학과의
대비적 고찰도 가능하리라 본다. 다시 말하여 박세당의 고증학적
창안(創案) 과정은 매우 자생적인 발아 양식을 취하고 있었던바, 이
점 청조의 고증학과 일본 고학(古學)의 태동기와 비교의 관점에서
고찰할 여지를 제공해 주고 있다.

1. 산천지리의 실증과 그 원칙

전술한 바대로『서계연록』도처에는 다양한 고증 소재들이 주요
서술단위로 등재되어 있다. 자연 논의의 효율성 제고를 위한 방편으
로 이들 소재들을 일정한 유형별로 분류하고 범주화시킬 필요성이

---

1) 顧炎武,『亭林文集』권2,「音學五書後序」, "余纂輯此書, 三十餘年 所過山
   川亭障, 無日不以自隨."

제기된다. 이하의 논의에서는 이를 편의상 산천지리, 사찰과 성 등을
포함한 각종 건물 양식 및 여타의 소재, 그리고 비·명과 서체 및 회동관
(會同館) 벽서(壁書) 등의 유형으로 범주화하도록 한다. 또한 개별적
범주들 내에서 적용된 실증원칙(實證原則)의 특징도 동시에 규명하도
록 할 계획이다. 필경 이러한 작업은 박세당이 시도한 다양한 실증적
탐구 노력과 차후의 탈주자학적 경학론상의 방법론적 기초 간의 상관
성을 해명하는 문제에 유용한 지침을 제공해줄 것이기 때문이다.

　박세당은 왕환 연행 길에서 접한 다양한 고증 소재들을 통하여,
현재 통용되고 있는 명칭[名]과 실제 상관물[實]을 실증하는 문제에
가장 주력했던 것으로 분석된다. 어쩌면 이 문제는 낯선 여행자의
입장에서 표출된 지극히 당연한 관심사일 수도 있다. 그러나 박세당
이 작성한 연록은 18세기 전기의 이른바 '농연(農淵) 그룹'을 위시한
연행사(燕行使)들이 보여준 산수유기적 취향의 창작전통과는 사뭇
달랐다.[2] 이러한 사실은 『서계연록』에서는 소위 장관론(壯觀論)에
준하는 경물(景物) 묘사가 상대적으로 드문 이유와도 일정한 관련성
이 있다. 대신에 박세당은 그가 참고했던 앞선 사절단의 기록인 전록
의 해당 내용을 의심하기도 했고,[3] 심지어 전록 자체를 고증의 대상으
로 삼기조차 했다.[4] 다시 말하여 박세당은 낯선 대상물과 사실성이

---

2) 산수유기적 창작 전통은 "자연에 도학적 의미를 부여하지 않으며, 산수자연
　의 천기(天機)나 취(趣)를 감지하고자 하였고, 이를 통하여 흥(興)·쾌(快)
　의 즐거움을 얻고자 한" 김창협-김창집-김창업-김창흡-김창즙 등으로
　이루어진 이른바 육창(六昌)의 집안과 그 학적 동아리들이 연출한 지배적인
　연행록 서술 경향을 지칭한다. 김현미, 「18세기 연행록의 전개」, 『18세기
　연행록의 전개와 특성』, 혜안, 2007, 46~63면.
3) 朴世堂, 『西溪燕錄』, 〈庚申〉, 343면, "固可疑前此奉使所記."
4) 朴世堂, 『西溪燕錄』, 〈癸亥〉, 346면, "平明前 渡一河凡四涉. 考前錄忎以此
　爲參流河 或以爲柳河……又過兩嶺　前爲小石門……前錄又有以此爲王祥

결여된 『지지』 등을 접하면서, 일말의 의심의 여지가 있는 모든 소재들은 철저히 고증의 대상에 포함시켰던 것이다.

이처럼 박세당의 그 유별나고도 각고한 고증 노력은, 그의 대표적인 문도 가운데 한 사람인 이탄(李坦)의 아래 증언이 생생하게 확인시켜 주고 있다.

> "연행 노정상[所過]의 산천과 길의 이정[道里] 및 지명에 대해서, 앞서 연행을 다녀온 우리 봉사단들의 기록 중에는, 허다한 오류가 유전되고 있었으나, 이를 두 번 다시 의심하지도 바로잡으려 들지도 않았다. 이에 선생은 중국의 제반 관련 문서들을 고증[考]하고, 해당 지역 거주민들에게 직접 문의하기도 했다. 무릇 의심할 만한 여지가 있는 것들은, 대부분 고쳐서 바로잡았다. 이에 연로한 역관배들이 놀라워하며 탄복해 마지않았다."5)

특히 상기 인용문 말미의 문구를 음미해 보면, 박세당이 발휘했던 고증 열정은 흡사 데카르트(R. Descartes, 1596~1650)의 방법론적 회의를 연상시키는 감이 없지 않다. 데카르트는 공리(公理)가 될 만한 제일원리를 찾기 위한 방법론적 차원에서 의심할 수 있는 모든 것들을 의심의 대상으로 설정했다. 이에 비해서 박세당은 문맥(文脈)의 상통(相通) 혹은 문의(文義)의 관속(慣屬)이라는 경학론상의 목표 실현을 위한6) 훈고학적(訓詁學的) 방법론 개발에 근접해 가고 있는

　　嶺者……."

5) 朴世堂, 『西溪集』 권22, 「年譜」, 〈戊申條〉, 441면, "所過山川道里及地名 我人之從前往來者流 傳多誤 不復疑詰. 先生考諸中華逞牒 詢諸居民. 凡 所可疑者 多所証正. 老譯輩驚服焉."

6) 朴世堂, 『尙書思辨錄』, 「周書」, 273면, "失諸前遺諸近 而反致謹乎遠……況 如所云則……下之文 爲無所承 而未免於間斷不屬, 曾又不察乎此也";『大

형국이었으며, 지금 "무릇 의심할 만한 여지가 있는 것들은 대부분 고쳐서 바로 잡으려는" 선행된 노력으로 표출하고 있었다.

　연행 왕환 길에서 박세당은 사행관원 중 서장관(書狀官)이라는 직임에 추가하여, 동시에 관찰자이면서 여행자이기도 한 처지를 겸하고 있었다. 자연 과객인 박세당의 입장에서 보자면, 그의 손에 쥐여진 『지지』는 연행 이정상의 지도와 같은 역할을 수행해야 마땅했다. 따라서 『지지』는 표기된 명칭과 실제 상관물들 간의 정확한 대응관계나, 그 일치 정도가 생명일 수밖에 없다. 박세당은 이를 "명실칭지(名實稱之)"로 지칭했던바,[7] 내용상 명실상부(名實相符)를 의미하는 이 명제 속에는 박세당이 견지한 실증 원칙이 그 개념적 비약을 예정해 둔 채로 융해되어 있다.[8] 즉, 연행 시에 시도된 일련의 실증 작업을 통해 촉발된 박세당의 명실론적(名實論的) 자각은, 차후 주자학에 내포된 이념적 관념성을 극복해 가는 이론적 틀로서 그 개념적 지평이 확장되기에 이른다.

　지금 박세당이 천명한 실증 원칙인 명실상부는, 주로 산천지리와 건물 등의 고증을 위해 채택되는 성향을 보여준다. 그러므로 우선적으로 강하와 산·재[嶺], 지리 등과 같은 상관물들에 반영된 박세당의 실증적 경향을 분석해 보기로 한다. 박세당은 재도(再渡) 혹은 팔도하

　　學思辨錄』, 「傳10장 釋治國」의 註, "此不知如此取義 以讀此段, 其文句脈絡 果能昭灼流通 怡然理順 而渙然氷釋, 更無離不屬患耶." 『상서사변록(尚書思辨錄)』의 면수 표시는 『서계전서(西溪全書) (하)』(태학사, 1997)에 수록된 것을 저본으로 삼았다.

　7) 朴世堂, 『西溪燕錄』, 〈甲子〉, 349면, "華表卽橋上護柱 又其亡已久 則不免名實稱之 如此 殊可笑."

　8) 尹絲淳, 「朴世堂의 實學思想에 관한 研究」, 『韓國儒學論究』, 玄岩社, 1985, 234~235면. 윤사순은 박세당의 명실론을 "주자학적 실재론(實在論)을 극복하는 이론의 기초"로 분석했다.

178

(八渡河)로 칭해졌거나, 달리 "류가하(劉家河)·김가하(金家河)" 등의 복수의 이름을 간직한 강하에 대한 고증을 처음으로 시도했다.9) 이에 박세당은 금번 무신년 사절단 이전의 전록들을 거론하면서, "팔도하(八渡河)는 송참(松站)의 동쪽에 위치한다."거나 혹은 "송참의 서쪽에 위치해 있다."라고 기록한 전록 자체의 신빙성에 깊은 의문을 제기했다. 지금 박세당의 눈으로 직접 확인한 바로는, 송참의 동서쪽 그 어디에도 강하 자체가 포착되지 않았기 때문이다.10) 이에 박세당은 "팔도(八渡)란 곧 팔도하를 지칭[名]하나, 그 기원이 누구로부터 시작된 것인지는, 종내 그 출처가 불확실하다."라는 결론에 도달하게 되었다.11) 극히 당연한 지적이나, 팔도하 고증에 적용된 실증 원칙 또한 명칭과 실제 상관물 간의 부합 여부였음이 확인되고 있다.

강하 실증의 또 다른 사례로서 요하(遼河)가 주목된다. 1668년 12월 3일(丁卯). 사절단 일행은 갑군(甲軍)의 호위를 받으며, 삼하보(三河堡)를 지나서 일명 삼차하(三叉河)로도 불리는 요하에 당도했다.12) 요하는 강 인근에 거주하는 토착민들을 대상으로 탐문한 결과, "혼하(渾河)·태자하(太子河)·주류하(周流河)"로도 별칭되고 있었다. 이처럼 하나의 강하가 다양한 이름으로 불리게 된 이유를 두고, 박세당은 "무릇 (저) 세 강물이 상류에서 합류하기 때문에 그렇게 불리게

   9) 朴世堂, 『西溪燕錄』, 〈辛酉〉, 342면, "平明. 踰長嶺 渡瓮北河 踰斗嶺, 下有一河 凡再渡. 譯官張 謂八渡河. 問甲軍 稱劉家河金家河."

   10) 朴世堂, 『西溪燕錄』, 〈辛酉〉, 342면, "河之再渡 其間數十步 遂渡. 異名固可疑 前此奉使所記, 或言八渡河 在松站東, 或言在松站西. 記旣不同."

   11) 朴世堂, 『西溪燕錄』, 〈辛酉〉, 342면, "八渡者 則八渡之名, 不知剏自何人 終不的其處."

   12) 朴世堂, 『西溪燕錄』, 〈丁卯〉, 353면, "丁卯 陰有風 平明發……甲軍十三護 過三河堡 渡遼河. 一名三叉河."

된 것"이라고 판단했다.[13] 이어서 박세당은 태자하와 요하의 합류
사실만 언급하고, 주류하를 병기하지 않은 『지지』의 불충분한 사실성
을 지적하였다.[14] 기존의 『지지』는 명과 실이 부합되어야만 하는
기록물의 조건을 충족시키지 못했던 것이다. 이처럼 "해당 지역민들
에게 직접 문의하기도 하는" 등의 각별했던 요하 고증은, "요하는
곧 삼차하."라는 식의 단정에 머물렀던 양파 정태화의 언술과는
분명한 대조를 이룬다.[15] 대신에 양파의 연록에는 유능한 실무 관료
서의 면모가 유감없이 드러나 있다.

요하의 경우와 유사한 사례로는 "강 하나를 건넜는데, 모두 네
번 건넌" 셈인 경우가 주목되었다. 전록은 어긋나게 "이 강을 삼류하
(三流河)라거나, 혹은 류하(柳河) · 삼류하(三流河) · 탕하(湯河)로 호
칭"함으로써, 하나의 강이 서로 다른 네 가지 이름으로 불렸기 때문이
다. 박세당은 길에서 만난 몇몇 사람들을 통해서 강 명칭에 대한
사실을 확인하고자 시도했으나, 모두들 한결같이 "다만 탕하가 있다."
라고만 응답했다.[16] 전록과 실제 명칭 사이에는 다소간의 차이가
존재했으나, 이 사안에 대해서 박세당은 더 이상의 언급을 생략했다.
짐작컨대 더 이상의 추적이 불가능한 상황이었던 듯하다.

---

13) 朴世堂, 『西溪燕錄』, 〈丁卯〉, 353면, "問土人云 渾河太子河周流河. 凡三河
   合于上流 故謂然."

14) 朴世堂, 『西溪燕錄』, 〈丁卯〉, 353면, "地志但言太子河與遼河合 不言周流
   河."

15) 鄭太和, 『陽坡遺稿』권13, 「飮氷錄」, 102면, "二十二日. 朝雨……到二十里
   遼河水邊村……遼河卽三叉河也." 인용된 문장은 『기축음빙록(己丑飮氷
   錄)』에 해당하며, 정태화는 48세 때인 1649년(인조 27) 3월에 진하겸사은사
   (進賀兼謝恩使)로 연행에 나서서, 그해 6월 29일에 귀국했다.

16) 朴世堂, 『西溪燕錄』, 〈癸亥〉, 346면, "平明前 渡一河 凡四涉. 考前錄忒以此
   爲三流河 或以爲柳河三流河湯河. 路逢數人問之 俱云只有湯河."

그런데 연행 길목에서 수행된 박세당의 면밀한 강하 실증에의 노력은, 차후의 『상서사변록(尚書思辨錄)』(63세)의 「우공(禹貢)」편에서 도수(導水)[물길] 고증을 수행하는 과정에서, 일종의 선행학습의 의미로 축적되고 있었다는 점이 주목된다. 박세당은 「우공」편을 주해하는 작업에서, "나는 이미 팽려(彭蠡)[파양호]에 수원[源]이 있어서, 두 강이 나뉘지 않는 실상이 있음을 (직접) 목도하였고, 또 이 설[13자 연문설(衍文說)]을 참조한 연후에, 실로 그 잘못된 이유[所以]를 (분명히) 이해할 수 있었다."라는 주자주(朱子註)를 검토하고 소개해 두었다.[17] 전술한 요하에 대한 실증적 경험이 선행학습으로 작용한 결과, 그 이해가 제고된 대목인 것이다.

나아가 박세당은 주자(朱子)가 "동정(洞庭)과 팽려 지역 일대를 몸소 직접 출입하면서, 산천지리의 실상[實]을 구관(究觀)한 결과, 심목(心目)에 증험하여 체득된 것이, (한갓) 간책(簡冊) 상에 근거하여 공담(空談)으로만 치달아서, 그 징험할 바가 없는 경우와는 더욱 비할 바가 아니다."라는 소감을 피력하였다.[18] 이 평가는 「우공」편 주해에서 드러난 주자주를 "(그) 경의(經義)를 명확히 설명하였으며, 군유(群儒)의 제설을 절충하여, 그 이치를 변론함에 의당 정밀하지 않음이 없다."라고 극찬했던 중요한 이유에 해당한다.[19] 물론 박세당은 개별

---

17) 朴世堂, 『尚書思辨錄』, 「禹貢」, 167면, "予旣目睹 彭蠡有源, 兩江不分之實. 又參之此說 然後果得其所以誤也." 거론된 13자 연문설이란 남송의 고증학자 정초(鄭樵)가 지적한 본문의 "東匯澤爲彭蠡東爲北江入于海" 구절을 지칭한다. 주자는 정초의 이 연문설을 수용했다. "莆田鄭樵漁仲 獨爲東匯澤爲彭蠡東爲北江入于海十三字爲衍文 爲得之."

18) 朴世堂, 『尚書思辨錄』, 「禹貢」, 168면, "身且出入於洞庭彭蠡之間 究觀山川地理之實 則其驗之以所得者 尤非馳空談於簡冊之上 而無所徵者 比也."

19) 朴世堂, 『尚書思辨錄』, 「禹貢」, 168면, "愚竊謂 朱子講明經義 折衷群儒之說, 其辨理宜無不精."

적 사안에 따라 기존의 여러 설들을 선별적으로 수용·비판하는 합리
적 주석 행위를 일관되게 선보였다. 여하간 약 20여 년 이후 저술된
『상서』「우공」편의 도수 고증은, 무신년 연행에서 직접 목도한 중국
대륙의 산천지리의 실상과, 또한 그 "심목에 증험하여 체득하는" 실증
원칙이 발전적 차원에서 적용되었음을 확인시켜 주는 중요한 대목에
해당한다.

　강하 고증과 더불어서 박세당은 재와 산도 실증 대상에 포함시키고
있었다. 우선 박세당은 "심히 높고 험준한" 지형을 한 고령(高嶺)을
이전의 봉사단들이 회령령(會寧嶺)으로 착오하였다는 사실을 지적하
였다.[20] 이어서 박세당은 첨수참(甛水站)을 지나서 청석령(靑石嶺)을
넘으면서 "(청석)령의 높이가 고령에는 미치질 못하나, 어지러운 바
위들이 들쑥날쑥한 이빨처럼 험하고 막히기로는 비할 데가 없다."라
는 관찰 소감을 피력해 보았다.[21] 또한 한양에서 연경에 이르는 3,000
여 리의 도정에서, "재[嶺]의 높이로는 고령보다 더한 것이 없으며,
험준하기로는 청석령만한 것이 없을 것"이라는 관찰 결과도 밝혀두었
다.[22] 더불어 박세당은 재 이름을 오칭한 이유를 "말이 와전[轉]되어
착오를 일으킨"것이라고 진단했다. 이러한 유형의 오류를 박세당은
"전칭(傳稱)의 오류"나 "상전(相傳)의 오류"로 분류하거나, 혹은 내용
상 동의어 관계인 "전설(傳說)의 오류"로 명명하기도 했다. 그런데

---

20) 朴世堂, 『西溪燕錄』, 〈壬戌〉, 345면, "壬戌, 未明發……踰高嶺 嶺甚高險.
　　前後來者 多以此爲會寧嶺者 非也, 乃語轉而錯耳."
21) 朴世堂, 『西溪燕錄』, 〈壬戌〉, 346면, "過甛水站踰靑石嶺. 嶺高不及高嶺
　　而亂石齒錯險澁無比."
22) 朴世堂, 『西溪燕錄』, 〈壬戌〉, 346면, "自我國都至燕京 三千餘里 其間嶺之
　　高 無過高嶺 險無過靑石嶺."

박세당은 여타의 전후 사절단과는 달리, 청석령과 봉림대군(鳳林大君)을 결부시키면서 병자호란을 회상하는 기록은 남기지 않았다. 본시 청석령은 이 고개를 이루는 돌의 색깔이 모두 청색(靑色)인 데서 유래했다.23)

한편 "전칭의 오류"는 본래 명칭이 영제교(永濟橋)였으나, 어양교(漁陽橋)로 잘못 상전된 채 오칭된 경우가 그 한 전형을 대변해 준다.24) 후자에 상응하는 사례로는 강하의 방위를 잘못 표기한 채, 이를 그대로 상전하여 따른 호침하(滹沈河)의 경우와25) 아래의 공동산의 경우가 이에 해당된다. 이러한 오류 목록들 또한 차후에 박세당이 탈주자학적 경학론을 개척해 가는 과정에서 유용한 방법론적 기초로 역할하게 된다. 세 오류에 대한 유형화 역시 "이미 근거도 없으면서 망녕되게 천착한" 비판적 경학론 상의 문제의식과 동일한 맥락을 공유하고 있다.26) 같은 맥락에서 소석문(小石門)과 대석문(大石門) 두 재를 넘으면서, "이를 왕상령(王祥嶺)"으로 단정했거나 또는 "전령(前嶺)[소석문]은 왕상령으로, 후령은 석문(石文)으로 표기한" 전록 상의 부실한 소재 근거[稽]를 10여 인에게 직접 확인해 본 끝에, 전혀

---

23) 李押,『燕行記事』,「聞見雜記(上)」, "靑石嶺多石 而靑色." 청석령은 심양에 인질로 잡혀 가던 봉림대군의 '청석령 지나거냐'로 시작하는 시조, 곧 일명 청석가(靑石歌)로 인하여 더 많이 알려졌다.

24) 朴世堂,『西溪燕錄』,〈壬午〉, 367~368면, "又過別山店神盦嶺前 未及薊州一里 所有橋卽所謂漁陽橋者 相傳已久 而橋傍有碑. 臣等視之 碑言橋爲永濟橋 水爲沽水. 萬曆年間……不言舊名. 漁陽 恐亦傳稱之謬耳."

25) 朴世堂,『西溪燕錄』,〈癸未〉, 369~370면, "過公樂店段家嶺 渡一河……又有草橋跨河 乘橋以過 相傳以此爲滹沈河. 地志言滹沈在眞定城南 知此爲傳說之誤."

26) 朴世堂,『孟子思辨錄』,「告子(下)」, 15장의 註, "說命蔡註 築巖之築……旣無所稽 而妄爲穿鑿, 欲以此而廢前說, 徒見其淺陋 而强於解事也."

사실 무근임을 규명해 냈다.[27] 이 언술로 추정해 보건대, 박세당은 다수의 전록들을 지참한 가운데 상호 대조하면서 참고했던 것으로 보인다.

한편 계고(稽考) 혹은 계험(稽驗)의 원칙은 차후『상서사변록』에서 수행한 일련의 고증학적 작업 중에서, 특히 율력 고증(律曆考證)의 주요 원칙으로 정착한다는 점에서 주목된다. 후일 박세당은 "상고함 [稽]이란 고험(考驗)하여 그 실상[實]을 이해하는 것"으로 정의하면 서,[28] 자신이 개진했던 고증 작업의 유용한 원칙으로 채택하기에 이른다. 지금 박세당은 앞선 사절단이 남긴 연행록인 전록을 대상으로 하여, 바로 이 계고의 원칙을 적용하였던 것이다. 너무나 당연하게도 계고의 원칙 또한 명실상부를 지향하고 있음이 확인된다.

나아가 박세당은 원래의 산 이름을 오도한 변두리 풍속[邊俗]과, 또한 이를 아무런 여과 과정 없이 그대로 반영한『지지』간의 문제점을 정확히 짚어내기도 했다. 계주성(薊州城)에 인근한 어양(漁陽) 지역의 공동산(崆峒山)의 경우가 바로 그러했다. 공동산은 한대에 어양 태수(太守)를 역임했던 장감(張堪)과 그 묘의 유래를 간직하고 있는 산이었다. 또한 당시 산 정상에는 태수를 존칭한 표현인 부군(府君)의 묘, 즉 장감의 묘가 여전히 보존되고 있었다.[29] 박세당은 해당 지역의 거주민에게 산의 명칭을 수소문한 결과를 아래와 같이 기록해 두고

---

27) 朴世堂,『西溪燕錄』,〈癸亥〉, 346면, "又過兩嶺 前爲小石門 後爲大石門. 前錄又有以此爲王祥嶺者, 又有以前嶺爲王祥 後爲石文者. 今問王祥嶺所在 所遇十餘人 皆言未聞有此."

28) 朴世堂,『尙書思辨錄』,「大禹謨」, 162면, "稽者, 考驗而得其實也."

29) 朴世堂,『西溪燕錄』,〈壬午〉, 368면, "薊州城內……志言 漢張堪爲漁陽太守 有廟在城西北隅. 崆峒山在州城東北五里. 舊傳黃帝問道於此. 今山上有府君廟."

184

있다.

　"'장감의 묘[張廟]는 이미 그 터[處]를 유실해 버렸다'라고 하고, 또 공동산은 알지도 못했다. 그런데도 다만 산 정상에 부군묘(府君廟)가 있는 줄로만 알아서, 그 산을 부군산(府君山)으로 칭하니, (실제 산은) 곧 (계주)성 동북 5리에 위치한다. 『지지』라는 것을 과연 믿을 수나 있겠는가?"30)

　덧붙여 박세당은 "변속의 무지몽매(貿貿)한 정도가 이와 같으니, 이른바 '시속[俗]에 떨어져 옛것[古] [고명]을 따르지 않으며, 유전(流傳)되어 그 본래 명칭[眞]을 잃어버렸다'라고 하는 경우"에 해당한다는 총평을 내렸다.31) 실상 부군산은 곧 공동산에 다름 아니었고, 부군묘는 바로 어양 태수였던 장감의 묘를 지칭했으나, 몽매한 변두리 습속을 그대로 반영한 『지지』 탓에 과객 박세당은 일순 혼돈에 빠졌던 것이다. 그러나 박세당은 공동산의 명칭과 관련된 의문을 인근 거주민에게 직접 문의하고, 이어서 『지지』에 명시된 거리를 토대로 추적을 벌인 결과, 공동산이 원래 명칭을 유실해 간 과정을 명료하게 이해하게 되었다. 공동산의 경우 또한 명칭과 실제 상관물 사이의 불일치라는 『지지』상의 문제에서 직접 파생된 사안임을 알 수 있다.

　박세당은 고령과 공동산 실증에 이어서, 계주(薊州)에 인접한 나산(螺山) 또한 고증 대상으로 설정했다. 나산 고증은 사절단 일행이 하룻밤을 묵었던 숙소인 나산점(螺山店)에서 촉발되었다. 즉, 나산점

---

30) 朴世堂, 『西溪燕錄』, 〈壬午〉, 368~369면, "臣問於居人, 張廟已失其處 又不識崆峒山 而但知有府君廟 謂其山爲府君山 卽在東北五里. 地者果信然."
31) 朴世堂, 『西溪燕錄』, 〈壬午〉, 369면, "邊俗貿貿如此 所謂越俗不好古 流傳失其眞者. 是日行八十里."

의 바로 북쪽산을 나산으로 잘못 호칭하고 있었던 것이다.[32] 박세당
은 해당 『지지』를 상고한 결과, 나산과 계주와의 거리가 불과 5리에
불과한 지근거리라는 사실을 들어서, "지금 이 (나산)점과 계주 간의
거리가 30여 리나 떨어져 있거늘, 어찌 나산의 (빙 두른) 반경[蟠踞]이
커서 그러했겠는가?"라며 이유 있는 반론을 제기했다. 박세당이 명명
한 오류 유형을 적용하자면, 나산의 경우도 이른바 전칭·전설·상전
의 오류에 해당된다. 또한 나산의 사례를 통해서, 우리는 왕환 연행
노정에서 접촉한 모든 대상들을 고증의 시각에서 예의 주시하였던
박세당의 진지하고도 긴장된 실증 열정을 거듭 확인하게 된다.

나아가 박세당은 심하역(深河驛)의 유관(楡關)에도 잠시 주목했다.
과거 요새[塞]였던 유관과 무령현(撫寧縣)과의 거리는 20리다. 유관은
과거 "수나라 때에는 임유관(臨楡關) 또는 임려관(臨閭關)"으로도 불
렸던 곳이다. 그러나 당시에는 옛 유적이 모조리 민몰된 탓에 더
이상의 실증[尋]은 불가능했으며, 이 점 박세당에게 큰 아쉬움으로
남았다.[33] 비슷한 맥락에서 "아마도 하늘이 이 험준(한 지형)을 진설
하여 중국을 방비하려 했을 것"[34]으로 묘사된 산해관(山海關)의 유래
와 그 현재 모습도 박세당의 눈길을 끌었다. 박세당은 『지지』를 빌려
서, 명초(明初)의 서달(徐達)에서 비롯된 산해관의 기원과 그 명칭이
변경된 경위, 그리고 옛 모습[舊]을 회복한 과정 등에 관한 기록을
간략히 기재해 두었다.[35] 다만 산해관의 경우는 유관 및 여타의 사례

---

32) 朴世堂, 『西溪燕錄』, 〈壬午〉, 367면, "又過枯樹山 蜂山店, 朝餐于螺山店.
    指店北爲螺山……."
33) 朴世堂, 『西溪燕錄』, 〈丁丑〉, 361면, "過深河驛楡關 楡關卽舊塞 距撫寧二
    十里. 隋時爲臨楡關 又名臨閭關 而今無遺 尋舊跡 不可得以尋也."
34) 朴世堂, 『西溪燕錄』, 〈乙亥〉, 359면, "殆天設此險 以衛中國."

와는 달리, 『지지』에 등재된 기록에 대해 박세당은 아무런 불평을
표하지 않았다. 그 이유로는 아마 박세당이 해당 기록을 전적으로
신뢰했기 때문이 아닐까 싶다. 이러한 정황은 박세당이 『지지』와
실제 상관물의 일치 여부, 곧 명실의 부합 여부로부터 실증의 단초를
심역(尋繹)해 나갔음을 시사해 준다.

한편, 근래에 한·일(韓·日) 간에 지속되어 온 독도(獨島)의 영유
권 논쟁과 관련하여 내외의 큰 관심을 집중시켰던 박세당의 색다른
저술인 「울릉도(鬱陵島)」도,[36] 기실 명실상부한 실증을 추구한 서계
식 기록의 한 전형을 보여준다. 그동안 한국의 입장에서 우산도(于山
島)가 독도임을 입증하는 과정에서 실증적인 문제에 봉착해 있던
차에, 박세당의 「울릉도」가 결정적인 증거를 제시하기에 이른 것이
다.[37] 「울릉도」의 주요 내용은 첫째, 『신증동국여지승람(新增東國輿
地勝覽)』을 인용한 부분, 둘째, 한 승려의 전언을 기록한 것, 셋째,
1694년에 당시 영장(營將)이었던 장한상(張漢相)이 비변사에 보고한
내용을 기록한 부분, 넷째, 동년에 장한상이 수토(搜討)한 상황을
비변사에 보고한 내용 등으로 구성되어 있다. 이와 같은 「울릉도」의
내용 구성은 박세당이 직접 현지답사를 실행하기 곤란했던 사정을
그간의 기록들과 전언 등을 통해 간접적으로 실증해 내었음을 시사해

---

35) 朴世堂, 『西溪燕錄』, 〈乙亥〉, 359~360면, "地志言 明初中山武寧王徐達
    移楡關於此 改今名. 甲申之變 城多穿毁. 聞今年始修完如舊."

36) 한국학중앙연구원 소장, 『潘南朴氏 西溪宗宅』, 「西溪雜錄」(마이크로필름
    no. 10179-1, 12항목).

37) 이와 관련된 논의로는 유미림의 「'울릉도'와 '울릉도 사적' 역주 및 관련기록
    비교연구」(한국해양수산개발원, 2007)와 이를 수정 보완한 유미림의 「'우산
    도=독도'설 입증을 위한 논고-박세당의 '울릉도'와 장한상의 '울릉도 사적'
    을 중심으로」(『韓國政治外交史論叢』 29-2, 2008)가 있다.

준다.

"대개 두 개의 섬[울릉도·독도]이 여기[영해]에서 그다지 멀지 않아
서 한 번 큰 바람이 불면 이를 수 있는 정도다. 우산도(于山島)[독도]
는 지세[勢]가 낮아 해기(海氣)가 매우 맑지 않거나, 최고 정상에
오르지 않으면 보이지 않는다. 울릉(鬱陵)(도)이 (우산도보다) 조금
더 높다."[38]

윗글은 박세당이 전언자인 승려의 구술을 소개한 후에, 실증에
입각하여 두 섬의 소재 및 거리 등을 묘사한 내용에 해당한다. 상기
박세당의 결정적 증언으로 인하여 기존 일본 측의 어거지 주장을
대변해 주는, 이른바 이도설(二島說)은 기어이 변파되고야 말 운명에
직면했다. "명실칭지"를 추구했던 박세당의 실증 원칙은 그의 사후에
도 고국에 유익한 결과를 안겨준 것이다. 박세당의 「울릉도」는 사행
시의 왕환 노정에서 기울였던 그의 진지한 '실증적 탐구' 노력을 재차
환기시켜 주기에 족한 사례다.

2. 사원과 성 및 여타의 소재

산천지리 고증에 이어서 박세당은 사원(寺院)과 성곽 및 각종 건물
양식, 그리고 무형의 소문 등에 대해서도 예의 주시하는 가운데 면밀
한 고증의 태도로 임했다. 우선 주목되는 서술단위로는 요동(遼東)

---

38) "盖二島去此 不甚遠 一瓢風可至. 于山島勢卑 不因海氣極淸朗 不登最高
頂 則不可見. 鬱陵稍峻." 국역은 유미림, 앞의 글, 2008, 92~93면의 각주
53)을 재인용한 결과다.

188

구성(舊城)의 백탑사(白塔寺) 묘사를 적시해 볼 수 있다. 백탑사는 옛 이름이 광우사(廣佑寺)였으나, 탑 때문에 명칭마저 뒤바뀐 경우에 해당한다.39) 또한 백탑사는 전후 사절단들에 의해서 중국의 주요 장관 목록에 선정될 정도로 웅장한 정경을 과시했다.

이제 박세당은 사행 기간 동안 참조했던 『지지』와 자신이 직접 목격한 실제 탑 높이와의 차이를 두고, "『지지(地志)』에는 탑 높이가 사오 장[數丈]으로 되어 있으나, 지금 살펴본 바로는 (백탑사) 높이가 수백 척이나 되거늘, 어찌 부풀리고 꾸며서 그렇겠는가?"라는 지적을 가했다.40) 나아가 박세당은 백탑사 전경 묘사를 끝낸 후에, 교각 위에 수호기둥[護柱]으로 설치되었던 화표주(華表柱)의 흔적에도 주목했다. 박세당은 화표주가 망실된 지가 오래된 사실을 적시하면서, "(화표주의) 이름[名]과 그 실물[實] 간의 부합 정도를 궁구할 수 없음이 이와 같으니, 참으로 우스운 일이다."라며 큰 아쉬움을 토로했다.41) 앞서 언급된 바대로, 이 언명 속에도 박세당이 견지했던 명실상부라는 뚜렷한 실증 원칙이 피력되고 있다. 후대의 이의현 또한 백탑 근처에 위치했던 화표주의 소재를 탐문했으나, 무위에 그친 후에 "지금은 아는 사람이 없어서 끝내 찾아보지 못하니, 더욱 한스러운 일이다."라는 소감을 피력해 두었다.42)

---

39) 朴世堂, 『西溪燕錄』, 〈甲子〉, 384면, "向午發行 入遼東舊城. 觀白塔寺 舊名 廣佑 因塔得名."

40) 朴世堂, 『西溪燕錄』, 〈甲子〉, 348~349면, "地志塔高數尺 以今所見 高數百尺, 豈增飾而然也."

41) 朴世堂, 『西溪燕錄』, 〈甲子〉, 349면, "華表卽橋上護柱, 又其亡已久 則不究名實稱之如此, 殊可笑."

42) 李宜顯, 『陶谷集』 권29, 「庚子燕行雜識(上)」, "丁令威華表柱在百塔近處 而今無知者, 終不得尋見 尤可恨也." 한대(漢代)의 요동 출신인 정영위(丁

끝으로 명칭과 상관물 간의 불일치 현상에 불만을 표시했던 박세당
은 다음과 같이 백탑사의 실경을 상세히 묘사해 두었다.

"모두 28층인데 (탑의) 팔각마다 모두 풍령(風鈴)을 매달아 두었다.
최상층에는 한 장(丈) 남짓한 구리로 된 기둥을 세워 두었고, 탑 아래
의 둘레가 무려 예순다섯 아름이나 된다. 이 탑은 수십 리 거리에서
바라보면, 아득히 나부끼는 화살이 (공중에) 떠서 있는 듯하다."⁴³⁾

동시에 박세당은 봉황산(鳳凰山)의 안시성(安市城) 실지(實地) 고
증을 위해서 상당한 지면을 할애하였다. 일단 박세당은 "심히 기발(奇
拔)한 산"의 모습과 함께, "석성(石城)으로 빙 둘러싸인 산봉우리,
푸른 산으로 둘러진 주변, 극히 험준한 지형에 축조된" 성을 수행한
자의 전언을 빌려서 안시성이라고 소개해 두었다.⁴⁴⁾ 더불어 앞선
사절단들이 남긴 기록들에서도, 한결같이 봉황산을 둘러싼 성을 안시
성으로 여겼다는 사실도 언급해 두었다.⁴⁵⁾ 그러나 박세당은 결코
원역(員役)들의 전언과 앞선 사절단들의 기록을 그대로 신봉하지는
않았다.

令威)는 영허산(靈虛山)에서 도를 닦아 신선이 되었다고 한다. 후일 그는
학(鶴)이 되어 다시 요동으로 돌아와 화표주에 앉아서 다음과 같은 시를
지은 것으로 전해진다(『搜神後記』 권1). "새여 새여 정영위여! 집 떠난 지
천 년 만인 오늘에야 돌아왔네. 성곽은 의구한데 사람들은 아니로세. 어찌
신선 아니 배워 무덤이 총총하뇨." 이민수 역, 『국역 연행록선집 V』(고전국
역총서 99), 경인문화사, 1976, 64면의 각주 7) 참조.

43) 朴世堂, 『西溪燕錄』, 〈甲子〉, 349면, "凡二十八層 八角俱懸風鈴. 最上立銅
柱丈餘 下圍六十五抱. 此塔數十里望之 已縹緲浮矢."

44) 朴世堂, 『西溪燕錄』, 〈己未〉, 340면, "過鳳凰山 山甚奇拔 峰巒回匝石城
周遭綠山 而築極險絶. 隨行者 謂卽安市城."

45) 朴世堂, 『西溪燕錄』, 〈乙未〉, 340면, "前此奉使諸人所記 並同然."

190

이에 박세당은 봉황산과 안시성에 관한 『지지』의 기록들에 대한 면밀한 검토에 착수했다. 『지지』에는 봉황산의 위치며 거리, 성의 축조 양식과 "십만 군중을 수용할 수 있는 고성(古城)"의 엄청난 규모, 그리고 당(唐) 태종(太宗)의 고구려 침범에 관한 기록 등이 담겨 있었다.[46] 무엇보다 박세당은 안시성에 관한 기록인 "폐해진 안시현(安市縣)은 개주(盖州) 동북 칠십여 리에 터했으며, 이를 당 태종이 공략했으나 끝내 함몰시키지는 못했다."라는 『지지』의 내용에 주목했다. 결국 박세당은 이 기록에 의거, 지목된 성이 안시성이 아니라는 사실을 강하게 확신하게 되었다. 안시성의 경우를 박세당은 '상전(相傳)의 오류'로 유형화하면서,[47] 합리적 근거가 결여된 상태에서 구전되어 내려온 이야기만을 묵수하는 태도를 재차 경계했다. 그런데 우연히도 후대의 노가재(老稼齋) 김창업(金昌業, 1658~1721) 역시 박세당과 동일한 실증 결과를 도출했음이 확인된다.[48] 김창업은 『일통지(一統志)』에 실린 기록인 "안시성(安市城)은 개주(盖州)의 동북 70리에 있다."라는 기록에 의거했던바, 이로써 박세당이 전거로 참고했던 『지지』역시 『대명일통지(大明一統志)』였음을 알 수 있다. 물론 노가재가 사전에 박세당의 연록을 참고했는지의 여부, 곧 해석상의 영향력의 수수(授受) 정도는 확인할 길이 없다.

아무튼 여기서 지적된 상전의 오류는 전술된 전칭·전설의 오류와

46) 朴世堂, 『西溪燕錄』, 〈己未〉, 340면, "地志鳳凰山 在都司城東三百六十里 上有疊石. 古城可容十萬衆. 唐太宗征高麗 駐蹕于此."

47) 朴世堂, 『西溪燕錄』, 〈己未〉, 340~341면, "又云安市廢縣 在盖州東北七十里. 唐太宗攻之 不下. 地志如此 則此城之非安市明甚. 相傳謂然者 謬也."

48) 金昌業, 『老稼齋燕行日記』 권1, 〈11월 28일〉, "山之南有古城 石築宛然, 世以此爲安市城 而非也. 或云東明舊城 其說近似. 安市城 一統志謂在盖州東北七十里, 去此深遠也."

더불어서, 적확해야 할 기록물들의 큰 장애 요인으로 작용하고 있음이 재차 확인된 셈이다. 기실 내용상 동의어(tautology) 관계에 놓인 세 유형의 오류에서, 공히 전제되는 '전해져 옴[傳]' 혹은 잘못된 『지지』나 전록이란 해석학적 견지에서 보자면, 이해(verstehen)의 역사성이라는 지평상의 전구조(前構造)에 상응하는 의미를 지닌다. 실제 경전 주석학의 전통에서 운위되는 "전문(傳聞)의 오류" 또한 앞서 거론된 세 유형의 오류와 내용상 동의어에 해당한다.[49] 다시 말하여 사행 이정 상에서 자각된 상전·전칭·전설의 오류는 그 자체로 경전 주석학적 차원의 해석학적 각성으로 전이될 소지가 충분했던 것으로 분석된다. 이처럼 박세당이 연행 노정에서 자각했던 해석 상의 자각은 차후 그가 개척한 비판적 경학론에서 보다 완결된 형식의 해석학적 체계로 정연하게 재조직되기에 이른다.

차후에 박세당은 『사변록(思辨錄)』의 「서문[序]」을 통해서, 앞선 학설이나 주장이 제공해 주는 자의적 전구조에 마냥 흡입됨으로써, 정당한 경전 해석의 가능성이 원천적으로 봉쇄될 수 있는 위험성을 아래처럼 폭로하기에 이르렀다.

"그 (전인의) 전적(典籍)만을 굳게 지키기만 하는 자는, 고착되어 불통하고 우괴하며 편벽되어, 전혀 저 평탄한 길에는 어두웠다. ……
대개 귀머거리[聾]가 되면, 우레와 벼락의 소리를 듣지 못하고, 저 소경[瞽]이 되면 해와 달의 빛을 보지 못하나, 그것은 귀머거리와 소경이 된 자의 병폐요, 우레와 벼락·해와 달은 진실로 원래 모습 그대로[自若]다."[50]

---

49) 蔡沈, 『書集傳』 권10, 「呂刑」 편, 8장의 註, "吳氏曰 二典 不載有兩刑官, 蓋傳聞之謬也."

192

인용문에서 귀머거리와 소경은 전인의 학설, 즉 이해의 자의성에 기초한 전구조에 몰입된 채 비판적 반성력을 상실한 학인을 비유한 표현이다.51) 이를『서계연록』에서 유형화한 오류를 빌리자면, 귀머거리와 소경은 상전·전칭·전설의 오류에 흡인된 후인들에 다름이 아니다. 이에 비해 우레·해·달은 명실상부한 상관물 혹은 경전상의 정당한 문의나 이해를 비유해 주는 레토릭이라 할 수 있다. 이처럼 자의성을 띤 전구조에로의 무반성적 몰입은 해석자의 의미론적 자율성을 저해시키거나, 종종 새로운 이해의 지평을 원천적으로 봉쇄하기도 한다.

이에 박세당은 이러한 해석학적 사례들을 상전·전칭·전설이라는 오류로 유형화하는 방식을 통하여 비판적 차원에서 경계함으로써, 명실상부한 실증의 가능성에 한 걸음 더 다가설 수 있었다. 다시 말하여 박세당은 상전·전칭·전설의 오류에 대한 자각을 통해서, 사행 이정상(里程上)의 오도된 해석의 순환(循環)의 고리로부터 초극할 수 있었던 것이다. 이상과 같은 지적과 분석은 연행 시에 시도된 박세당의 다양한 실증적 실험이, 차후 그가 개척한 탈주자학적 경학론상의 방법론적 기초로 활성화되어 가는 일 국면을 반영한다는 주장52)의 신빙성을 한층 더 강화시켜 준다.

---

50) 朴世堂,『思辨錄』,「序」, "其抱持典籍者 又膠滯迂僻 全昧夫坦夷之道.……夫聾則不聞乎電霆之聲 瞽則不睹乎日月之光 彼聾瞽者病耳, 電霆日月 固自若也."

51) 수잔 히크만(Susan J. Hekman) 저, 윤병희 역,『해석학과 지식 사회학』, 교육과학사, 1993, 127~131면. 가다머(Gadamer)에 의하면, 이해의 자의성을 띤 전구조란 적법하지 않은 선입견 혹은 가짜 선입견에 해당한다. 이는 결국 비판적 이성의 명백한 과제로 남게 된다.

52) 김종수,「西溪 朴世堂의 燕行錄과 북경 체류 32일」,『韓國實學研究』16, 民昌社, 2008, 38면.

한편, 박세당은 연대(烟臺)를 고증하고자 부심한 흔적도 남겼다. 안시성과 마찬가지로 연대 또한 당 태종의 자취를 간직한 역사적 공간에 해당한다. 요동 구성에 근접한 연대가 위치한 주필산(駐蹕山)은, "여러 봉우리가 산 아래에서 정상까지 온통 석산으로서 초목이 없었고, 그 최상봉에 연대가 자리했다."라고 묘사되어 있듯이,[53] 이른바 기관(奇觀)으로 평할 만한 공간에 해당했다. 박세당은 이번에도 해당 지역의 거주민을 방문해서, 당초의 이름인 수산(首山)이 주필산으로 개명된 경위를 자세히 탐문[細詰]하였으나, "처음 질문할 때부터 업신여기는 투의 그 무지몽매함이 너무 심한" 느낌만 받았다.[54] 결국 박세당은 다음 순서로 관련 『지지』에 대한 검토에 착수했다. 『지지』에 기록된 수산의 내용은 아래와 같았다.

"원래 수산은 (요동)성 서남쪽 십오 리 지점에 위치했고, 산 정상의 평평한 바위[平石] 위에는 장지(掌指) 형상의 샘이 있다. 이 샘에서는 한 움큼 분량의 물이 마를 틈도 없이 흘러나왔다. 당 태종이 요동을 공략할 적에, 수산에 상주하면서 돌에 공(功)을 새겨서 기념하였고, 이로 인하여 주필산으로 고쳐 부르게 되었다."[55]

위의 내용에 추가하여 박세당은 "또 『당서(唐書)』에는 (수산을) 마수산(馬首山)이라고 언급했고, 『요사(遼史)』는 수산(手山)이라고

53) 朴世堂, 『西溪燕錄』, 〈甲子〉, 349면, "過首山庄 踰駐蹕嶺. 駐蹕嶺在路北山 小而數峯跟頂 皆石無草木 最上峯有烟臺."

54) 朴世堂, 『西溪燕錄』, 〈甲子〉, 349면, "訪居人 不知首山之爲駐蹕 細詰間 始隨問 謾認貿貿 甚矣."

55) 朴世堂, 『西溪燕錄』, 〈甲子〉, 349~352면, "地志 首山在城西南十五里. 山頂 平石上有掌指之狀 泉出其中 把之不竭. 唐太宗攻遼東 常駐其顚 勒石記 功. 因改爲駐蹕山."

칭했다."는 사실도 아울러 확인해 두었다.[56] 주필산 고증의 경우에도
박세당은 먼저 "해당 지역 거주민들에게 직접 문의"하는 순서를 거친
다음에, 일종의 관례처럼 해당 『지지』를 검토하는 절차를 그대로 답습
했다. 만일 『지지』의 내용에 조금이라도 의혹의 여지가 있었다면,
재차 『지지』의 기록적 신빙성에 대한 검토를 병행했을 것임에 분명하
다.

이 지점에서 새로운 사실 하나를 부기해 두기로 한다. 그것은 박세
당이 특정 상관물을 대상으로 하여 실증을 시도할 때마다, 역관 등과
같은 원역들에게도 가능한 자문을 구했다는 사실이다. 전술한 팔도하
고증 시에는 역관 장현의 전언을 참고하였다.[57] 또한 차후 북경에
도착한 이후의 관소인 회동관의 낙서를 고증할 적에는, 역관 이경화
와 왜역인 박원랑까지 동원하여 삼인 합동으로 고증에 임하는 집요한
탐구 열정을 과시하기도 했다.[58] 물론 박세당은 역관들의 전언을
그대로 모두 신뢰한 것은 아니다. 이를테면, 첨수참 서쪽 방면의 산기
슭 절벽 위에는 우뚝 솟은 탑이 있었고, 역배들은 이를 "연개소문(蓋蘇
文, ?~666]이 축조했다."라고 알려주었다.[59] 그러나 박세당은 이번에
도 직접 토착민을 방문해서 문의하는 절차를 거쳤고, 그 결과 "명대의
총병(總兵)이었던 한씨(韓氏)의 묘로서, 이 탑이 바로 그의 묘"였음이
밝혀졌다.[60] 직접 발로 뛰면서 사실 관계를 확인하는 박세당의 놀라

56) 朴世堂, 『西溪燕錄』, 〈甲子〉, 349~352면, "又唐書以爲馬首山, 遼史稱手山
    並卽此."

57) 朴世堂, 『西溪燕錄』, 〈辛酉〉, 342면, "踰斗嶺 下有一河 凡再渡. 譯官張炫謂
    爲八渡河."

58) 각주 121) 참조.

59) 朴世堂, 『西溪燕錄』, 〈壬戌〉, 346면, "下嶺未及甛水站數里止 飯水東. 其水
    西 山麓絶崖上有塔突然. 譯輩傳爲蓋蘇文所創."

운 실증에 대한 열정이 재차 감지되는 장면이다.

위의 주필산 고증의 경우 박세당은 추가로 역관 정세유(鄭世維)의
전언을 기록해 두었다. 정세유는 일찍이 주필산 아래의 청풍사(淸風
寺)를 유람했을 적에 만난 노승(老僧)이 일러 준 내용인 "연대(烟臺)가
있는 곳이 주필봉"이라는 전언을 알려 왔다. 그러나 박세당이 정작
궁금해하여 자문하였던 "장지 형상의 샘과 돌에 새겨진 기록" 등에
관한 일들을 정세유는 전혀 알지 못했다.[61] 박세당은 또 다른 연행록
인 시집 『사연록』을 통해서, "해 저문 황량한 요새에 봉화 연기마저
끊긴" 연대를 기리며 한 수의 시를 남겼다.[62]

이후 박세당은 광녕성 서쪽 2리 지점에 자리한 "북진묘(北鎮廟)를
의무려산[醫巫閭]"으로 규정하는 가운데, 그 위치와 훼손 정도를 정확
하게 묘사해 두기도 했다.[63] 박세당은 북진묘를 의무려산으로 규정한
문제와 관련하여, 해당 『지지』의 내용 중에서 "의무려산은 여섯 겹으
로 가려져 둘러싸였으며, 순(舜) 임금이 12산을 책봉할 적에, 이 산은
유주(幽州)의 진(鎮)으로서, 기록마다 영험한 자취가 많다."라는 기록
을 상고했다.[64] 실제 『지지』의 기록된 내용은 『상서』 「순전(舜典)」
편의 그것과 일치한다.[65] 이어서 박세당은 "온통 석산으로 이뤄진

---

60) 朴世堂, 『西溪燕錄』, 〈壬戌〉, 346면, "然訪之土人云 山有明時總兵韓氏墓.
此塔爲其墓 厭勝而作."
61) 朴世堂, 『西溪燕錄』, 〈甲子〉, 352면, "譯官鄭世維 自言曾遊淸風寺. 寺在山
下 見老僧云 有烟臺處爲駐蹕峯 而詢世維 以掌指出泉勒石等事 並不知."
62) 朴世堂, 『使燕錄』, 〈烟臺〉, 19~20면, "離離落落曉星聯 近沒塞雲遠入天
伊昔誰家防戌地 日沈荒塞斷烽烟."
63) 朴世堂, 『西溪燕錄』, 〈己巳〉, 354면, "城西二里 有北鎮廟 北鎮卽醫巫閭.
其山距城五里 廟居半路 高丘上門廊樓閣 殘毀已甚."
64) 朴世堂, 『西溪燕錄』, 〈己巳〉, 354면, "按地志醫巫閭 掩抱六重. 舜封十二山
此爲幽州之鎮 所記多靈跡."

196

산 모습이 솜옷처럼 널리 펼쳐졌고, 준봉(峻峰)이 없는 평평한 정상, 병풍처럼 가파르게 늘어진 봉우리들마다 수목이 자라지 않는" 기괴한 모습을 묘사하고, "다른 산들과는 판이해 보였다."라는 관찰 소감을 피력해 두었다.66) 다만 이번 의무려산 고증의 경우에는『지지』와 실제 산 사이에는 특별한 이견은 없었다. 그 이유 또한 해당『지지』와 실제 상관물인 의무려산 간에 큰 차이점이 발견되지 않았기 때문일 것으로 추정해 본다. 후대의 담헌(湛軒) 홍대용(洪大容, 1731~1783) 이 이 의무려산을 「의산문답(醫山問答)」의 가상적 무대로 설정했음은 익히 알려진 사실이다.

이번 장의 논의와 관련된 서술단위로서 교량[橋] 실증에 관한 사례 가 남아 있는 상태다. 채정교(采亭橋)와 어양교(漁陽橋)의 경우가 이 에 해당한다. 다만 옥전현(玉田縣)에 위치한 채정교의 경우 실제 고증 의 대상으로 설정된 케이스가 아닌, 즉 사소한 교량 하나라도 무심히 그냥 지나치지 않았던 박세당의 실증벽(實證癖)을 거듭 확인시켜 주 는 소재라는 의미를 지닌다. 박세당은 채정교를 건너면서 마치 습관 처럼 "채정교는 옥전현 서쪽 20리에 위치한다. 쪽빛 강위에 걸쳐 앉았다."라고 기재된『지지』의 관련 내용을 검토했다.67)

채정교에 비해서 어양교 고증은 나름의 중요한 해석학적 의미를 내포하는 사례로 평가된다. 박세당은 1리 거리 차이로 계주에 바로

---

65) 蔡沈,『書集傳』권10,「舜典」편의 10장, "肇十有二州, 封十有二山, 濬川(순 임금이 12주를 처음으로 만들고, 12주의 산을 봉표하였으며 내를 깊이 파셨 다)."

66) 朴世堂,『西溪燕錄』,〈己巳〉, 354면, "今觀其山 渾石以成 綿亘深遠 而頂平 無峻峰. 峭嶂樹木不生 異於他山."

67) 朴世堂,『西溪燕錄』,〈壬午〉, 367면, "早過來亭橋. 地志言橋在玉田西二十 里 跨藍水."

인접한 어양교의 그 "상전(相傳)된 지도 이미 오래된" 명칭에 주목했다.[68] 차후의 순서로서 박세당은 명실상부라는 자신의 실증원칙에 입각하여 "교량 곁에 세워진 비문[碑]"의 내용을 검토하기 시작했다. 비문의 내용과 박세당의 평은 다음과 같다.

> "'교량 명은 영제(永濟)이며, 하천은 고수(沽水)로 부른다. 만력(萬曆) 연간에 공부주사(工部主事) 하징(夏澄)이 처음 건립했다.'(교량의) 옛날 이름은 언급하지 않았으나, 지금 이름인 어양교는 아마 또한 전칭(傳稱)의 오류가 아닐까 한다."[69]

현재 통용되고 있는 모든 언어나 개념들은 그 나름의 전통적인 언어 사용 습관의 결과이거나, 혹은 개념의 변천사를 반영해 준다고 볼 수 있다. 그러나 명실상부라는 실증의 원칙을 적용하게 되면, 일종의 사실주의적(事實主義的) 맥락에서 현재 명칭과 상관물 간의 일치 여부를 따져보는 기원에 대한 탐색이 불가피한 과제로 떠오른다. 하이데거(M. Heidegger) 또한 제시된 전의미(前意味)의 적법성, 곧 기원과 그 타당성에 대한 명시적 검토는 불가피한 과제임을 설파해 보였다.[70] 지금 동일한 입장을 견지한 박세당이 보기에, 어양교는

---

68) 朴世堂, 『西溪燕錄』, 〈壬午〉, 367면, "又過別山店神廟嶺前 未及薊州一里 所有橋卽所謂漁陽橋者 相傳已久."

69) 朴世堂, 『西溪燕錄』, 〈壬午〉, 368면, "……而橋傍有碑. 臣等視之 碑言橋爲 永濟橋 水爲沽水. 萬曆年間 工部主事夏澄始建. 不言舊名 漁陽 恐亦傳稱 之謬耳."

70) 수잔 히크만 저, 윤병희 역, 앞의 책, 1993, 129~130면. 하이데거(Heidegger)의 저술 속의 이해의 전구조 혹은 전의미 개념은 가다머(Gadamer) 해석학의 초석인 선입견 개념의 기초로 작용하게 된다. 가다머에게서 자의성이 배제된 선입견이란 진리를 확립하는 수단으로 적극 옹호됨으로써 근본적인 복권으로 이어진다.

198

전칭의 오류를 거치기 이전의 원래 명칭인 영제교가 합당한 이름이 며, 또한 실제 기록물[碑]과도 부합되는 것이었다.

나아가 박세당은 유형의 상관물뿐만이 아니라, 와전된 무형의 길거리 통신류의 소문(所聞)에 관해서도 예의 촉각을 곤두세우면서, 그 진상 규명에 주력하였다. 귀국 길에서 접한 잠칭 '자문사(咨文事) 건(件)'의 경우가 바로 그러한 사례다. 당초 문제의 발단은 필관보(畢管堡) 사람인 조삼(趙三)의 전언에서 비롯되었다. 조삼의 전언을 접한 역관 장현이 보고한 바에 의하면, "조선국 자문(咨文)이 봉황성에서 북경으로 전송되었고, 어제 정오 무렵에 막 필관보[堡]를 통과했는데, 심히 긴급한 내용인가 보더라."라는 식의 소문이었다.71) 이에 사절단 일행은 그 정확한 진상을 파악하기 위해서 여러 모로 부심했지만, "신 등은 당황스럽고 놀라워서 추측조차 하기 어려운" 지경이었다.72) 게다가 동행한 상인들 또한 길거리에서 주워 들은 내용인 "봉황성 쪽에서 온 모든 이들이 또한 그렇게 말하더라."는 식의 소문을 재차 확인시켜 주었다.73) 다음날에도 박세당은 역관 장현으로 하여금 자문사 건에 대한 탐문을 계속하도록 지시하였고, 이에 장현은 첨수참(甜水站) 수방(水傍)의 아역인 김술(金述)을 만나게 되었다. 김술 역시 사건의 전말에 대한 정보도 부재한 상태에서, "다만 매우 긴급한 체송(遞送) 건으로만 전해들었다."라고 답변함으로써 한층 의혹만 증폭시

71) 朴世堂, 『西溪燕錄』, 〈丁丑〉, 393면, "張炫來言 有畢管堡人 趙三適到此, 言有朝鮮咨文自鳳凰城 傳送北京, 昨午過堡 甚是緊急."
72) 朴世堂, 『西溪燕錄』, 〈丁丑〉, 393면, "問其果爲何事云. 則答曰 哈地方 曾聞 有叛者……實不可知也. 臣等錯愕不測."
73) 朴世堂, 『西溪燕錄』, 〈丁丑〉, 393면, "商賈輩 亦路間聞 諸從鳳凰城來者 亦如此."

켰을 따름이다.[74] 그런데 사절단이 이런 종류의 소문에 긴장하였던
이면에는 그럴 만한 선례가 있었다. 1649년에 진하겸사은사(進賀兼謝
恩使)로 사행에 나섰던 양파 정태화는 귀로의 봉황성에서, 국왕인
인조(仁祖)가 승하(昇遐)했다는 급전과 함께, 집안[家屬]의 부고(訃告)
를 동시에 접했던 기록을 남겼기 때문이다.[75]

결국 소문의 진상은 이틀이 더 지난 뒤에야 명백하게 가려졌다.
용무상 봉황성 책문(柵門)에 사절단 일행보다 먼저 도착했던 역관
정효량(鄭孝亮)이 이제 막 진동보(鎭東堡)에 합류하였고, 이에 소문
의 진상을 확인한 결과 "자문(사 건)은 바로 북로(北路)의 개시사(開市
事)"에 관한 문건임이 밝혀진 것이다. 6년 전인 1662년(현종 3)에
작성된 정태화의 연행록에는 "중강(中江) 지역에서 시장[場]이 열려
청인(淸人)들이 막 체류하려는" 정황과 더불어, "관시차원(官市差員)
인 희천군수(熙川郡守) 김유(金瑜)가 노상에서 배알"했던 기록이 포
함되어 있다.[76] 따라서 '북로 개시사 건'이란 압록강 건너편 지역에서
이뤄질 조·청 양국 간의 시장 교역과 관련한 실무 현안에 대한 문건
일 것으로 추정된다.

그리하여 박세당은 다시금 "소문이란 모두 망설(妄說)에 속할 뿐이
다."라는 사실,[77] 곧 전칭 혹은 상전의 오류로 유형화될 수 있는 성질

74) 朴世堂, 『西溪燕錄』, 〈戊寅〉, 394면, "……朝餐于甜水站. 水傍衙金述追至.
使張炫往問咨文事 述亦言不知爲何事 只聞遞送甚急. 甚可疑."

75) 鄭太和, 『己丑飮氷錄』, 〈6월 19일〉, "余問平安監司 必以國家消息 通于馬
把 傳致五行 其無來書也. 馬把曰……拆封見書 大行大王 五月初八日昇
遐. 姉氏尹參議婦人 四月十三日 捐世云. 卽東望擧哀."

76) 鄭太和, 『己丑飮氷錄』, 〈8월 17일〉, "及到中江 開市淸人方留在. 官市差員
熙川郡守金瑜謁於路左."

77) 朴世堂, 앞의 책, 〈庚辰〉, 394면, "庚辰, 雪未明 渡前河……朝餐于鎭東堡.

200

의 것임을 재차 실감하게 되었다. 동일한 맥락에서 박세당은 그가 필요한 정보의 원천을 탐문하곤 했던 노변의 거주민, 특히 "익히 조선 사절단들[東使]을 겪어 온" 거리의 정보원들의 말에 대해서도 결코 그 능수능란한 눈치 수작에 대한 경계의 끈을 늦추지 않았다.[78] 실제 박세당은 매우 치밀하면서도 주도면밀한 인물이었다.

앞서 거론된 자문사 건과 노변의 정보원 문제 등은 전술한 상전·전 칭·전설의 오류와 함께, 일종의 비형식적 오류에 포함시킬 수 있는 유형들에 해당된다. 비형식적 오류는 추리 형식에서 비롯되는 논리적 오류인 형식적 오류와는 달리, 인간의 심리 상태와 언어 및 논증의 자료 등에서 파생하는 오류를 지칭한다.[79] 여하간 상기 사안들 역시 진상[實]을 은폐할 수 있는 가능성을 내포하고 있었고, 자연 명실상부 라는 실증 원칙을 견지했던 박세당의 시각에서 볼 때 극복되어야 하는 중대한 사안으로 간주되었던 것이다.

3. 비(碑)·명(銘)과 회동관의 벽서 고증

전술한 산천지리와 성, 사찰과 각종 건물 등과 같은 실증 외에도, 박세당은 비문과 명문, 서체 등과 같은 고증 소재들에 대해도 예의 관찰력을 발휘하였다. 그러나 박세당이 시도한 이 방면의 고증 경향

臣等在連山關時 遣鄭孝亮先至柵門 探義州迎候人到. 未回審向來所傳咨 文事 及臣等至此 孝亮自柵門來. 始知咨文 乃爲北路開市事 所聞皆屬妄 說."

78) 朴世堂, 『西溪燕錄』,〈乙卯〉, 365면, "但見此流居路傍 多閱東使, 故習於酬 酢 視人意向 順口便說 顯有抑揚之色. 所言未必盡信."

79) 呂塤根, 「오류론(제4장)」, 『現代論理學』, 民英社, 1995, 137~148면.

은 금석문(金石文)의 판독과 고증 및 해석을 통해서, 고증학을 원숙한
새 국면으로 인도했던 18세기 후반의 추사(秋史) 김정희(金正喜,
1786~1856)의 금석학(金石學)과는 분명한 차이가 있다. 무르익은 추
사의 금석학에 비해 박세당이 보여준 금석학적 관심은 다분히 실험적
양상을 띠고 있었다. 그러나 17세기를 전후한 여타의 연행록에 비하
면, 박세당의 그것은 소재의 선별과 취급 양상이라는 두 가지 측면에
서 확연한 차이를 보인다. 이에 이 방면의 소재들을 접하고 해석하는
박세당의 시선을 추적해 보기로 한다.

『서계연록』에서 비문에 관한 첫 언급은 여마장(驪馬場) 동북 방향
의 산 아래 노변에 세워진 비석에서 처음으로 나타난다.[80] 이 비석은
명말(明末)인 만력(萬曆) 신축년(辛丑年, 1601, 神宗 29)에 세워졌으
며, 비문을 새긴 이는 예과급사중(禮科給事中)인 서관란(徐觀瀾)이었
다. 비문은 음각(陰刻)으로 여러 사람들의 성명을 새겼는데, 모두
당시에 동방을 경리(經理)하러 왔던 자들이었다.[81] 박세당은 비석의
위치와 해당 내용 외에는 별다른 언급을 하질 않았다. 만력 연간에
건립된 또 다른 비는 "원래 이름은 영제교"였으나, 후대에 어양교로
개명된 교량을 고증하는 과정에서 판독된 바 있었다.[82] 이 비석의
위치 또한 노변이었다. 겨우 20여 자에 불과한 어양교 비문은, 다리
[橋]의 축조나 군(郡)의 설립 등과 같은 실용적 목적을 100자 내외의
단문으로 기록한 대부분의 일본 금석문과도 비교가 된다.[83]

---

80) 朴世堂, 『西溪燕錄』, 〈庚申〉, 344면, "庚申微陰早發 至○馬場東北山下朝
　　餐 路傍有碑."
81) 朴世堂, 『西溪燕錄』, 〈庚申〉, 344면, "萬曆辛丑所立 爲文者 禮科給事中徐
　　觀瀾. 碑陰所記諸人姓名 並當時經理東方而來者."
82) 각주 69) 참조.

202

차후 북경으로 향하던 도중에 박세당은 고평역(高平驛)에서 약 20
여 리 정도 벗어난 지점의 노변에서 하나는 세워져 있고 다른 하나는
쓰러진 상태의 쌍비(雙碑)를 접했다.[84] 비문의 내용을 확인한 결과,
직립형의 것은 큰 획으로 새겨진 "대로취섬처(大虜就殲處)"라는 다섯
글자가 극히 선명했고, 뉘어져 있는 것은 가는 글체로 "진무첩공기(鎭
武捷功記)"라고 씌어진 듯했으나 결락(缺落)된 글자가 있어서 정확한
의미를 판독하기 어려웠다. 박세당은 "아마 동일원(董一元)의 전공
(戰功)을 아울러 기록한 비문이 아닐까?"라는 판독 소감을 피력해
두었다.[85] 그러나 박세당은 비문의 결자(缺字) 부분을 고증학적 상상
력을 동원해서 복원하는 식의 추가적인 노력은 기울이지 않았다.
물론 그 이유로는 예정된 기일 내에 북경에 당도해야만 하는 빡빡한
행진 일정도 크게 작용했을 것이다. 박세당은 북경에 도착한 이후의
원일 저녁에 사절단 상사였던 화곡(華谷) 이경억(李慶億)에게 차운한
시를 통해서, "시간이 늦어져 북경 도착에 차질이 빚어질까 봐 못내
염려스러웠지요."라고 초조한 심경을 피력하였다.[86] 실제 연행사들
이 예정된 기일 안에 북경에 도착하지 못할 경우 크나큰 외교적 파장
을 초래하기도 했기 때문이다.
  이후 박세당은 광녕성(廣寧城) 내에 자리한 명대 이성량(李成梁,

---

83) 趙東元, 「金石文의 歷史와 資料的 價値」, 『大東文化硏究』 55, 성균관대학
   교 대동문화연구원, 2006, 10면.
84) 朴世堂, 『西溪燕錄』, 〈戊辰〉, 353면, "戊辰大風. 過平安堡 朝餐于高平驛.
   又行二十里 路傍有雙碑 一竪一仆."
85) 朴世堂, 『西溪燕錄』, 〈戊辰〉, 353~354면, "其竪者 書大虜就殲處五字極大.
   仆者 細書鎭武捷功記 字缺不可讀. 盖並記董一元戰功."
86) 朴世堂, 『使燕錄』, 〈上使用杜工部詩……分作五首輒次〉(五首), 18면, "……
   所恐時節晚 差池見彤墀"(〈其三〉).

1525~1618)의 석비 누각을 간략히 언급하였다.[87] 임란(壬亂) 때 참전
했던 이여송(李如松)의 부친인 이성량의 석비는 조선 봉사단들에 의
해서 빈번하게 취급되는 소재였다. 광녕성에서 석비를 마주한 박세당
은 "천지가 되집어져 텅 빈 성만 남아 있고, 세월이 흘러 비석 조각만
남았구나!"라는 허무한 소회를 피력해 보였다.[88] 관찰한 사실만을
언급해 두기는 "청수하(淸水河) 노변에 위치한 이광비(李廣碑)"의 경
우도 마찬가지였다.[89] 대신에 박세당은 이광의 비에 서린 한(恨)을
읽었다.[90] 이에 앞서 광녕성에서 박세당은 한 승려의 고발성 증언
형식을 빌려서, 명·청 간의 정벌전쟁 당시에 몽골군에 의해 황폐화된
요동벌판[遼野]의 살벌한 풍경과 더불어, 겨우 보존된 원·명(元明)
이래의 강향비(降香碑) 40~50기(基)를 연록에 소개해 두었다.[91] 요동
벌판은 조선 연행사들의 장관 목록에 오를 정도의 정경을 과시했던
곳이다. 다만 박세당은 강향비의 내용을 검토한 부분에 대한 언급은
생략했다.

　후일 박세당은 탑비(塔碑)에 대한 발문[跋]을 작성하기도 했다. 이
탑비는 "당(唐)의 소정방(蘇正方)이 백제(百濟)를 평정한 후 돌에 새
겨 공을 기록한 것"이라는 축조 경위와 더불어, 박세당은 "지금 부여

---

87) 朴世堂, 『西溪燕錄』, 〈己巳〉, 354면, "夕到廣寧城內 有李成梁石碑樓."

88) 朴世堂, 『使燕錄』, 〈廣寧作城有李成樑石碑樓〉, 17면, "不堪延首望神州
　　莫向愁時更倚樓……乾坤反覆空城在 年代推遷片石留……."

89) 朴世堂, 『西溪燕錄』, 〈己卯〉, 362면, "己卯晩風. 渡淸水河 路傍有李廣碑."

90) 朴世堂, 『使燕錄』, 〈永平〉, 19면, "永平地是古邊州 何況如今更旅游 李廣碑
　　前多少恨……."

91) 朴世堂, 『西溪燕錄』, 〈己巳〉, 354면, "僧云 爲蒙古所焚廟. 前臨遼野中 有古
　　松數珠 景趣淸曠. 但滿目荊棘 無復暴. 昔之觀所存者 只元明以來 降香碑
　　四五十 森立內外庭而已."

현(扶餘縣) 옛 절의 석탑에 새겨져 있다."라고 하여, 그 소재지를
밝혀 두었다.[92] 이 발문에는 박세당이 견지했던 현실주의적 대청노선
(對淸路線)이 잘 드러나 있다. 또한 박세당은 만년에 이르러서 다수의
묘지명[誌銘]과 묘갈명(碑碣銘), 묘표(墓表) 등을 찬술했다.[93]

　나아가 박세당은 비문에 새겨진 서체(書體)에 대해서도 큰 관심을
표명하곤 했다. 물론 박세당의 장처는 서예 방면에 있다기보다는,
주로 경학과 도가사상 및 시작(詩作)에 두루 걸쳐 있는 것으로 평가된
다.[94] 그러나 현존하는 서계의 필첩(筆帖)들을 살펴보면, 웅장하면서
활달한 박세당의 필치를 접할 수 있다.[95] 특히 박세당은 자신의 문인
인 송벽당(松蘗堂) 이정신(李正臣, 1660~1727)으로부터 서화첩을 차
람(借覽)한 후에 답한 서신(68세)을 통해서, 조맹부(趙孟頫)와 문징명
(文徵明)의 필적의 품격과 그 진위 여부를 논할 정도의 감식안을 구비
하고 있었다.[96]

---

92) 朴世堂,『西溪集』권8,「平濟塔碑跋」, 148면, "此唐蘇正方平百濟刻石記功
　　者. 在今扶餘縣舊佛寺石塔上."

93)『서계집』에는 지명(誌銘) 24수・비명(碑銘) 9수・갈명(碣銘) 20수・묘표(墓
　　表) 15수가 수록되어 있다.

94) 남구만의 손자인 남극관(南克寬, 1689~1714)은 "동국(東國)의 문장은 서계
　　에서 집대성되었고, 시(詩) 또한 마찬가지다"(『蒙囈集(坤)』,「謝施子」, 30면,
　　"東國之文 集成於西溪, 詩亦隨之")라는 평가를 내린 바 있다. 물론 이 평가
　　에 동의하지 않는 평론도 존재한다.

95) 韓國精神文化硏究院 書畵名品特選②,『西溪 朴世堂의 筆帖』, 이회문화사,
　　2003 참조. 이 필첩에는 박세당의 10세손인 박범서(朴範緒) 씨가 소장하고
　　있던『서계유묵(西溪遺墨)』상・중・하가 실려 있다. 박세당이 쓴 해행초서
　　(楷行草書)를 살피기에 좋은 자료집이다.

96) 韓國精神文化硏究院,『西溪 朴世堂의 筆帖』, 이회문화사, 2003, 117~119면,
　　"六十八歲老病人 負枕悄然 眼見年光已盡……示及書畵一帖 謹受初來大
　　聳 以爲可洗此眼目之僻滯及開卷 甚不稱所期 反爲之憮然. 子昂筆跡 其高
　　下之品 果若止此 亦無足道, 況與前所得 畵簇之名 爲趙筆者 優劣相去 不

이제 무신년 조선 사절단 일행이 북경의 동악묘(東岳廟)에 막 도착한 후에 접한 동우(棟宇)의 풍비(豊碑)를 주목해 본다. 박세당은 일찍이 접해 보지 못했던 동우의 장려한 정경과 더불어 사우(祠宇)의 정원 좌우에 진열된 풍비에, "명인(明人)에 의해 아로새겨진 우집(虞集)의 팔분체(八分體)와 조맹부(趙孟頫)의 해서체(楷書體)를 일[少]가관"으로 높이 평가했다.[97] 이 중 원(元)에서 유입된 조맹부체는 조선 전기까지 크게 유행한 서체였다. 풍비에 대한 박세당의 추가적인 언급은 없다. 그러나 일정한 시차를 둔 두 기록을 통해서, 서체 방면에 대한 박세당의 일관된 관심 정도를 확인할 수 있다.

한편 박세당은 산해관에서 이사(李斯)의 서체를 직접 고증하기도 했다. 산해관에 도착한 직후에 사절단 일행은 성장(城將)의 안내로 누각에 올라 주변의 전경을 관람할 기회가 있었다. 누상에는 큼직한 대자(大字)로 씌어진 "천하제일관(天下第一關)"이라는 다섯 글자가 보였고, 전언에 의하면 이사가 쓴 글이라고 했다.[98] 그러나 박세당은 이 말을 그대로 따르지 않았다. 대신에 박세당은 연대를 추산해 본 결과 "그러나 이 (산해)관(關)은 진대(秦代)에 설립된 것이 아니거늘, 어찌 이사의 글일 수 있겠는가? 그 말이 (참으로) 거짓되고 망녕스럽다."[99]라는 결론은 너무나 당연한 것이었다. 물론 이사체 고증의 경우

翅天壤之懸 明知其爲贗作 而非眞耳. 抑頗與文徵明書 意致用筆之相類 或其臨本耶. 不可知也."

97) 朴世堂, 『西溪燕錄』, 〈乙巳〉, 371면, "入東岳廟 易服以行. 棟宇壯麗 曾所未覩 庭之左右 多列豊碑 中有虞集八分 趙孟頫楷書 明人所書 少可觀."

98) 朴世堂, 『西溪燕錄』, 〈乙亥〉, 360면, "請城將登城樓 以觀樓腐墮甚危. 樓上書五大字天下第一關 傳李斯書."

99) 朴世堂, 『西溪燕錄』, 〈乙亥〉, 360면, "然此關非秦設 則安得有斯書. 其言誕妄."

도 고전체(古篆體)의 고증과 같은 금석학적 접근이 아닌, 곧 생몰연대를 추산하는 합리적 방식에 입각한 것이었다. 이사는 소전체(小篆體)를 유포시킨 서예의 대가로도 알려져 있다.

더불어 주목되는 소재로는 당대(唐代) 구양순(歐陽詢, 557~641)의 〈예천명(醴泉銘)〉에 관한 사안을 거론해 볼 수 있다. 〈예천명〉은 달리 〈구성궁예천명(九成宮醴泉銘)〉으로도 불린다. 〈예천명〉은 동진(東晉) 왕희지(王羲之, 307~365)의 서도(書道)를 발전적으로 계승하여, 해서의 전범인 솔경체(率更體)를 상징해 주는 구양순의 대표작 중에 하나다.[100] 그런데 무신년 사행 동안에 박세당은 그 어떤 경로를 통하여, 바로 이 〈예천명〉을 구득하여 귀국을 했던 것 같다. 구양순이 개척한 서도에 대한 박세당의 평가는 극점에 달한다. 박세당은 " '세인들은 구양순이 왕희지[右軍] 글씨를 배웠다고 하나, 그 굳세고 더 높은 경지는 (왕희지를) 넘어섰다.'라고 평했다. 그러므로 서도에 관한 한 왕희지 사후로는 오직 구양순 한 사람일 뿐이다."라는 극찬도 아끼지 않았다.[101] 이러한 박세당의 언술 속에는 〈예천명〉과 솔경체를 접하는 그의 진중한 자세가 잘 드러나 있다. 구양순체는 신라시대 이후로 한국에서 가장 많이 유행된 서풍으로, 그 필법이 건엄(健嚴)하고 결구(結構)가 균정(均整)하여 해서체의 범형이 되는 서풍으로 평가된다.[102] 박세당은 주로 해행서체를 즐겨 쓰곤 했다.

---

100) 이상의 내용은 『당서(唐書)』의 「구양순전(歐陽詢傳)」에 나타난 해당 내용을 적절히 재구성한 결과다. 솔경(率更)은 구양순의 관직명인 겸태자솔경령(兼太子率更令)에서 연원한다. 구양순은 이른바 "지필불택(紙筆不擇)" 혹은 "능서불택필(能書不擇筆)"로도 자주 회자되곤 한다.

101) 朴世堂, 『西溪集』권8, 〈題雲路韻歐陽率更醴泉碑跋〉, 148면, "世言歐陽學右軍 勁險過之. 然則書自義之歿後 惟歐陽一人而已."

102) 趙東元, 앞의 논문, 2006, 21면.

차후 이 〈예천명〉은 박세당의 첫째 아들인 백석(白石) 박태유(朴泰維, 1648~1746)에 의해 점획(點畫)이 완전한 224 글자만 간택되었고, 이를 돌에 새겨넣으려는 후속 작업이 추진될 참이었다.[103] 박태유는 박태보와 더불어서 안진경체(顔眞卿體)의 대가로 알려져 있는 인물이다. 그런데 "그 글자가 떨어지고 나뉘어져 문장[文]이 연결되지 않음"을 우려한 끝에, 태유의 외삼촌인 약천(藥泉) 남구만(南九萬)에게 운에 맞춰 배열(次)해줄 것을 부탁하여, 네 글자로 구성된 28운을 확보하기에 이른다.[104] 박세당은 남구만이 구축한 서예 세계를 왕희지의 글에 차운했던 주흥사(周興嗣, 470~521)의 경우에 견주면서, "주흥사 뒤로는 지금 또한 오직 운로(雲路) [남구만] 한 사람일 뿐"이라는 찬사와 함께, "필력(力)과 기교는 오히려 더 낫다."라는 극찬을 추가했다.[105] 청에서 귀국한 지 5년 만인 1674년(46세) 때의 일이었다.

이상의 분석을 통해서 〈예천명〉의 이면에 숨겨진 박세당의 서예 세계의 일단이 확인되었다. 물론 박세당의 경우 서도와 금석학이 결부된 이른바 서도금석학적 특성은 발견되지 않았다. 다만 〈예천명〉에 대한 석각 작업이 진행되는 과정에서, 차운 형식을 빌린 남구만의 교감(校勘) 작업은 주목되는 대목이다. 실제 약천 남구만은 소학(小學)에 준하는 음운학적(音韻學的) 차원에서 한·중 양국의 음운의

103) 朴世堂, 『西溪集』 권8, 〈題雲路韻歐陽率更醴泉碑跋〉, 148면, "余使燕時 持醴泉銘以歸 字多殘缺, 兒子泰維擇點畫完者 得二百二十四字 欲刻之 石."

104) 朴世堂, 『西溪集』 권8, 148면, "患其離析 而文不屬. 請其舅雲路次之. 凡得 四言二十八韻."

105) 朴世堂, 『西溪集』 권8, 148면, "昔周興嗣 次王右軍書, 今雲路 亦次率更 書……吾故曰 興嗣之後 今亦惟雲路一人而已 而力與巧 反過之."

동이와 그 변천을 논했을 정도로 고증학적 안목을 겸비했던 인물이다.106) 동시에 〈예천명〉의 사례를 통해서 "문장의 연속[文屬]"에 유의했던 부분도 특별히 주목해 본다.

한편 박세당은 과거를 앞둔 아들 정재(定齋) 박태보(朴泰輔, 1654~1689)에게 이상적인 작문법과 관련된 자신의 입장을 천명해 둔 사실이 있었다. 즉, 박세당은 "생벽(生僻)한 병폐를 제거해서, 평포(平鋪)하며 온순(穩順)하기를 힘쓴다면, 문체가 저절로 좋아질 것"이라는 작문 지침과 함께, "더욱 마땅히 수미(首尾)(가 일관하기)를 상세히 점검해야 하며, 착락(着落)이 있는 부분은 (애초에) 입의(立意)한 면소(綿素)를 잃지 말 것, 이것이 바로 작문의 오긴처(奧緊處)임"을 교시해 보였다.107)

이어서 박세당은 아들 태보가 쓴 시권(詩卷)에 대한 품평과 더불어, 동시에 "평소에 모름지기 화담비(花潭碑)나, 혹은 조아비(曹娥碑)를 (자주) 접하고, 또한 반드시 본받으려 노력할 것"을 주문하기도 했다.108) 여기서 운위된 "수미가 일관하기를 상세히 점검한다."라는 지침 역시 문장의 대체란 결국 문의의 연속에 달려 있다는 인식을 확인시켜 주는 사례다. 이러한 정황은 전술한 〈예천명〉의 경우와

---

106) 南九萬, 『藥泉集』 권29, 「丙寅燕行雜錄」, 132면. 약천(藥泉)이 보여준 음운학적 경향은 풍윤현(豊潤縣)의 곡문장(谷文張)이라는 사람이 그에게 준 시구의 운(韻)에서 비롯되었다. 약천은 곡문장의 시 중에서, 마지막 구인 "別後秋風不可聞"의 문(聞)자 운이 잘못되었다는 반론을 제기했다. "余問末句聞字 非失韻耶."

107) 朴世堂, 『西溪集』 권17, 〈寄子泰輔〉, 341면, "科期不遠 工夫須勤,……但作文時 必去生僻之病, 務爲平鋪穩順, 文體自好. 且尤宜詳檢首尾, 使有着落不失立意綿素, 此是作文奧緊處耳."

108) 朴世堂, 『西溪集』 권17, 〈寄子泰輔〉, 341면, "見所書詩卷,……不作文時, 須臨花潭碑曹娥碑, 亦必着勤."

동일한 맥락이며, 또한 후론될 회동관 벽서 고증이 추구했던 "문의의 관통[文通]"이라는 지향점과도 일맥상통하는 대목이다. 이런 사례들은 문장 혹은 경문에 관한 박세당의 일관된 입장을 분명하게 확인시켜 준다.

추가적으로 박세당은 연행 도중에 작자 미상의 화첩(畵帖)을 구득하기도 했다.[109] 물론 고증학과는 다소 무관한 소재이나, 이 방면에 관한 박세당의 취향 정도를 알려주고 있다. 또한 박세당은 명의 마지막 황제인 숭정제(崇禎帝)의 친필인 "극기복례(克己復禮)" 네 글자에 대한 감상을 남겨 두었다. 이 시는 조선 사신이 북경의 저자 거리에서 구입했던 모양인데, 당시 소재지는 송상국(宋相國)의 집이었다. 박세당은 조선 강역으로 유입된 숭정제의 친필을 두고, "응당 조물주[造物]가 무심하지는 않았으리!"라며 깊은 의미를 부여했다. 동시에 "천지를 돌아보면 성진(腥塵)만 가득하다."라는 회고 속에 친필이 표류(漂流)한 경위를 귀속시켰다.[110] 물론 이 필체 역시 고증의 시각에서 접한 것은 아니다.

이제 마지막 논의로서 회동관(會同館)의 벽서 고증과 관련된 서술

---

109) 박세당은 1646년(48세)에 안진경체의 대가인 아들[태유]을 시켜서 이를 써 두게 하였다(『西溪集』 권8, 〈西溪淸玩跋〉, 148면, "幽薊道中 得此卷, 所記 商霖良弼 不知爲誰氏.……坐令兒子書此"). 박세당은 이 화첩에 대하여 "빼어나게 아름답지는 않지만, 소산(蕭散)하고 한아(閒雅)하여 필외(筆外)의 뜻이 있으니, 역시 좋아할 만하다."라는 품평과 더불어, "가끔씩 화첩을 펼쳐 보며, 적잖이 마음을 쏟곤 하기에 애지중지 간직해 왔다(畵非甚佳 猶蕭散閒雅筆外之意, 亦足喜也. 有時開卷 寄懷不淺, 故愛蓄之)."라는 심경을 피력해 보였다.

110) 朴世堂, 『西溪集』 권3, 「崇禎皇帝手書克己復禮四字. 有使者得之燕市. 今在宋相國家云(三首)」, 50~51면, "宸翰誰將到海外 也應造物不無心 回看天地腥塵滿 可合漂流歲月深(1首)."

210

단위가 남아 있는 상태다. 회동관은 북경에서 외국의 사절단들이 유숙하는 공식 관소다. 그런데 회동관 관벽(舘壁)의 앞뒷면에는 유구국(琉球國) 사신들에 의해 씌어진 낙서가 있었고, 이를 박세당이 유심히 살피기 시작한 것이다.¹¹¹⁾ 유구[류큐, 현재의 오키나와]는 명대부터 중국의 속국이 되어 정시에 조공(朝貢)을 했다. 청이 등장한 이후로는 또 청조로부터 책봉을 받았는데, '유구국 중산왕(中山王)'이라 칭하고 2년에 한 번씩 조공하기로 협정을 체결했다.¹¹²⁾ 지금 박세당이 관소 안쪽 벽면에서 목도한 "유구국 중산왕"이란 글귀는, 바로 양국 간에 체결된 조약에 따른 국호인 셈이다. 이후 북경에 머무른 기간 동안 박세당은 관벽에 씌어진 낙서 해독, 가칭 회동관 벽서 고증을 위해서 상당한 지면을 할애하고 있다. 회동관 벽서 고증에 관한 기록은 조의기(朝儀記) 다음으로 많은 분량을 차지한다.

박세당의 벽서 고증이 지향했던 바는 역시 전후 문맥에 대한 소통[文通]이며, 벽서를 통해 유구국의 경우 이미 강희(康熙) 연호(年號)를 채택했다는 사실도 확인했다.¹¹³⁾ 일단 박세당은 표기된 사신의 성명과 호(號), "왕구통사(王舅通事)"라는 문구의 의미에 관한 해독을 마쳤다.¹¹⁴⁾ 이어서 박세당은 관벽에 씌어진 전서(前書)와 후서(後書)를

---

111) 朴世堂,『西溪燕錄』,〈更子〉, 379면, "臣所居館壁有書云 琉球國中山 王府大官 又云法司王舅吳國北谷 其下云七月五日. 臣適以是日閱視後壁 又多有所記 而文不可通."

112) 傅樂成 저, 辛勝夏 역,『中國通史(下)』, 지영사, 1999, 785면 참조. 한편 유구(琉球, 류큐 제도)는 명대 이후부터 일본과도 관계를 맺어 양면외교를 펼쳤고, 이후 일본은 유구를 병탄했던바, 이로부터 청·일 간에 분쟁이 야기된다.

113) 朴世堂,『西溪燕錄』,〈更子〉, 379면, "最下一行云 康熙四年 己九月三日 王舅通事."

114) 朴世堂,『西溪燕錄』,〈庚子〉, 379면, "盖吳國卽人姓名 而北谷卽其號也.

대조해 보기도 하고, 매 행의 머리 부분에 표기된 일진(日辰)과 날짜
별에 따른 주요 일정, 그리고 "수상하(受上下)"와 "타립(打立)" 등의
표현에 유의하면서 문의를 해독하기 위해 집요하게 탐구하는 노력을
보였다. 물론 해독되지 못한 부분도 많았다.115) 박세당은 잠정적으로
회동관 벽서 해독에 대한 총평을 아래처럼 정리해 두었다.

> "생각건대 이 벽서[전서와 후서]는 모두 강희(康熙) 4년(乙巳)에 조공
> 을 와서 관소에 체류한 자들(의 것)이다. 그 (중의) 한 무리는 7월부터
> 9월까지 머물렀고, 분명히 유구국의 사신들이 쓴 글이다. 다른 한
> 팀은 의당 동년 8월 26, 27일에 북경[燕]에 도착해서, 9월 22일경에
> 북경을 떠났을 것임에 분명하다."116)

더불어 박세당은 세심한 주의력을 요했던 문구들에 대해서는 주석
(註釋) 형식으로 보충설명을 달아놓았다. "여기에 씌어진 글들 중
16일이라고 한 것, 그리고 20, 21, 22일이란, 예정된 행사 (일정을)
미리 기록해 둔 것이다."라거나, 또한 " '수상하'라는 표현은 아마도
수상(受賞)을 의미하는 듯하고, '타립'은 행하다[行]'는 뜻일 것이다."
라는 등의 설명이 그러하다.117) 그 외에도 "강희 4년" 아래에 잘못

王舅通事 即謂王舅所帶之通事也."

115) 朴世堂, 『西溪燕錄』, 〈庚子〉, 379~380면, "前書吳國所自記 後書其所帶通
事所記. 七月五日九月捨三日 各志所書之日 如此. 傍有書字 頗細瘦 作十
四行. 每行頭 皆記日辰, 其可錄者 八月二十六日辰時, 張家攣打立二十七
日辰時. 我等鄭老林一三人 表容文持禮部 前二十八日巳時……受上下二
十一日. 上馬宴二十二日打立. 最後書康熙四年 己九月十六日. 其餘 亦多
不可通."

116) 朴世堂, 『西溪燕錄』, 〈庚子〉, 380면, "按此並是康熙四年乙巳 來朝留館者.
其一自七月至九月 明是琉球使者所書. 其一當以其年八月二十六七日到
燕 以九月二十二日離燕."

표기된 기(己)자는 응당 사(巳) [乙巳]자로 고쳐 써야 한다는 교감 작업도 병행했다.[118]

추가로 박세당은 곁에 적힌 글자[傍書] 중에는 유구국 사신들이 쓴 글씨와 서법이 동일한 필치도 있다는 사실을 알아차렸으나, "한 줄만 그렇다는 게 참으로 의문스럽다."라며 쉽게 풀리지 않는 의문점에 골몰하기도 했다.[119] 박세당은 그 이유로써 "짐작컨대 그것은 아마 유구국 사신들이 1년에 두 번씩 조공을 왔기 때문이거나, 아니면 여타 동남아[東南] 지역의 오랑캐 사신[夷使]들이 같은 해에 조공을 왔기 때문일 터인데, 그렇다면 그 시속[俗]이 서로 비슷한 것이다."라는 잠정적인 결론에 도달한 가운데, 회동관 벽서 고증을 일단락지었다.[120]

그런데 이번 회동관 벽서를 고증하는 작업의 과정에는 역관 이경화(李慶和)와 왜역(倭譯)인 박원랑(朴元郞)까지 동원된 가운데 진행된, 곧 삼인 합동으로 진행된 학제적 고증작업이라는 성격을 띠고 있었다. 이에 고증에 동참했던 역관 이경화는 "앞뒷면의 두 벽서[兩書] 중에서 해독되지 않은 부분은, 모두 일본 글자와 유사해 보인다."라는 판독 소견을 피력했다. 또한 전문가 자격으로 참여한 왜역 박원랑은

---

117) 朴世堂, 『西溪燕錄』, 〈庚子〉, 380면, "其書此在十六日 而云二十日二十一日二十二日者 預記應行事也. 其云受上下 恐謂受賞也. 其云打立謂行也."

118) 朴世堂, 『西溪燕錄』, 〈庚子〉, 380면, "又所記康熙四年之下 己字作巳字."

119) 朴世堂, 『西溪燕錄』, 〈庚子〉, 380면, "又傍書一與琉球使者所書同法 獨爲可疑." 여기서 운위된 방서(傍書)란 각주 115) 중에서, "곁글자가 있는데, 자못 가늘고 유약한 필치로 14행이 적혀 있다[傍有 書字 頗細瘦 作十四行]"라는 표현을 지칭한다.

120) 朴世堂, 『西溪燕錄』, 〈庚子〉, 380면, "恐此弎是琉球使者 一年兩來. 弎是東南他夷使 同年來 而其俗相類也."

"이는 과연 왜서(倭書)입니다. 다만 (문장의) 군데군데 해독하기 난해한 글자들도 많군요!"라는 소감을 밝혔다.[121] 비록 삼인 합동으로 시도된 벽서 고증이었으나, 박원랑의 이 발언을 끝으로 금번 벽서 고증은 미완의 과제로 남겨지게 되었다.

그러나 박세당은 아직 벽서 고증에 대한 관심의 끈을 완전히 놓지는 않았다. 그로부터 약 보름이 지난 회정일(回程日) 하루 전날까지도, 박세당은 벽서에 언급된 유구국 사자의 향방에 대해 예의 주시하고 있었기 때문이다. 박세당은 회동관을 떠나는 바로 전일에 "어제께 들으니, 유구국 사절단이 의당 오늘 북경에 도착할 예정이라고 했는데, 아직 오질 않았다."라고 하면서,[122] 전해들은 소식과 벽서의 기록, 그리고 사신들의 향방을 홀로 머릿속에 대조하면서 주시하고 있었던 것이다. 결국 바로 이 부분이 북경에 체류했던 기간 동안에 작성된 연록 중에서 마지막 지면을 차지했다.

결과적으로 박세당이 무신년 사행을 통해서 얻은 가장 큰 수확 중 하나는, 단연 다양한 고증 소재들을 접하면서 충분한 실증적 탐구를 병행했다는 사실일 것이다. 또한 앞서 논급된 여타의 실증 사례들과는 달리, 회동관의 벽서를 고증했던 부분은 문의의 관속을 지향한 훈고학적 경향을 은연중에 노정해 보였다는 사실에서, 특별한 주목을 받기에 충분한 소재에 해당했다. 이 점 "수미가 일관하기를 상세히 점검한다."라는 작문의 오긴처와 "문장의 연속[文屬]"에 유의했던 〈예천명〉의 경우와 동일한 맥락이면서, 차후 박세당이 창안한 훈고학의

---

121) 朴世堂, 『西溪燕錄』, 〈庚子〉, 381면, "譯官李慶和 言前後兩書之不可通處 並類日本字. 令倭譯朴元郎識之云 果是倭書 但間多難解字."
122) 朴世堂, 『西溪燕錄』, 〈丁巳〉, 384면, "昨聞琉球使者 當以今日到北京 而不來."

원칙으로 정위될 조짐을 보여주는 사례였다.

4. 소결

이상의 논의를 통해서, 『서계연록』에 등재된 고증 소재들에 관한 내용을 개괄하고 분석해 보았다. 실제 그것은 고증학 자체에 관한 논의라기보다는, 본격적인 고증학적 국면으로 진입하기 이전 단계에서 뚜렷한 일 경향성을 노정해 주는 실증적 사례들에 해당했다. 그러나 최소한 18세기 후반의 북학파(北學派) 일원의 연행록이 등장하기 이전 시점에서는, 박세당이 보여준 실증적 관심의 폭과 그 치밀성은 미증유의 사건적 의미를 지니는 것이었다.

박세당이 연행 기간 동안에 취급한 고증 소재 목록에는 우선적으로 강하와 산·재 따위의 산천지리는 물론이고, 사찰과 성 및 교량 등과 같은 각종 건물양식들이 모두 망라되어 있다. 뿐만 아니라 비석과 명문·서체 등의 소재도 주요한 고증 대상이었으며, 심지어 그가 참조했던 『지지』와 이전 사절단들이 남긴 전록 또한 실증의 대상으로 설정되었다. 이와 같은 유형의 종류 외에도, 박세당은 '자문사 건'으로 대변되는 무형의 소문들에 대해서도 그 진상을 규명하기 위해서 주력했다. 동일한 맥락에서 그는 노변의 거주민들이 제공해 주는 원천적 정보를 향해서도, 그 정보성의 질(質) 자체에 대한 경계의 끈을 늦추질 않았다. 이처럼 박세당은 실로 다양한 항목들을 고증 소재로 삼았으며, 고증에 임하는 태도와 열정 또한 경이롭고도 뜨거웠음이 확인되었다.

일단 박세당은 실증할 상관물을 접하면, 곧장 관련 『지지』를 검토

하는 작업에 착수했다. 이 단계에서 명실상부라는 실증의 원칙에
위배되거나, 조금이라도 의심할 여지가 발견되면, 주저 없이 인근
거주민들을 탐방해서 수소문하는 절차를 밟곤 했다. 박세당은 줄곧
발로 뛰면서 현장을 직접 확인하는, 즉 "산천지리의 실상을 구관하여,
심목에 증험하여 체득되는" 바가 있는 실증 작업을 일관되게 수행했
다. 결과적으로 일종의 선행학습의 의미로 축적된 이러한 실증적
실험은, 차후 박세당이 개척한 탈주자학적 경학론의 방법론인 훈고학
으로 차츰 발효되어 갈 조짐이었다. 특히 『상서』 「우공」 편에서 수행
된 도수 고증은 연행 시에 축적된 박세당의 실증적 경험이 원숙하게
만개한 장이었다. 또한 박세당이 설정한 실증 원칙인 명실상부는,
차후 주자학적 관념론을 타파해 가는 이론적 칼날인 명실론(名實論)
에 대한 개념적 자각의 계기로 작용하고 있다는 점에서, 매우 주목되
는 인식론적 사안에 해당한다.

더불어 박세당이 다양한 고증 소재들을 접하고 실증에 임하는 와중
에서 명명했던 전칭·상전·전설의 오류 또한 중요한 개념적 범주들
이었다. 내용상 동의어의 관계에 놓여 있는 이 세 유형의 오류는
기실 해석학적 소주제들에 상응하는 의미를 내포하고 있으며, 경전
주석학에서 운위된 전문의 오류에 상응하는 맥락이기도 했다. 다시
말하여 세 유형의 오류에 대한 자각은 자의성을 지닌 '전구조(傳)'를
비판적 반성력에 의해 극복해 나가려는 박세당의 창의적인 사색의
결실로 평가할 수 있다. 박세당의 자생적인 해석학적 '이해'에 대한
각성은 『사변록』의 「서문」을 통하여, 정주학(程朱學)으로 표방되는
전구조에 대한 맹렬한 반성의 촉구로 이어지고 있다. 또한 지극히
상식적인 결론에 해당하나, 박세당은 비문과 명문 및 회동관 벽서로

216

대변되는 문쟁[文]의 고증을 통해서, 문의의 관속을 일관되게 추구하였음이 확인된다. 이러한 사실 또한 탈주자학적 경학론이 추구했던 해석학적 지향과도 정확하게 일치하는 대목이다.

결과적 측면에서 볼 때에, 연행 시에 시도된 박세당의 실증적 실험과 그 기록인 『서계연록』은 일종의 「차기(箚記)」 같은 역할을 수행했던 것으로 평가된다. 물론 이 「차기」는 본격적인 저서가 아닌, 저서의 자료들을 수집해 놓은 정도에 불과한 기록물을 지칭한다. 그러나 청조의 경우 고증학이 성립해 가는 과정에서, 이 「차기」는 중요한 초고(草稿)의 기능을 발휘했다. 굳이 양계초(梁啓超, 1873~1929)의 표현을 빌리자면, 『서계연록』에 드러난 다양한 고증 소재들과 투철한 실증적 탐구 노력은, 일종의 원료(原料)이자 조제품(粗製品)에 상응하는 의미를 지닌다고 비유해 볼 수도 있다.123) 그것은 차후 박세당이 개척한 일련의 탈주자학적 경학론이라는 보다 완성도 높은 정제품(精製品)으로 단련되어 나가는 발효기의 일 국면을 대변해 주고 있었다. 이로써 박세당이 연행 시에 남긴 기록물의 부재로 인하여, 청대의 신흥 고증학적 사조와 박세당의 그것과의 관계 규명이 어둠 속에 남겨지고야 말았다고 한 마르틴 도이횔러(Martina Deuchler)의 학적 우려도 자연스럽게 해명된 셈이다.124)

이제 차후의 과제는 『서계연록』에서 시도된 다양한 실증적 실험들과 고증 작업이 박세당의 여타 저술 속에서 발전적으로 승화된 국면을 탐색하는 작업일 것이다. 이 작업은 17세기를 전후로 한 시점에서,

123) 梁啓超 저, 李基東·崔一凡 역,『淸代學術槪論』, 驪江出版社, 1987, 74면.
124) Martina Deuchler, "Despoilers of the Way Insulters Sages: Controversies in Seventeenth -Century Korea," Prepared for the Conference on Confucianism and Late Chosen Korea, Los Angeles, January 5-8, 1992, p.41.

조선의 지성이 자생적으로 창안한 고증학의 다양한 면모를 확인하는 성격을 동시에 띠게 될 것이다.

제5장 불교적 서술단위와
박세당의 불교 인식

　서계 박세당이 구축한 사상체계는 크게 탈주자학적(脫朱子學的)
경학론(經學論)과 노장(老莊) 사상이라는 양대 범주로 대별된다. 전
자는 공맹(孔孟) 위주의 원시유학(原始儒學)을 지향하는 사상적 지향
성이 주로 실천의 문제와 관련하여 모색되고 있다. 반면에 후자는
한 사람의 자연인 자격으로서 박세당이 직면한 실존적 차원의 구원의
문제와 관련된 지적 탐구의 노력을 반영해 준다. 물론 이들 두 범주는
일정한 사상적 경계(境界) 지대를 공유하고 있어서, 양자 간에는 그다
지 심각한 절연 현상은 존재하지 않는 것으로 보인다.

　이에 더하여 최근의 연구 추이는 박세당과 불교사상과의 관련성
정도나, 그 양상을 새롭게 논의의 지평 속으로 유인하는 흐름이 등장
하고 있다. 이들 연구는 주로 박세당의 문집인 『서계집』을 논의의
주된 자료로 삼고 있다. 급기야 일부 논의에서는 박세당의 사상체계
에 내포된 회통론적(會通論的) 양상을 규명하려는 노력으로까지 논
의의 외연을 확장해 가고도 있다. 그런데 기존의 논의는 박세당이

보여준 강한 본원유학 지향성이라는 사상적 입각점과, 그가 견지했던 불교인식 간에 가로놓인 큰 간극을 애써 무시하는 우를 범하고 있는 것처럼 보인다.

금번 논의에서 취급할 박세당의 불교 인식은 주로 『서계연록』을 대상으로 진행하되, 여타의 관련 문헌도 참조할 것이다. 『서계연록』 은 박세당이 1668년에 동지사 서장관 자격으로 사행에 나서서 관찰하고 체험한 결과를 담은 기행일기다. 박세당은 그 이듬해인 기유년 봄에 귀국했고, 곧장 양주(楊洲)의 수락산(水落山) 석천동(石泉洞)으로 퇴은을 감행했다. 박세당의 일대기를 편의상 전·후반기로 나눌 때, 무신년 사행은 그 분기점을 구획(區劃)해 주는 일대 계기적 사건으로 작용했다. 박세당의 전기(傳記) 중 후반부인 저술 시기로 진입하게 된 1669년은 그의 나이 41세가 되는 시점이었다.

『서계연록』에 기재된 일련의 불교 관련 소재들은 연행(燕行) 시에 관찰된 청초(淸初)의 불교 현황과 관련된 자료들에 해당한다. 동시에 이 자료들은 박세당이 40세 이전까지 형성되어 있었던 불교 인식의 일단을 보여주는 자료라는 특성을 겸하고도 있다. 제5장의 논의는 특별히 이 부분에 유념을 했다. 그러나 『서계연록』 또한 『서계집』의 경우와 마찬가지로, 그 자체로 논리적 완결성을 구비한 하나의 정연한 학적 체계로서의 불교적 담론을 형성하고 있는 수준은 아님을 미리 밝혀 두기로 한다. 그러나 연록에 산재한 불교 관련 소재들을 수습해서 일정한 의미체계를 구축해 보면, 불교 방면과 관련하여 박세당이 견지했던 일정한 성향 혹은 일관된 이해의 기준을 탐색할 수 있을 것이다. 연록에 기재된 다양한 서술단위들 중에서, 불교 관련 소재들은 단연 그 상위에 해당하는 분량을 형성하고 있다. 이러한 사실은 관찰자이자 기록자인 박세당이 보여준 불교에 대한 친연성의 정도를 간접적으로 대변해 주는 뚜렷한 정황이다.

따라서 금번 논의를 통해서 박세당이 구축한 불교 인식의 전모 중에서, 특히 전반기 인생 동안에 형성되었던 불교 인식의 일단을 규명할 수 있을 것으로 기대해 본다. 또한 박세당의 전·후반기 불교 인식의 연관성에 대한 이해의 제고를 위해서, 문집과 여타 저술에 드러난 후반기 불교 인식 관련 자료를 적절히 주입(注入)시키는 논의 전략을 채택하도록 하겠다. 이 과정에서 이미 축적된 박세당의 불교 인식과 관련된 논의들이 간과한 몇몇 핵심 쟁점들도 재검토할 계획이 다.

1. 사원과 승려에 관한 묘사

북경으로 향하는 서행 길에서 박세당은 광녕성(廣寧城) 서쪽에 위치한 북진묘(北鎭廟)를 둘러보았다. 그리고 박세당은 성과 묘와의 거리 및 그 위치, 그리고 훼손된 낭루(廊樓)의 모습 등을 연록에 등재해 두었다.[1] 이어서 박세당은 한 승려의 발언을 비중감 있게 소개하였다. 이 승려는 만·몽(滿蒙)의 문화적 야만성 행위를 질타하는 일종의 고발성 증언을 수행하고 있었다.

"승려는 전언했다: 몽골군에 의해서 (북진)묘(廟)가 불타고 말았지요. (묘 앞에) 보이는 요동 들판에 임하면, 고송(古松) 몇 그루가 있어서

---

1) 朴世堂,『西溪燕錄』,「己巳」, 354면, "己巳 微陰大風. … 夕到廣寧城 內有李成樑石碑(牌力)樓. 城西二里 有北鎭廟 北鎭卽醫巫閭. 其山距城五里 廟居半路 高丘上門 廊樓閣殘毀已甚."

경취가 맑고 훤했었답니다. (지금은) 다만 온통 가시나무숲만 보여서 더는 황량할 수가 없지요. 옛날의 경관을 보존하고 있는 것으로는, 겨우 원·명(元明) 이래의 강향비(降香碑) 40~50기가 내외의 뜰에 빽빽이 늘어서 있을 뿐입니다."[2]

위 인용문은 명·청 간에 전개된 전쟁의 와중에서, 몽골군과 만주족에 의해서 자행된 문화적 훼손 정도가 황량해진 요동들의 산림과 더불어 극한 지경에 처해졌음을 확인시켜 준다. 대군이 휩쓸고 간 빈 자리에는 수년 간 가시나무 수풀만 무성하다는 노자(老子)의 경구처럼, 형극만 무성한 요동 들녘은 차후 박세당으로 하여금 "고국(故國)의 구도(舊都)에서 한탄만 할 따름이니, 이 또한 슬프지 않겠는가?"라는 비감을 토로하게 하였다.[3] 읊어진 박세당의 이 심회는 향후 사행에 임한 명곡 최석정에게 응한 연행 자문의 의미를 지닌다.

송대 이래로 주자학적 도통론(道統論)에 입각한 벽이단론(闢異端論)에 의해 극도로 침체된 불교는, 만몽이 범한 각종 정벌전쟁에 의해서 더욱 심각한 위기를 맞이하기에 이른다. 그런데 역설적으로 전쟁에 의한 대규모 살육사태 때문인지, 청초의 대부분 황제들은 여러 사원에 동시에 관여한 흔적들을 남겨 두고 있다. 이러한 정황은 『서계연록』에 묘사된 사원들 중에서 청조 주관 하의 준(準) 어용 사원이 많았던 이유와도 일정한 연관성이 있으리라 본다.

그러나 강희(康熙)─옹정(雍正)─건륭(乾隆)으로 이어지는 이른바

2) 朴世堂, 『西溪燕錄』, 「己巳」, 354면, "僧云 爲蒙古所焚廟. 前臨遼野中 有古松數珠 景趣淸曠. 但滿目荊棘 無復暴. 昔之觀所存者 只元明以來 降香碑四五十 森立內外庭而已."

3) 朴世堂, 『西溪集』 권8, 〈送崔參判錫鼎赴燕序〉, 139~140면, "…… 國舊都恨然而已, 玆又不足悲歟."

'강건성세(康乾盛世)'로 칭해지는 전성기 동안에도, 유학이 상대적으로 부흥한 데 비해 불교는 국가적 관심에서 여전히 멀어져 있었다. 다만 조선 연행사들의 관심을 끌었던 라마교(喇嘛敎)는 내외몽골·청해(靑海)·서장(西藏) 등을 회유하기 위한 방법으로 보호되고 숭배되었을 따름이다. 이에 비해 불교는 교세 확장이 매우 열악한 상황에 직면해 있었다. 불교의 여러 종파 가운데 선종(禪宗)만큼은 여전히 성행했으나, 그 정신은 세속화되었고, 자연히 종풍(宗風)도 쇠락해져만 갔다. 그 밖의 정토종(淨土宗)과 율종(律宗)은 겨우 그 형태만 보존되고 있는 실정이었다.[4]

박세당 일행이 연행에 나섰던 1668년은 강희 7년을 맞은 집권 초반기의 보정기 국면에 해당했다. 그런데 강희제는 주자학(朱子學)을 지극히 존숭하였다. 그는 주자학을 제실(帝室)의 가학(家學)으로 삼았을 뿐만 아니라, 주자학적 성학론(聖學論)에 입각하여 자신이 몸소 실천궁행하는 모범적 제왕이 되려는 부단한 연마의 노력을 기울였던 인물이다. 강희제의 주자학 존숭 태도는 주자를 종묘(宗廟)에 배사(配祀)한 강희 51년에 이르면서 절정에 달하게 된다.[5] 그렇다고 해서 강희제가 불교에 대해 악의적 태도로 일관했던 것은 결코 아니다. 박지원은 『열하일기(熱河日記)』를 통해서 강희제의 불심을 아래처럼 묘사해 두고 있다.

"성경(盛京)에 위치한 성자사(聖慈寺)에 손수 작은 탑 수백 개를 만들었는데, 그 크기가 주사위만 하고, 그 아로새긴 솜씨가 기묘하여

---

4) 傅樂成 著, 辛勝夏 譯, 『中國通史(下)』, 1999, 852~853면.
5) 稻葉君山 著, 但燾 譯訂, 『淸朝全史』, 民國 3년, 上-101면.

신(神)의 경지에 이르렀다 할 만하다."[6)

박세당의 『서계연록』에 나타난 불교 관련 소재들 중에는, 단연 사원에 대한 묘사가 가장 많은 분량을 차지하고 있다. 그 뒤를 이어서 승려와 수행・계율 등에 관한 소재들도 부분적으로 언급되고 있다. 따라서 박세당이 작성한 연록의 경우 승단 혹은 승가 공동체・교학・수행과 계율・승려들과의 교류 양상 등을 종합적으로 규명하는 방법을 통해서, 그가 형성한 불교 인식의 전모를 포괄적 수준에서 규명해내는 논의 방식을 적용하기란 다소 어렵다. 이 방법은 1780년에 삼종형 박명원(朴明源, 1725~1790)을 따라 연행에 나섰던 연암(燕巖) 박지원(朴趾源, 1737~1805)의 경우에는 채택하기 비교적 용이한 방법이었다. 자연 연암의 경우는 연록을 토대로 한 불교 인식과 관련된 논의 또한 상당히 축적되어 있는 상태다. 물론 박세당 또한 개인 문집인 『서계집』의 경우에는 상기 방식이 채택될 소지가 다분하다. 본 논의에서는 적용 가능한 범위 내에서 상기 방식을 선별적으로 수용하여 논의를 진행토록 하겠다.

우선, 연록에 기재된 박세당의 사원 묘사와 그 특징들을 대략적으로 살펴보기로 하겠다. 박세당이 북경에 이르는 서래 길에서 처음 접한 사찰은 아미장(阿彌庄) 노변에 위치한 응진사(應眞寺)라는 절이었다.[7) 사찰의 명칭은 불교적 세계관 혹은 한 불경의 핵심적 교리를 함축하고 있다는 지적처럼, 범상치 않은 이름의 응진사는 나름 전래

6) 朴趾源 저, 민족문화추진위원회 편, 『熱河日記』(2007), 「盛京雜識」, 〈盛京伽藍記〉, 212면.

7) 朴世堂, 『西溪燕錄』, 〈癸亥〉, 347면, "過阿彌庄路側應眞寺 居僧數輩梵音經訟."

의 수행 가풍을 간직하고 있는 듯이 보였다. 이 부분은 다음 절에서 취급될 것이다.

두 번째로 접한 기복사(祈福寺)는 진시황(秦始皇) 암살과 관련된 유래를 간직한 태자하(太子河)와 가까운 곳의 북쪽 언덕배기에 자리하고 있었다.[8] 가만히 살펴보니까, 절집 기둥은 모두 새로 단청을 입혀서 광채를 발하며 환히 빛나서 눈이 어지러울 지경이었다.[9] 외관이 무척 화려한 사원이었다. 1668년을 전후한 조선 봉사단의 경우 화려하고 사치스러워 보이는 청조의 복제(服制)와 기물(器物) 등을 접하고, 귀국한 이후에 국왕에게 사행 결과를 보고하는 자리에서, 이를 망조(亡兆)로 진단하곤 했었다.[10] 박세당 또한 원일(元日) 정조(正朝) 적에 관찰했던 화려하고 아름다운[華美] 복제며 기물들을 연록에 자세히 옮겨 두고 있다.[11] 이제 화려한 외관을 과시하기란 사원의 외형 역시 마찬가지였던 것이다.

더불어 박세당은 기복사 내의 한 승려의 다과(茶果) 공양과 절[屋]의 유래와 관련한 언급을 간략히 덧붙여 두었다. 그 내용을 보면 "한 승관(僧官)이 차와 과일을 차려서 새로 지은 성[新城]에 공양을 드리러 가고 있었다. 성중의 인호(人戶)는 조잔하나, 북문 안에는 집이 있는

---

8) 朴世堂,『西溪燕錄』,〈癸亥〉, 347면, "過太子河 一名東梁河……近河北岸有 祈福寺."

9) 朴世堂,『西溪燕錄』,〈癸亥〉, 347면, "屋柱 皆新用丹 添光彩照灼 眩奪人 目."

10) 『顯宗實錄』 10년 3월 4일(己酉), "我國人 每以彼中奢侈已極 必以覆亡爲言 而此有不然……以我國寒儉之目見之 故以爲過度 而必不必爲其亡兆." 귀국 이후에 정사 이경억과 부사 정약, 그리고 서장관 박세당 등이 국왕인 현종에게 보고한 내용 가운데 일부에 해당한다. 물론 무신년 봉사단은 앞선 사절단과는 다른 진단을 내렸다.

11) 朴世堂,『西溪燕錄』,〈乙未〉, 374~378면 참조.

데, 높고 뾰족하며 청색과 황색으로 칠해졌다."라고 묘사되어 있다.[12]
또한 박세당은 기복사의 유래와 관련하여, "본디 이곳은 청 태종[崇德
汗]이 요동(遼東)을 공격할 적에 한탄하며 머물렀던 곳인데, 후일 지
금의 사찰로 바뀌게 된 것이다."[13]라는「지지(地誌)」의 기록을 부기해
두었다. 청 태종은 1636년에 후금(後金)의 국호를 대청(大淸)으로
개칭하고, 연호 또한 천총(天聰)에서 숭덕(崇德)으로 변경했다. 청
태종의 국호 및 연호 개칭은 만주국인 후금에서 탈피하여 만·한·몽
(滿漢蒙)의 3종족을 지배하는 다민족 국가로의 성립을 의미하며, 누
르하치의 요동 진출 이후로 요동 지배의 안정을 뜻하는 상징적 조치
였다.[14]

따라서 기복사의 경우는 청(淸)이 제국으로 발전해 가는 과정과
관련된 유래를 간직한 사찰로서, 청 태종의 유혼(幽魂)을 달래주기
위한 일종의 원력(願力) 사찰로 변신한 셈이다. 자연 구도승이 아닌
청조 주재 하의 승관이 머무르면서, 때에 맞춰 다과 공양을 시행하고
있었던 것이다. 이처럼 다소 특이한 사원 운영 방식 때문에 기복사는
박세당의 관찰 대상으로 떠오른 듯하다. 실제 강희제 당시에 수행된
승단 조사에 따르면, 공적으로 설립된 크고 작은 사원의 수효가
12,482개 소에 육박할 정도였다.[15]

---

12) 朴世堂,『西溪燕錄』,〈癸亥〉, 347면, "有一僧官設茶果 以供過新城 城中人
尸凋殘. 北門內有屋 炭然尖高 以靑黃."

13) 朴世堂,『西溪燕錄』,〈癸亥〉, 347면, "凡是崇德汗 攻遼東時 悵坐處 後爲此
屋."

14) 金斗鉉,「淸朝政權의 成立과 發展」, 서울대학교 동양사학연구실 편,『講座
中國史 Ⅳ』, 2006, 158면.

15) K. S. 케네쓰 첸 저, 박해당 역,『중국불교(하)』, 민족사, 2006, 488면의 각주
6) 참조. 물론 이 숫자는 사적으로 건립된 크고 작은 사원의 수효에는 미치질

이제 심양(瀋陽)을 벗어난 박세당은 이전의 이름은 광우사(廣佑寺)였으나 탑 때문에 명칭도 뒤바뀐 요동 구성(舊城)의 백탑사(白塔寺)를 기술하기 위하여 상당한 지면을 할애했다.[16] 백탑사는 조선 봉사단들에 의해서 중국의 주요 장관(壯觀) 목록에 선정될 정도의 정경을 과시했던 것 같다. 먼저 박세당은 연행 기간 동안에 참고했던 「지지」와 자신이 직접 목격한 실제 탑 높이와의 차이를 두고, "「지지」에는 탑 높이가 수장(數丈)으로 되어 있으나, 지금 본 바로는 (탑의) 높이가 수백 척이나 되거늘, 어찌 부풀리고 꾸며서 그렇겠는가?"라는 지적을 가했다.[17] 이어서 박세당은 백탑사 전경 묘사를 끝낸 후에, 특별히 교각 위에 수호기둥[護柱]으로 설치되었던 화표주(華表柱)가 망실된 지 오래된 사실을 적시하면서, "(화표주의) 이름[名]과 그 실물[實] 간의 부합 정도를 궁구할 수 없음이 이와 같으니, 참으로 우스운 일이다."라며 큰 아쉬움을 토로했다.[18] 그런데 이 언명은 다소 음미를 요하는 표현에 해당한다. 그 이유는 박세당이 망실된 화표주를 접하면서, 명실상부(名實相符)라는 자신 나름의 고증 원칙을 천명하였기 때문이다. 특히 이 고증 원칙은 주로 주요 상관물과 강하(河) 등의 실증을 위해서 채택되는 성향을 보여준다.[19]

명실이 상부하지 못한 「지지」에 가벼운 불만을 표시한 후에, 박세

못하는 통계 수치다.

16) 朴世堂, 『西溪燕錄』, 〈甲子〉, 348면, "向午發行 入遼東舊城 觀白塔寺 舊名 廣佑 因塔得名."

17) 朴世堂, 『西溪燕錄』, 〈甲子〉, 348~349면, "地志塔高數丈 以今所見 高數百 尺, 豈增飾而然耶."

18) 朴世堂, 『西溪燕錄』, 〈甲子〉, 349면, "華表卽橋上護柱 又其亡已久 則不究 名實稱之如此 殊可笑."

19) 제4장의 1·2절의 논의 참조.

당은 아래처럼 백탑사의 실경을 상세히 묘사해 두고 있다.

"모두 28층인데 (탑의) 팔각마다 모두 풍령(風鈴)을 매달아 두었다. 최상층에는 한 장(丈) 남짓한 구리로 된 기둥을 세워 두었고, 탑 아래의 둘레는 무려 예순다섯 아름[抱]이나 된다. 이 탑은 수십 리(나 떨어진 먼) 거리에서 바라보면, 아득히 나부끼는 화살이 (공중에 붕) 떠 있는 듯하다."[20]

또한 백탑사의 한 승려의 말에 의하면, "황제[강희제] 측근에서 사람을 보내와 (백탑사를) 둘러보고는 증수(增修)할 의사를 보였다."고도 했다. 또한 전언자 중에는 혹 백탑으로 대일통(一統) 의지[志]를 드러내는 화표주로 삼았다고도 한다.[21] 전언자들의 발언은 한결같이 청황실에서 백탑사에 깊은 관심을 표명하고 있다는 사실을 감지케 해 준다. 박세당 일행이 연행에 나선 해는 강희 7년을 맞는 시점이었다. 그 다음해인 1669년에 강희제는 보정기(輔政期) 적에 전횡을 일삼았던 4대신 중의 오배(鰲拜)를 제거하고, 마침내 친정(親政)에 착수함으로써 확고한 중원 지배의 기틀을 잡아 나가게 된다. 백탑사는 이런 강희제의 대일통이라는 천하 지배에의 야심을 상징해 주고 있었던 것이다.

더불어 또 다른 전언에 의하면, 원래 화표는 성 안쪽 고루(鼓樓)의 동편에 있었고, 옛날에는 돌기둥도 있었으나 인멸되고 말았으며, 도교의 도관(道館) 또한 폐관되었다고도 했다.[22] 『서계연록』 전체를

---

20) 朴世堂, 『西溪燕錄』, 〈甲子〉, 349면, "凡二十八層 八角俱懸風鈴. 最上立銅柱丈餘 下圍六十五抱. 此塔數十里望之 已縹緲浮矢."

21) 朴世堂, 『西溪燕錄』, 〈甲子〉, 349면, "僧言皇帝近 遣人來視 有增修意. 傳者或以塔爲華表柱一統志……."

통해서 도교 혹은 도관 등과 같은 민간신앙과 관련된 기록은 이 짧은 언급이 유일하다. 이 점 해속(駭俗)을 경계했던 유자(儒者) 박세당의 신념과도 일정한 상관이 있어 보이며,23) 여타의 연행록에서 보여준 소재 선정 태도와는 다소 구분되는 면모다. 여하간 기복사에 이어서 백탑사 또한 청 초의 제왕들과 깊은 유대를 간직한 사찰이었음을 확인할 수 있다.

이제 무신년 봉사단은 차츰 북경에 근접한 지역으로 다가서고 있었다. 박세당은 입관(入關) 직후에 "천하제일관"인 산해관(山海關)의 경관을 감상하면서 감탄을 연발했다.24) 그리고 "각산(角山)의 정상에 자리한 각산사(角山寺)"를 방문했으나, 그 주변의 지형적 조건을 나열한 후 "일 장관[一勝]"이라는 소감만 기록해 두고 있다.25) 후대의 박지원은 또한 「일신수필(馹汛隨筆)」을 통해서, 연행사들이 꼽은 제일 장관 목록 중에서 산해관과 더불어 각산사를 병기해 두고 있다.26)

이어서 어느덧 계주(薊州)에 당도한 박세당은 계주성 내에 있는 와불사(臥佛寺)에 주목했다. 와불사의 본래 이름은 독락(獨樂)이었다.27) 박세당이 이 사찰에 주목하게 된 큰 이유는 엄청난 규모의 관음상(觀音像) 소조불[塑佛] 때문이었다. 박세당은 참고한 「지지」를

---

22) 朴世堂, 『西溪燕錄』, 〈甲子〉, 349면, "華表在城內鼓樓東 舊有石柱湮沒. 有道觀亦廢."

23) 朴世堂, 『西溪集』 권21, 〈謚狀〉, 432면, "平生最惡 矯情近名之事, 絶去駭俗 苟難之行."

24) 산해관에 대한 정경 묘사는 朴世堂, 『西溪燕錄』, 〈乙亥〉, 359면 참조.

25) 朴世堂, 『西溪燕錄』, 〈乙亥〉, 360면, "角山寺在角山上. 北顧長成 南俯海 西指楡關 東臨遼塞 亦一勝."

26) 朴趾源, 민족문화위원회 편, 『熱河日記』(2007), 「馹汛隨筆」, 221면.

27) 朴世堂, 『西溪燕錄』, 〈壬午〉, 368면, "入薊州城內 有臥佛寺 本名獨樂."

230

통해서 와불사가 창건된 연대인 원대(元代) 시기를 언급하고, 이어서
관음상의 높이와 엄청난 규모 등을 세밀하게 묘사하였다.

"또 관음상으로 일컬어지는 소조불[塑佛]이 있는데, 그 높이가 89척이
나 된다. 상호[頭]가 사찰의 용마루에 다다랐고, 보살의 어깨 부위는
중각(重閣)으로 둘러싸여 있다. 그 관음상의 어깨 윗부위가 중각의
지붕 위로 솟구친 것이, 족히 20여 척은 될 듯하다. 길쭉한 보살상의
오른쪽 어깨에 맞닿은 그 중각의 위가 감실[龕]이다."28)

이어서 박세당은 중각 위의 커다란 불상의 어깨 부위에 위치한
"감실 안에는 흡사 거인과도 같은 소불 한 구(軀)가 있는데, (가만히)
눈을 감은 채로 팔다리를 드리우고 누운, 그 어슴프레한[冥然] 모습이
심히 이채로웠다."라는 소감을 덧붙였다.29) 감실이란 불보살상을 안
치하여 향을 사르며 공양하는 공간으로서, 『지장본원경(地藏本願經)』
은 남쪽 방위의 청결한 공간을 권유하고 있다.30) 아무튼 이 기록으로
미뤄볼 때, 와불사는 관세음보살을 주불(主佛)로 삼는 관음도량임에
분명해 보인다. 박세당은 무려 "높이가 89척이나 되는" 관세음보살상
의 엄청난 크기와 그 규모에 묘한 경이로움을 느끼고 있었다.
그런데 감실 안에 모셔진 와선(臥禪) 자세의 불상에 대한 묘사

28) 朴世堂, 『西溪燕錄』, 〈壬午〉, 368면, "地志言 創自元時 而寺內有遼時碑.
有塑佛稱觀音像者 高八十九尺 頭抵屋極當佛之肩 圍以重閣 其像自肩以
上出於閣. 上者有可二十餘尺 其重閣上 當長佛石肩爲龕……."
29) 朴世堂, 『西溪燕錄』, 〈壬午〉, 368면, "內有塑佛一軀如巨人 閉目支胘而臥
其容冥然 甚異."
30) 『地藏本願經』, 「第11 地神護法品」, "世尊, 我觀 未來及現在衆生, 於所住處
於南方清潔之地 以土石竹木 作其龕室, 是中 能塑畵, 乃至金銀冬鐵 作地
藏形像, 燒香供養 瞻禮讚嘆, 是人居處, 得十種利益."

가운데에는 특별히 주의를 요하는 표현이 포함되어 있다. 박세당은 비록 귀환길에서 "매우 불도[道]가 높은" 고승인 용천사(龍泉寺)의 진(眞) 대사를 향한 큰 관심을 연록에 담아 두고는 있지만,[31] 와선 자세를 취한 불상의 "그 명연한 모습이 심히 괴이하다."라고 평한 부분은 차후 『중용사변록(中庸思辨錄)』(59세)에로까지 그 문제의식 이 연장되고 있기 때문이다. 주자학적 공부론 비판과 결부되어 있는 이 사안에 관해서는 제2절에서 다시 거론될 예정이다.

한편 박세당은 잘 관리된 비구니 사원[尼院]도 연록에 실었다. 사절 단 일행은 방균점(邦均店)에서 아침을 먹고 백란점(白瀾店)을 지나칠 무렵에, 길 옆에 위치한 이 사원을 발견했다. 이 비구니 사원에는 정려한 정원수 여러 그루가 있었다.[32] 박세당은 정원수 중에서 특별 히 "몸은 모과나무[木瓜]와 비슷하고 잎은 소나무를 닮았으되 다만 짧고 두터우며, 또한 구멍 하나와 수염이 셋이며, 그 열매는 해송(海 松)보다 조금 작은데 맛은 텁텁한 탁주와 유사한" 나무에 깊은 호기심 을 가지고 관찰을 했다.[33] 역관들은 이를 남원송(南原松)이라고 칭했 다. 오직 배역(陪譯)인 김시징(金時徵)만은 자신의 견문을 토대로 이 나무가 금전송(金錢松)임을 주장했으나, 마땅히 질의할 데가 없었 다.[34] 박세당은 비구니의 일상사를 소개하는 대신에, 정원수 한 그루 에 몰입하였다. 그는 유달리 나무에 관심이 많았다.

---

31) 朴世堂, 『西溪燕錄』, 〈丁丑〉, 392면 참조.
32) 朴世堂, 『西溪燕錄』, 〈癸未〉, 369면, "朝餐于邦均店 過白瀾店 路側有尼院. 精麗庭樹數株."
33) 朴世堂, 『西溪燕錄』, 〈癸未〉, 369면, "身類木瓜 葉類松. 但短而厚 又一竅三 鬚 其實稍小於海松 其味酷似."
34) 朴世堂, 『西溪燕錄』, 〈癸未〉, 369면 "譯輩稱南原松. 獨金時徵言 嘗聞諸能 識者云是金錢松 亦未有可質."

이제 조선으로 귀환하는 길목에서도, 박세당은 몇몇 사원과 승려들에 관한 간략한 소개를 덧붙여 놓고 있다. 그러나 왕환길이 서울-북경 간의 일로 코스인 탓에, 북경에 이르는 서래 길에서의 기록분에는 미치지 못하는 편이다. 북경을 벗어나 귀국하던 박세당은 사하(沙河)를 건너고, 다시 아랫길을 따라 가서 명대(明代)에 감찰어사를 역임한 한응경(韓應庚)이 쌓아올린 난하(灤河) 변의 조어대(釣魚臺)를 관람했다.35) 그리고 박세당은 조어대의 장관을 축약시켜 문장 속에 담아 두었다. 그 중에는 "조어대 위에는 누각[樓]을 두었고, 이 누각의 곁쪽에는 (두어 간의) 가옥[屋]이 있어서, 몇 명의 승려가 지키고 있었다."라는 극히 짧은 관찰 결과도 포함되어 있다.36) 한응경에 대한 박세당의 평가는, 참으로 "(그의) 풍절(風節)은 숭상할 만하다."라는 구절 속에 잘 드러나 있다. 실제로 귀국 이후에 박세당은 한응경의 퇴은(退隱) 사례를 그대로 재현하게 된다.

짐작컨대 박세당은 유가적 절의의 표상인 한응경의 유래가 간직되어 있는 조어대에서, 불가의 승려가 공존하는 양상을 다소 이채롭게 여겼던 듯하다. 물론 애초부터 박세당은 유석무분(儒釋無分) 식의 이런 동거 양상에 대해 거부감은 전혀 없었다. 이러한 사실은 후일 수락산 석천동으로 매월당(梅月堂) 김시습(金時習, 1435~1493)의 초상화를 봉안하고 석채례(釋菜禮)를 거행한 데서 충분히 입증된다. 특히 박세당은 은거 이후 자신의 내면적 정신세계의 동일시 모델로 요청되었던 매월당에 대한 추존 의식을 사우(祠宇) 건립을 통해 구체

---

35) 朴世堂, 『西溪燕錄』, 〈甲子〉, 386면, "二月一日 甲子. 渡沙河取下路 往觀釣魚臺 臺明監察御使韓應庚所築 在灤河."
36) 朴世堂, 『西溪燕錄』, 〈甲子〉, 386면, "南岸一峯特起……臺下疊石爲砌. 凡九十級 三折以上 臺上有樓 樓側有屋 數僧守之."

화하고자 하였다. 이 과정에서 관서(關西) 지방의 한 승려가 주도적인
역할을 하였고, 여기에는 다수의 유생들도 참여하였다.

그런데 이러한 정황을 괴이하게 여긴 당시 관서(關西) 감사였던
성재(醒齋) 신익상(申翼相, 1634~1697)이 박세당에게 비판적 서신을
띄우게 된다. 신익상의 서신을 접한 박세당은 다음과 같은 의미심장
한 반론을 개진한다.

> "성현들은 사람을 접하는 방식이 관후(寬厚)하여, '사람들이 선을 행
> 하려는 동기를 존중했음'이 본래 이와 같았거늘, 어찌 일찍이 지금
> 사람들 마냥 (불교에 대한 인식과 태도가) 비좁고 편협하여, 질시하는
> 눈길이 마치 원수나 적군을 대하듯 했겠습니까?"[37]

상기 인용문은 박세당이 견지했던 개방적 진리관[與人爲善]의 일단
을 반영해 준다. 추정해 보건대, 박세당은 이미 조어대라는 역사적
공간을 통해서 유불(儒佛)이 공존·동거할 수 있는 가능성에 대해
모종의 시사점을 제공 받았을지도 모르겠다. 때문에 불과 한 줄에도
미치지 않는 극히 짧은 분량의 기록이지만, 박세당은 관련 사실을
연록에 기재해 두었던 것으로도 분석된다.

이제 조선 강역인 의주(義州)에 도착할 예정 기간을 불과 6, 7일
정도만 남겨 둔 시점이었다. 그러니까 1669년 2월 13일, 박세당 일행

---

37) 朴世堂, 『西溪集』 권7, 〈答申監司翼相書〉, 127면, "聖人待人之厚 而與人爲
善之意 本自如此. 何嘗如今人迫隘褊狹 視若怨敵之爲也." 박세당은 신익
상의 사후에 작성한 만사(輓詞)를 통해서 그의 생전을 "청표와 준절이 백료
중에 우뚝한(淸標峻節百僚中)" 인물로 평하고, 나아가 "이제 풍속 바로잡을
사람 없으매(今日無人堪正俗), 뒷날 어디서든 공을 갑절 그리겠지(他年何
處倍思公)."라며 큰 아쉬움을 표했다(『西溪集』 권4, 〈申政丞翼相挽〉, 73
면).

234

은 간간이 호랑이가 나타난다는 천산(千山) 인근에 도착했다.38) 박세
당이 참조한 「지지」에는 "천산은 요동성 남쪽 60여 리에 있으며, 수풀
이 무성한 뾰족한 산봉우리에는 용천사와 나한동(羅漢洞)이 터하고
있다."라고 적혀 있었다.39) 자칫 묻힐 뻔한 용천사에 관한 이야기는
다음날 우연히 접한 한 승려에 의해 재생된다.

다음날 박세당은 소령(小嶺)을 넘고, 다시 심산유곡에 위치한 칠령
사(七嶺寺)와 미륵대(彌勒臺)를 지나서 어떤 한족의 집에서 아침을
먹었다.40) 물론 심산유곡을 행진해 나가는 데 급급해서였던지 칠령사
와 미륵대에 관한 언급은 전무했다. 그런데 아침 식사를 마친 한가(韓
家)의 정원[囿]에서 우연히 용천사 출신의 한 승려를 조우했다. 그에
의하면 용천사는 승려 250여 명이 거주하는 대사찰이었다.41) 용천사
는 박세당이 연행 길에서 접한 사원 중 가장 규모가 큰 사원이었다.
1712년(숙종 38) 타각(打角) 자격으로 연행을 다녀온 김창업(金昌業)
은 당시의 불교계 동향에 대해 다음과 같이 기록해 두었다.

"마을마다 절과 사당이 있는데, 요양(遼陽)·심양·산해관 등에 가장
많다. 북경에 가면 성 안팎에 있는 사찰과 도관[觀]이 인가(人家)에
비해 거의 3분의 1을 차지한다. 그런데 한 절에 사는 승려의 수는
아무리 큰 절이라고 해도 수십 인을 넘지 않으며, 도사(道士)는 더욱

38) 朴世堂, 『西溪燕錄』, 〈丙子〉, 392면, "丙子. 至耿家店朝餐 以遼東路迂……
由千山間 道出虎狼口……夕至機黃村宿."
39) 朴世堂, 『西溪燕錄』, 〈丙子〉, 392면, "按地志 千山在遼東城南六十里 峰巒
叢密 有龍泉寺及羅漢洞. 是日行八十里."
40) 朴世堂, 『西溪燕錄』, 〈丁丑〉, 392면, "丁丑. 踰小嶺 過七嶺寺彌勒臺 皆行深
谷中. 朝餐于韓家."
41) 朴世堂, 『西溪燕錄』, 〈丁丑〉, 392~393면, "囿有僧 自言本在龍泉寺. 去此十
里 巨僧共二百五十."

적다."42)

이상에서 박세당이 연록에 기록한 사원 10여 곳을 나열하고 간략한 설명을 덧붙여 보았다. 일정한 수행 가풍을 간직하고 있는 응진사와 용천사를 제외하면, 대부분 어용 사원에 해당하는 특징이 발견되었다. 그런데 박세당은 여행자이자 과객 신분이기도 하였던 탓에, 사원 내부의 인적 구성원과 그 일상을 세부적으로 소개하기보다는 사원의 외형 등의 묘사에 더 큰 비중을 둔 감도 없지 않다. 물론 연록 상에 묘사된 이러한 특징은 전후(戰後)인 청 초라는 특수한 시대적 사정과 더불어, 주자학을 적극 지향해 나간 강희제의 정치이념적 성향과도 일정 부문 맞물려 있어 보인다. 그러나 박세당의 사원과 승려에 대한 관찰이 단순히 표피적 수준에 머무른 것은 결코 아니었다. 그는 불교의 수행법과 계율, 그리고 이를 체득한 도고(道高)한 고승에 대한 관심도 아울러 표명해 두었기 때문이다.

2. 계율·수행 인식과 몇 쟁점

그렇다면 과연 박세당은 사원의 실경 묘사라는 차원 이상의, 즉 내심으로 기꺼워할 만한 그 어떤 계기적 사건을 접하지는 않았던 것일까? 이 문제와 관련하여 박세당은 연행 왕래 길에서 상반되는 두 경우를 모두 접했던 것으로 확인되었다. 이미 논급된 사실처럼 박세당은 응진사와 용천사의 수행 가풍도 관찰했으며, 귀환 길에서는

42) 金昌業, 『老稼齋燕行日記』 권1, 「山川風俗總錄」, "有村必有寺有廟, 如遼陽瀋陽山海關等處最多. 至北京城內外 寺觀比人家幾居三分之一. 但一寺所居僧 雖大刹 不過數十人, 道士尤少."

라마승의 파계(破戒) 양상도 목격했던 것이다. 이제 라마승의 파계 문제로부터 논의를 이어나가되, 박세당의 불교관에 대한 몇몇 쟁점도 아울러 취급하도록 하겠다. 이 쟁점들은 주로 그의 퇴은 이후인 후반 기 인생 동안에 작성된 저술에 드러난 불교 인식과의 일관성 문제나, 기존의 연구에서 간과한 핵심적 사항들을 재검토하는 차원에서 개진 될 것이다.

사절단 일행이 여양역(閭陽驛)을 지나서 십삼산(十三山)의 찰원(察院)에서 하룻밤을 묵을 때였다. 박세당은 라마승을 만난 과정과 첫 인상에 대하여, "(저녁에) 라마승 두 사람이 찾아왔다. 그 옷차림은 속은 붉고 겉은 누랬는데, 모두 비단옷이었다. 이들은 비단으로 만든 장삼이며 가사가 황제의 하사품임을 자랑하듯 뇌까렸다."라고 묘사 했다. 또한 박세당은 인근 거주자들의 전언을 빌려서, 이들이 몽골 출신의 승려라는 사실을 부기해 두었다.[43] 그런데 박세당은 연행에 임박한 시점에서, 이미 노동과 생산의 가치를 적극 주창하는 〈응구언 소(應求言疏)〉(丁未, 39세)를 국왕인 현종(顯宗)에게 제출한 사실이 있었다.[44] 심지어 박세당은 무위도식하는 다수의 명사족층을 향해서 도 엄정한 비판을 가하면서 국가에 대한 분명한 역할을 주문하기도 했다.[45] 그런 박세당에게 과장되게 하사품 타령을 늘어놓은 이들 라마승들이 곱게만 보일 수는 없었을 것이다.

---

43) 朴世堂,『西溪燕錄』,〈庚午〉, 355면, "夕至于十三山 宿察院. 喇嘛僧二人來 其衣裏紅外黃, 皆綾錦. 誇言是皇帝所賜. 此間人傳言 乃蒙古僧."

44) 朴世堂,『西溪集』권5,「疏箚」,〈應求言疏(丁未)〉, 91면, "然國無有不事之 民 自古以然, 奚至今日獨爲不然……彼士大夫 素不習勞賤縱, 不可使爲奔 走之役, 又豈可無輸以代其力之費乎."

45) 朴世堂,『西溪集』권5,〈應求言疏(丁未)〉, 91면, "至名士族 乃無所事, 其不 讀書 不執弓 不預公家之役 而從少至老者, 十居八九矣."

또한 박세당은 연행에 나서기 이전 시점부터 라마승에 대한 사전지
식을 갖추고 있었다는 사실이 확인된다. 박세당은 일찍이 『원사(元
史)』를 읽었던 기억을 떠올리면서, "서번(西蕃)의 라마승은 계율을
엄수하지 않으며, 음란하고 방자하여 무상(無狀)하다."라고 했는데,
실제로 몽골승을 접하고 보니까 "이들 또한 훈육(葷肉)을 먹으며,
바지[袴]를 입지 않아서, 그 상태가 극히 흉험하고 완악 무도[兇頑]하
다."라고 평하며 강한 어조로 비판했다.46) 『범망경(梵網經)』의 〈보살
계본(菩薩戒本)〉을 따르자면, 특히 훈육을 먹은 이들 몽골승들은 48
종류의 경계(輕戒) 중에서 제3계인 식육계(食肉戒)와 제4계인 식오
신계(食五辛戒)를 범한 셈이다. 따라서 박세당이 판단하기에, 이들
몽골승은 청정한 범행(梵行)을 실천하지 않을뿐더러, 파계에도 익숙
하여 전혀 취할 만한 면모가 없는 위인들에 불과했다. 박세당이 기술
한 라마승과 그 특이한 복식은 여타의 연행록에 더욱 상세하게 서술
되고 있다.47) 다만 박세당은 이를 파계 문제와 연관시켜 간략하게
묘사해 두었다는 차이가 있다.

한편 박세당이 묘사한 라마승은 기존 교단의 광범위한 타락을 바로
잡고 황모파(黃帽波)라는 종파를 조직했던 쫑카파(Tsong-kha-pa,
1357~1419)의 개혁적 이념에도 반하는 모습이었다. 현재의 티베트
불교로까지 그 연원이 파급되고 있는 황모파는 쫑카파에 의해 주술과
마술이 제거된 것은 물론이고, 승려의 독신 생활도 재정립되었으며,
고기와 술을 금하고 전통적인 불교적 생활방식으로 돌아갈 것 등이

---

46) 朴世堂, 『西溪燕錄』, 〈庚午〉, 355면, "曾見元史 言西蕃喇碼僧 不守戒律
淫恣無狀, 今聞此僧 亦食葷肉不着袴, 見其狀態極兇頑."
47) 임기중, 『연행록연구』(증보판), 일지사, 2006, 368~369면 참조.

238

요구되었다. 이들 구성원들은 모두 황색 장삼과 모자를 썼던 연유로 황모파라고 불렸으며, 그 지극한 참회적 구도의 열정에 자극받은 대중들로부터 곧바른 지지를 확보하기에 이른다.[48]

어쩌면 라마승의 파계 문제를 강한 어조로 비판했던 박세당의 언명은, 승단 일반을 향한 비판적 인식이 투영된 결과인지도 모르겠다. 이러한 사실은 박세당이 〈논한구배부도(論韓歐排浮屠)〉라는 특유의 비판적 논리로, 승단의 비생산성과 무노동성을 겨냥하여 "악취를 좇는 부류(逐臭之類)"로 비판했던 정황과 일면 부합되는 바가 있기 때문이다. 박세당은 불교와 유가를 다음과 같이 흥미롭게 대비시켰다.

"대저 천하에 싫은 것이 악취[臭]보다 심한 것이 없으며, 서직(黍稷)의 향기는 사람들이 누구나 좋게 여기는 것이다. 이는 성지(聖智)가 아니라도 알 수 있고, 또 끝까지 논구할 필요도 없는 것이다. 그러나 세상에는 간혹 악취를 좇는 자가 있어서, '천하에 좋은 것이 이보다 더한 것이 없으며, 서직의 향기는 비교가 안 된다.'라고 한다."[49]

위 인용문에 이어서 박세당은 제기[籩豆]와 측간[溷厠], 미악(美惡)과 청탁(淸濁) 개념을 추가적으로 도입함으로써,[50] 유불의 대비를 극대화시키는 호교론적(護敎論的) 논리를 펼쳤다. 〈미악결예지변〉으로 귀결된 이 변체(辨體)[51] 속에서 박세당은 불교 종단의 비생산성

---

48) K. S. 케네쓰 첸 저, 박해당 역, 앞의 책, 2006, 477~478면.

49) 朴世堂, 『西溪集』 권7, 〈論韓歐排浮屠〉, 134면, "夫天下之惡, 莫甚於臭而黍稷之馨, 人所共美也. 此不待聖智而後知之. 又不待論之究也. 然世或有逐臭夫, 以爲天下之好, 亦莫加於此."

50) 朴世堂, 『西溪集』 권7, 〈論韓歐排浮屠〉, 134면, "其或與爭論, 以爲臭之質如何而甚惡, 其惡如何而不可近, 其所以異於黍稷之馨者 爲如何, 紛然於籩豆溷厠之間, 曉然於美惡潔穢之辨……."

과 무노동성을 각기 악취와 측간이 풍기는 이미지를 빌려서 은유했다. 반면에 서직의 향기와 변두는 각기 유가적 제례(祭禮)의 종교성과 일상의 생산성을 상징해 주는 기호로서 차용되었다. 이로써 박세당은 은연 중에 '악취·측간·탁악' 계열에 대한 '서직의 향기·변두·청미' 계열의 실질적 우위를 입증해 보임으로써, 그가 의도했던 소기의 호교론적 성과를 거둘 수가 있었다.

최종적으로 박세당은 "이단(異端)이 천하에 있어 또한 저 악취와 같은 경우인데, 그 중에서 불교가 특히 심하다."라는 결론에 도달하기 이르렀다.[52] 나아가 박세당은 "불교를 좋아하는 자는 또한 악취를 좇는 부류이므로, 더불어 끝까지 논쟁할 필요조차 없음이 분명하다."라는 사실을 재차 확인해 보였다.[53] 실제 박세당은 일하지 않는 사대부 계층을 향해서도 매우 비판적인 인식을 견지하고 있던 터였다.[54] 박세당은 생산과 노동의 가치를 무척 존중했던 실학자였다.

이제 세속화된 라마승이 보여준 파계 양상과는 판이한 수행 가풍과 이를 체득한 고승에 대한 박세당의 시선을 추적해 보도록 한다. 우선,

---

51) 벤자민 엘먼(B. Elman)은 비평적 에세이의 한 장르인 이 변체를, 특히 공정성을 지향하는 그 학술 형성 상의 특성으로 인하여, 청대의 경우 고증학적 지식 이론과 관련해서 평가했다. Benjamin A. Elman 저, 양휘웅 역, 『성리학에서 고증학으로』, 예문서원, 2008, 167면 참조. 한편 박세당 또한 이 변체를 자신의 비판적 논리학의 한 양식으로서 채택했다. 박세당은 『중용사변록(中庸思辨錄)』의 「수장(首章)」을 전면 재검토하는 과정에서, 바로 이 변체 양식에 의거한 〈성여도지변(性與道之辨)〉을 개진해 보았다.

52) 朴世堂, 『西溪集』 권7, 〈論韓歐排浮屠〉, 134면, "異端之在天下, 其亦猶夫臭也, 而佛其甚者也."

53) 朴世堂, 『西溪集』 권7, 〈論韓歐排浮屠〉, 134면, "其好之者, 亦逐臭之類也, 不足與爲究論也 明也."

54) 朴世堂, 『西溪集』 권5, 〈應求言疏(丁未)〉, 91면, "彼士大夫 素不習勞賤縱不可使爲奔走之役, 又豈可無所輸以代其力之費乎."

박세당은 아미장 지역의 응진사의 일상적 수행 가풍과 악기 연주 등에 주목한 가운데, 조선의 그것과의 동이(同異) 정도를 유심히 관찰했다. 일단 박세당은 응진사에 거주하는 승려들은 "범음(梵音)으로 독송(讀誦)을 하는 것이, 조선 승려[東僧]들과 너무나 흡사하다."라는 소감을 피력했다.[55] 더불어서 "북과 동발[鈸]을 치면서 곡하는 리듬[間]에도 (동승과) 같고 다름이 있으니, 이로써 승단(僧家)의 독경[經]과 주력[呪]은 전승되는 바가 있음을 알겠다."라며,[56] 관찰 결과에 따른 자신의 견해를 밝히기도 했다. 물론 범음으로 독송한 불경의 이름과 다라니의 내용, 그리고 고발(鼓鈸)을 연주한 이면 등에 관한 언급은 생략되었다. 대신에 박세당이 비교의 관점에서 조·청 양국 승단의 수행 가풍을 서술한 대목은 매우 주목된다. 박세당의 이 발언은 평소 그가 이른바 불교의 4대 수행법인 참선과 독경, 주력과 염불 등에 관해 나름의 면밀한 관찰을 병행해 왔음을 시사해 주기 때문이다.

다음 순서로 동환의 길목에서 접한 대가람인 용천사와 관련된 기록을 다시 음미해 보기로 한다.[57] 박세당이 용천사에 주목한 중요한 이유는 고승인 진 대사의 수행력 때문이었다. 조선 사절단이 하룻밤을 묵었던 어느 한가의 정원에서 접하게 된 승려는 계속해서, "(용천사의) 진(眞) 대사라는 분은 본디 광동(廣東) 출신이시지요. 좌선(坐禪)하면서 하산하지 않은 세월이 (어언) 3년째인데, 불도[道]가 매우

---

55) 朴世堂, 『西溪燕錄』, 〈癸亥〉, 347면, "過阿彌庄路側應眞寺 居僧數輩梵音經訟. 與東僧絶相似."

56) 朴世堂, 『西溪燕錄』, 〈癸亥〉, 347면, "但鼓鈸之哭間 有異同, 乃知僧家經呪有所承效耳."

57) 龍泉寺에 관한 서술은 각주 41) 참조.

높으십니다."라는 사실을 전언해 주었다. 이어서 승려는 "서남 방향
의 한 봉우리를 가리키면서, 용천사는 바로 저 사이에 위치하고 있다."
라고 하며58) 마치 친견을 권유라도 하듯 사찰이 위치한 소재를 짚어
보였다. 연록에는 용천사와 진 대사에 관한 더 이상의 기록은 없다.
그러나 작가가 고승인 진 대사와 관련된 기록을 연록에 기재해 두었
다는 사실 그 자체만으로도 상당한 의미가 있음에 분명하다.

차후 박세당은 귀국해서 석천동으로 퇴은한 이후 다수의 승려들과
교류를 유지하게 된다. 특히 박세당은 자신과 석현(錫賢) 화상(和尙)
과의 관계를 동진(東晋)의 혜원(惠遠, 334~416)과 도연명(陶淵明, 365
~427)의 호계삼소(虎溪三笑) 일화에 견주면서, 육신의 구속을 벗어난
정신세계[形骸之外]에 대한 근원적인 향수를 토로해 보인 사실이 있
다.59) 나아가 박세당은 석현 화상의 인물됨을 두고, "석현의 청담(淸
淡)과 아운(雅韻)은 비록 혜원의 경지에는 미치지 못하나, 진실하며
꾸밈이 없어서 속세의 때[塵氣]에 물들지 않은 점은, 또한 유사한
면이 있다."라고 평가해 두었다.60) 박세당은 진실무위하며 청정한
마음 상태를 유지한 석현 화상의 내면세계를 높이 평가했던 것이다.
이 같은 박세당의 진술로 미뤄볼 때, 석현 화상은 일체의 경계로부터
걸림이 없는 적정(寂靜)한 내면세계를 체득한 고품격의 화상으로 추
정된다. 또한 박세당 스스로도 "그 더불어 교유[遊]한 바를 살펴보면,

58) 朴世堂, 『西溪燕錄』, 〈丁丑〉, 392~393면, "囿有僧自言……有眞大師者 自廣
　　東來. 坐禪不下山者三年 道甚高. 因指西南一峯云 寺在其間."

59) 朴世堂, 『西溪集』 권8, 〈石林庵記〉, 147면, "又昔惠遠師住廬山東林 從其遊
　　者淵明……而獨爲淵明設酒. 與其送之過虎溪而不覺 其跡亦已奇矣. 非相
　　與期於形骸之外者 能若是乎."

60) 朴世堂, 『西溪集』 권8, 〈石林庵記〉, 147면, "賢之淸談韻雅 雖不及遠, 眞實
　　無僞 不染塵氣 抑有似者."

그 사람됨을 알 수 있다."라고 평했던 바와 같이,[61] 석현 화상과의 교유 사실은 박세당이 지향한 구도적 세계의 일단을 암암리에 노정해 주는 감이 없지 않다.

실제 박세당의 내면에 잠재된 기질 또한 다분히 속된 세상을 멀리 하는 경향이 있었고, 이런 성향은 그가 수락산 석천동을 은둔지로 선택한 큰 이유로도 작용했다.[62] 후일 판윤(判尹) 이인엽(李寅燁, 1656~)은 "족히 쇠속(衰俗)을 진려(振勵)할 만한" 박세당의 고풍준절 (高風峻節)과 절진이군(絶塵離群) 성향을 아울러 지적한 사실이 있었 다.[63] 결국 박세당은 스스로에 대하여 한없이 겸손해하면서도, "다만 석현과 서로 기약한 바가 또한 도연명이 혜원에 대해서 한 것과 같도 록 할 따름이다."라는 마음속 언약을 다지기에 이르렀다.[64] 지금 용천 사 진 대사의 높은 수행력은 박세당 내면에 잠재되어 있던 절진이군 의 성향을 자극함과 동시에, 육신의 구속을 넘어서는 구도적 세계에 대한 큰 반향을 불러일으키고 있었다. 물론 이러한 분석은 과연 박세 당이 실제 불교적 깨달음의 세계를 지향했는가? 하는 문제와는 전혀 별도의 차원임을 지적해 두기로 한다.

박세당과 불교사상과의 관련성 정도를 다룬 몇 편의 논의들은 바로 위의 문제와 직간접적으로 관련되어 있다.[65] 실제 박세당이 남긴

61) 朴世堂,『西溪集』권8,〈題圓澤所持詩卷〉, 149면, "覺天死矣, 吾雖未及見 之, 卽其所與遊, 可知其爲人矣."
62) 朴世堂,『西溪集』권8,〈石林庵記〉, 147면, "數間茅宇 背巖回壑 蕭然有絶 塵離俗之趣 眞佳處也."
63) 朴世堂,『西溪集』권21,〈諡狀〉, 434면, "其退休休不已四十年 高風峻節 絶塵離群 有足以振勵衰俗 荷聖朝之褒崇 爲一世之推許……."
64) 朴世堂,『西溪集』권8,〈石林庵記〉, 147면, "若余之陋 則何敢妄擬古人. 但所以與賢相期者 亦欲與陶之與遠耳."

저술들을 살펴보면, 그가 불교에 깊이 몰입한 흔적들이 더러 발견되
곤 한다. 이를테면 박세당은 또 다른 연행 기록인 『사연록』을 통하여,
이제 "북경의 왕성한 기운이 쇠진하여, 풍경이 이전만 같지 못하다."
라는 깊은 실망감을 피력하였다. 이어서 박세당은 역사 속으로 사라
져 간 명조 3백 년 세월이 한 순간[倏忽]에 불과하다는 시간 인식과
더불어, "지나간 일들이란 공(空)하여 유적[跡]만 어루만지네."라는
씁쓰레한 심경을 토로하였다.[66] 박세당은 불교의 공관(空觀)에 입각
하여 역사 속으로 소멸한 명조 3백 년의 의미를 해독했던 것이다.
즉, 박세당이 보기에 지난 명조 3백 년의 세월이란 '찰라 생 찰라
멸'과 같은 시간의 한 분절(分節)에 불과했고, 자연 그 어떠한 실체성
도 담지하지 못한 한 찰라에 지나지 않았다. 이 순간 박세당은 분명
유학적 시공의 영역을 일탈한 채 불교의 비존재 영역으로 접어들고
있었다.

　　동일한 맥락에서 박세당은 지난 명조 3백 년을 "눈 위의 기러기
자국마냥 잠시 모였던 것 천고(千古)가 되었으니"라고 회고한 후에,
"구름 타고 떠난 학이 다시 올 날 정히 언제일까?"라며[67] 인생사

---

65) 박세당의 불교관 혹은 불교 인식을 다룬 논문으로는 김종수, 「박세당의
　　진리론과 사상 체계론」,『韓國實學研究』4, 2002 ; 윤미길, 「朴世堂의 詩論
　　과 詩世界」,『국어교육』 104, 2001 ; 이희재, 「17세기 박세당의 유불회통적
　　불교관」,『유교사상연구』 25, 2006 ; 최윤정, 「西溪 박세당의 불교관과 佛僧
　　과의 교유 양상」, 이화한문학연구회,『우리 한문학과 일상문화』, 2007 등이
　　있다. 졸고가 단초를 제공한 가운데 문학 분야에서 윤미길의 논문이 본격적
　　인 논의의 장을 연 것으로 평가된다.

66) 朴世堂,『使燕錄』, 「上使用杜工部詩久客宜旋旆一句爲韻分作五首輒次(其
　　二)」, 18면, "……都旺氣盡 風景不如昔 倏忽三百載 往事空撫跡……."

67) 朴世堂,『使燕錄』,〈次上使李相國慶億玉溜泉韻〉, 17면, "……泥鴻暫集成
　　千古 雲鶴重來定幾年……."

무상한 심회를 토로하기도 했다. 박세당은 만년에 불교에 귀의했던 북송(北宋)의 대문장가 소식(蘇軾, 1037~1101)의 시구를 원용하는 방법을 통해서,[68] 다시 한 번 더 공관에 입각한 시간 인식을 노정해 보였다. 실제 "진펄 위에 우연히 발톱 자국 남긴 뒤에" 날아가 버린 기러기는, 창공을 나는 새를 통하여 공의 의미를 설파한 불경의 비유 방식과 묘하게 닮은꼴을 취하고 있다.

이처럼 공관에 입각한 대상 인식은 차후 54세(1682) 적에 저술한 명저이자 노작인『남화경주해산보(南華經註解刪補)』를 통해서도 다시 그 의식상의 흔적을 드러내었다. 이 문제와 관련하여 잠시『장자(莊子)』「제물론(齊物論)」편 중에서 장주(莊周)의 호접몽(胡蝶夢) 부분에 대한 박세당의 주해 일부를 음미해 보기로 한다.

"장주와 나비[蝶]는 구분이 있으나, 그 마침내 분별할 수 없음을 안다면, 삶과 죽음, 저것과 이것, 같고 다름에 관한 변론[辨]을 말없는 가운데 깨우칠 수 있어서, 가지런히[齊] 되기를 기다리지 않아도 저절로 가지런해질 것이다. 물화(物化)는 대상[物]과 나 주체[我] (간의) 무궁한 변화가 다함을 뜻한다. 능히 물아(物我)의 변화가 다함이 없음을 안다면, 또한 마땅히 옳고 그름[是非]을 (분별되게) 주장함도 없어서, 가히 일공(一空)임을 알게 되리라."[69]

---

68) 蘇軾,『東坡全集』권1,〈和子由泯池懷舊〉, "인생살이 이르는 곳 무엇과 비슷한고, 나는 기러기 눈 진펄 밟는 것과 같으리니, 진펄 위에 우연히 발톱 자국 남긴 뒤에, 기러기 날아 가버리면 동서를 어찌 분간하리(人生到處 知何似 鷹似飛鴻踏雪泥 泥上偶然留指爪 鴻飛那復計東西)." 강여진 역, 『국역 서계집 1』, 한국고전번역원, 2009, 57면의 각주 170) 참조.

69) 朴世堂,『南華經註解刪補』,「第2 齊物論」, "昔者莊周夢爲胡蝶"의 주해, 517면(下), "周之與蝶 有分矣, 而知其終不可分 則死生彼是同異之辨 有默而可喩 不待第而自齊者矣. 物化謂物我變化無窮盡也. 能知物我之變化無窮 則亦當知是非無主 而可以一空矣."

다만 전술한 공관이 시간적 인식과 관련되어 있다면, 위의 인용문은 사물과 대상[法]에 관한 인식론적 차원과 긴밀히 결부된 차이가 있다. 다시 말하여 윗글은 제법무아(諸法無我)를 체득하기 위한 불교의 인식론인 법공(法空)의 차원을 반영해 주고 있다. 더불어 박세당이 인식한 제물론은 물론(物論)을 제(齊)한다는 문법 구조를 취하고 있으며, 일면 화쟁론(和諍論)의 문맥을 내포하고 있다는 사실을 부기해 둔다. 물론 이러한 제물론 인식은 장자가 본래 의도한 존재 일반의 가치론적 평등성이라는 입론을 심히 비켜선 결과다. 송대의 주석가 임희일(林希逸) 또한 박세당과 동일한 제물론 독해 문법을 취하였으며, "중론(衆論)을 (화)합(合)하여 하나로 하는" 의미로 제물론을 주해했었다.[70]

아무튼 박세당이 재해석한 제물론식 독법에 의거하면, 생사·피차·동이 등에 관한 원만한 이해가 성취될 수 있다. 뿐만 아니라 무궁한 물화의 의미를 체득하게 되면, 유와 무, 옳음과 그름이라는 일변(一邊)에 집착됨이 없는 중도(中道) 지향의 공관적 인식이 체득될 수도 있다. 본디 옳고 그름이란 그 자체로 어떤 확고한 실체(substance)를 담지한 속성은 아니기 때문이다. 상기 인용문을 통하여 박세당은 이를 '일공'으로 개념화해 두고 있다. 물론 여기서 일(一)이 의미하는 바는 공관이 적용된 개별적 범주인 물아·시비·피차·동이 등을 지칭하는 표현으로 이해하는 것이 적절해 보인다. 이와 같은 박세당의 일공론(一空論)은 매우 고급한 철학적 인식론을 구축한 결

---

70) 朴世堂, 『南華經註解刪補』, 「第2 齊物論」, "齊物論第二"의 편주, 506면(上), "林云 物論猶言衆論齊者 欲合衆論 而爲一也." 임희일의 주석은 송대 성리학적 전통을 반영해 주며, 해당 저서로는 『남화진경구의(南華眞經口義)』가 있다.

과이며, 그 계기는 불교의 반야공관에서 자양된 흔적이 너무나 역력하다.

그런데 박세당이 시도한 새로운 조어인 일공 개념이 도가의 저이른바 상성론적(相成論的) 전통을 계승한 결과인지,[71] 아니면 공관의 너머로 연기론적(緣起論的) 존재론에 대한 인식을 지향하는 차원인지를 명쾌하게 판독해 내기는 쉽지 않다. 분명한 사실 하나는 상기 인용문 속의 '일공'은 데리다(Derrida)의 차연(差延) 개념에 근접해 있다는 점일 것이다. 차이와 연기의 합성어인 차연의 존재 방식은 이것이 존재하기 때문에 저것이 존재하듯, 그런 방식으로 일방의 것이 타방의 것에 각각 연기·상감·접목되어 있는 방식을 취하고 있다.[72]

그러나 이 같은 사례들로 인해 박세당이 곧장 반야공관으로 일관된 불교 사상가인 마냥 오독되어서는 안 된다. 이러한 지적은 장차 묘향산(妙香山)으로 들려는 산인(山人) 만영(萬英)에게 주는 시를 통해서도 반증되고 있기 때문이다. 박세당은 승려 만영에게 "만약 공무(空無)만을 묘한 도[妙道]라고 말한다면, 한 정원(庭園)에서 내뿜는 향기 중 (유독) 배나무 향만을 취하는" 격임을 일갈하고 있었다.[73] 박세당은 유학의 철학적 기반인 존재[有]의 철학에 입각해서, 불교가 터전한 비존재[空無]의 철학을 분명한 어조로 비판하고 경계해 보였던 것이다. 다만 정원을 장식한 다양한 화초나 수목 중에서 응당 배나무가

---

71) 老子,『道德經』제2장, "天下皆知美之爲美, 斯惡已. 皆知善之爲善, 斯不善已. 故有無相生, 難易相成, 長短相形, 高下相傾, 音聲相和, 前後相隨."

72) 김형효,『데리다와 老莊의 독법』, 한국정신문화연구원, 1994, 275면.

73) 朴世堂,『西溪集』권4,「石泉錄(下)」,〈山人萬英入妙香……走筆次其韻〉, 70면, "從渠萬劫繞須彌……若道空無是妙道 生香嗅取一庭梨."

차지할 수 있는, 즉 한 그루의 나무로서의 자격은 정당하게 인정한 것으로 분석된다. 부연하자면 '공무'가 진리론의 정원에서 차지할 수 있는 위상 또한 한 그루의 배나무의 자격으로 정위(定位)되기에 족한 것이다.

한편 박세당이 보여준 공관은 '공무'가 도덕[道理]의 존재론적 기반을 탈각시킨 심각한 우를 범한 것으로 진단한 주자(朱子)의 공 이해 방식과도 분명히 구분되는 인식론이다.[74] 주자는 공무의 너머에서 실리(實理) [오상(五常)]가 착지할 수 있는 심성론적 기반을 확보하려 하였고, 이 점 주자학적 도덕철학의 핵심적 주제를 형성하고 있다.

공무 혹은 반야공관과 관련한 박세당의 인식 정도와 더불어, 불교의 수행법인 좌선에 대한 입장 또한 매우 주목되는 부분이다. 이 문제와 관련하여 전술한 1절의 와불사 감실 안의 "흡사 거인 같은 조각 불상 한 구(軀)가 있는데, (가만히) 눈을 감은 채로 팔다리를 드리우고 누운, 그 어슴프레한 모습이 심히 이채롭다."라고 한[75] 묘사를 재검토할 차례가 되었다. 그런데 이 와불상(臥佛像)에 대한 묘사에서 박세당이 진정 괴이하게 여긴 부분은, 거구의 불상이 취한 와선 자세 그 자체가 아니라는 점에 유의해야 한다. 우리는 행간을 해독할 필요가 있다. 실상 박세당은 와선으로 형용된 좌선 자체를 예의 주시하고 있었던바, 이는 곧장 선불교에 관한 자신의 입장 표명으로 이어진다. 『육조단경(六祖壇經)』에서 설파하고 있는 바와 같이, 좌선이란

74) 黎靖德 編, 『朱子語類』 권126, 中華書局, 1991, 3015면, "釋氏說空 不是便不是. 但空裏面須有道理始得." 주자의 공(空) 이해는 무(無)와 크게 다르지 않다. 같은 책, 3012면, "若佛家之說都是無. 已前也是無, 如今眼下也是無, 色即是空 空即是色."

75) 각주 29) 참조.

"밖으로는 모든 경계 위에 생각이 일어나지 않는 것이 좌(坐)이며, 안으로 본래 성품을 보아 어지럽지 않은 것이 선(禪)"으로 정의된다.[76] 이 지점에서 제기될 수 있는 좌선과 유학의 정좌(靜坐) 간의 계보나, 그 동이 문제 등에 관한 정치한 논의는 일체 생략하도록 한다.

대신에 율곡(栗谷) 이이(李珥, 1536~1584)가 토로한 "나는 성격이 출입을 좋아하지 않고, 매양 정좌하기를 좋아하기 때문에, 알지 못하는 이는 내가 글을 탐독(耽讀)하는 줄로만 의심하지만, 오직 나와 한 방에 같이 거주하는 이는 내가 게으르다는 사실을 (잘) 알고 있다."라는 구절을 참조해서 재음미해 보도록 한다.[77] 기실 거유 율곡이 토로한 정좌란, 주자학적 거경(居敬) 공부의 일 국면인 미발시(未發時)의 함양(涵養) 공부를 뜻한다.[78] 이 공부법은 이발시(已發時)의 성찰(省察) 공부와 더불어, 이른바 동정(動靜)과 체용(體用)을 관통하는 주자학적 경 공부론의 한 축을 형성한다.[79] 실제 동정과 체용을 관통하는 거경 공부론은 주자가 새로 제출한 중화신설(中和新說)의 핵심적 귀결처에 해당한다. 그 저변에는 선불교에 대하여 거경 공부론의 이론적 우위성을 확보한다는 주자의 각고의 철학적 고심이 투영

---

76) 退翁 性徹 著(불기 2541), 『六祖壇經(敦煌本)』 성철스님 법어집 2집 1권, 135~137면, "今記汝 是此法門中 何名(坐)禪.……一切無碍 外於一切境界 上 念不起(去)爲坐, (内)見本性(姓)不亂 爲禪."

77) 이이 저, 이도형 외 역, 『國譯 栗谷全書(Ⅲ)』(1987), 25면, "僕性不喜出入 每好靜坐 故不知者 疑其耽讀. 惟與我同處一室者 乃知吾懶耳."

78) 黎靖德 編, 앞의 책(1991), 216면, "靜坐無閑雜思慮 則養得來便條暢"; 204면, "心尊時少 亡時多. 存養得熟後 臨事省察不費力."

79) 朱熹, 『朱熹集』 권32. 「答張欽夫49」, 1404면, "蓋心主乎一身 而無動靜語默之間 是以君子之於敬 亦無動靜語默而不用力焉. 未發之前 是敬也固已主乎存養之實, 已發之際 是敬也又常行於省察之間."

된 결과임을 간과할 수 없다. 이는 경의(敬義)를 동시에 아우르는[夾持] 활경(活敬)으로 지칭될 수 있다.[80]

그런데 귀국한 이후 탈주자학자로 변신한 박세당은 그의 나이 59세(1687) 적에 저술한 『중용사변록』을 통해서 주자의 거경 공부론, 특히 미발시의 함양 공부법을 신랄하게 비판하기에 이른다. 대신에 박세당은 그 대안적 공부론으로서 행사(行事) 철학에 입각한 유학 본연의 공부론을 발전적인 차원에서 다시 제창하였다. 박세당의 행사 철학은 후대의 다산(茶山) 정약용(丁若鏞, 1762~1836)의 그것이 자뢰한 선구적 모델이라는 의미를 지닌다.[81] 이제 박세당은 주자의 공부론에 대해서, "대개 존양(存養)과 성찰을 나누어 두 단(段)의 공부를 삼은 것은, 그 근본을 이미 잃은 것"이라는 진단 하에, 존양·성찰을 각기 중화로 분대(分對)시킨 논리 [중화신설]도 동시에 비판했다.[82]

나아가 박세당은 함양 공부의 존재론적 터전인 미발시 심체론의 설정 자체를 다음과 같이 분명한 어조로 비판하였다.

"만약 한 가지 생각도 움직이지 않고, 모든 일이 맹동하지 않은 시기[미발시]라면, 마음을 쓸 것도 없게 되니, 과연 그 (주자의) 이른바 주재(主宰)하기를 엄숙하게 한다는 것처럼 하더라도, 마른 말뚝[枯橛]이 무지각[無知]한 것에 가깝지 않겠는가?"[83]

---

80) 黎靖德 編, 앞의 책, 1991, 216면, "敬有死敬 有活敬. 若只守着主一之敬 遇事不濟以以義 辨其是非 則不活. 若熟後 敬便有義 義便有敬.……須敬義夾持 循環無端 則內外透徹."

81) 金鍾秀, 「西溪 朴世堂의 人物性同異論 一考(1) : 性同論 批判」, 『儒教文化研究』, 성균관대학교 유교문화연구소, 2005, 323~324면.

82) 朴世堂, 『中庸思辨錄』, 「제1장」의 註, "夫存養省察 分爲兩段工夫, 其源旣失. 遂並與中和位育分而兩之, 一爲存養之效 一爲省察之效 旣已如是矣."

83) 朴世堂, 『中庸思辨錄』, 「제1장」의 註, "若其一念不同 萬事未萌之時 則又無

250

박세당이 보기에 공부의 요체는 마음을 쓰는 일[用心]과 직결되어 있는 것으로서, 이는 한 생각[一念]이 구체적인 상황 혹은 대상[事]을 접촉하는 순간 비로소 그 계기가 마련되는 것이다. 따라서 주자가 말한 "대강 대강 수습한다."라거나, 혹은 "다만 주재하여 엄숙하라."는 식의 미발시 함양 공부도, 결국 "오히려 생각하는 작용"이 발휘된 결과이므로, 그것은 "아주 고요하여 움직이지 않는 상태가 벌써 아닌 것"으로 간주된다.[84] 박세당은 재차 미발시 심체 설정을 위한 존재론적 기반을 파기함으로써,[85] 유학적 공부론의 전통에서 주자학적 함양 공부론을 과감하게 탈각시키려 하였다. 특히 박세당은 "마음이 보존되어 적연(寂然)할 때는 모두 중(中)이지만, 마음이 보존되지 못하면 목석(木石)일 뿐이다."라는 주자설을 겨냥해서, "이것은 대개 함양을 주로 한 설을 발명한 것"으로 진단하고, 그 안에 깃든 "그윽하고 아득한 뜻[幽眇之義]",[86] 곧 은근한 선미(禪味)를 적출했던 이유도 바로 이러한 맥락에서였다. 주자가 문인에게 들려준 이 설명은 중화설(中和說)과 함양설을 연계한 신설에 해당한다.

그리하여 박세당은 유학 본연의 일상(日常)의 장으로 공부론의 좌표가 재조정되어야 함을 다음과 같이 역설하기에 이르렀다.

"사람의 생활에서 모든 동작이 구체적 대상[物]을 떠날 수 없으며,

可以用其心者, 卽果如所謂其爲主宰之嚴肅者, 不幾於枯橛之無知乎."
84) 朴世堂, 『中庸思辨錄』, 「제1장」의 註, "只是略略收拾 及只主宰嚴肅之云……略略收拾 猶爲思慮之用 已非寂然不同."
85) 朴世堂, 『中庸思辨錄』, 「제1장」의 註, "……及欲治之 思已萌矣, 其於用功 得無後乎."
86) 朴世堂, 『中庸思辨錄』, 「제1장」의 註, "又其門人講問是正之言, 有曰 心存則寂然時皆中, 不存則木石而已, 是蓋主涵養之說 而有此幽眇之義也."

또한 일[事]이 없을 수도 없으므로, 비록 한가로이 있고 홀로 지내는 경우라도 앉고, 눕고, 말하고, 침묵하고, 보고, 듣는 것이 '일' 아닌 것이 없다. 여기에서 도(道)에 어긋나지 않는다면, 곧 그 공부가 잠시도 그치지 않는 것이다."[87]

　박세당의 상기 주장은 정주학(程朱學)이 유입된 여말선초 이래로, 그에 기반한 공부론에 대한 전면적인 각성을 촉구하는 의미와 더불어, "귀속할 곳이 있는" 존재의 철학에 터전한 유학적 무대인 일상에의 귀환을 선언하는 일대 경학사적 사건이라는 선언적 의미를 지닌다.

　물론 이와는 달리 박세당은 선객[閑客]의 입장에서 참선에 몰입했던 흔적도 남겨 두고 있다.[88] 고요한 석림암 정원에서 가부좌를 틀고 포단에 앉은 박세당의 모습이 아른거린다. 그는 안온히 반개한 눈으로 일순 선정에 접어든 듯한 모습처럼 느껴진다. 그러나 박세당은 아래의 〈축교(竺敎)〉라는 시를 통해서 "그윽하고 아득한" 선불교에 대한 자신의 분명한 입장을 밝혀 두었다.

> 불교는 애당초 별것 없으니
> 지옥과 천당만 떠들 뿐이라오.
> 대도를 훔쳐 선적(禪寂)이라 일컬어
> 영웅들을 다 그르쳐 허망한 데 떨어뜨렸네.[89]

---

87) 朴世堂, 『中庸思辨錄』, 「제1장」의 註, "人之生也一動一靜 不能離物則 亦不能無事, 雖自其閑居獨處言之, 坐臥語默視聽之間 無非事者, 卽此而不違於道, 乃其工夫之無間斷者."

88) 朴世堂, 『西溪集』 권9, 〈石林庵上梁文〉, 162면, "更喜庭園蕭洒無事 蒲團穩眼 何曾閑客攪惹. 伏願……."

89) 朴世堂, 『西溪集』 권4, 〈竺敎〉, 65면, "竺敎初來無許巧 唯談地獄與天堂

박세당이 보기에 적정을 추구하는 선불교는 한없이 넓게 펼쳐진 해수면처럼, 아득하고 또 아득하기만[渺茫] 할 따름이었다. 거기에는 실효로 이어지는 공부론적 전망도 부재할뿐더러, 제반 관계망이 교차하는 유학적 일상과도 먼 거리를 유지하고 있었다. 앞서 박세당이 선의 색채가 융해된 주자학적 공부론을 "아득하고 그윽한" 논의로 평했던 이유 또한 바로 이러한 맥락에서였다.

그뿐만이 아니다. 박세당은 도교의 단전호흡이나 양생법 등에 관해서도 상당한 수준의 조예를 성취했던 것으로 분석된다.[90] 또한 박세당은 『장자』 주해서 도처에서, 그가 지정(至靜)의 정신세계를 강렬하게 희구하였음을 확인시켜 주기도 한다.

그러나 수련 도교와 관련해서 박세당은 1689년(숙종 15)에 〈제색경후(題穡經後)〉라는 시를 통하여, 최종적으로 정리된 입장을 표명하였다. 즉, 박세당은 밭 갈고 김 매는 식의 건강한 말년의 영농 생활이 도교의 내단(內丹) 수련의 바이블로 칭해진 『황정경(黃庭經)』에 비할 바가 아니라는 결론에 도달했던 것이다.[91] 박세당은 『황정경』으로 지칭되는 도교 수련법을 『색경』으로 대변되는 노동하는 사층(士層)이라는 유가의 새로운 모델로 대체하는 가운데, 그 자신이 몸소 실천궁

穿窬大道名禪寂 盡誤英雄墮渺茫."

90) 朴世堂, 『南華經註解刪補』, 「第18 至樂」, 540면(上), "按有道之人 審於知人 知天 故得失禍福 無以動其心 所以能淸淨恬澹. 魂閑而神不撓 神安則息定 故深深然 而如不出也." 박세당은 노장서(老壯書) 주해, 특히 『장자』 주해를 통해서 도교(道敎) 수련(修練)의 핵심적 단위인 정(精)·기(氣)·신(神) 등에 관한 자신의 견해를 빈번하게 투영시켰다.

91) 朴世堂, 『西溪集』 권4, 「石泉錄(下)」, 63면, "밭이나 일구며 여생을 보내고자, 한가한 밤 등잔 앞에서 『색경』을 지었다오. 남들이 나를 비웃어도 해명할 듯 없으니, 『황정경』을 주해[箋]하기보다야 훨씬 낫다네(欲將耕耦送餘齡, 閑夜燈前著穡經, 人笑先生無意解, 却言大勝箋黃庭)."

행해 보인 말년의 삶을 영위했던 것이다. 또한 박세당이 보여준 도불 (道佛)에의 사상적 경사도는 자신 스스로가 제시한 기준인 "성인의 대법(大法)"이라는 유가적 인륜의 범주에 의해서,[92] 명확하게 그 경계선이 그어지고 있었다는 사실을 결코 간과해서는 안 된다. 박세당은 철저히 근본(根本) 유자(儒者)를 지향한 인물이었다. 비록 외형상으로는 박세당이 구축한 사상적 정체성의 결이 다소 얼룩진 이채를 발하고는 있으나, 그 근저에는 철저하고도 일관되게 강한 원시유학 지향성이라는 본류가 관통하고 있었던 것이다.

따라서 선불교와 도교 수련과 관련하여 박세당이 남긴 여러 자취들은, 그 나름의 공부론적 실험 이상의 의미를 지니지 못한다는 사실에 각별히 유념할 필요가 있다. 기존에 진행된 박세당의 불교 인식과 관련된 논의, 특히 선불교와 연관시킨 논의에서 결정적으로 간과한 부분이 바로 이 지점에 있다. 다시 말하여 박세당이 보여준 불교에 대한 친연성이 곧장 그가 불교적 각자(覺者)를 추구했음을 의미하지는 않는 것이다. 또한 박세당은 사상적 거장을 지향한 웅장하고도 자유로운 영혼의 소유자였으나, 결코 원시유학에 기반한 이념적 정체성을 희석한 채 메타적 회통론자라는 누각에 안주할 수 없는 처지였다. 이 점 박세당이 굳이 김시습의 이념적·사상적 정체성을 "옷도 이단(異)[불교의 것이 아니며, 본성 또한 동일하다."라고 규정한 이유와도 그 의미가 상통하는 바가 있다.[93] 비록 박세당이 입대유소(立大遺小)라는 웅장하면서도 개방된 진리 인식론을 표방했지만,[94] 그가

---

92) 朴世堂, 『西溪集』권7, 〈答尹子仁書〉, 123면, "如老壯之說, 雖舛聖人之大法, 又不至覩無加採."

93) 朴世堂, 『西溪集』권8, 〈梅月堂影堂勸緣文〉, 156면, "……而況貧道, 後夫子數百年而生, 服不異而性亦同. 雖其所存之趣 或有可論……."

254

착지한 사상적 입각점 혹은 이념적 지향성은 철저히 원시 본원유학을 일관하는 근본 유자였던 것이다.

바로 이러한 사실 때문에 박세당은 전술한 와불사의 불상이 취한 무지각[冥然]한 듯한 와선 외양이 몹시도 이채롭게 여겨졌던 것이다. 차후 박세당은 수년에 걸친 다양한 공부론적 실험 끝에, 마침내 정주학적 공부론에 깃든 선불교적 색채를 털어냄으로써, 유학 본연의 공부론이 지닌 일상적 건전성과 그 효과를 확신하게 되었던 것으로 분석된다. 박세당은 청에서 귀국한 이후 석천동 퇴은 기간 동안에, 바로 이 부단한 일련의 공부론적 실험에 착수하고 검정했던 것으로 보인다.

이상에서 논급한『서계연록』의 계율 및 수행과 관련된 내용 분석을 통하여, 박세당이 견지했던 불교 인식의 일단을 확인할 수 있었다. 박세당은 계율로 상징되는 규범의 준수에 매우 철저한 인식을 보여주었다. 때문에 박세당은 라마승의 파계 장면을 접하고 매우 강개한 입장을 표명했다. 또한 박세당은 불교적 수행과 고승에 대한 관심도 지대했다는 사실이 확인되었다. 박세당은 조·청 간의 불교 수행법의 동이 정도에 주목하는 가운데, 참선 수행에 대해서도 나름의 관심을 표명하고 있었다. 그러나 이러한 관심의 표명이 선불교에 대한 순수한 몰입으로 이어졌다기보다는, 결국 주자학적 공부론을 향한 비판의 도정에서 예비적 학습 혹은 실험이라는 의미를 지니는 것이었다.

---

94) 朴世堂,『論語思辨錄』,「第19 子張」의 註, "……此論爲學, 觀人則略其小短可也, 爲學則不可以細德不謹也……然與其察於細 而失於大, 寧立其大而遺小其小也."

3. 소결

지금껏 살펴본 박세당의 불교 인식과 관련된 논의는 그가 남긴 『서계연록』의 내용을 출발점으로 삼되, 이와 결부된 일련의 불교 관련 논의와 중요한 쟁점들을 동시에 검토하는 형식을 취했다. 거론된 내용은 연록에 소개된 사원에 대한 묘사와 계율 및 수행법 등에 관한 내용이었다. 이하의 내용은 앞서 전개된 논의를 간략히 정리하고 음미하는 절차가 될 것이다.

우선, 박세당은 연행 왕환 길에서 관찰한 사원들 중 인상 깊었던 몇몇 상관물들을 연록에 기재해 두었다. 응진사와 용천사를 제외한 사원들은 청조가 주관하는 준 어용 사원에 해당했으며, 기복사와 백탑사의 경우는 그 전형을 대변해 주었다. 이 점 명·청 간에 진행된 오랜 전쟁의 기억을 환기시켜 줌과 동시에, 여전히 불안한 정국 속에 처한 청 초의 사정을 암시해 주기도 했다. 비구니 사찰인 이원의 정원수에 대한 묘사에서는 불교 외적 관심이 표명되었으나, 명대 한응경의 유풍을 간직한 조어대에 부속된 한 사찰의 경우를 통해 박세당은 유불이 동거·공존할 수 있는 모종의 시사점을 제공받기도 했다. 실제 이 체험은 귀국 후 거행된 김시습 사우 건립 과정에서 그대로 재현되기에 이른다.

한편 박세당은 파계를 일삼는 라마승을 조우하면서, 승려의 파계를 강한 톤으로 비판하기도 했다. 더불어 응진사와 용천사, 그리고 와불사의 경우를 통해서 당시까지 견지했던 자신의 불교관 혹은 불교 인식의 일단을 노정해 보였다. 응진사에 전승되어 온 수행 가풍을 통해서, 박세당은 조·청 양국 간의 수행 가풍의 차이를 비교의 관점에서 간략히 서술해 두었다. 나아가 박세당은 높은 수행력을 체득한 용천사의 고승인 진 대사에 깊은 관심을 표명했다. 그러나 와불사의 한 감실에서 목격한 와선 자세를 취한 관음상에 대한 서술에 담긴 행간 읽기를 통해서, 우리는 박세당이 간직했던 불교에 대한 친연성의 명백한 한계를 절감하게 된다. 그것은 박세당이 보여준 대(對)불교 친화적 태도가, 실제 좌선을 통해서 성불(成佛)을 지향하려는 사문(沙門)의 길과는 분명한 거리감을 유지하고 있었기 때문이다. 이와 같은 정황은 여타의 도교 수련법에 관해서도 공히 적용될 수 있는 사실이기도 하다.

비록 박세당이 반야공관과 같은 차원 높은 불교의 인식론을 선별적으로 수용하고는 있었으나, 그가 견지한 사상적·이념적 입각점은 근본 유자의 범주였음이 누차 확인되었다. 이에 박세당은 불교의 '공무'적 진리 인식론을 흡사 수많은 정원수 중 한 가루의 배나무가 확보할 수 있는 자격으로 비유했다. 이러한 사실은 "(먼저) 대체를 수립하고 세부적 범주에 미치게 한대立大遺小."라는 자신의 포괄주의적 진리론과도 일맥상통하는 것이다. 다시 말하여 박세당은 진리를 담지하는 한 축으로서 불교를 수용했지만, "성인의 대법"으로 천명되는 인륜의 범주라는 경계선을 결코 파기할 수는 없었다. 이 점 박세당이 착지한 근본 유자적 위상을 거듭 확인시켜 주는 언명이다.

박세당의 경우 불교는 일생 동안 영원한 탐색의 대상으로 머물러 있었던 것으로 보인다. 결국 박세당은 차마 유학적 인륜의 강을 건너뛸 수가 없었다. 그 이면에는 박세당이 신앙했던 인격적 천에 대한 강한 믿음도 관여한 바가 컸으리라 본다. 때문에 그는 끝내 방외(方外)의 세계를 유영하는 자유인으로 기억될 수가 없었다.

제6장 조선 피로인 묘사와 민물(民物) 견문

제6장의 논의에서는 『서계연록』에 기재된 병자호란 적의 조선 피로인(被虜人)들에 관한 애절한 묘사와 더불어, 박세당이 연행 시에 체험했던 일련의 민물 견문 혹은 문물 체험 등에 대한 내용을 소개하고 분석하도록 하겠다. 사실 이들 사안은 각기 과거와 현재라는 상이한 시점에 기초하고 있을 뿐만 아니라, 내용상 두 서술단위를 관통하는 공통된 지반도 부재한 편이다. 그러나 두 사안은 『서계연록』에서 차상위 서술단위라는 위상을 확보하고 있을뿐더러, 이들 소재들이 함축하고 있는 내용상의 중요성 또한 결코 간과할 수 없는 측면이 존재한다.

여타의 연행록에서와 마찬가지로 『서계연록』에 등재된 조선 피로인에 관한 묘사 또한 조선 사절단이 병자호란의 아픈 기억을 새삼 환기했을 것임을 확인시켜 준다. 서장관 박세당 역시 중국 강역이라는 낯선 공간에서 조우한 조선 피로인들을 통해서, 지나간 과거의 비극을 누차 곱씹었던 것이다. 더욱이 박세당은 성장기 때 이미 병자호란의 여파를 몸소 감내했던 기억을 간직한 인물이다. 그래서인지

258

『서계연록』에 채록된 몇몇 피로인 스토리를 통해서, 그들과 진정 슬픔을 공유하려 했던 박세당의 인간적인 면모를 접하게 된다.

한편, 17세기 중후반을 전후한 조선 사회는 양란(兩亂)이 남긴 피폐한 터전 위에 무성한 국가재조 담론을 기획했던 시기였다. 이런 상황에서 접한 청의 발전된 경제적 현실과 서양에서 유입된 첨단문물들은 조선 지식인들에게 크나큰 문명 충격을 안겨주기에 충분한 계기들이었다. 이처럼 새로운 문명 체험은 한 사람의 자연인 자격의 박세당 개인사적 차원에서든, 공적 임무를 부여받은 사절단 일원의 자격에서든 간에 일대 계기적 사건이라는 의미를 지닌다. 이에 박세당이 사행시에 접한 각종 민물(民物)의 내용과 그 관찰 방식, 그리고 당시 서양의 첨단문물을 상징해 주는 역법논쟁(曆法論爭)에 대한 연록의 기록들을 면밀히 검토할 필요성을 느끼게 된다.

1. 병자호란의 잔흔과 이주의 몇 유형

서계 박세당은 평소 나무를 심고 가꾸는 일[種樹]에도 관심이 많았다. 농업서인 편저 『색경(穡經)』 중의 다음 구절은 박세당의 이런 관심을 잘 대변해 주고 있다.

"대나무를 심으려면 반드시 비가 내린 뒤에 심어야 한다. 햇볕이 강하거나 가을 바람이 불면 안 된다. 꽃과 나무도 마찬가지다. ……이전의 흙을 많이 남겨두고, 남쪽 가지를 표시하여 두었다가 옮겨 심는다."[1]

---

1) 朴世堂, 『穡經』, 「種諸樹法」, 〈竹〉, "夢溪云 種竹必用雨下, 遇火日及有西風則不可. 花木亦然.……留故土記取南枝." 참고로 윗글은 중국 북송(北宋)

박세당은 위의 인용문을 통하여, 식물의 생장과 그 생명 유지를 위한 필수적 요소인 수분과 온도 등과 같은 인자의 중요성을 확인시켜 주고 있다. 인용문 후반부에 언급된 '이전의 흙[故土]'과 방위 표기 등에 관한 언급도, 나무를 옮겨 심는 이식(移植) 작업에서는 매우 중요한 참고 지침에 해당한다. 이에 더하여 박세당은 "늙은 대나무는 심어도 살지 못하고, 살아도 무럭무럭 자라지 못한다."라는 사실과 함께,2) "대나무에 물을 줄 때에, 손이나 얼굴을 씻은 물을 쓰면 바로 말라 죽는다."라는3) 다소 주술적인 지침까지도 「종수제법(種樹諸法)」에 추가하고 있다.

인간과 자연 간에는 존재론적 연속과 단절이라는 지평이 겹으로 교차한다. 만일 존재론적 연속이라는 지평에 서게 되면, 대나무[竹]로 상징되는 저 자연계의 생장 코드가 인간 사회에도 그대로 통용될 소지가 다분하다. 다시 말하여 이식과 이주라는 두 계기적 사건 간에는 모종의 유사점이 발견되는 것이다. 그 원초적인 유사성은 삶[生]의 터전인 '고토' 자체가 완전히 뒤바뀐다는 점일 것이다. 물론 양자 간에는 급격한 단절 양상 또한 엄존한다. 나무 옮겨 심기에는 토양 혹은 강역의 문제는 있으되, 이주 문제가 불가피하게 파생하는 문화적 · 집단적 의식의 산물인 정체성이나 이념의 문제 따위는 부재하기 때문이다.

이번 절의 논의에서 취급하게 될 이주와 관련된 소재는 주로 박세

때의 몽계(夢溪) 심괄(沈括, 1031~1095)의 글을 인용한 부분에 해당한다. 저서 『몽계필담(夢溪筆談)』을 남긴 심괄은 조셉 니덤(J. h Needham)에 의해 중국 과학사에서 가장 탁월한 인물로 지목되었다.

2) 朴世堂, 『穡經』, 「種諸樹法」, 〈竹〉, "老竹種不生, 生亦不滋茂."

3) 朴世堂, 『穡經』, 「種諸樹法」, 〈竹〉, "澆竹 用洗手面水, 卽枯死."

당의 저술인『서계연록』과『서계집』에서 발굴된 자료들이다.『서계연록』의 경우 논의와 관련한 소재는 총 6건 정도다. 묘사된 이주 사안이 단 두어 줄에 불과한 경우도 있어서, 어차피 논의의 균형감은 유지하기 힘든 사정이다. 그러나 박세당의 연행록 속에 묘사된 피로인들의 당시 상황은 전후 전리품이자 강제 이주자이기도 한 조선인의 삶의 현주소를 너무나 생생하게 전해주고 있다.『서계집』에서 묘사된 이른바 동래(東來) 귀화인인 중국인 강세작(康世爵)의 경우도 마찬가지다.

따라서 금번 논의를 통해서 우리는 비자발적인 특이 이주 유형이랄 수 있는 피로인의 처지와 자발적 이주 유형인 귀화인의 삶이라는 상반된 두 케이스를 접할 수 있을 것이다. 나아가 상이한 두 이주 유형으로부터 삶의 터전을 확보하는 일이야말로 절대 지존의 가치임을 실감하게 될 것이다. 또한 이를 위해서는 무엇보다 인간 실존의 자유의지가 필요조건으로 적극 요청된다는 사실을 수긍하게 되리라 본다. 더불어 이주자들이 새 강역에서 성공적인 삶을 개척해 나가기 위한 조건들에 관한 몇몇 암시적 교훈들을 제공받을 수 있을 것이다.

1)『서계연록』속의 조선 피로인

서계 박세당은 성장기 무렵에 병자호란의 전화(戰禍)를 피해서 일가족이 궁벽진 남한 곳곳을 전전하는 유랑의 경험을 간직한 인물이었다.[4] 그런 그가 병자호란(1636)이 발발한 시점으로부터 정확히 32년만인 1668년(戊申, 40세)에 서장관 자격으로 연행사 사절단에 합류하

---

4) 제1장 3절의 각주 53) 참조.

게 된다. 서장관 박세당은 이 기간 동안에 목도하고 체험한 특징적인 사건들을 『서계연록』에 옮겨 충실히 기록해 두고 있다.

박세당은 기록 문화의 중요성과 기록자의 자격,5) 직접적인 체험과 해석의 문제 등에 관해서도 매우 고양된 수준의 의식을 견지하고 있었다.6) 이런 사실들은 박세당이 기재한 『서계연록』의 자료적 가치에 새삼 신빙성을 더해 주기에 충분한 언술들이다. 대부분의 연행록은 사적 기록의 산물이지만, 박세당의 그것은 사기록이면서 동시에 관찬 사료적·공적 기록물이라는 특성을 다분히 간직하고 있다. 이 같은 지적은 『서계연록』이 간직한 정직한 특성이면서, 동시에 피치 못할 한계처럼 보인다. 이제 『서계연록』 속에 채록된 몇몇 조선인 피로인 스토리들을 소개하고 분석해 보기로 한다.

〈피로인 스토리 (S1)〉

장도에 나선 지 불과 나흘 무렵(壬戌)에, 박세당은 지명을 문의해 오는 한 호인(胡人)을 만나게 된다. 호인은 박세당을 보자 하마(下馬)를 한 뒤에 배례를 취했다. 그는 조선말[東語]에도 능숙했다.7) 연산관의 찰원(察院)[조선관]에서 숙박한 다음날의 일이었다.8)

---

5) 朴世堂, 『西溪集』 권8, 〈臥遊錄序〉, 143면, "又其人 皆拔俗跨俗之士, 文章之徒 賢且才 如此. 以記其足目之所親 心之所得 則與夫世之貌龍膺豹 股千里之駿."

6) 朴世堂, 『西溪集』 권8, 〈臥遊錄序〉, 143면, "凡爲山水記者, 必足履其地 目覩其狀 而心得其實, 然後把筆 而備錄之. 高高也 下下也 深深也 淺淺也, 不失尋丈尺寸之間 而兼盡其變."

7) 朴世堂, 『西溪燕錄』, 〈壬戌〉, 344면, "未明發逢 胡人訪以地名 見臣下馬拜. 又能爲東語."

8) 朴世堂, 『西溪燕錄』, 〈庚申〉, 344면, "微陰早發 至려馬場東北山下朝餐."

이윽고 박세당이 물었다.

"그대는 조선인(我人)이시오?

그가 대답하기를,

"본래 집은 과천(果川) 상초리(霜草里)로, 선릉(宣陵)의 수호군(守護軍) 직임을 수행했었습니다. 제 나이 16세 되던 해에 병자호란을 당해서, 몽골에 피략(被掠)되어 끌려 왔습니다.9) 두어 번 도망도 쳐보았으나 다시 붙잡히기를 반복하다가, 지금은 요동(遼東) 근지에서 장노(莊奴)로 지냅니다."라 했다.

또 말하기를,

"저희 부친은 선릉의 수복(守僕)을 지내셨고,10) 또 형님도 계셨는데, 생사 여부를 알 길조차 없습니다."라 했다. 다시 박세당이 질문했다.

"귀국할 의사는 있으신가요?"

라 하니, 그가 답하여 말하기를,

"밤이면 밤마다 조선으로 돌아가는 꿈을 꾸지 않은 날이 없습니다. 여기서 다시 장가를 들어 아내를 만났지만, 다 죽고 말았답니다. 자녀도 대여섯 명을 두었지만, 다들 제대로 한 번 키워 내지도 못했지요. 이제 홀아비 신세에다가 또 늙기조차 했으니, 몰래 도망쳐서 귀국하고픈 의사야 간절하고 말고지요! 이미 해가 기울어 어둑한 저녁이나 진배없는 인생사인데, 지금 비록 동환(東還)한다고 하더라도, 고국[故土]은 반드시 나를 수용하지 못할 겁니다. 뭘 어찌해야 할지, 그저 막막할 따름입니다!"11)

---

9) 병자호란 때에 포로로 중국에 끌려간 조선인의 경우로서, 이들을 피로인(被虜人)[被擄人]으로 지칭한다.

10) 수복은 조선시대에 묘(廟)·능(陵)·원(園)·서원(書院) 등의 제사를 맡아보던 직원으로서, 해당 관청은 수복청(守僕廳)이었다.

11) 朴世堂,『西溪燕錄』,〈壬戌〉, 344~345면, "臣問汝爲我人乎. 對本居果川霜草里 爲宣陵守護軍. 年十六遇丙子被掠于蒙古而來. 再逃再見執 時居遼東近地爲莊奴. 且曰父爲宣陵守僕 亦有兄 不知存沒. 臣問思歸乎. 答言無夜不夢朝鮮來. 此再娶婦皆死 生子女五六人俱不育. 既鰥且老 甚思逃歸 頃日夕人生事 今雖東還 故土必不容受 無可奈何耳."

라고 한탄했다.

약관의 나이에도 채 미치지 못하는 나이에 피략된 이 과천 출신의 피로인은, 이제 약 48세의 장년을 넘어서 벌써 지친 초로의 기운마저 물씬 풍기고 있었다. 게다가 현지에서 삶의 터전마저 제대로 확보하지 못한 그는 심어도 살지 못하고, 살아도 무럭무럭 자라지 못하는 저 늙은 대나무 신세로 전락하고야 만 것이다. 더욱이 설령 귀국을 감행하더라도 '이전의 흙'에 해당하는 고국은 자신이 수용될 여백을 허용하지 않을 것이라는 귀속 거부의 예감은, 결국 그로 하여금 절망의 심연으로 예인하고 있는 듯이 보였다.

게다가 그는 두어 번 도망을 치다가 붙잡힌 이력마저 지니고 있다. 특히 청조(淸朝)는 도망자 가운데 조선 땅에서 붙잡아 다시 송환한 소위 도회인(逃廻人)들에게는, 발뒤꿈치를 절단하는 형벌인 단지형(斷趾刑)을 시행하는 등 혹형으로 대처했다. 과다한 몸값을 지불해야 하는 속환(贖還)이 아니고서는 S1의 사례에서 보듯이 도망을 시도하는 것은 드문 확률에 도전하리만큼 위험천만한 일이었다. 실제 '도망자 쇄환 문제'는 병자호란 이후 조·청 양국 간에 심각한 외교적 현안으로 부상하고 있었다.[12]

이어서 박세당은 이국 만리에 흩뿌려진 이 고단한 피로인에게 몽골의 특이한 군사적 동향에 관한 정보 수집을 위한 질문을 던졌다.[13] 박세당은 과천 출신의 이 전후 낭인에게 차마 더는 개입하고 관여할

---

12) 한명기, 「丙子胡亂 패전의 정치적 파장」, 『東方學志』 119, 연세대학교 동방학연구소, 2003, 71면.

13) 朴世堂, 『西溪燕錄』, 〈壬戌〉, 345면, "問聞蒙古近氾關外, 汝知之乎. 日今年春……."

수가 없었다. 대신에 박세당은 관찰자이자 기록자인 자신의 처지에
그대로 머무르기로 결심한 듯하다. 아무튼 S1의 사례는『서계연록』
전체를 통해서, 피로인과 나눈 가장 자세하고도 긴 대화체 형식의
기록에 해당한다.

〈피로인 스토리 (S2)〉

계유일. 새벽에 기상해서 선사(先師)의 정우(庭宇)를 배알했다. 제대
로 관리가 되지 않아 더럽혀진 정도가 너무 심하다. 일찍 출발하여
칠리파(七里坡)를 지나서 아침은 중우소(中右所)에서 먹었다. 다시
곡척하(曲尺河)와 동관역(東關驛), 육고하(六股河)를 지나고, 저녁에
는 중후소(中後所)에서 묵었다.
피로 남녀 두 사람이 일행을 찾아와서 접견했다. 이들에게 물품을
증여했다. 이날은 70리를 행진했다.[14]

　S2의 경우에는 피로인의 신상과 관련된 정보는 전무한 상태다.
대신에 단 한 줄에 불과한 짤막한 기록만으로 접견했던 흔적으로
남겨 두고 있다.

〈피로인 스토리 (S3)〉

경진일. 날이 채 밝기도 전에 청량산(淸凉山) 칠가령(七家嶺)과 신점
(新店) 왕가점(王家店), 망우교(忙牛橋)를 지났다. 진자점(榛子店)에
서 아침을 먹었는데 어떤 피로인 두 부인이 조선 사절단 일행을 찾아
와서 만났다.

---

14) 朴世堂,『西溪燕錄』,〈癸酉〉, 358면, "癸酉. 曉起謁先師庭宇 不治汚穢已
甚. 早發過七里坡. 朝餐于中右所. 過曲尺河東關驛六股河 夕宿中後所. 有
被虜男女二人來見 並贈以物. 是日行七十里."

이들 스스로 말하기를, "한 집은 한양[京都], 또 한 집은 개성(開城)
출신입니다. 지금은 가까운 마을에서 함께 살면서, 장두(庄頭)로 사
역하면서 지냅니다."라고 했다. 이들에게 각기 물품을 증여했다.15)

   박세당은 S2에 이어서 S3의 경우에서도 더 이상 피로인들에게 귀국
의사를 타진하지 않았다. 대신에 얼마간의 물품을 증여하는 방식으로
질문을 대체했다.

   작자 미상의 『산성일기(山城日記)』에 의하면, 청으로 피랍된 조선
피로인들 중에서 훗날 심양 시장에서 팔린 사람들만 해도 66여만
명에 달했다고 한다. 물론 이 추산 속에는 몽골에 떨구어진 조선인들
의 숫자가 포함되지 않았으므로, 그 수효가 엄청난 규모였으리라는
것은 미루어 짐작할 수 있다.16) 물론 병자호란 때의 피로인 숫자에
대해서는 여러 이론(異論)들이 존재한다. 또한 실제 환향(還鄕)한 동
포들보다는 현지에서 그대로 동화된 고객(孤客)들이 훨씬 더 많았으
리라 본다. 여하간 박세당은 이미 피로인들이 처한 여러 사정들을
소상히 파악한 상태였다. 따라서 박세당은 시험 삼아서 실현 불가능
한 귀국 의사를 거듭 문의하고 타진하는 일이야말로 너무나 야박한
처사로 여겼던 듯이 보인다. 대신에 S3의 경우 박세당은 두 피로

---

15) 朴世堂, 『西溪燕錄』, 〈庚辰〉, 365면, "未明過淸凉山七家嶺 新店王家
   店……朝餐于榛子店. 有被虜二婦人來見. 自言一家京都一家開城. 今同居
   近村 役於庄頭. 各贈以物."

16) 작자 미상, 김광순 옮김, 『산성일기』, 서해문집, 2007, 100면. 역자는 이
   책의 저자를 청음 김상헌의 아들인 김광찬(金光燦)이나 조카 광현(光炫)일
   것으로 추정하고 있다. 한편 피랍된 조선인 숫자에 대해서 최명길은 50여만
   명으로, 남한산성에서 인조를 호종했던 나만갑(羅萬甲)은 60만 명 이상일
   것으로 추산한 바가 있다. 피로인의 규모 및 속환 문제에 관해서는 金鍾圓,
   「初期 朝·淸關係에 대한 一考察: 丙子胡亂時의 被擄人 問題를 中心으
   로」, 『歷史學報』, 歷史學會, 1976, 71면 참조.

부인이 근촌에서 함께 살고 있다는 사실에 그나마 마음의 위안을 삼았을 지도 모르겠다.

〈피로인 스토리 (S4)〉

S4에서는 병자호란 이후에 심양(瀋陽)에 인질로 잡혀갔던 봉림대군[효종]과 소현세자에 얽힌 간략한 스토리를 옮겨 보기로 한다. 실상 두 사람 역시 명백히 피로인 처지에 해당하기 때문이다. S4는 당해 사절단의 일원이었던 역관 장현(張炫)의 전언을 기록한 것이다. 연로한 역관 장현은 유능하면서도 성실한 조선 사절단의 원역이었다.

효종이 계루되어 있는 이 짤막한 이야기의 배경에는 명·청 간에 치렀던 송산(松山) 전투가 관련되어 있다. 당시 송산 전투에 효종과 소현세자가 함께 참전했기 때문이다. 조선으로 귀국하기 4년 전의 일이며, 대략 그 시기는 1642년 8월 무렵이다. 송산 전투는 청군이 북경 점령을 위한 도정에서, 특히 산해관 진출의 분수령을 이룬 중요한 전투라는 의미를 지닌다. 『서계연록』에 묘사된 장현의 당시 전황에 대한 전언을 통해서도 피비린내가 절로 감지될 정도다.

> "지난 계미(癸未, 1642) 연간에 명(明)의 대장인 조대락(祖大樂)이 송산성을 지키고 있었습니다. 청군이 3년이 넘도록 성을 공격했으나, 쉬이 점령하지를 못했답니다. 수많은 살상자가 속출한 끝에, 마침내 성은 함락되었고 조대락도 전사했답니다. 성을 점한 청군은 격노한 나머지, 그 끝까지 성을 사수한 이들을 모조리 산 채로 구덩이에 묻어 버리고, 남은 사람들도 죄다 죽여버렸지요!"[17]

---

17) 朴世堂, 『西溪燕錄』, 〈辛未〉, 356면, "癸未年間 大將祖大樂守此城. 淸人攻之三年不下 殺傷甚衆 及城陷大樂死. 淸人怒 其堅守盡坑 其民夷."

장현의 회고 속에는 요동의 무장(武將) 명문가 출신의 조대락이 맞이한 비장한 최후의 순간과 더불어, 정벌전쟁을 마무리한 청군의 잔인한 살기가 물씬 묻어나고 있다. 그로부터 벌써 사반세기가 흘렀건만, 장현은 "바로 그 성에, 지금 새로 인민들이 모여들었지만, 쇠잔한 정도가 너무나 심해 보인다."라는 소감을 덧붙였다.[18]

이어서 장현은 당시 급박하게 전개되었던 송산 전투의 전말을 아래와 같이 회고해 보였다.

> "송산 전투는 급박했었지요! 총독 홍승주(洪承疇)는 장차 오삼계(吳三桂) 등의 십여만의 무리들로 이뤄진 13개 총병(總兵)과 연합해서 성을 재탈환하러 왔었습니다. 성 북쪽에 옹거하고 있던 청군은 처음에 크게 놀랬었죠. 이에 청의 용골대(龍骨大)와 마부대(馬夫大) 두 장수는 동병(東兵) 600여 명을 청하여 전열을 가다듬고 홍의포(砲)를 발사하기 시작했답니다. 청군의 맹렬한 공격에 죄다 몰살을 당할 지경에 처하자 남병(南兵)은 경악하기 시작했습니다. 마침내 홍승주가 군사를 버리고 패주하면서, 명군은 대패하고야 말았습니다."[19]

송산 전투에 패배한 명조는 청의 산해관 진출을 결국 허용하였고 지난 300년 왕조의 역사가 저물 운명에 직면하게 된다.

한편 봉림대군과 소현세자는 두 부인과 함께 병자호란 시에 체결했던 조·청 간의 강화조약에 따라 심양에 볼모로 와 있었다. 이어서 장현은 청 태종과 함께 송산 전투에 참전했던 두 사람의 당시 행적을

---

18) 朴世堂, 『西溪燕錄』, 〈辛未〉, 356면, "其城今有新集之民 凋殘已甚."

19) 朴世堂, 『西溪燕錄』, 〈辛未〉, 356면, "又云 松山之急也,洪承疇將吳三桂等 十三總兵 以十餘萬衆來救奪. 據城北山淸人大懼 龍馬二將請以東兵六百 充前列發砲. 仍攻所擊盡死南兵震駭. 承疇棄師而走 軍遂敗."

다음과 같이 회고해 보였다.

> "송산성이 함락할 시점에, 선왕(先王)[효종]과 소현세자(昭顯世子)도
> 함께 군영 중에 계셨지요! 인하여 성(城)의 동남쪽에 위치한 작은
> 언덕배기를 가리키며 말하기를, '저 곳이 바로 선왕께서 머물렀던
> 자리입니다.' 또 이르기를, '저는 그 당시 선왕을 뒤따라 다니며 수행
> 하여 모시고 있었답니다. 선왕께서는 성[남한산성]이 함락되었던 당
> 시의 일로 효유[諭]하는 데에 말이 미치면, 한동안 비통한 심회에
> 무젖곤 하시더군요!' "[20]

효종과 관련된 극히 간략한 위의 인용문을 분석해 볼 때, 효종은
일종의 하성(下城) 콤플렉스[21]를 심하게 앓고 있었던 듯하다. 프로이
드(S. Freud)의 설명처럼, 이 콤플렉스는 내상(trauma)을 자극하는
동일한 계기를 접하게 되면 자동적으로 입었던 상처가 덧나는 기제가
발휘되는 특징이 있다. 효종은 명의 송산성 함락이라는 일대 계기적
사건을 통해서, 국치의 저 삼전도(三田渡) 치욕(1637)이라는 하성 콤
플렉스가 저절로 자극되고 있었던 것이다.

아무튼 이런 경험을 토대로 효종은 귀국 이후에 복수 설치론에
입각한 북벌론(北伐論)을 기획하게 된다. 물론 안타깝게도 효종은
끝내 조선민의 모세(Moses)가 되지는 못했다. 그런 효종의 곁에는
노정객인 우암 송시열이 늘 함께하고 있었다.

---

20) 朴世堂, 『西溪燕錄』, 〈辛未〉, 356면, "辛未. 曉發失路……又言松山陷時
先王與昭顯世子 同在軍中. 因指城東南小阜曰 此卽御座. 又云炫其時隨
侍適後 及追至 先王諭以破城時事 聖懷慘然久之."

21) 하성(下城)은 출성(出城)과 같은 의미를 지닌다. 즉 남한산성에서 내려와
적에게 항복한다는 뜻을 내포하고 있다. 출성을 위한 구체적인 절목을 협의
하는 일은 병자호란 당시 조·청 간의 마지막 쟁점을 형성했다.

한편 병자호란 때의 조선인 피로인 문제를 다뤘던 주돈식은 세자와 대군이 참전했던 당시 정황의 일부를 아래처럼 실감나게 묘사해 두었다.

"참전 첫날 세자와 대군은 송산의 남쪽 막차(幕次)[야영침대]에서 잤다. 청 황제[태종]가 세자에게는 낙타 두 마리를, 대군에게는 낙타 한 마리를 보냈다. 또 세자와 대군에게 각각 생선 세 마리와 두 마리를 보냈다."22)

〈피로인 스토리 (S5)〉

앞서 논급된 S1~S4가 북경에 이르는 서행 노선에서 목도한 피로인 스토리였다면, S5는 조선으로 귀국하는 동환 길목에서 목격한 체험담에 해당한다. 평안도 영변 출신의 이 피로인과 박세당은 매우 짧은 대화를 나누었다. 이 영변인은 광녕(廣寧) 땅에서 가까운 한 몽골 부락의 번왕(藩王)에 소속된 채 일군과 더불어 소와 양을 기르며 사역하는 일로 연명하고 있었다. 일단 『서계연록』에 등재된 해당 내용을 소개해 두기로 한다.

을해일(1669, 2월10일), 닭이 울자마자 출발하여, 일출 무렵에 요하(遼河)에 당도하여 얼음을 타고 도강했다. …… 조선 사절단은 요하 변에서 아침을 먹었다. 들리는 소문에 의하면, 광녕에서 가까운 몽골 부락에 거주하는 자들의 그 왕모(王母)가 장차 안산(鞍山)의 온천에 목욕을 갈 것이라고 했다. 왕의 동생이 모친을 수행해서, 마침 조선 사절단이 머무른 곳을 지나치고 있었다. 박세당 등이 가서 그 광경을

22) 주돈식, 『조선인 60만 노예가 되다』, 학고재, 2007, 146면.

바라보고 있노라니, 왕모가 아들을 시켜서 일행을 맞이하여 그녀가
있는 천막 안으로 들게 하였다. 왕모는 나이 예순 가량 된 노부였다.
아들의 나이는 삼십 남짓해 보였는데, 수많은 소와 양들을 거느리고
이동하던 중이었다.[23]

그 무리들 중에서 호인(胡人) 한 사람이 스스로 말하기를,
"본디 영변인(寧邊人)인데 포로가 되어 끌려왔습니다."라고 했다.
그는 조선말이 다소 어눌했다. 무척이나 고달프고 쇠약해 보여서
슬픔을 자아내게 하였다. 다시 길을 재촉하려고 작별 인사를 건넨다.
그 모습이 하도 슬퍼보여서 내가 질의하기를,
"자네는 귀국할 의향이 있으신가?"
이 말에 곧 잠긴 표정으로 눈물을 쏟으며 말하기를,
"귀국이라뇨? 도대체 가능키나 한 일이겠습니까?"
그는 목이 메어 와서 스스로를 주체하지 못했다.
나는 그가 너무나 안쓰러워 보였다. 그로 하여금 신상[家信]을 정리
하게 해서, 일행 중에 부촉했다. 또 칼과 종이를 증여했다.[24]

　피로인 신세가 된 지도 어언 32여 년이 경과한 이 영변 출신인의
경우, 이제 모국어에 대한 기억마저 희미해져 가고 있었음을 감지할
수 있다. 후술할 동래(東來) 중국인 강세작(康世爵)의 경우도 유사한
망각 증상을 보여주었다. 이제 이 영변인은 어눌한 조선말에 비례해
서, 자신의 민족적 자아 준거의 거점 혹은 정체성까지 차츰 저 대륙의

---

23) 朴世堂, 『西溪燕錄』, 〈乙亥〉, 391면, "乙亥, 鷄鳴發 日出至遼河. 乘氷以
　　渡……朝餐于河傍. 聞蒙古部落 居近廣寧者 其王之母 將往鞍山湯泉沐浴.
　　王弟從行 過此. 臣等往觀之 王母使子邀入其帳 乃年六十餘歲老婦. 王弟
　　年三十餘 多帶牛羊以行從."

24) 朴世堂, 『西溪燕錄』, 〈乙亥〉, 391~392면, "胡一人 自言本寧邊人 被掠而來.
　　語未能了. 疲屚可哀 及行告辭 其容多戚. 臣問汝意欲歸乎 則便潛然下淚
　　曰 歸豈可得. 硬咽不自勝. 臣愍之使修家信以付行中. 贈以刀紙."

광풍 속으로 파편화되어 가고 있는 중이었다. 게다가 현실적으로
난망한 귀국 여건은, 자신이 존재해야만 하는 이유에 대한 실존적
허무감만 더해 줄 뿐이었다. 결국 무거운 절망감은 그의 목을 뒤틀어
막았던 것으로 분석된다.

　이상에서 거론된 S1~S5 피로인의 경우, 1668년 당시의 거주지는
몽골을 포함한 범(汎) 동북 지역인 것으로 확인되고 있다. 청이 북경
으로 수도를 옮기기 이전의 수도가 심양인 까닭도 있고, 병자호란에
참전했던 몽골이 전리품의 일환인 포로를 부분적으로 공유하게 된
연유도 작용했을 것으로 추정된다. 또한 피로인 신분인 이들의 현지
생업은 대부분 농장 노예였거나, 우양(牛羊)을 키우는 일 등과 같은
하층민의 삶을 영위하고 있었음이 확인되었다.
　강제로 이주된 피로인들이 현지에서 일정 수준 이상의 삶의 터전을
개척하는 일이란 어차피 불가능하였다. 전후 전리품에 불과한 이들의
향후 삶은 이미 그 방향이나 틀 자체가 규정되어 있었기 때문이다.
이 규정된 삶의 양상은 흡사 새장에 갇힌 앵무새와도 같은 형국으로
서, "이 조선 포로야말로 역사상 가장 비참한 포로들"[25] 신세에 놓여
있었던 것이다. 이런 정황들은 일본에 표착(漂着)하여 필담(筆談)이
라는 의사 소통 행위를 매개로 삼아서, 직접적 항의와 집단행동까지
불사했던 17세기 조선 표류민(漂流民)들의 처지와는 너무나 판이한
상황이었다.[26]

---

25) 주돈식, 앞의 책, 2007, 83면.
26) 이훈, 「조선 표류민의 일본 체류와 접촉」, 『조선과 동아시아, 그 만남의
　　자취』, 인하대학교 한국학연구소, 2008, 57~62면 참조.

272

비유적으로 표현하자면, 이들 피로인들은 생장에 필요한 이식 '이
전의 흙'인 고토도 부재했을뿐더러, 적절한 수분과 온도 유지도 제공
받지 못한 채 남북으로 방위마저 뒤바뀐 상황이었던 것이다. 다만
차가운 북풍 한설만이 매섭게 휘몰아쳤을 뿐이었다. 그들은 미처
주술에도 기댈 수가 없는 처지였다.

그 즈음 동서양의 보편사의 자기 전개 양상은 근대적 주체를 모색
하는 흐름으로 서서히 그 축이 일변해 가고 있었다. 그리하여 신학과
이학(理學)의 무게에 함몰되었던 이성과 욕망의 코드를 복원해 내려
는 일련의 지적 노력이 병행되고도 있었다. 결국 이러한 동서양의
보편사적 추이는 자유와 평등이라는 근대적 이념을 확립하는 방향으
로 큰 물꼬를 터 가기에 이른다. 얄궂게도 이러한 근대의 문턱 앞에서
조선 피로인들은 기어이 자유를 거세당하고야 만 것이다. 자유의지를
박탈당한 노예적 굴레 속에서의 개인의 삶이란, 그 어떠한 자발적인
동력 분출도 원천적으로 불가능하다. 때문에 후론될 두 귀화인이
연출한 평화롭고도 의욕적인 이주 양상과는 극명한 대조를 이룬다.
이들 두 귀화인은 자유의지를 행사한 자율적 주체로서, 새로운 삶의
공간을 선택하게 된 경위로부터 자신들의 귀화담을 풀어나가고 있다.

추가적으로 강제로 끌려간 조선 피로인들과는 다른 이주 유형인
부로인(附虜人) 혹은 투로인(投虜人)의 경우도 주목해 본다. 이들 부
로인·투로인들은 자발적 의지에 의해 후금이나 청조에 귀순했거나,
혹은 조선인 동족을 이반하고 만주족에 협력한 경우에 해당한다.
가령 17세기 전반의 신달리(新達理)[곧 김여규(金汝圭)]와 그 후손인
18세기 후반의 김상명(金常明)과 김간(金簡)에 이르는 가계가 이에
해당한다. 물론 이들 가계의 출발점은 종족을 이반한 후자의 경우에

해당한다. 그러나 이 일문은 일개 귀화인의 신분에서 청조의 고위관
직에 연이어 오름으로써, 요좌명가(遼左名家)·고려망족(高麗望族)
으로 성장해 나갔다. 이 조선인 출신의 성공적인 귀화 스토리는 매우
이채롭게 여겨진다.[27]

2) 쇄래(刷來) 이주와 동래(東來) 이주

(1) 쇄래 이주

『서계연록』에는 보기 드물게 쇄래(刷來)나 쇄환(刷還) 이주에 관한
단 하나의 사례가 극히 짤막한 분량으로 소개되고 있다. 우선, 쇄환의
자전적 의미는 외국에서 방랑하는 동포를 데리고 본국으로 돌아온다
는 정도의 의미다. 병자호란 이후 현금에 의한 경제적 뒷거래로 피랍
포로들을 귀국시킨 속환제(贖還制)도 넓은 의미에서 보자면 이 쇄환
유형에 포함시킬 수 있을 것이다.

이에 비해 쇄래는 복잡한 외국 생활을 청산하고 자발적 의지의
차원에서, 다시 본국으로 되돌아간다는 뜻을 내포하고 있다. 가령
일명 서해교전(西海交戰)으로 지칭되었던 2002년 6월 29일에 발생한
제2연평해전(第二延坪海戰)의 전몰 미망인 중 한 사람의 경우가 이
유형에 해당한다. 그녀는 교전 이후에 취해졌던 일련의 정부 처사에
불만을 품고서, 일시 해외인 미국으로 이민을 떠났다가 다시 귀국한,
이른바 전형적인 쇄래 케이스다. 이처럼 두 개념이 갖는 세부적인
개념적 층차와는 무관하게, 관용적으로 쇄환의 범주 안에 쇄래 개념

---

27) 부로인 출신인 신달리 가계의 성공적 귀화담에 관한 논의는 우경섭, 「滿洲로
　　귀화한 조선인들—『欽定八旗滿洲氏族通譜』의 新達理(金汝圭) 가문을 중
　　심으로」, 『조선과 동아시아, 그 만남의 자취』, 인하대학교 한국학연구소,
　　2008, 1~8면 참조.

이 흡인된 채 혼용되는 사례가 빈번해 보인다.

〈쇄래 스토리 (S6)〉

박세당이 목격한 쇄래 케이스는 귀국 노선인 동환 길에서 우연히 접하게 되었다.

> 정축일(1669년 2월 14일).
> 소령(小嶺)을 넘고 칠령사(七嶺寺) 미륵대(彌勒臺)를 지나서 왔는데, 모두 심산유곡 속에서의 행진이었다. 어느 한가(韓家)에서 아침을 먹었다. …… 대뢰하(大瀨河)를 건너고, 다시 재 하나를 넘어서 저녁에 마둔(馬屯) 지역에 도착했다.
> 나이 칠순에 가까워 보이는 한 노부가 스스로 말하기를, "본디 (함경도) 경원(慶源) 땅의 번호(藩胡)였다가 귀화(向化)를 해서 살았더랬지요. 그러다가 진주민란[晉州亂] 이후로 다시 쇄래(刷來)를 했었답니다." 또 말하기를, "질 좋은 갱미 쌀이 생각나서 여러 되를 구했다우! (여기서는) 초혼(初昏) 때에 준답니다."라 했다.[28]

이상의 쇄래 스토리는 불과 두어 줄 남짓한 극히 짧은 분량이다. 원래 변경이나 경계 지역은 카오스적 기운이 넘치는 혼돈의 땅이라고 할 수 있다. 만주 지방이 그러했고 함경도 지역도 유사한 여건이었다. 이 노부의 가계는 원래 호인이었지만, 조선 영토인 함경도 경원 땅에

---

28) 朴世堂, 『西溪燕錄』, 〈丁丑〉, 352~353면, "踰小嶺過七嶺寺彌勒臺 皆行深谷中. 朝餐于韓家……踰一嶺渡大瀨河 又踰一嶺 夕至馬屯. 有老婦年七十自言本慶源藩胡 爲向化居 晉州亂後刷來. 且言思粳米之好 求數升 與之初昏." 언급된 진주란은 시기상 조선 후기인 철종 13년(1862년) 2월의 사태로 보이지는 않는다. 추정컨대, 함경도 지역에서 발발한 여타의 난을 잘못 말했거나, 혹은 기록한 결과가 아닐까 한다.

서 귀화인의 삶을 살다가, 진주민란을 전후한 무렵에 다시 고국인 중국으로 쇄래한 한 유형을 보여준다. 또한 겹겹이 산으로 둘러싸인 그토록 궁벽진 심산유곡에서의 삶이었지만, 그녀의 일상은 무척이나 평화스러워 보인다.

인생 경험이 풍부한 이 노부가 보기에, 귀화나 쇄래 같은 이주 유형의 문제는 삶이 요구하는 바에 따라 언제든 자유롭게 선택할 수 있는 하나의 대안적 방식에 불과했다. 물론 이 또한 그녀에게는 새 공간을 선택할 수 있는 자유가 주어졌기 때문에 가능한 것이었다. 따라서 역사의 주변인이 흔히 겪을 수 있는 민족적 정체성이나 소외된 의식에 관한 그 어떠한 고뇌의 흔적도 이 노부의 얼굴 표정에서는 읽혀지질 않았다. 이러한 정황은 전술한 S1~S5의 경우와는 너무나 대조적인 양상이다.

(2) 동래 이주 :「강세작전(康世爵傳)」

동래 이주는 중국인이 조선으로 자발적 의사에 의해 귀화한 경우를 지칭하는 개념이다. 실제 17세기를 전후한 시점에서 조·청 간에는 동래 혹은 동주(東走) 문제로 양국 관계가 매우 껄끄러웠던 정황이 포착된다. 1636년 조선에 대한 2차 정벌인 병자호란을 직접 주도한 홍타이지는 출병에 앞서서, 명의 광녕에 국서를 보내어 조선이 청국에 범한 죄목을 열거한 사실(史實)이 있다. 그 죄목 가운데 하나가 조선에 귀부(歸附)한 청의 도망민을 청국으로 돌려보내지 않았다는 항목이었다.[29] 그러므로 이 경우의 동래 이주란 내용상으로는 중국 도망민이 감행한 이주, 곧 동주에 해당한다.

---

29) 『太宗文皇帝實錄』권37, 崇德三年 七月 壬辰條.

그런데 조선은 명이 멸망한 이후 그 유민(遺民)들을 향화인(向化人)이라 하여 수용했고, 특히 임진왜란(1592) 당시에 참전했던 명 장수들의 후예들을 잘 돌보아 주기도 했다.30) 강세작은 비록 전쟁에서 패한 끝에 동주한 경우에 해당되지만, 넓게 보면 명의 유민에 포함될 수 있는 인물인 셈이다. 또한 광의의 개념 범주에서는 정치적 망명자로도 분류가 가능한 특별한 케이스이기도 했다.

〈동래 스토리(S7)〉

박세당의 문집 『서계집』에는 명의 회남(淮南) 출신인 강세작(康世爵)의 성공적인 동래 귀화담이 실려 있다.31) 「강세작전」은 사전(私傳) 형식을 취하고 있으며, 가상의 청자를 설정한 상태에서 대화체 형식을 차용한 강세작의 고백 양식으로 서술되고 있다. 또한 저자가 전(傳)을 짓게 된 동기나 의도와 같은 입전 형식은 물론이고, 평인 찬(贊) 부분도 생략한 특징을 보여 준다. 『서계집』의 「강세작전」이 지닌 이러한 특징들은 채록자인 박세당이 당사자인 강세작으로부터 직접 청취한 사실을 기록한 데서 연유한 것으로 보인다. 이 점 강세작을 소재로 한 후대의 여타의 작품과는 다소 변별되는 특징으로 간주된다.32)

---

30) 정옥자, 『조선후기 조선중화사상연구』, 일지사, 1998, 14~19면.

31) 朴世堂, 『西溪集』 권8, 「雜著」, 〈康世爵傳〉, 154~155면. 이하의 본문 내용은 〈강세작전〉을 간략히 재구성하고 번안해서 기재하도록 한다. 단 특별히 음미할 만한 내용은 원문을 주석에서 취급하도록 하겠다.

32) 강세작을 소재로 한 후대의 글들로는 『약천집(藥泉集)』·『정재집(定齋集)』·『서당사재(西堂私載)』·『곤륜집(崑崙集)』·『번암집(樊巖集)』·『이계집(耳溪集)』·『연암집(燕巖集)』·『연행직지(燕行直指)』 등이 있다. 또한 『조선왕조실록』을 포함한 각종 역사 기록서에도 강세작과 그 후손들에 대한 언급이 보인다. 주영아, 「『西溪集』 「康世爵傳」을 통해 본 西溪의 현실인식」, 『동방학』 12, 한서대학교 부설 동양고전연구소, 2006, 131~132면 참조.

먼저 강세작이 중국 강역을 떠나서 조선으로 넘어오게 된 경위를 간략하게 추려 보기로 한다.

「강세작전」에 의하면, 강세작의 부친은 청주(靑州)의 우후(虞侯)를 지냈으나 한 사건에 연루되어 마침내 변방인 요양(遼陽)으로 수자리를 살러 가게 된다.[33] 세작은 부친을 따라 요양에 갔으나, 우모령(牛毛嶺) 전투에서 패배한 부친은 결국 사망하고 만다. 군영 중에 있던 강세작은 홀로 탈영을 감행하여 다시 요양으로 도망쳐 되돌아왔으나 곧 요양성마저 함락을 당한다. 이후 강세작은 초야로 도망쳐서 몸을 숨기게 된다. 풀잎과 나무열매만으로 허기를 채우고 곡기를 끊은 지 어언 12일이나 지났건만, 그는 요행스럽게도 죽음만큼은 면할 수 있었다.

그 무렵 중국의 경우 포로 신세가 된 자는 남쪽 고토로 되돌아갈 수 없었다. 마침내 강세작은 조선 땅으로 도주[東走]하여, 압록강을 건너서 관서(關西) 지방의 여러 군현(郡縣)을 수개월 동안 유랑하는 처지에 놓이게 된다.[34] 이를테면 그의 동래 귀화는 실제로는 탈영병이 감행한 불가피한 선택, 즉 동주 이주에 해당했다. 차후 강세작은

---

33) 남구만의 『약천집』에서는 강세작을 이렇게 소개하고 있다. 『藥泉集』 권28, 「雜著」, 〈康世爵傳〉, "강세작은 중국 형주 사람이다. 증조부 우(祐)는 금주 참장이었는데 몽골전에서 전사했다. 조부 림(霖)은 (명장(明將)인) 양호를 따라 조선 원정에 나섰다가 (황해도) 평산전에서 사망했다. 부친 국태(國泰)의 관직은 청주통판이었으나, ……국태 역시 전쟁의 와중에서 사망했다(康世爵者 中國荊州府人. 曾祖祐以金州參將 戰死蒙古. 祖霖從陽鎬東征死平山 父國泰官靑州通判……國泰亦中箭死)." 한편 박지원의 『열하일기·도강록』 속의 해당 부분 또한 남구만의 그것과 유사한 내용으로 구성되어 있다.

34) 朴世堂, 『西溪集』 권8, 154면, "於是 咀虜不得南歸故土. 遂東走渡鴨綠江 游關西諸郡縣數月."

다시 재를 넘어 함흥(咸興)과 단천(端川) 사이에서 8~9년을 지냈다. 좀 북쪽인 경원(慶源)과 종성(鍾城) 땅으로 흘러들기도 했고, 또 누차 여러 곳을 옮겨다녔으나 마땅한 거처를 확정하지 못했다. 그는 지금껏 딱히 멀리 떨어진 타군에서 거처를 구한 것도 아니었다. 그야말로 산전수전을 다 겪은 파란만장한 한 편의 대하소설과도 같은 인생 역정이었다.

최종적으로 강세작은 함경도 회령(會寧) 지방에 우거를 확정지은 듯하다.[35] 박세당이 처음 회령에서 강세작을 만났을 무렵 그는 이미 수염도 머릿결도 모두 백발로 화한 나이 60여 세의 노인이었으며, 함경도 사투리를 구사하고 있었다.[36] 세작은 조선인 아내를 만나 아들 둘을 두었으며, 손자까지 본 할아버지임을 전언해 왔다.[37] 박세당이 중형(仲兄)인 박세견(朴世堅, 1619~1683)을 따라 함경도 군막에 종유한 시점은 1648년 가을부터 이듬해(己丑) 봄까지의 기간이었다.[38] 당시 박세당은 약관의 나이인 19~20세에 불과했으므로, 그보다 무려 40여 세나 연상인 강세작은 대략 1589년을 전후해서 출생한 듯하다. 또한 강세작은 대략 20세경인 1630년을 전후한 시점에 동래

---

35) 서계 박세당이 강세작에게 준 〈증강생세작(贈康生世爵)〉(3首)이라는 시의 세주(細註)에는 "세작은 회남인으로서, 난을 피해 조선으로 왔으며, (함경도) 회령 지방에서 붙이어 산다(世爵 淮南人, 去亂東來, 僑居會寧)"라는 설명이 부기되어 있다(『西溪集』 권1, 「東行拾囊」, 〈贈康生世爵〉, 15면).

36) 朴世堂, 『西溪集』 권8, 155면, "余髓幕留北 世爵適至. 時年六十餘 鬚髮盡白. 與之言 爲方語不能了."

37) 朴世堂, 『西溪集』 권8, 155면, "世爵取東婦 生二子有孫云." 세작은 역비(驛婢)와 결혼한 것으로 전해진다.

38) 朴世堂, 『西溪集』 권1, 「東行拾囊」의 세주, "自戊子秋 至己丑春. 仲氏承旨公宰歙谷." 당시 박세견은 음사(蔭仕)로 흡곡현령과 청풍군수로 나가 있었다. 박세당의 문명(文名)을 더 높여준 「동행습양(東行拾囊)」은 함경도 흡곡에서 지은 듯하다.

를 한 것으로 요량된다.

  그런데 강세작의 사람됨은 결코 자잘한 스케일이 아니었고, 어딘가
모르게 범상치 않은 면모도 있었으며, 또한 최소한 수준 이상의 지적
소양도 갖추고 있었다. 박세당은 그를 강 선생[康生]이라고 호칭했다.
게다가 강세작은 타고난 애주가였고, 이미 북쪽 땅의 구객이나 진배
가 없는 터여서 그 곳의 토착민들과도 교분이 매우 두터웠다.[39] 말하
자면 강세작은 이국적인 낯선 환경에 새롭게 적응하면서 살아가야만
하는, 곧 귀화 이주민에게 요구되는 여러 조건들을 잘 갖춘 중국인이
었다. 그는 잘 준비된 동래 귀화인이었다.

  더욱이 강세작은 역사적 통찰력까지 겸비한 인물이기도 했다. 그는
일찌감치 이른바 천(天)의 대수론(大數論)에 입각하여 명의 주씨(朱
氏) 왕조가 멸망할 것임과, 대신 야만족으로 취급된 만주족[虜]이 "그
마침내 천하를 소유하게 될 것"임을 정확히 예측했었다.[40] 바야흐로
강성 일로에 접어든 만주족에 비해서, 중국인[한족]의 곤폐한 정도가
이미 극한에 달했고, 때문에 부자 형제지간이라도 목숨 부지를 보증
할 수 없는 상황에 처했으니, 비록 저 영웅호걸과 같은 재목이 있다손
치더라도, 신흥 야만족을 대항해 낼 수가 없다[41]는 나름의 당대 현실
진단에 기반한 통찰력을 발휘하였던 것이다.

  이에 추가하여 강세작은 원대(元代)의 선행 사례를 들어서, 청의

---

39) 朴世堂, 『西溪集』 권8, 154면, "世爵爲人不齷齪 類非庸人 粗識字. 性喜酒
    旣久客北土 多熟土人."

40) 朴世堂, 『西溪集』 권8, 155면, "又曰 吾知明之亡 朱氏不能復興也. 漢四百
    年而亡 雖以昭烈之賢 不能復. 唐與宋 皆三百年而亡. 明自洪武至崇禎 亦
    三百年. 天之大數 誰能違之. 虜其終有天下乎."

41) 朴世堂, 『西溪集』 권8, 155면, "夫虜方强 而中國之人 困弊已極, 父子兄弟
    救死不給 雖有英雄豪傑 莫能抗也."

세력[虜勢] 또한 차후 50~70년 혹은 100년 이내에 한 템포 쇠락할 것이고, 동시에 한동안 은일 휴식[休逸]을 취했던 중국인의 적치(積恥)한 기상이 발분하면서 청조를 다시 압박할 것이라는 예견적 전망을 피력했다.[42] 그러나 결과적·사실적 측면에서 볼 때 이 전망은 오진에 머무른 것으로 판명되고 만다. 이와 같은 전망 착오의 이면에는 강세작이 주기적 순환론에 입각한 자연[天]의 대수론을 다소 기계적 독법으로 왕조 교체 연수에 적용한 탓도 있어 보인다.

그러나 이 오진의 심층에는 한족(漢族)[중국인] 중심의 저 중화 지존의식이라는 인종적 우월의식 혹은 편견이 내밀히 작동된 결과로도 분석된다. 강세작이 간직한 이 자민족 중심주의(ethnocentrism)는, 그가 이국 강역인 조선 땅에서도, 여전히 민족적 정체성을 그 혈흔속에 항구적 유전인자로 융해해 두고 있음을 반증한다. 때문에 강세작은 한족의 잠재력 부활을 믿었고, 또한 언젠가 야만족이 세운 청조를 향한 적치한 기상이 발분해 주기를 은근히 갈망했던 것이다. 『일성록(日省錄)』 정조 1년(1777)의 기록에 의하면, "강씨(康氏)네 집안사람들은 다들 지금껏 청나라의 저잣거리에서 나는 잡물(雜物)들을 사다 쓰지 않는 것을 가풍으로 여기고 있으니, 참으로 희귀한 경우"라는 평가를 내리고 있다.[43] 명조에 대한 절의와 그 유풍을 존중하는 가풍이 대대로 전승되고 있었던 것이다.

또한 최소한 수준 이상의 지식인적 소양을 갖추고 있었던 강세작의 경우, 충효(忠孝)로 상징되는 당대 시대정신 혹은 이념의 문제로부터

---

42) 朴世堂, 『西溪集』 권8, 155면, "竢五七十年或百年 虜勢少衰. 中國之人 且得休逸 奮於積恥之餘 起而逐之 如元氏之亡 此其已然之跡 可知也."
43) 『日省錄』 정조 1년 7월 16일(己卯).

도 결코 자유로울 수가 없었다. 이러한 진단은 강세작이 내뱉은 자조 깊은 아래의 고백을 통해서 분명하게 확인되고 있다.

　"또 탄식하여 가로되, 내 나이 열서너 살 적부터 이미 집안에 머물러 서는 효(孝)를, 국가적 차원에서는 충(忠)을 실천하는 데 뜻을 품어서, 흡사 (뭔가 확고히) 수립(樹立)한 바가 있는 듯한 기상이었지! (그런 데) 지금 현재의 나는 충을 국가에 제대로 펼쳐 보지도 못했고, 부모 님께는 효도 한 번 제대로 못했다네. 결국 불효(不孝) 불충(不忠) 천만한 사람이 되고야 만 것이지!"[44]

　실로 강세작은 소시적 무렵부터 기상 충만한 저 대륙풍의 지식인상 을 추구했었던 것으로 분석된다. 그는 약관의 나이에도 미치는 못한 무렵부터, 공자의 저 이른바 "서른 살에 자립"하는[45] 이립(而立)의 기상을 닮으려 했었다. 충효는 당대 지식인이 궁극적으로 추구해 나가야 할 최고의 가치이자 이념이기도 했다. 그러나 이제 이미 각하 된 이념 앞에서 그는 자조하고 있다. 그래서일까? 강세작은 방기된 충효 대신 두주불사형에 가까운 귀화인 생활을 즐기고 있었다.[46] 덩달아 세작이 머무른 주읍(州邑)의 관리들도 호방한 이 이국의 나그 네[羈客]를 후대했고, 강세작은 이들과 함께 즐겁게 어울리는 대신 결코 곤궁한 기색과 구걸하듯 애련한 티를 드러내 보이질 않았다.

---

44) 朴世堂, 『西溪集』 권8, 155면, "又嘆曰 自吾年十三四時 已有志在家爲孝 在國爲忠 如有所樹立. 今吾忠不成於國 孝不成於家 爲不孝不忠之人."

45) 朱熹, 『論語集註』, 「제2 爲政」편의 4장, "子曰 吾十有五而志于學, 三十而立 四十而不惑, 五十而知天命, 六十而耳順, 七十而從心所欲 不踰矩."

46) 朴世堂, 『西溪集』 권8, 154면, "常曰 吾平生不欲作非義事 故於人無所求. 然惟酒能忘憂 吾每從而覓之. 吾獨於酒不辭而已."

또 관인(觀人)에 능했던 강세작은 접하는 사람들의 재능의 정도와 장단을 정확히 짚어내 보이기도 했다.[47]

한편 개별적인 이주 유형의 차이 정도를 불문하고, 낯선 이국적 환경에 적응하면서 새로운 삶의 터전을 구축하기 위해 필수적으로 선결되어야 할 과제는 기존의 풍속이나 관습에 대한 문화적 적응 노력, 언어 사용상의 핸디캡을 극복하는 문제, 생업상의 여건을 조성하는 일 등일 것이다. 강세작의 경우 이 세 가지 조건을 잘 충족시켜 나간 성공적 모델로 평할 만하다. 이들 사안에 대한 강세작의 대처 노력을 추적해 보기로 한다.

우선, 강세작은 생업상의 여건 조성과 관련하여 소속 군현의 불합리한 이리 꼬리[浪尾] 세수에 강력 항의하고, 이를 시정하기 위한 노력을 전개했다. 세작은 잘못 부과된 해당 군의 '낭미' 수세 정책에 항의하기 위해서, "전답에 가서 나무를 묶어 망루[棚]를 만들고는, 직접 그 가운데 누워서 자면서, 한동안 감시하듯 지켜본 후에야 그 일을 그만두었고", 이어서 직접 고을 청사를 방문하여 "군세(郡稅)란 전답의 소출(所出)을 보아(서 매겨)야 하거늘, 이제 밭에는 이리[狼]가 없으니, 내가 어디서 낭미를 구해서 군세에 충당하겠소?"라며 당당히 세수 원천의 부당성을 시위함으로써, 자신의 정당한 조세 저항의 의지를 관철시킨다.[48] 당시 조선은 삼정(三政)의 문란이 심화되고

---

47) 朴世堂,『西溪集』권8, 154~155면, "爲州邑者 憐世爵羈客異國不得歸, 招延 之多厚遇者. 世爵與之無所失歡, 然未嘗爲困窮乞憐態. 又皆能知其才否 長短言之, 未嘗不如其人."

48) 朴世堂,『西溪集』권8, 155면, "所居田作 郡嘗稅浪尾. 世爵乃之田間 縛木 爲棚 宿臥其中 候視之久乃罷. 詣郡言曰 郡之稅也 視田所出 而田今無狼 吾安所得狼尾而輸郡稅乎. 郡卒無以責之." 낭미세(狼尾稅)는 산간 지방 거주자나 사냥꾼들에게 부과되었던 짐승의 모피류 따위를 지칭한다.

있던 시점이었음을 감안할 때, 귀화인 강세작의 조세 시위 행위는 실로 경탄할 만한 거사로 평가할 만하다.

둘째, 강세작은 관습의 아류랄 수 있는 토착민의 유사 텃세 행태에도 과감히 도전했다. 야밤중의 천렵 행위[夜漁] 건과 관련하여, 정착지인 회령 지방 토착민[他漁者]의 텃세에 도전한 강세작의 과단성과 삶의 지혜 또한 예사롭지가 않다. 강세작은 이웃의 천렵꾼이 그물로 하류를 막아, 자신의 어로 구역에 물고기들이 상행하는 것을 저지시켜 결국 세작이 친 그물에는 피라미 한 마리 걸려들지 않는 무소득 상황이 되자, 이에 정면으로 응수하는 대응책을 전개하기에 이른다. 강세작은 "이에 다량의 나뭇잎을 끌어모아 놓고서는, 이웃 고기잡이 꾼이 잠들기를 기다렸다가, 그대로 계곡 물에 던져넣었다. 나뭇잎들은 물길을 따라 아래로 흘러만 갔고, 그자의 그물망을 꽉 막아 버렸다. 물살마저 급하여 그자의 그물은 맥없이 망가지고 말았으나, 정작 잠든 상대는 이 사태를 감지조차 못했다. 이때에 강세작은 그물을 들어올려 대량의 고기를 수습해서 귀가했다."[49] 득의에 찬 강세작의 흡족한 모습이 상상되고도 남음이 있다.

채록자인 박세당의 진단을 빌리자면, 참으로 "풍속을 희롱하여 얽매이지 않는[玩俗不羈]" 기상이었다.[50] 이처럼 강세작은 의롭지 못한 이웃 주민의 텃세 행태에 대해 삶의 지혜가 담긴 과단성 있는 대응책으로 정면 응수했던 것이다. 강세작이 보여준 능동적인 상황 대처 방식으로 미루어 볼 때, 그는 자신 앞에 가로놓인 여타의 문화적

---

49) 朴世堂, 『西溪集』 권8, 155면, "乃多取木葉 竢漁者睡 投諸水. 木葉流下 擁漁者網 水急網潰 而漁者不之覺也. 於是 世爵擧網大收魚以歸."

50) 朴世堂, 『西溪集』 권8, 155면, "其玩俗不羈 又如此."

차이들도 능히 극복해 나갈 수 있었을 것으로 판단된다.

셋째, 이상에서 언급된 강세작의 조선에서의 귀화인 생활 양상들을 종합해 볼 때, 그는 조선말에 상당히 능숙했을 것이라는 느낌을 준다. 만약 강세작이 동어에 능통하지 못했다면, 그곳 토착민들과 관리배와의 흔쾌한 술자리도 어려웠을 것이며, 또한 해당 군의 청사를 예방해서 세수 문제를 항의하는 문제도 망설였을 것이기 때문이다. 물론 강세작은 조선 표준어 대신에 함경도 사투리[方語]를 심하게 구사한 탓에, 타 지역 거주자인 박세당은 제대로 알아듣기 힘들었다.[51]

그와 동시에 강세작은 의식 영역의 기억 속에서 망각되기 시작한 중국어와 새로운 외국어인 조선어 학습에 관한 자신의 고충을 다음과 같이 토로하였다.

> "(강세작이 박세당에게) 웃으며 말하기를, '내가 소시(少時) 적에 중국을 떠나왔는데, 벌써 어언 40여 년의 세월이 흘렀네. 이제 중국어는 영 가물가물해지고 있다네. 또 조선말을 배우긴 했어도 완벽하지는 못하다네. 나야말로 진정 저 이른바 (『장자(莊子)』의) '한단(邯鄲)의 걸음걸이를 배우는 소년 신세'일세![52]

위 인용문에서 강세작이 비유적으로 차용한 고사인 "학보한단(學步邯鄲)"[혹은 한단학보(邯鄲學步)]은 긴 세월 끝에 이주민이 타지에서 경험하는 언어 사용상의 이중적 고통을 절묘하게 대변해 주는 고사라 할 수 있다. 이 점 강세작이 갖춘 지식인적 소양을 거듭 입증해

---

51) 朴世堂, 『西溪集』 권8, 155면, "與之言 爲方言不能了."

52) 朴世堂, 『西溪集』 권8, 155면, "笑曰 吾少去中國 今四十年. 旣忘中國語 又習東語不成. 吾眞所謂學步邯鄲者也."

준다. 아무튼 고사 '학보한단'은 시간과 기억을 축으로 하여, 의식의 좌표상에서 빚어질 수 있는 모국어와 타국어 간의 묘한 함수 관계를 잘 표현해 주고 있다. 강세작의 경우 모국어인 한어와 외국어인 동어가 동시 중첩되면서, 시간적 추이에 따른 망각과 저장이라는 기억의 기능이 동시적으로 수행되는 추이를 보여준다. 그러나 기억의 역량이라는 차원에서는, 소멸되어 가는 망각 현상도 새로운 저장 기능도 부자연스럽기는 다 마찬가지였다.

이제 언어 문제가 이주 생활에서 차지하는 중요성을 고려하여, 잠시 『장자』의 해당 원문을 음미해 보도록 한다.

> "또 유독 그대는 듣지 못했는가? (연(燕) 나라) 수릉의 소년이 걸음걸이를 배우러 [조(趙) 나라의 서울] 한단에 갔는데, 한단의 걸음걸이를 미처 다 배우기도 전에 옛 걸음걸이를 잊어버려, 겨우 엉금엉금 기어서 돌아왔다는 사실을! 지금 그대가 돌아가지 않으면, 장차 그대의 옛 기교[故]도 학업[業]도 잊어버리고야 말 것이네."[53]

여하간 낯선 현지에서 새롭게 적응해 가는 과정에서 언어 문제로 인한 장벽과 혼돈 양상은, 병자호란 이후에 중국에 피랍된 약 50, 60여만 명에 이르는 조선민도 마찬가지였을 것이다. 이 점은 앞서 서술한 황해도 영변 출신인의 경우인 S5를 통해서 이미 확인된 사실이다. 저 고단한 피로 영변인 또한 모국어인 조선말이 서서히 기억 속에서 망각되는 현상을 보여주고 껴었다.

하이데거(M. Heidegger)의 진단에 의하면, 언어는 존재의 집이자

---

53) 『莊子』, 「第17 秋水」, "且子獨不聞 壽陵餘子之 學行於邯鄲與. 未得國能 又失其故行矣. 直匍匐而歸耳. 今子不去 將忘子之故 失子之業."

286

장소론이기도 하다.54) 동시에 언어는 곧 의식의 핵(核)인 자기 정체성의 문제와 직결될 수 있는 기호(記號)임을 간과할 수 없다. 우리는 역사적 경험적 차원에서 언어와 정체성 문제 간의 긴장 혹은 해체 현상을 자주 목도하게 된다. 의식의 핵심적 기능인 기억 속에서 점차 망각되어져 가는 모국어에 대한 추억은, 역설적으로 이제 강세작이 당면했던 이중적 정체성의 고통에서 차츰 해방되어져 가고 있음을 암시해 준다. 이 점 앞서 논급한 한족의 우월 의식에 근원한 자민족 중심주의라는 의식의 편린과는 다소 상치되는 듯한 양상이다. 그러나 그것은 상치 혹은 모순의 모습이라기보다는, 착란(錯亂)된 의식이 빚어내는 경계적 현상으로 해석함이 더 적절해 보인다. 이제 강세작은 기억과 망각, 유지와 소멸이라는 의식의 경계선상에서, 차츰 망각과 소멸이 안겨주는 심적 평온함으로 전이하는 흐름을 타고 있었던 것이다. 인생사 세월이 약이라고 했던가?

강세작은 당시의 여느 농민들처럼 생업인 농업에 종사하면서, 부업 겸 취미 삼아서 틈틈이 천렵도 일삼은 정황이 있다. 애당초 신분계층의 두터운 벽을 월반하는 꿈의 귀화 이주란 사실상 불가능한 일이다. 동래 이후에 강세작은 역비(驛婢)와 결혼하여 형식상으로는 천민의 신분으로 살다가, 그의 사후 5년(숙종 14, 1688)에 속신(贖身)되어 양민 신분을 획득하였다고 한다.55) 그러나 역비 출신과 함께 살았다고 하더라도, 그가 정식으로 역비와 결혼을 하였는지의 여부는 불투명하다. 또한 설령 역비와 결혼해서 살았다고 해도 이 사실이 곧장

<hr>

54) 이 문제에 관해서는 오토 페겔러 저, 이기상·이말숙 옮김, 『하이데거 사유의 길』, 문예출판사, 1995, 311~346면 참조.
55) 주영아, 앞의 논문, 2006, 148면.

강세작이 천민 신분으로 전락했음을 의미하지는 않는다.

짐작컨대 강세작이 겸비한 지식인적 소양과 호방한 성품, 그리고 도전적인 문제 해결 의지 등으로 인해, 여느 천민층들과는 달리 해당 지역의 유지급에 준하는 삶을 향유했을 것으로 추정된다. 그는 "이미 북쪽 지방의 구객(久客)이나 다름 없었던" 사회적 소속감도 과시해 보이고 있었다. 또한 절의를 존중했던 강세작의 후손들은 조정에 의해 집안이 정포(旌褒)되는 상전(賞典)을 입기도 했음을 각종 역사 기록서가 전해 주고 있다. 결과적으로 강세작이 감행한 동래 귀화는 절반 이상의 성공을 거둔 이주의 모형으로 평할 만한 소지가 다분하다. 그는 잘 준비된 동래 귀화인이었으며, 실제 이주 프런티어의 면모를 유감없이 발휘해 보였다.

서계 박세당은 그가 강생(康生)으로 호칭했던 강세작에게 연작 3수(首)의 시를 주었다. 그 중에 제1수를 가만히 음미해 보기로 한다.[56]

流落年多不憶歸	동으로 흘러든 긴 세월 돌아갈 생각도 없어,
餘生慣着異鄉衣	남은 생에는 이방의 의복을 익숙하게도 입으시겠죠.
千愁萬恨從誰說	온갖 수심 큰 한은 누구에게 토로할꼬.
故國如今事事非	지금의 고국은 일일이 그르치고 있는데.

---

56) 朴世堂, 『西溪集』권1, 〈贈康生世爵(三首)〉, 15~16면. 참고로 제2, 3수는 다음과 같다. "路遠西歸意已米, 羇禽得木且安棲, 春來幾度淮南夢, 白板扉空野草齊"(2) ; "笙歌綺穀江淮土 花柳樓臺吳楚鄉 棲泊一身安異俗 四隣知舊隔存亡"(3).

3) 소결

이상에서 17세기 조·청 간에 이루어진 전후(戰後)의 몇몇 특이한 이주 유형들과 그 정황 및 특징들에 대한 간략한 검토를 마쳤다. 그 결과 강제적인 이주 유형으로 범주화할 수 있는 조선인 피로인들의 삶의 양상은, 자발적 이주를 결행한 동래 귀화와 쇄래 이주와는 극명한 대조를 띠고 있었음이 확인되었다. 인간 주체가 행사할 수 있는 자유의지가 형구(刑具)로 결속된 피로인들의 현지 정착 과정은 기본적인 동기화 유발 단계에서, 그 동인을 유인해 내기 어려웠기 때문일 것이다.

반면에 자유의지에 입각하여 대안적 선택의 일환으로서 감행된 동래 귀화와 쇄래 이주의 경우는, 현지 정착을 위한 과정상에서 의욕적인 동기화 유발이 수행되고 있었다. 또한 이 경우에는 적절한 심리적 평온이 일상 속에서 향유되고 있었음이 감지되었다. 따라서 우리는 두 가지 상이한 유형에 대한 분석을 통해서, 결국 이주 문제가 내포하고 있는 본질 중에 하나는 자유를 일대 전제로서 요청하고 있다는 사실을 수긍하게 된다.

더불어 우리는 동래 귀화인인 강세작의 경우를 통해서, 성공적인 이주를 위한 몇 가지 조건들에 관한 암시적 교훈을 제공 받을 수 있었다. 그 대강은 해당 이주 강역에서 언어적 핸디캡을 조속히 극복하는 과제, 제반 문화적 차이를 넘어서 능동적으로 적응해 가려는 노력, 기존의 거주민들과 친밀한 교제를 유지하는 일, 일단 문제 상황이 발생했을 경우 이를 정면으로 타개해 나가려는 적극적인 대처 노력 등으로 정리해 볼 수가 있겠다. 실제 이러한 제 조건들은 이주민들이 당면한 생업상의 여건 조성과도 직결되어 있으므로, 매우 긴요한 과제임에 분명하다. 이런 면에서 17세기 이주 프런티어 중국인 강세작의 경우 모범적인 법고(法古) 사례를 충분히 제공해 준 것으로 평가된다.

더불어 논자는 중국 동북 지역의 조선인들에 대한 관심의 환기를 재삼 요청하고 싶다. 이 방면의 선행 연구자들이 지적하고 있듯이, 이곳은 "만주족의 땅이자 여진과 거란족의 땅이며, 조선족의 땅이면서 또 한족의 땅"이기도 하다.[57] 그야말로 근대 이후로 확정된 국경 개념 너머에 존재하는 역사의 변경인 셈이다. 지나간 역사 속에서 여러 민족들의 문화가 혼합된 채 내장된 일종의 퓨전 존이기도 하다. 금번 논의에서 취급된 조선인 피로인들의 애절한 고혼(孤魂)도 저 어딘가에 흔적으로 잔존해 있을 것이다.

이제 관심을 환기시키는 작업은 어떤 계기 혹은 끈으로부터 시작되기 마련이다. 그 계기적 사건은 호란을 이후로 피략된 60여만 명에 달하는 조선인 피로인들의 사례로부터 설정할 수도 있으리라 본다. 그런데 우리의 정사(正史)는 이 부끄러운 역사적 사실에 대하여 가능한 함구로 일관하고 있어 보인다. 자칫 300여 년 전의 저 피로사(被虜史)가 달빛에 바랜 채 슬픈 전설로 화하고야 말 처지에 직면해 있다. 이제 치욕스러운 역사를 한낮의 햇볕 앞에 쪼여서, 그 수두룩이 쌓인 고색창연한 이끼를 털어내야 할 시점이다.

2. 사행(使行)과 청조 문물의 체험

1) 민물 견문

---

57) 주돈식, 앞의 책, 2007, 274면.

전술한 바대로, 서계 박세당이 동지사 서장관 자격으로 사행에 나선 시점은 그의 나이 40세 적인 현종 9년(1668) 11월 21일이며, 이듬해인 1669년에 2월에 귀국했다. 박세당은 왕환 연행 노정에서 실로 다양한 청의 문물(文物)을 견문하고 또한 체험했음을 『서계연록』은 생생하게 확인시켜 주고 있다. 특히 그 중에서 민물(民物)로 지칭되는 청조의 발전된 경제적 실상과 역법논쟁(曆法論爭)으로 상징되는 서양의 첨단문물은 대표적인 두 서술단위로 분류된다. 결과적으로 그것은 관찰자인 박세당의 생애에서 양대 계기적 사건의 의미로 와 닿았던, 곧 일종의 '청조 충격'으로 평할 만한 성질의 것이었다. 이에 이 두 사안과 관련된 내용을 소개하고 분석하는 절차를 갖도록 하겠다.

박세당은 연행 시의 왕환 노정에서 청의 주요 운송 수단인 거마(車馬)와 선박의 수월한 이기(利器) 정도와 그 규모, 그리고 각종 건물과 사찰 등의 구조와 특성에 대한 관찰에 예의 촉각을 곤두세우고 있었다. 뿐만 아니라 청나라 사람들의 의복과 두발 상태, 각종 의례와 출장(出葬) 행렬 등을 포함한 풍속에 관해서도 면밀한 관풍(觀風)을 병행했으며, 다른 한편으로는 비분 강개해 마지않았다. 그러나 박세당은 연행 도중에 관찰한 청조의 경제현실을 토대로 하여, 그 어떤 저술을 기획하고 집필하지는 않았다. 이러한 사실은 연행 체험을 토대로 삼아서 다양한 경세론적 각론을 발전적으로 입안했던 후대의 초정(楚亭) 박제가(朴齊家, 1750~1805)의 선구적인 문명 번역의 자세와는 명백히 대비된다. 물론 1668년을 전후한 청의 경제적 여건과 18세기 중·후반을 전후한 시점에서의 청의 그것과는 커다란 차이가 존재한다는 사실 또한 간과되어서는 안 될 것이다.

여하간 민물로 지칭된 청의 발전된 경제 현실을 두 눈으로 직접
목격한 박세당은 내심 상당한 문명 충격에 휩싸였던 듯이 보였다.
특히 북경에 이르는 서래 길에서 접했던 영원성(寧遠城)의 경우를
통해서, 박세당은 "지금 영원의 민물(民物)과 시사(市肆)는 자못 융성
하여, 지금껏 접한 곳과는 비교가 되지 않았다."라는 사실을 실토하고
있었기 때문이다.[58] 민물에 감탄하기는 무령현(撫寧縣)의 경우에서
도 마찬가지였다. 박세당은 "입관(入關)한 이래로 민물의 융성한 정
도가 관외(關外) 지역의 몇 배나 된다."라며 무령현의 발전된 실상을
소개한 후에, 또한 "비록 산해위(山海衛)에는 미치지는 못하나 또한
번서(繁庶)한 기상이 있다."라고 하여 지역 간 민물의 발전 정도를
비교의 시각으로 유심히 관찰하고도 있었다.[59]

나아가 "시끌벅적한 시가지에 누런 먼지 풀썩였던"[60] 북경에 인접
한 통주읍(通州邑)에 접어든 이후에, 박세당은 "심히 웅장한 가옥들과
거리를 가득 메운 왕래 인파들이란, 차마 조선의 그것과는 비교할
수 없으리만큼 성대한 정경들이었다."라고[61] 큰 놀라움을 표하기도
했다. 이와 같은 정황은 고려보(高麗堡)에 인접한 옥전현(玉田縣)의
경우도 역시 마찬가지였다. 사절단 일행이 묵었던 가게의 주인인
손씨(孫氏)는 "이 지역[間]은 민가[人烟]가 촘촘히 들어서 있고, 행려객
들의 발길이 끊이질 않으며, 연사(年事)도 그다지 심각한 흉년을 겪지

58) 朴世堂, 『西溪燕錄』, 〈壬申〉, 358면, "今其民物 市肆頗殷 非所經比."

59) 朴世堂, 『西溪燕錄』, 〈丁丑〉, 361면, "至撫寧縣 入關以來 民物之盛 倍於關
　　外. 此縣雖不及山海衛 亦有繁庶氣象."

60) 朴世堂, 『使燕錄』, 〈淸陰金相國有燕臺八景詩 效作〉, 18면, "喧喧街市漲黃
　　埃 不見君王駿馬來 故國多年人事改 更堪斜日滿高臺. -右金臺夕照."

61) 朴世堂, 『西溪燕錄』, 〈甲申〉, 370면, "通州邑屋甚壯 往來塡咽 不似向東所
　　蔚."

292

는 않은 탓에," 미처 겁적(劫賊)이 출몰할 겨를마저 없었다는 사실을
확인해 주었기 때문이다.62) 이에 추가하여 박세당은 서래 길의 우가
장(牛家庄) 즈음에서 "길에서 사람이 많아 어깨를 부딪히며 나란히
가면서 앞서거니 뒤서거니 하는" 등의 엄청난 행려 인파 때문에,63)
전진(前進)에 무척 불편을 겪었다는 사실을 토로하기도 했다.

박세당은 도시화된 영원성과 무령현의 민물과 시사에 대한 찬탄에
이어서, 통주읍의 정경과 옥전현의 실상을 접하고 거듭 강한 인상을
받았을 것이다. 동해객 박세당의 개인사에서 보자면, 그것은 일종의
민물 충격으로 명할 만한 계기적 사건에 해당했다.

한편 박세당은 『사연록』에서 〈통주(通州)〉라는 시를 통하여, 백하
(白河)의 풍광을 읊으면서 자신의 내밀한 심회를 덧붙여 두었다.

> 길손들 통주가 좋다고들 하기에
> 내가 와서 백하를 보노라니,
> 누대에는 연희(燕嬉)들 재잘거리고
> 뱃전에선 월인(越人)들이 노래 부르네.
> 고개 돌려 서쪽으로 날아가는 학이요
> 줄기 돌려 동쪽으로 흐르는 물결이라.
> 원래 풍광은 끝도 없이 펼쳐졌건만,
> 눈길 닿는 곳마다 이는 수심 어이하리.64)

---

62) 朴世堂, 『西溪燕錄』, 〈辛巳〉, 366~367면, "平明 渡還鄕河……過高麗堡至沙
流河朝餐. 夕至玉田縣 主人孫姓自言……問主人以劫賊有無, 則大笑云 此
間人烟稠密 行旅絡繹 年事不至甚歉, 未聞此事."

63) 朴世堂, 『西溪集』 권18, 「簡牘」, 〈上仲氏承旨公〉, 362면, "此間所可苦者,
終日行……摩有並馳, 迭先迭後, 無如何者 惟此耳." 이 서신은 "무신년
(1668, 현종9) 12월 2일(戊申十二月二日)"에 작성된 것이다.

64) 朴世堂, 『使燕錄』, 〈通州〉, 17면, "客說通州好 吾來見白河 樓臺燕女語

통주성 동쪽 방향에 위치한 백하는 노하(潞河) 혹은 추자(樞子)라는 이명을 지닌 강이다.[65] 박세당은 이미 풍문으로 통주읍을 둘러싼 자자한 명성을 접하고 있었던 것 같다. 박세당은 통주를 두 가지 시선으로 포착했다. 먼저 박세당은 조선과는 비교할 수 없을 정도로 발전한 통주읍의 "심히 웅장한 가옥들과 거리를 가득 메운 왕래 인파들", 곧 경제적 실상에 주목하고 이를 『서계연록』에 기재해 두었다. 이에 비해 또 다른 연행록인 『사연록』 속의 〈통주〉는 백하를 소재로 삼아서, 그 풍광을 서정적으로 묘사하고 있다. 그런데 여타의 경관 묘사 때와 마찬가지로, 백하의 풍경 또한 결국 수심(愁心)으로 얼룩지고 있음이 주목된다. 때문에 박세당은 백하의 풍광에 몰입한 채 흥·쾌의 즐거움을 만끽하는 산수유기적 취향을 선보일 수가 없었다.

위 인용문과 같은 박세당의 심경은 "고국(故國)의 구도(舊都)에서 한탄만 할 따름이니, 이 또한 슬프지 않겠는가?"라는 연행 후 소감과도 그 궤를 같이하는 장면인 것이다.[66] 이미 역사 속으로 화한 명조에 대한 추억과 환기, 그것은 백하를 소재로 삼은 〈통주〉의 사례에서도 수심과 한스러움의 원천으로 기능하고 있었다. 행여 백하의 풍광을 덧칠한 짙은 색깔의 수심으로 인하여, 흡사 신천지처럼 와 닿았던 통주읍의 경제적 실상마저 기억에서 아스라해질 처지에 놓였던 건 아니었을까? 귀국 후에 박세당은 영원성과 무령현, 그리고 통주읍

船舫越人歌 回流東逝波 風光自不盡 觸目奈愁何." 본디 연여(燕女)는 가무에 능했던 연(燕) 지방의 여인을 지칭했다.

65) 朴世堂, 『西溪燕錄』, 〈甲申〉, 370면, "過烟郊鋪 夕渡白河 一名潞河, 又名樞子在通州城東方."

66) 朴世堂, 『西溪集』 권7, 〈崔參判錫鼎赴燕序〉, 139~140면, "文物而掃除盡矣, 故國舊都 愴然而已, 妓又不足悲歟."

등에서 체험했던 일련의 민물 충격을 발전적 차원에서 경세론적 각론으로 문명 번안하는 작업을 보류시켰기 때문이다.

추가로 특기할 만한 사실 하나를 첨언해 두자면, 그것은 "고국(故國)의 구도(舊都)"인 북경을 접한 박세당의 소감에 관한 것이다. 사행 노정상에서 접했던 주요 지역들의 번잡하고도 풍요로운 이미지 묘사와는 다르게, 북경에 대한 박세당의 인상과 평가는 심히 평가 절하되고 있었다. 귀국 장도에 오를 무렵에 박세당은 중형(仲兄)에게 띄운 서간을 통해서, 황량한 북경의 외관과 그가 접한 사류(士類)들에 대한 인상을 아래처럼 서술해 보였다.

"연경의 인상[物色]은 쓸쓸하기 짝이 없었습니다. 어디를 보아도 풍요롭고 넉넉한 모습은 찾아볼 수 없었으니, 어찌 난리가 난 지 얼마 되지 않아서 그런 것일까요? 지역이 변방에 가까워 남쪽 지방과는 다른 것은 옛날부터 그랬던 것이지, 유독 오늘날에만 그런 것은 아닐 것입니다."[67]

이어서 박세당은 북경의 사류[名措]들을 접한 소감을, "대부분 시장에서 술이나 파는 부류인지라 이익을 탐해 수치를 모르며, 생각이 없고 무식하여 더불어 이야기할 만한 상대가 못 되었다."라며 지극한 실망감을 피력해 보였다.[68] 자연 강개한 마음으로 서로 심지를 털어

---

67) 朴世堂, 『西溪集』 권18, 〈上仲氏承旨公〉, 363면, "燕土物色, 蕭索殊甚, 耳目所及, 未見豊侈之象, 豈去亂未遠而然耶. 抑地近邊朔, 異於南土, 在古已然. 非獨今日也."

68) 朴世堂, 『西溪集』 권18, 〈上仲氏承旨公〉, 363면, "且所與接者, 雖名措, 大率是市井酤販之流, 貪利忘恥, 貿貿無識, 不足與語. 望其一言相動, 慷慨輸瀉, 固已亂矣."

놓기도 어려웠을 뿐만 아니라, "필담[紙筆]을 나누는 일 또한 성가신 일이어서, 시사(時事)와 세변(世變)에 대해 알아볼 길이 없었다."라는 부연 설명으로 이어졌다.[69] 이 언술 속에는 박세당이 북경에 체류했던 기간 동안에 청측의 인사들과 교류가 전무했던 중요한 이유가 드러나 있다. 또한 박세당은 북경에서 쇠락한 청조의 문속(文俗)을 접하고, 크게 실망한 나머지 통탄을 금치 못했다는 사실도 발견된다. 때문에 박세당은 슬픈 마음으로 연신 "고국(故國)의 구도(舊都)에서 한탄만" 거듭했던 것으로 분석된다.

한편 민물과 관련된 소재 중에는 수레와 선박 등도 포함되어 있다. 수레와 선박은 각기 수로와 육로의 교통상의 편의를 상징해 준다는 점에서, 민물과 관련하여 중요한 서술단위에 해당한다. 먼저 『서계연록』에 등재된 수레에 관한 묘사를 살펴보자. 수레에 대한 박세당의 최초의 언급은 "부인을 실은 수레 두 대가 지나가고 있었다."라는 간략한 묘사로부터 시작되고 있다.[70] 이처럼 부인을 태운 수레가 지나가는 모습을 관찰하고, 극히 평면적인 묘사를 가하는 식의 기록들이 『서계연록』의 대부분을 차지하고 있다. 가령 제왕(諸王)의 처로 알려진 한 부인이 탄 수레를 길에서 조우한 장면이라든가,[71] 혹은 "연산역 역점(驛店)의 노변에서 수레에 실린 부인을 목격했는데, 그 수효가 무척 많았다."라는 식의 서술 양식이 그러하다.[72]

---

69) 朴世堂, 『西溪集』 권18, 〈上仲氏承旨公〉, 363면, "況言音不通, 而紙筆又煩, 時事世變, 叩知無由, 奈何."

70) 朴世堂, 『西溪燕錄』, 〈辛未〉, 356면, "又以二車載婦人而行."

71) 朴世堂, 『西溪燕錄』, 〈戊午〉, 384면, "發會同館. 路逢婦人車 導徒甚盛. 稱諸王妻 前導벽人 暫避路側."

72) 朴世堂, 『西溪燕錄』, 〈辛未〉, 389면, "連山驛見驛店路傍 有婦人載車者甚衆 其一車 各有三四人."

따라서 박세당의 시야 속으로 부인을 태운 수레들이 낯선 장면으로
다가선 것은 분명해 보인다. 그러나 박세당은 수레의 구조나 특징
등에 관한 기술은 물론이고, 자유로운 수레의 운행이 가능하기 위한
조건인 도로 사정 등에 대한 묘사도 생략하고 있다. 물론 보기 드물게
도로를 관찰한 극히 짧은 기록을 남겨 두기는 하였다. 바로 요택(遼澤)
의 경우가 이에 해당한다. 예정된 기일 안에 북경에 도착해야만 하는
행진 일정에 신경이 쓰였던 박세당은 "수심은 가득해라 길이 끝이
없구나."라며,[73] 요택을 지나치면서 그 정보를 아래처럼 등재해 두었
다.

> 요하의 서쪽 언덕에서부터 비로소 도로[道]를 닦아 두었다. 길 바깥쪽
> 에는 도랑을 파서 만든 해자[塹]가 광녕(廣寧)에 이르기까지 200여
> 리나 되었는데, 이것이 바로 요택(遼澤)이다.[74]

그러나 요택에 대한 묘사 속에서 수레 혹은 거마와 관련된 언술은
발견되지 않는다. 대신에 요택은 작가 박세당에게 "지친 말 위에
올라타 잔설(殘雪) 밟고 지나가니, 사람 없어 텅 빈 요택 쓸쓸하고
적막하네."라는[75] 시를 떠올리게 해준 소재 거리를 제공해 주었다.
한편 박세당은 다소 예외적으로 수레의 기능에 주목한 기록도 없지는
않으나, 이 경우도 극히 짧은 분량에 불과했다.

---

73) 朴世堂, 『使燕錄』, 〈行遼澤疊前韻〉, 20면, "疲馬踏殘雪……愁多路不窮
……遙入暮雲東."
74) 朴世堂, 『西溪燕錄』, 〈丁卯〉, 353면, "自遼水西岸 始有築道 外穿溝塹, 至廣
寧二百餘里 是爲遼澤."
75) 朴世堂, 『使燕錄』, 〈行遼澤疊前韻〉, 20면, "疲馬踏殘雪 蕭條遼澤空 尖山微
露碧 低日欲沈紅 望極家何在 愁多路不窮 臨流羨河水 遙入暮雲東."

"해뜰 무렵에 길에서 노새 여덟 마리가 끄는 큰 수레가마[車駕]를 목격했다. 그 굴러가는 모습이 무척 굳세 보였는데, 모두 여러 무리들이었다."76)

박세당은 "그 굴러가는 모습이 무척 굳세 보인" 대형 거마의 기능과 수효에 주목했으나, 이를 부러워하는 식의 언급은 끝내 찾아보기 어려웠다. 다시 말하여 박세당의 경우 가칭 「거론(車論)」과 같은 문명 번안 작업의 과정을 통하여, 조선 사회 내에 수레로 대변되는 청의 민물을 도입하려는 북학적(北學的) 사고의 단서는 싹트지 않았던 것이다. 이러한 사정은 선박의 경우에도 동일하게 적용된다. 수레와 선박에 관한 한 분명 박세당은 시종 평면적 관찰자의 입장에 머물러 있었다.

이에 추가하여 박세당은 정월 초하룻날 밤새도록 "담장 바깥의 길거리에는 큰 소리를 내면서 구르는 수레 소리가 새벽녘에 이르도록 그치지를 않았다."라는 의혹스러운 장면도 주시했다.77) 이들은 외방(外方)에서 조의에 참석했다가, 행진하기에 이롭다고 판단되는 시간대에 맞춰서 성문을 빠져나가는 자들이었고, 그 수효가 많았던 까닭에 밤새도록 연속적인 굉음을 유발하였던 것으로 파악되었다.78) 이상에서 소개한 『서계연록』의 기록들은 1668년을 전후한 시점에서 수레가 비록 대중화되지는 않았으나, 보다 진화된 형식으로 청의 주요한

---

76) 朴世堂, 『西溪燕錄』, 〈癸未〉, 369면, "平明 路逢大車駕 八騾其行甚健 凡數輩."

77) 朴世堂, 『西溪燕錄』, 〈己亥〉, 378면, "是夜前後 墻外街路 行車轟갈 達曉不止."

78) 朴世堂, 『西溪燕錄』, 〈庚子〉, 379면, "令淸譯鄭孝亮問……回言外方朝集者, 以今日利行 候門出城者多."

교통수단으로 정착해 가고 있었음을 시사해 준다. 이에 박세당은 보다 진화된 청의 수레 운행을 면밀히 관찰하고 『서계연록』에 등재해 두었던 것이다. 그런데 『서계연록』에서는 아직 벽돌이나 온돌[캉(炕)]에 관한 묘사는 찾아볼 수 없었다.

대신에 박세당은 수레와 더불어 선박에 대한 관찰과 묘사도 병행하고 있었다. 선박에 대한 첫 서술은 "공락점(公樂店) 단가령(段家嶺)을 지나서 강 하나를 건너는" 과정에서 발견된다. 박세당은 "조금 큰 것과 중간치 정도의 배 사이에 작은 배 네댓 척이 떠 있었다."라고 정경을 묘사하였다.[79] 아마도 크기가 다양한 배들이 일군의 무리를 지어 떠 있는 모습이 이채롭게 보인 듯하다. 두 번째 묘사는 노하 혹은 추자라는 이명을 지닌 통주성 동쪽 방향에 위치한 백하에서였다. 박세당은 "겨울에 물이 강으로 흘러들면 두 팔뚝 같은 물길을 이루는데, 앞강은 얼음을 타고 건너고 뒷강은 배들을 연이어서 부량(浮梁)을 만들어 건너곤 한다."라고 정경을 묘사하였다.[80] 박세당은 여러 배들을 연접(連接)시켜 부량의 기능을 발휘하게끔 조처한 장면에 큰 인상을 받았던 모양이다. 박세당은 계속 조선의 그것과는 비교할 수조차 없는 다양한 크기의 배들과 그 수효에 내심 놀라워했던 것 같다.

나아가 선박의 규모와 용량, 그리고 화려한 부속 가옥도 박세당의 눈길을 끌기에 충분한 장면이었다. 역시 백하에서 통주로 향하는 노정에서 관찰한 결과다.

---

79) 朴世堂, 『西溪燕錄』, 〈癸未〉, 369면, "公樂店段家嶺渡一河 稍大中有四五 小舟."

80) 朴世堂, 『西溪燕錄』, 〈甲申〉, 370면, "夕渡白河 一名潞河 又名樁子 在通州 城東方. 冬水落河爲兩굉流 前河乘氷渡 後河連舟爲浮梁."

"배[舟] 안에는 노[楫]들이 또한 많이 실려 있는데, 왕왕 선박[船]을 꽉 채워서 언덕에 기대 놓은 것도 있었다. 계주 선박으로 일컬어지는 배 하나에 올라서 바라보니, 배위의 판자때기 가옥에 채색을 아로새겨 둔 모습이 교묘했다. 모두 6, 7척의 배들과 (통주읍으로) 함께 왔다."81)

그 외에도 교량이 파괴된 사정으로 인하여, 사절단 일행이 배로 구하(泃河)를 건넌 일과82) "개인의 선박으로 강을 건네주고는, 그 대가를 받아 이익을 챙기곤 하는"83) 요하 변 사람들의 탐사(貪詐)한 습속에 얽힌 서술이 있으나, 모두 이 절의 논의와는 무관한 내용들이다.

따라서 박세당의 선박 묘사는 주로 배의 크기와 많은 수효, 그 규모와 용량 및 대체 기능, 그리고 화려한 부속 장치 등에 집중되어 있다. 이와 같은 면모를 지닌 청의 선박은 조선의 그것과는 단연 대비되는 특징이었고, 자연히 관찰과 묘사의 대상으로 설정되었던 것 같다. 물론 박세당은 청의 선박들이 지닌 특징적인 면모를 바탕으로 해서, 조선의 수운(水運)을 개선해 나가야 한다는 식의 경세론적 각론을 구상한 흔적은 없다. 반면에 보다 진화된 형식을 취한 청의 수레와 선박들에 대한 관찰은 박세당에게 민물 충격의 또 다른 원천을 제공해 주기에 충분한 사례들이었다.

실제 이상에서 적기된 시사와 수레, 그리고 선박 등에 대한 민물

81) 朴世堂, 『西溪燕錄』, 〈甲申〉, 370면, "中舟楫亦多 往往有盡船倚岸. 登觀一舡 稱是薊州舡 上爲板屋彫彩甚工. 同來共六七舡 入通州邑."
82) 朴世堂, 『西溪燕錄』, 〈庚申〉, 385면, "到구河橋壞舟渡 餘車多涉淺過河."
83) 朴世堂, 『西溪燕錄』, 〈乙亥〉, 391면, "近河人以私舡接渡 而受其價獲利 ……漢俗之貪詐至此."

체험은 사절단 일행이 귀국한 이후 국왕인 현종에게 보고한 내용 속에 그대로 담겨 있었음이 확인된다. 즉, 보고서 속에는 "저 중원에는 이미 병혁(兵革)도 없고 땅을 남쪽 지방 끝까지 얻었으며, 또한 물화(物貨)가 폭주(輻輳)하여 편안히 부귀(富貴)를 누리고 있었다."라는 탐규 결과가 반영되었던 것이다.[84] 당연히 북경에서 체류한 기간 중에 관찰했던 내용들도 보고서인 등록(謄錄)을 작성하는 주요한 자료로서 기능했을 것이다. 다시 말하여 박세당은 북경에서 세모(歲暮)를 보낼 적에 황제가 하사한 세식(歲食), 곧 "모두 다섯 상[盤]이 었는데, 상마다 각각 43 기물[器]이 딸린" 푸짐한 상차림에 내심 놀라워하였다.[85] 그뿐만이 아니다. 박세당은 원일의 정조 적에는 "화려하고도 아름다운 갖옷을 입고 있었던" 제왕 대신[貴臣]들과 수행자들의 옷차림새를 유심히 관찰하기도 했었다.[86] 또한 태자하(太子河) 변에 위치한 기복사(祈福寺)의 "새로 단청을 입혀서, 광채를 발하며 빛나서 아찔하니 눈이 어지러울 정도"였던 기둥[87]과 "화려하고 아름다운 안장을 지은 말"[88] 등도 "물화가 폭주하여 편안히 부귀를 누리고 있었다."라는 등록의 원천을 제공해 주기에 족한 사례들이었다.

이처럼 발전한 청의 경제적 실상은 해동인(海東人)[89] 박세당의 시

---

84) 『顯宗實錄』 10년 3월 4일(丁酉), "彼中旣無兵革 得地極南 而物貨輻輳 安亨富貴."

85) 朴世堂, 『西溪燕錄』, 〈乙未〉, 374면, "戴黑披玄 諸王貴臣 及左右隨後者 六七百人, 衣裘華美."

86) 朴世堂, 『西溪燕錄』, 〈甲午〉, 373면, "早朝光祿官 領送歲食 凡五盤, 盤各四十三器."

87) 朴世堂, 『西溪燕錄』, 〈癸亥〉, 347면, "近河北岸 有祈福寺, 屋柱 皆新用丹添光彩照灼, 眩奪人目."

88) 朴世堂, 『西溪燕錄』, 〈辛未〉, 356면, "過紅螺山渡大凌河 道逢年少胡將 鞍馬華美, 從者十餘騎."

야에 흡사 개명한 신천지처럼 비쳤을 것이다. 이제 무성히 발전한
청의 경제적 현실은 박세당이 북경에서 난생 처음 접했던 코끼리의
어마어마한 모습과 맞먹는,[90] 아니 그 이상의 문명 충격으로 박세당
에게 다가왔을 것임에 분명해 보인다. 한 사람의 자연인 자격의 박세
당 개인사적 측면에서 보자면, 그것은 명백히 일대 계기적 사건에
해당하는 의미를 지니는 체험이었다.

여기서 주목을 요하는 부분은 박세당이 이처럼 일련의 계기적 사건
들을 접하면서, 자주 청과 조선의 경우를 비교해 보았고, 또한 청조의
경제적 현실에 조선의 그것을 대입해 보았다는 사실일 것이다. 박세
당이 남긴 조의기의 경우, 그는 외국 사절단에 비교되는 조선의 위상
을 예의 관찰하고도 있었다. 이처럼 충격으로 다가온 일련의 계기적
사건들을 접하면서, 동시에 박세당은 비교와 대입의 방식을 통한
예리한 시대감각을 발휘했을 것으로 추정해 본다. 짐작컨대 이제
농업적 기반이라는 물적 토대 위에 구축된 주자학적 체계가 위상할
공간이 점차 협소해져 가고 있음을 박세당은 통찰했을 것이다. 이
점 비교할 준거를 찾을 수 없으리만큼 융숭하게 발전하고 있는 청의
경제 현실에 주자학적(朱子學的) 체계를 대입해 보면, 판단은 자명하
기 마련이다. 농업적 기반에서 상공업적 토대로 서서히 일변해 가는
보편사의 자기 전개 과정이란, 주자학적 체계로서는 심히 낯선 환경
임에 분명하기 때문이다.

물론 박세당은 실생활에서의 다양한 물명(物名)을 소재로 한 기록

---

89) 朴世堂,『西溪集』권2,〈送人赴燕〉, 73면, "撲撲騰騰薊北塵, 年年世世海東
人, 車徒跋涉千山遠,……."

90) 朴世堂,『西溪燕錄』,〈癸巳〉, 373면, "陰微雪. 早朝詣鴻臚寺 路逢馴象四頭
矗然以大 五六人騎 其背如在屋 肩上鼻 至地 牙長六七尺 如巨橡."

302

을 연행록에 특기해 두지는 않았다. 좀더 후대로 내려오면 연행록에도
실용적 물류 인식 경향이 출현하게 된다. 또한 연행록 속의 작품은
아니지만, 다산(茶山) 정약용(丁若鏞, 1762~1836)의 「물명고(物名攷)」
나 금대(錦帶) 이가환(李家煥, 1742~1801)과 이재위(李載威)의 「물보
(物譜)」(1802) 등과 같은 새로운 저술이 출현하는 경향이 대두되기에
이른다. 이처럼 물류로 대변되는 생활필수품에 대한 가치 제고는
공산품의 생산활동이 가치로운 일이라는 인식상의 변화를 수반하게
마련이며, 그것은 마침내 사농공상적(士農工商的) 신분 관념의 변화
를 촉발하여 공상인의 신분 격상으로까지 이어지는 계기로 작용하게
된다.[91]

이제 박세당은 연행 왕환 노정에서 거시적 차원에서 산업구조의
변화를 감지했다면, 100년 후대의 '물명' 서술 시기에는 그 미시적
각론 수준에서 생활 속으로까지 침투한 공상적(工商的) 현실을 수용
하는 단계로 진입하기에 이르렀던 것이다. 물론 이러한 공상적 추이
가 이른바 '원공업화(原工業化, proto-industrialization)' 이론에서 지
적하듯이, 결코 농업의 완전한 탈각을 의미하지는 않는다.[92] 여하간
이와 같은 흐름은 결국 주자학 이후를 재촉하는 도도한 해체 트렌드

---

91) 임기중, 『연행록 연구』(증보판), 2006, 441~442면 및 464면의 내용(「제8장
    연행록의 문물 인식」)을 재구성한 결과다.
92) 원공업화 이론은 '봉건제 해체·자본주의로의 이행'이라는 마르크스주의적
    모델을 대체하기 위한 이론이다. 이 이론의 핵심은 소농 경영이 지배적인
    농촌 지역에서 국제시장을 겨냥하여 전개된 농촌 공업화가 넓은 의미에서의
    근대적 산업화의 첫 번째 국면이라는 학설에 집약되어 있다. 이 학설은
    소위 '농·공 다이내믹스(dynamics)' 논의의 큰 전기로 작용하게 된다. 이에
    대한 논의로은 이정철, 「조선후기 경제변동의 새로운 성격 규정을 위하여—
    농업사 연구에 대한 개념사적 재검토를 중심으로」, 강만길 엮음, 『조선후기
    사 연구의 현황과 과제』, 창작과 비평사, 2000, 205~207면 참조.

로 작용해 가고 있었다. 또한 그에 상응하는 차원에서 일대 이론적
재정비가 필요한 시점으로 서서히 임박해 가고 있었다.

한편 북경에서 공식 일정을 수행하는 동안에 기록된 『서계연록』
속에는, 서양과 서양인에 대한 박세당의 인식 정도가 소박하게 묘사
되고 있다. 사실 그해에는 제주도에 표착했던 네덜란드의 하멜 일행
이 조선 체류 13년째(1669) 만에, 유배지인 순천(順天)에서 일본으로
탈출을 시도한 해이기도 했다. 박세당은 정월 초하룻날의 정조(正朝)
적에 조선 봉사단과 함께 서반(西班)으로 분류된 몽골별종사(蒙古別
種使)의 모습을 흡사 서양인(西洋人)과 닮았으며 서양(西洋)과 근접
한 지역에 사는 국인(國人)이라고 확인을 해 두고 있다.[93] 또한 지금
의 동남아시아 지역에 관한 지형적 지식도 최소한의 수준 이상었음을
보여주었다.[94] 아무튼 북경 체류 시의 기록 분석을 통하여, 박세당의
지형학적 공간 인식이 결코 협소한 변방 모퉁이에 고착된 상태가
아니었다는 사실을 추가적으로 유추해 낼 수가 있었다.

2) 역법논쟁의 체험

여타의 연행록에 비해서 『서계연록』은 북경에 체류했던 기간 동안
의 정보에 관한 기록이 다소 빈약한 편이다. 기껏 귀국 이후에 삼사(三
使) 등이 관등(觀燈) 놀이와 잡희(雜戲)를 관람했다는 사실 정도가,
그것도 당시 대관(臺官)인 신명규(申命奎)·조성보(趙聖輔)의 피척을

---

93) 朴世堂, 『西溪燕錄』, 〈乙未〉, 375면, "其上坐者 狀類西洋人……問是何國
人. 忒言是蒙古別種 在北海邊 或云在西北極遠海邊 近於西洋."
94) 朴世堂, 『西溪燕錄』, 〈庚子〉, 381면, "琉球使者 一年兩來 忒是東南他夷使
同年來 而其俗相類也."

304

통해서 간접적으로 확인되고 있을 뿐이다.[95] 박세당은 북경에 머무르는 동안에 "연경 유람은 고작해야 십분의 일이니, 만사를 사절해야지."라는 입장을 견지하고 있었다.[96] 그런 박세당도 북경의 저자 거리에서 장대타기 놀이를 관람했던 것으로 확인되었다. 박세당은 〈관답험간(觀踏險竿)〉이라는 시를 통해서, 이 놀이를 관람한 소감을 아래처럼 절묘하게 묘사해 두었다.

> 이골 나게 허공 밟아 힘든 줄도 몰라라
> 구경꾼들 담 떨려도 광대 외려 마음 편해
> 세간의 하고많은 부잣집 도련님들
> 가볍게 와서 장대타기 시키누나.[97]

그런데 박세당은 청 초에 개진된 저 유명한 역법논쟁(曆法論爭)의 전말을 비교적 소상하게 연록에 등재해 두었다. 이 점 매우 특기할 만한 사안이다. 박세당은 비록 역관의 전언이라는 간접적인 채널을 경유하는 방식이긴 하였으나, 역법논쟁이 진행된 전 과정을 북경에서 생생하게 체험할 기회를 확보했던 것이다. 이러한 사실은 연록 전체를 통해서도 매우 주목되는 서술단위에 해당한다.

주지하다시피 역법논쟁이란 근 20여 년간 지속된 탕약망(湯若望), 곧 아담 샬(Adam Schall, 1591~1666)의 문도들인 서광계(徐光啓)·이

---

95) 『顯宗實錄』 10年 6월 20일(癸亥), "執義申命奎持平趙聖輔 論冬至正使李慶億 副使鄭鏞 書狀朴世堂 等奉使時, 賞觀燈雜戲之失 請罷職 累啓終不從."

96) 朴世堂, 『使燕錄』, 〈上使用杜工部詩久客宜旋旆一句爲韻分作五首輒次〉, 20면, "天道不能久 昨申而今酉……遊燕了十一 萬事但揮手 時運適已去 如肉落饞口……何處可銷愁 漢江江上柳"(1수).

97) 朴世堂, 『使燕錄』, 〈觀踏險竿〉, 19면, "慣踏虛空不省難 傍人膽悸却心安 世間何限千金子 亦擬輕來試險竿."

지조(李之藻) 등의 신역파(新曆派)와 구법파(舊法派)인 양광선(楊光
先)·위문괴(魏文魁)·오명훤(吳明烜) 무리 사이에 벌어진 시헌력(時
憲曆) 채택을 둘러싼 논쟁을 지칭한다. 기실 독일 출신의 선교사 아담
샬과 그의 문도인 서광계 등에 의해서 신력인 시헌력이 완성된 해는
명의 숭정(崇禎) 14년인 1641년이었다. 뒤이은 숭정 16년(1643)에
신력을 반포하여 대통력(大統曆)으로 명했으나, 명조가 멸망함으로
써 미처 실행되지도 못한 채 잠복하고야 말았었다.

이에 아담 샬은 만·청(滿淸)이 입관(入關)한 이후 자신의 의견을
상서(上書)하게 되었고, 마침내 순치제(順治帝)의 총애를 받아 통현
법사(通玄法師)로 봉해진 후 흠천감정(欽天監正)에 임명되어 신력을
다시 제정할 기회를 갖게 되었다. 그런데 그 무렵 서양역법인 신력에
반대하는 기존의 흠천감 관리들이 아담 샬에게 원한을 품는 상황으로
돌변하기에 이른다.[98] 드디어 역법논쟁의 대단원이 전개될 조짐을
보이기 시작한 것이다.

신력인 시헌력에 대한 공격의 선봉장을 자임한 이는 양광선이었다.
강희제가 집권한 초반 무렵의 보정기(輔政期) 정국을 주도했던 권신
오배(鰲拜)와 결탁한 양광선은 실상 역법에는 무지한 일개 간신에
불과한 인물이었다. 양광선은 「적류론(摘謬論)」이라는 글을 통하여
신역법의 오류를 낱낱이 열거해 보였고, 이에 오배의 노련한 술수에
동참한 의정대신들이 양광선의 편을 들었다. 마침내 이들의 간계로
인하여 아담 샬은 "황당 무계한 역법으로 중국을 모욕했다."라는 죄명
을 쓰게 되고 말았다. 결국 신역법서의 편찬에 동참했던 주요 구성원
들이 모두 참살을 당하는 극한 지경에 처하게 되었고, 이에 따라

---

98) 傅樂成 저, 辛勝夏 역, 『中國通史(下)』, 미래의 창, 1999, 855면.

신역법도 폐지되는 불운한 상황을 맞이한다. 이 비극적인 상황은 무지하며 권세에 눈먼 오배 등의 합작 하에 빚어진 한갓 촌극에 불과한 사건이었다.[99] 이때에 모함을 받은 아담 샬은 1664년에 체포, 투옥되어 결국 옥사(獄死)하고 만다. 신역파를 상대로 하여 구법파가 일시적인 승리를 거둔 순간이었다.

그리하여 청조는 다시 양광선을 흠천감정에 계임시켰고, 잠시 구법인 대통력과 회회력(回回曆)을 부활시키기도 했다. 그런데 차후로 양광선이 거듭 실책을 범하자, 이를 확인한 영명한 강희제(康熙帝)는 벨기에 출신의 베르비스트(南懷仁, Ferdinand Verbiest)를 흠천감의 감부(監副)로 임명하는 특단의 조치를 취하기에 이른다.[100] 이로써 기나긴 세월 동안 지속되어 왔던 역법논쟁은 일단락된다. 박세당이 1669년 당시에 북경에서 역법논쟁을 체험한 시점은 구법파인 양광선의 실책으로 인하여 베르비스트가 감부로 임명되는 시기를 전후한 무렵이었던 것으로 추정된다.

한편 양광선이 범한 실책에 관련해서는 두어 가지 사실들이 확인되고 있다. 그 중에서 첫 번째 사항은 무신년인 1669년 당해의 치윤(置閏)과 칠정(七政)[일월오성(日月五星)]의 추산(推算)에 관한 오차였던 것으로 알려져 있다. 윤달과 칠정에 관한 문제는 채침(蔡沈)의 『서집전(書集傳)』의 해당 역주(曆註)를 통해서도 상론된 소재다.[101] 두 번째 사항과 관련해서는 실제 양광선은 역법에 전혀 무지한 인물로서, 누차 역법 추산에 착오를 일으킨 사실이 있었다는 지적을 환기해

---

99) 리정 저, 이은희 역, 『제왕과 재상』, 미래의 창, 2008, 227면.

100) 傅樂成 저, 辛勝夏 역, 앞의 책, 1999, 855면.

101) 蔡沈, 金赫濟 校閱, 『書集傳』 권1, 「堯典」 8장의 註解, 6~7면 참조.

본다. 심지어 양광선은 일년에 춘분(春分)과 추분(秋分)이 두 번이나
나타나는 웃지 못할 실수를 범하기도 했다. 양광선은 이 실수를 계기
로 벨기에 출신의 선교사 베르비스트에게 집중적으로 비난의 화살을
받게 된다.[102] 바로 그 무렵 귀국을 앞두고 있던 박세당은 주로 통관
(通官)들의 전언을 통해서, 역법논쟁이 진행되는 과정을 간접적으로
체험할 수 있었던 것이다. 이제 『서계연록』에 등재된 역법논쟁과
관련된 기록들을 소개하고 분석하도록 한다.

박세당은 연일 이어진 홍려시(鴻臚寺) 주최의 연의(演儀)에서, 그
곳 통역관들이 전해준 "탕약망의 문도들이 양광선이 범한 역법[先曆
法] 상의 오류[誤]를 송사했다."라는 전언 내용을 연록에 기재해 두었
다. 이 전언은 다시 수세 국면으로 반전된 구법파인 양광선 일파의
처지를 암시해 준다. 또한 통관은 "어제 있었던 조정 변론[庭辨]에서도
역관[양광선]의 말이 궁색하여, 장차 양광선은 죄를 입을 것 같다."라
고 하여,[103] 곧 반전될 국면을 예견해 보이기도 했다. 이어서 통관은
"내년(1670)부터 다시 탕약망의 신력이 채택될 듯도 한데, 탕약망은
옥사한 지 벌써 6~7년이 지났지만 그가 피척(被斥)을 당한 억울함[枉]
이 많이 거론되고 있다고들 합니다."라는 차후 전망과 함께, 그간
조정의 사정 등을 전해왔다.[104]

실제 강희 7년(1668) 12월에 강희제는 역법에 관한 시시비비를
정확히 따져본 결과, 각종 오류들이 발견되면서 마침내 구역법을

102) 화원위엔 저, 이은주 역, 『革新』, 한스미디어, 2008, 94면.
103) 朴世堂, 『西溪燕錄』, 〈癸巳〉, 373면, "至鴻臚寺演儀如昨. 通官言湯若望門
徒 訴言陽光先曆法之誤 昨與庭辨官語屈 將罪光先."
104) 朴世堂, 『西溪燕錄』, 〈癸巳〉, 373면, "自明年更曆從若明法. 若明死已六七
年 其被斥多稱枉云."

308

폐지하는 결단을 내린다. 결국 강희제는 양광선을 파직시키고 시헌력의 재사용을 천명함과 동시에 베르비스트를 중용하는 조치를 취하였다. 역법논쟁의 전말을 통해서 강희제는 최고 통치자로서 과학기술을 제대로 이해하는 일이란, 곧 치국을 위한 요건임을 인식하는 계기를 맞이하게 되었다.[105] 이에 강희제는 서양 문물에 각별한 관심을 기울이게 된다. 또한 역법에 대한 이해를 제고하기 위해서 강희제는 직접 수학[算]을 배우기도 했던바, 그는 무려 61년을 재위했던 중원의 명철한 제왕이었다. 박세당은 연록을 통하여 역법논쟁의 전후 맥락을 비교적 소상하게 기록해 두었다. 그런데 박세당은 자신이 역법논쟁을 접했던 사안과 관련하여 그 어떠한 단상도 연록에는 남겨 두질 않았다. 이러한 사정은 여타의 저술에서도 공히 적용되는 사실이다. 이 점 심히 아쉬운 대목이면서 또한 불가지한 측면이기도 하다.

그런데 역법논쟁은 갈 길이 먼 조선 사절단의 발목을 여러 차례 붙들어 두기도 했다. 물론 "오래도록 하마연(下馬宴)이 거행되지 않아서, 회기(回期)가 확정되지 못한" 이유를 통관배들에게 누차 질의한 결과, "황제[帝]가 원일의 정조[元朝] 이후부터 매일 연회에 노닐며 희극[戱]을 관람하는 중이었고, 예부의 관원들도 (제를) 수행해서 참석하는 바람에, (미처 하마연) 자리를 마련하지 못했다."라는 변명 섞인 답변을 듣기도 했다.[106] 그러나 또 다른 통관은, "회자(回子)[남회인]와 양광선 (일파 간)의 역법논쟁[爭曆法]으로, 수일에 걸쳐서 백관회의(百官會議)가 열렸으나 결판이 나질 않았고, (때문에 미처 하마

---

105) 화원위엔 저, 이은주 역, 앞의 책, 2008, 94면.
106) 朴世堂, 『西溪燕錄』, 〈己酉〉, 382면, "久未行下馬宴, 未定回期, 屢問通官輩 忕云 帝自元朝後 每日游宴觀戱 禮部官往參 故不得開坐."

연) 자리를 마련할 수 없었다."라는 전언을 통하여, 그 동안의 상황 전개에 따른 구체적인 정보를 알려왔다. 역관에 따라서 전언된 내용에는 다소 차이가 있었던 것이다. 박세당은 이날 처음으로 정월 17일(辛亥)에 하마연 일정[行宴]이 잡혔다는 소식을 접하게 된다.[107]

그러나 이처럼 사전에 예고된 공식 일정이었음에도 불구하고, 결국 이 약속도 이행되지 못했다. 다음날 회동관을 찾아온 통관은, 다시 "내일 또 (백관)회의(會議)가 개최될 예정이어서, 하마연을 거행하기가 어렵게 되었다."라며[108] 예정된 일정의 취소를 통보해 왔기 때문이다. 이미 확정 통보를 받았던 하마연 일정이 역법논쟁 때문에 취소되는 사태가 발생한 것이다. 이 기록으로 미뤄서 볼 때에, 조선 사절단들의 귀국에 관한 회기가 지연된 이면에는 연회나 희극 관람과 같은 황제의 공사적인 일정 때문이라기보다는, 역법논쟁으로 촉발된 지속적인 백관회의를 강희제가 직접 주재한 사정이 더 크게 작용했을 것임을 유추할 수 있다.

조선 사절단은 수일 동안 차가운 대륙의 한파를 감내한 끝에, 결국 그 다음날이 되어서야 재차 조정된 일정을 통보 받았다.[109] 흡사 정월 초하룻날의 조참의(朝參儀)처럼 진행된 상단품(賞段品) 수령 의식인 영사(領賜) 일정도, 이번에는 하마연 다음날로 동시에 확정되었다. 박세당 일행은 1월 20일(乙卯)에 하마연 의례를 마저 치른 뒤,[110] 드디어 동월 22일(戊午)에 회동관을 벗어나서 역법논쟁의 시

---

107) 朴世堂, 『西溪燕錄』, 〈己酉〉, 382면, "或云回子與楊光先爭曆法 百官會議 屢日未決 不得開坐 所言不一. 今日始言當以十七日行宴."

108) 朴世堂, 『西溪燕錄』, 〈庚戌〉, 382면, "通官來言 明日又有會議 不得開坐."

109) 朴世堂, 『西溪燕錄』, 〈辛亥〉, 383면, "數日來寒甚. 聞明日當行宴, 再明領賜." 영사(領賜) 건에 대해서는 383면의 〈癸丑〉條 참조.

말을 뒤로 밀쳐둔 채 귀국의 장도에 올랐다.[111]

아무튼 박세당은 청 초에 개진된 역법논쟁의 전말에 관해 매우 소상히 학습할 기회를 가졌고, 또한 이례적으로 그 정황을 연록에 비교적 상세하게 기록해 두었다. 기실 이 시기의 천문과 역법이란 앞선 서양의 과학기술을 상징하는 첨단문물에 상응하는 의미를 지닌다. 그런데 박세당은 천문과 역법으로 대변되는 서양의 첨단문물을 자신의 사상체계 속으로 포섭하려는 그 어떠한 흔적도 남겨놓지 않았다. 다만 시서(詩書) 이경(二經)을 대상으로 한 저서인『사변록(思辨錄)』을 통해서, 박세당이 견지했던 역상관(曆象觀)의 일단을 간접적인 차원에서 확인할 수 있는 정도에 불과하다.[112]

한편, 후대의 규재(圭齋) 남병철(南秉哲, 1817~1863)은 시헌력의 계산법을 해설한 저서인『추보속해(推步續解)』의 발문〈서추보속해후(書推步續解後)〉를 통해서, 청 초에 전개된 역법논쟁의 전모를 매우 상세하게 분석해 두었다. 남병철이 정리해 둔 역법논쟁의 전말을 옮겨 보기로 한다.

"처음 이마두(利馬竇)·탕약망(湯若望) 무리가 역산(曆算)의 법(法)을 가지고 중국에 왔을 때, 서광계(徐光啓)·이지조(李之藻) 등과 같은 제공(諸公)들은 건물[역국(曆局)]을 세울 것을 요청하고, 이를 번역하여『숭정역지(崇禎曆指)』를 만들었으니, 이는 좋다고 한 것이다.

---

110) 朴世堂,『西溪燕錄』,〈乙卯〉, 384면, "禮部侍郎至館 設上馬宴. 臣等出中門外, 揖入就西庭 北向叩拜……."

111) 朴世堂,『西溪燕錄』,〈戊午〉, 384면, "發會同館. 路逢婦人 車導徒甚盛……."

112) 이 사안에 관한 논의는 김종수,「西溪 朴世堂의 律曆考證 一考」,『嶺南學』16, 경북대학교 영남문화연구원, 2009, 495~500면 참조.

번역이 끝났지만 의견이 갈려서 끝내 이를 사용하지 않았으니, 이는 좋지 않다고 한 것이다. 그 뒤 청나라 사람들이 이 책을 사용하게 되니, 이는 다시 좋다고 한 것이다. 사용한 지 10년이 지나 양광선(楊光先)을 비롯한 여러 사람들의 말 때문에 다시 폐기하니, 이는 다시 좋지 않다고 한 것이다. 5, 6년 뒤에 양광선이 다시 물러나자 다시 그 법을 사용하니, 이는 다시 좋다고 한 것이다. 법은 본시 하나지만, 좋다고 하고 좋지 않다고 한 것은 일정하지 않았다."113)

나아가 남병철은 역법논쟁의 시말에 대해서, "저들은 원래 교활狡黠하니, (당시) 중국에는 정견(定見)이 없었음을 엿볼 수 있다."라는 논평으로 마무리하였다.114) 여하간 남병철이 정리해 둔 역법논쟁의 전개 과정은 『서계연록』에 등재된 기록과 거의 일치하는 것을 알 수 있다. 다만 『서계연록』은 통관들의 전언을 토대로 해당 내용을 매우 간결한 문장 속에 간접적 화법으로 기술한 특징이 있다. 반면에 남병철은 논쟁이 진행되는 과정을 일정한 시기별로 나눠서, 그 추이를 보다 생동감 있게 구체화시켜 묘사한 차이가 발견된다.

전술한 바대로 박세당은 연록이나 혹은 여타의 저술 형식을 통해서, 역법논쟁을 접한 자신의 단상을 남겨 놓지 않았다. 그러나 역상관의 문제와 관련한 박세당의 견해가 전혀 없지만은 않다. 우리는 『상서

---

113) 南秉哲, 『圭齋遺稿』 권5, 「書後」, 〈書推步續解後〉, 634면, "初利馬竇·湯若望輩, 以其曆算之法來中國, 其時徐李諸公, 請設局 而譯之爲崇禎曆指, 是善之也. 譯已, 因諸議之携貳, 竟不用焉, 是不善之也. 其後淸人遂用其書, 是又善之也. 用之旣十年, 又因楊光善諸人之言, 復廢之, 是又不善之也. 其後五六年, 光善敗, 還用其法, 是又不善之也. 法固一也, 而其善不善之無常." 이 부분의 국역은 김문식, 「남병철이 파악한 서양의 과학기술」, 『문헌과해석』, 문헌과해석사, 2001, 222~223면을 부분 보완한 결과다.

114) 南秉哲, 『圭齋遺稿』 권5, 「書後」, 〈書推步續解後〉, 634면, "彼本狡黠, 已窺中國之無定見."

사변록』과『시경사변록』의 해당 자료들의 분석을 통해서, 역법과 천문이 포함된 박세당의 과학인식의 일단을 간접적인 차원에서 부분적으로 확인할 수 있다.

3) 소결

이상에서 취급한 박세당의 민물 견문과 역법논쟁의 체험은『서계연록』에서 차상위 서술단위에 해당한다. 그러나 이들 두 소재는 각기 경세론적 전망과 당시의 첨단문물을 대변해 주는 사안이라는 점에서, 매우 중요한 의미를 담지한 기록물의 성격을 띤다. 뿐만 아니라 두 소재는 귀국 이후에 펼쳐질 박세당의 향후 사상적 행보와 관련해서 모종의 시사점을 간직하고 있는 사안이라는 점에서도 주목되는 단위다.

일단 이번 2절의 논의를 통해서 확인 가능한 사실은 박세당이 가칭 청조 충격이라고 명명할 만한 문명 쇼크를 받았다는 점일 것이다. 서양과 서양인에 관해 일정한 정보를 습득하고 있었던 박세당은 역법논쟁으로 대변되는 서양의 앞선 과학기술을 통해서가 아닌, 즉 주로 민물로 대변되는 청의 발전된 경제적 실상을 통해서 큰 충격을 받았음이 확인된다. 그 내용 속에는 왕환 노정에서 자주 목격했던 배나 수레, 무성한 시전과 거리 풍경, 웅장한 가옥 등이 포함되어 있으며, 이러한 소재들은 박세당이 받은 문명 충격의 주요 원천을 제공하였다. 더불어 원일 정조 시에 목도했던 화려한 기물이며 복제, 그리고 무척 "화려하고 아름다운 안장을 지운 말"들 또한 이 계열에 등록되기에 족한 사례들이었다.

그러나 박세당이 문명 충격의 원천을 제공해준 소재들을 관찰한 방식은 다소 평면적인 응시법이었다. 다시 말하여 박세당은 이들 소재들의 내부와 구조를 투시한 것으로는 보이지 않는다. 이를테면 박세당은 부인을 실은 여러 대의 수레를 수차례씩 관찰했지만, 수레의 기능과 구조, 도로적 여건 등에 관한 언표는 찾아보기 어렵다. 보다 진화된 수레는 청의 문명을 상징해 주는 하나의 의미체계였던 것이다. 이러한 정황은 선박의 크기와 수효, 화려한 부속 장치에 주목했던 경우에서도 마찬가지였다.

이러한 현상은 직접 역법논쟁을 접했던 박세당의 수용 태도에서도 동일하게 발견된다. 차후 박세당은 『상서사변록』의 장(場)을 통해서 이른바 율력(律曆) 고증을 개진하게 되지만, 그가 참고한 전적의 목록 중에는 신종 역서(曆書) 류는 누락된 상태였다. 또한 사행 시에 북경에서 간접적으로 견문한 역법논쟁과 관련한 그 어떤 정보도 율력 고증에 반영되지 않았다. 다시 말하여 박세당은 청에서 받았던 일련의 문명 충격을 경세론의 세부적 각론으로 확장하는 차원에서의 문명 번안 작업을 시도하지 않았던 것이다. 대신에 박세당은 귀국 후 본격적으로 석천 경영에 착수하는 가운데, 밭 갈고 김 매면서 수년에 걸친 경서 궁리에 몰입하게 된다.

박세당은 사행을 통해서 받은 문명 충격에 대해서, 해석학의 이른바 '시간적 거리 두기(temporal distance)' 전략을 선택한 듯하다.[115] 물론 이 전략은 가칭 청조 충격을 괄호 안에 넣고서 판단 중지를 시키는 방식과는 전혀 맥락이 다른 차원에 해당한다. 그것은 청조로부터 받았던 문명 충격을 일시 적법하지 못한 선입견으로 분류하는, 곧 그 나름의 비판적 이성이 작용한 결과인 것으로 분석된다. 그러나

115) 수잔 히크먼(Susan J. Hekman) 지음, 윤병희 옮김, 앞의 책, 1993, 130~134면.

결과적 측면에서 볼 때에, 연행 시에 박세당이 체험했던 여러 문명 충격은 닫힌 괄호 속에서 영원히 판단 중지를 취하는 격이 되고 말았다.

대신에 수락산 석천동에서 박세당이 최종적으로 선택한 방식은, 결국 탈주자학적 경학론으로 대변되는 일련의 텍스트 다시 쓰기로 귀착되었다. 청조 충격이 주로 동아시아적 물적 토대인 하부구조의 변화와 관련된 쇼크였다면, 동시에 그에 조응하는 상부구조의 일대 재정비가 필요한 시점이었다. 박세당은 바로 이 부분을 예의 주목했던 것으로 보인다.

제7장 결론 :

『서계연록』과 박세당식 사실주의(事實主義)

이상의 논의를 통해서 박세당의 무신년 사행의 결실인 『서계연록』
과 『사연록』에 대한 탐색과 분석을 일단락지었다. 논의의 출발점은
『서계연록』에 기재된 주요 서술단위들이었으나, 이들 소재에 내장된
일련의 의미망(意味網)과 주제들에 대한 통시적 차원에서의 동태적
이해를 도모한 끝에, 부분적으로 논의가 확장되는 국면을 맞이하기도
했다. 또한 저자인 박세당의 내면에 은장된 다양한 서브텍스트가
표출된 양상 또한 주요한 특징을 형성하였음이 확인되었다. 이 점
박세당이 일관되게 견지한 현실주의적 대외노선이 확정되는 경위와
관련된 모종의 시사점을 제공해 주었다.

이제 현 단계에서 박세당의 『서계연록』과 사상체계를 일관되게
관통하는 하나의 키워드인 사실주의적(事實主義的) 양상(樣相)을 반
추해 봄으로써 마지막 지면인 결론을 대신하고자 한다. 그런데 여기
서 지칭한 사실주의(事實主義)란 사실주의(寫實主義)로 번안되는 리
얼리즘(realism)과는 다소 구분되는 개념에 해당한다. 물론 리얼리즘
과 박세당식 사실주의 간에는 내용상 일정한 연속성도 존재한다.

즉, 박세당식 사실주의는 동 시대의 삶과 사회의 모든 측면을 사실 그대로 정확하게 묘사하려 했다는 점에서, 분명 19세기를 전후로 한 서구의 리얼리즘과도 일맥상통하는 바가 있다. 그러나 박세당의 사실주의는 미학적 계획 안에 안주하지는 않았다는 점에서, 서구의 그것과는 결 자체가 다르다. 다시 말하여 박세당의 사실주의는 프락시스와 프랙티스, 곧 경학론과 경세론을 아우르는 지평 위에 구축되고 있었다. 이제 이미 거론된 본문의 내용 등을 간략히 환기하는 방식을 통해서, 박세당의 저술에서 목격되는 사실주의의 실체에 근접하는 절차를 갖도록 하겠다.

우선, 이 사안과 관련해서 특정한 개념 혹은 사조가 출현되는 이면에는, 보편사의 자기 전개 과정이라는 일 국면과 상응하는 맥락이 존재한다는 통설을 음미해 본다. 물론 17~18세기를 전후로 한 동서양의 제반 역사적 조건과 발전 과정, 그리고 그 방향성에는 엄연한 차이가 존재한다. 그럼에도 불구하고 중세의 신학적(神學的) 전통에서 차츰 이탈하면서 자연과학의 시대를 열어나간 서양의 역사적 흐름과, 12세기 남송(南宋) 이후 굳건한 국가·사회적 지배력을 강화해 간 이학(理學)을 초극하려는 동양의 지적 흐름 사이에는 유사한 의미의 리듬이 존재한다는 사실을 간과할 수 없다. 기실 조선 사회라는 공간 위에 구축된 박세당의 비판적·탈주자학적 경학론은 후자의 리듬을 상징하는 선도적 신호였다. 즉, 박세당은 다산(茶山)의 경학론에 무려 100여 년을 앞선 시점에서 이학의 너머인 주자학 이후에 전개될 신문명을 기획했던 것이다.

이처럼 보편사의 자기 전개 과정을 환기시켜 보는 방식은 박세당식 사실주의 또한 일정한 역사적 조건이나 토대 위에서 구축되었을 것임을 시사해 준다. 또한 특정한 사조는 일정한 맥락 안에서, 또한 일정한 전제 아래에서 그 성격이 제약된다는 것은 지극히 상식적인 이치다. 따라서 박세당이 형성해 나갔던 사실주의적 사조 역시 개인의 특수한 성향과 시공적(時空的) 여건, 교육받은 전통 등과 결코 무관할 수 없을 것이다. 이제 박세당이 구축한 사실주의를 구성하는 주요 외연들을 적기(摘記)해 보기로 하겠다.

이에 논의의 단순화를 위하여 결론을 앞당겨서 소개하자면, 박세당이 구축했던 사실주의는 현실인식론과 경학론, 그리고 실효(實效)를 추구한 경세론이라는 세 가지 경계 지대를 아우르는 구조를 취하였음이 확인된다. 여기에다 이 책의 범위 밖에 있는 실심(實心)의 파지를 지향한 주충신(主忠信)의 인간학까지 추가할 경우, 이들 네 가지 국면은 상호 조응하는 관계망을 유지하는 고유한 특징을 보여준다.

첫째, 박세당이 구축한 사실주의의 일각(一角)은 현실주의적 대외노선으로 표출되면서, 사행을 계기로 하여 객관적 '사실들'에 대한 통찰을 더욱 심화시켜 나간 특징을 지닌다. 박세당이 견지했던 현실주의적 대외노선은 그가 사행 이전 시점에 겪었던 소위 '김만균 청사 영접 건'을 통해서, 이미 윤곽의 일부가 가시적으로 드러나고 있었다. 또한 그 이면에는 성혼에서 최명길로 이어져 온 화의론적(和議論的) 상황 인식이라는 전통도 은연중에 관여하고 있었다. 이에 추가하여 사행 기간 동안 서장관 박세당은 일련의 대청 탐규를 병행하였고, 또한 귀국 이후 수행한 보고서의 내용은 청조의 정세에 대한 그의 진단이 매우 투철하였음을 확인시켜 준다. 다시 말해서 『서계연록』은 밖으로 드러난 겉모습에 대한 관찰뿐만 아니라, 그 이면의 진실까지 통찰하고자 노력한 흔적들을 전시해 주고 있다. 물론 작가인 박세당이 간직한 서브텍스트가 더러 왜곡되게 표출된 양상 또한 간과할 수 없는 부분이나, 이 또한 진(眞)에 이르는 과정적 측면으로 이해될 수 있다.

둘째, 박세당이 개척한 비판적 경학론 또한 철저히 사실주의적 기조 위에서 구축되고 있었다. 이러한 사실은 자연[水]의 사실성과 상식적 이치로부터 객관성의 칼날이라는 원천을 제공받은 「우공」 편의 도수 고증은 물론이고, 시종 역사적 사실(史實)들을 계고(稽考) 의 원칙에 입각하여 고증했던 율력 고증의 장을 통해서도 거듭 확인 된 바다. 더불어 연행 노정에서 확립된 "명실칭지"라는 실증 원칙 또한 동일한 지평 상에 정위되기에 족한 사례다. 나아가 박세당은 주자학적 체계 중의 일본만수(一本萬殊)의 이(理)를 겨냥해서, "마치 그것이 대군(大軍)의 유병(遊騎)이 너무 멀리 나가서, 돌아오지 못하 는 것과 같다."라는 비유법으로 비판했던바,[1] 이 논리 또한 인간과 자연계에 대한 사실주의적 통찰에서 출발하고 있다. 좀더 부연하자 면, 박세당이 판단하기에 도덕은 동식물[物]이 아닌 실존적 인간에게 절실한 과제였다. 이러한 견지에서 보자면, 박세당이 연행 노정에서 적용한 명실상부한 실증 원칙은, 차후 주자학적 체계의 고원(高遠)한 형이상학을 극복해 나가는 과정에서 중요한 인식론적 범주로 작용하 는 개념적 비약을 수행했으리라는 주장의 신빙성을 더해 준다.

셋째, 박세당은 "허문(虛文)을 물리치고 실효(實效)를 숭상하는" 차원의 개혁적 경세론을 구상하였다.[2] 물론 여기서 운위된 허문은

---

1) 朴世堂, 『大學思辨錄』, 「傳6章」의 註, "及致知之要 當知至善之所在, 如父 止於慈 子止於孝之類. 其不務此 而徒欲泛觀萬理, 吾恐其如大軍遊騎出 太過 而無所歸."

2) 朴世堂, 『西溪集』 권5, 「疏箚」, 〈應求言疏〉, 88면, "如使虛文足以回天 眷得

다소 복합적인 정치적 의미를 함축한 개념이다. 그러나 분명한 사실은 "신(臣)이 깊이 통탄하는 것은 조정이 무실(無實)한 일[擧]을 좋아하여, 위로는 하늘을 속이고, 아래로는 백성을 기만한다."라는 비판적 수사에서 확인되듯,[3] 박세당은 무실(務實)을 강력히 지향하는 차원의 경세론을 입안하였다. 이처럼 무실을 지향한 경세론은 일면 실심(實心)의 지속적인 파지를 통한 전인적 인간의 완성을 추구했던 "주충신(主忠信)"의 인간학,[4] 곧 박세당이 지향한 위기지학적(爲己之學的) 구도와도 맞닿아 있다. 다시 말하여 박세당의 사상체계 내에서 실학(實學)과 도학(道學)은 차연(差延)의 방식으로 배열되어 있었던바, 곧 일방의 것이 타방의 것에 각기 상감·접목된 구조를 취했다. 최소한 존재론적 차원에서는 이들 두 체계가 구조 내적 긴장 혹은 불협화음을 야기할 가능성은 낮았다.

그러나 실학과 도학이 현실적으로 표출되는 국면에서 동시적인 충족을 모색하는 일이란 지난한 과제였다. 실제 이 난제는 제3의 문명적 대안 이념을 모색하려는 현대의 지적 흐름과도 그 궤를 같이하는 과제에 해당한다. 그런데 귀국 이후에 박세당은 연행을 통해서 견문했던 민물류를 경세론적 차원으로 포섭하는 작업을 진행시키지는 않았다. 뿐만 아니라 당시 첨단문물을 상징하는 청초의 역법논쟁에 관해서도, 새로운 정보성(informativity)의 원천으로 유인하는 작업

民和 則殿下已嘗行之數矣……則宜有以改絃易轍 黜虛文崇實效 仰以必合乎天心 仰以必合乎民情."

3) 朴世堂, 『西溪集』 권5, 「疏箚」, 〈應求言疏〉, 88면, "臣竊痛朝廷好爲無實之擧, 上以欺天 下以欺民, 天怨民怨."

4) 朴世堂, 『西溪集』 권21, 〈諡狀〉, 433면, "時携門下諸生 嘯詠溪上 自有無限好氣象. 平生言行 一本於忠信 而敎導後學 必以此爲主. 嘗曰忠信人之所得以爲人者也 可不念哉."

320

을 중지하고 있었다. 이러한 사정은 그가 개진한 보다 심화된 율력 고증의 장을 통해서도, 그 분명한 진상이 확인된다. 이 같은 지적들은 박세당이 지향했던 적실한 현실인식론에도 반하는 모습이기도 하다. 물론 그 원인을 오롯이 박세당의 도학적 성향으로 환원시키는 방식은 다소 성급한 태도일 것이다.

따라서 박세당이 구축한 사실주의의 주요한 네 외연인 현실주의적 대외노선과 비판적 경학론, 무실지향의 경세론과 주충신을 추구한 인간학 사이에는 일정한 분열 양상이 감지되고 있다. 이처럼 파열음 을 연출한 이유는 경세론적 전망에서 그 원인을 찾을 수 있을 듯하다. 이 진단과 관련해서 『서계연록』과 『사연록』을 비롯한 여타의 저술들 은 몇 가지 중요한 단초를 제공한다. 그것은 첫째, 박세당은 귀국 이후 청에서의 다양한 민물 체험과 학습된 첨단문물을 문명 번안하는 작업을 유보시켰다는 사실, 둘째, 또한 미필적 결과라는 측면에서 그 조짐은 연행을 전후해서 맞이한 작가의 심경 변화를 통해서 어느 정도 감지되고 있었다는 점, 셋째, 화이혼속(華夷混俗)을 질타했던 박세당의 도덕적 문화의식과 사행에서 접했던 청조의 실용적 조치들 간에는 일정한 간극이 유지되고 있었다는 정황 등이다.

실제 박세당은 사행을 통해서 체험했던 일련의 문명 충격, 곧 가칭 청조 충격을 빈 괄호 속에 넣고서 판단 중지를 시켰다. 이러한 태도는 후대의 북학파(北學派) 일원이 보여준 선도적 문명 번안 자세와는 명백히 대비되는 양상이다. 물론 그 이면에는 시간성(時間性) 문제도 깊이 관여하고 있음에 분명하다. 대신에 박세당은 소유의 영역보다는 존재 지향의 인간학에 몰입하는 길을 선택했던 것 같다.

결과적으로 『서계연록』은 박세당이 구축한 사실주의의 외연 속에

는, 시간의 분절(分節)이 겹으로 교차하는 무늬로 아로새겨질 것임을
암시해 주고 있다. 때문에 박세당이 구축해 나간 사실주의는 그 뚜렷
한 윤곽에도 불구하고, 가시적이고도 입체적인 건립은 어렵게 느껴진
다.

참고문헌

1. 원전 자료 및 국역서

1) 원전 자료

『論語集註』·『書集傳』·『莊子』·『南華眞經口義』·『道德經』·『地藏本願經』
『同文彙考』·『瀋陽狀啓』·『燕行記』·『燕行記事』·『燕轅直指』
『燕行日記』·『癸丑日記』·『心田稿』·『庚子燕行雜識』·『癸丑日記』
『老稼齋燕行日記』·『新增東國輿地勝覽』·『唐書』·『同文彙考補編』·『夢溪
　筆談』·『畿輔通志』·『東坡全集』

顧炎武,『亭林文集』, 北京: 中華書局, 1983.
金尙憲,『淸陰集』(한국문집총간 77), 민족문화추진위원회, 1995.
金時習,『梅月堂集』(한국문집총간 13), 민족문화추진위원회, 1995.
朴世堂,『西溪全書』(上·下), 太學社, 1979.
朴世堂,『西溪燕錄』(임기중 編刊,『연행록전집』 권23, 동국대학교출판부,
　2001).
潘南朴氏 西溪宗宅,『西溪雜錄』(마이크로필름 no. 10179-1).
宋時烈,『宋子大全』(한국문집총간 115), 민족문화추진위원회, 1995.
南九萬,『藥泉集』(한국문집총간 132), 민족문화추진위원회, 1996.
南克寬,『夢囈集』(한국문집총간 209), 민족문화추진위원회, 1998.
南秉哲,『圭齋遺稿』(한국문집총간 316), 민족문화추진위원회, 2003

朴世堂,『西溪集』(한국문집총간 134), 민족문화추진위원회, 1996.

朴趾源,『燕巖集』(한국문집총간 252), 민족문화추진위원회, 2000.

尹拯,『明齋遺稿』(한국문집총간 135・136), 민족문화추진위원회, 1994.

李德壽,『西堂私載』(한국문집총간 186), 민족문화추진위원회, 1997.

李縡,『陶菴集』(한국문집총간 194), 민족문화추진위원회, 1997.

丁若鏞,『與猶堂全書』2집(影印本), 아름출판사, 1995.

鄭太和,『陽坡遺稿』(한국문집총간 102), 민족문화추진위원회, 1996.

崔錫鼎,『明谷集』(한국문집총간 153・154), 민족문화추진위원회, 1995.

崔鳴吉,『遲川集』(한국문집총간 132), 민족문화추진위원회, 1992.

黎靖德 編,『朱子語類』, 北京: 中華書局, 1991.

朱熹,『朱熹集』, 四川: 四川敎育出版社, 1997.

退翁 性徹,『六祖壇經(敦煌本)』(성철스님 법어집 2집 1권), 장경각, 불기 2541.

韓國精神文化硏究院 編,『西溪 朴世堂의 筆帖』(韓國精神文化硏究院 書畵名
　　品特選②), 이회문화사, 2003.

2) 연대기

『仁祖實錄』9년 윤11월 24일(癸亥).

『仁祖實錄』15년 1월 28일(戊辰).

『仁祖實錄』18년 11월 3일(庚辰).

『顯宗實錄』4년 11월 6일(庚午).

『顯宗實錄』5년 윤6월 12일(壬申).

『顯宗實錄』10년 3월 4일(丁酉).

『顯宗實錄』29년 4월 28일(癸卯).

『顯宗實錄』10년 6월 20일(癸亥).

『顯宗實錄』10년 6월 20일(癸亥).

『肅宗實錄』23년 9월 6일(癸未).

『肅宗實錄』30년 7월 20일(戊午).

『日省錄』정조 1년 7월 16일(己卯).

『日省錄』정조 3년 1월 10일(乙未).

『太宗文皇帝實錄』卷37, 崇德 3년 7월 壬辰.

3) 국역서

강여진 역,『국역 서계집(1)』, 민족문화추진회, 2009.

경상대학교 남명연구소 역,『남명집』, 한길사, 2001.

공근식・최병준 역,『국역 서계집(2)』, 민족문화추진위원회, 2006.

김광순 역,『산성일기』, 서해문집, 2007.

김낙철 외 역,『국역 서계집(3)』, 민족문화추진위원회, 2007.

김종수,『국역 서계연록』, 혜안, 2010.

민족문화추진위원회 편,『국역 연행록선집』(1~9), 1976.

민족문화추진위원회 편,『열하일기』, 솔, 2007.

윤사순,『국역 사변록』(중판), 민족문화추진위원회, 1986.

윤재영 역,『병자록』, 정음사, 1974.

이도형 외 역,『國譯 栗谷全書(Ⅲ)』, 민족문화추진위원회, 1981.

최병준 외 역,『국역 서계집(4)』, 민족문화추진위원회, 2008.

2. 단행본 저서와 번역서

강돈구,『슐라이어마허의 해석학』, 이학사, 2000.

강만길 편,『조선후기사 연구의 현황과 과제』, 창작과 비평사, 2000.

고영근,『텍스트 이론: 언어통합론의 이론과 실제』, 아르케, 1999.

近代史研究會 編,『韓國中世社會 解體期의 諸問題』上・下, 한울, 1987.

金斗鉉 외, 서울대학교 동양사학연구실 편,『講座 中國史 Ⅳ』, 지식산업사, 2006.

김문식,『조선후기 지식인의 대외인식』, 새문사, 2009.

김현미,『18세기 연행록의 전개와 특성』, 혜안, 2007.

김형효,『데리다와 老莊의 독법』, 한국정신문화연구원, 1994.

劉明鍾,『淸代哲學史』, 대구: 以文出版社, 1995.

심경호 외,『서계 박세당 선생과 石泉洞 경영』, 경기문화재단, 2008.

유봉학,『연암일파 북학사상 연구』, 一志社, 2000.

이혜순,『비교문학의 새로운 조명』, 태학사, 2002.

林桂淳,『淸史-만주족이 통치한 중국』, 신서원, 2007.

임기중,『연행록 연구』(증보판), 일지사, 2006.

임지현,『근대의 변경 역사의 변경』, 휴머니스트, 2004.

조규익 외 엮음, 『연행록연구총서8 (사상·의식)』, 學古房, 2006.

조동일, 『한국문학통사 3』(제3판), 지식산업사, 1994.

정옥자, 『조선후기 조선중화사상연구』, 一志社.

주돈식, 『조선인 60만 노예가 되다』, 학고재, 2007.

呂墔根, 『現代論理學』, 民英社, 1995.

鄭一均, 『茶山 四書經學 硏究』, 一志社, 2000.

최소자 외, 『18세기 연행록과 중국사회』, 혜안, 2007.

F. Allan Hanson, *Meaning in culture*, London and Boston: Routlge & Kegan Paul, 1975.

Susan Bassnett, *Comparative Literature*, Oxford & other places, 1993.

Paul W. Taylor, *Principle of Ethics: An Introduction*, Belmont: Dickenson Publishing Company, 1975.

稻葉君山, 但燾 譯訂, 『淸朝全史』, 上海社會科學院出版社, 民國 3년.

傅樂成, 辛勝夏 역, 『中國通史(下)』, 지영사, 1999.

梁啓超, 이기동·최일범 역, 『淸代學術槪論』, 驪江出版社, 1987.

周大璞, 정명수·장동우 역, 『훈고학의 이해』, 동과서, 1997.

가노 나오키, 吳二煥 역, 『中國哲學史』, 乙酉文化社, 1991.

溝口雄三 외, 김석근 외 역, 『中國思想文化事典』, 민족문화문고, 2003.

리정, 이은희 역, 『제왕과 재상』, 미래의 창, 2008.

리차드 팔머, 이한우 역, 『해석학이란 무엇인가』, 문예출판사, 2001.

린다 노클린, 권원순 역, 『리얼리즘』, 미진사, 1997.

벤저민 엘먼, 양휘웅 역, 『성리학에서 고증학으로』, 예문서원, 2008.

수잔 히크만, 윤병희 역, 『해석학과 지식 사회학』, 교육과학사, 1993.

오토 페겔러, 이기숙·이말숙 역, 『하이데거 사유의 길』, 문예출판사, 1995.

존 헨더슨, 문중양 역주, 『중국의 우주론과 청대의 과학혁명』, 대전: 소명출판, 2004.

K. S. 케네쓰 첸, 박해당 역, 『중국불교(하)』, 민족사, 2006.

폴 리쾨르, 김윤성·조현범 역, 『해석이론』, 서광사, 1994.

화원위엔, 이은주 역, 『革新』, 한스미디어, 2008.

3. 논문

金暻綠, 「朝鮮時代 朝貢體制와 對中國 使行」, 『明淸史硏究』 13, 明淸史學會, 2008.

金斗鉉, 「淸朝政權의 成立과 發展」, 서울대학교 동양사학연구실 편, 『講座 中國史Ⅳ』, 지식산업사, 2006.

김상조, 「박지원과 메카트니의 중국 인식 비교」, 조규익 외 엮음, 『연행록연구총서 8 (사상·의식)』, 學古房, 2006.

김선민, 「越境 採蔘과 後金-朝鮮의 관계」, 2008년 인하대학교 한국학연구소 '동아시아한국학' 학술회의, 『조선과 동아시아, 그 만남의 자취』, 인하대학교 한국학연구소, 2008.

김문식, 「조선후기 지식인의 자아인식과 타자인식: 대청교섭을 중심으로」, 『大同文化硏究』 39, 성균관대학교 대동문화연구원, 2000.

김문식, 「남병철이 파악한 서양의 과학기술」, 『문헌과해석』 16, 문헌과해석사, 2001.

김문식, 「조선후기 지식의 러시아 이해」, 『韓國實學硏究』 16, 民昌社, 2008.

金容欽, 「朴世堂을 둘러싼 老·少論의 갈등」, 『朝鮮後期 老·少論 分黨의 思想基盤』, 연세대학교 대학원 사학과 석사학위논문, 1994.

김영진, 「18세기 한양의 책거간꾼(書僧)과 중국 서적의 유통」, 『조선과 동아시아, 그 만남의 자취』, 인하대학교 한국학연구소, 2008.

김종수, 「朴世堂의 진리론과 사상 체계론」, 『韓國實學硏究』 4, 韓國實學學會, 2002.

김종수, 「텍스트이론으로 본 朴世堂의 人物性異論 형성과정」, 『韓國實學硏究』 7, 民昌社, 2004.

김종수, 「西溪 朴世堂의 人物性同異論 一考(1): 性同論 批判」, 『儒敎文化硏究』 9, 성균관대학교 동아시아학술원 유교문화연구소, 2005.

김종수, 「西溪 朴世堂의 燕行錄과 북경 체류 32일」, 『韓國實學硏究』 16, 民昌社, 2008.

김종수, 「西溪 朴世堂의 對淸 禮俗認識」, 『東方學』 16, 한서대학교 동양고전연구소, 2009.

김종수, 「17세기 朝淸 간 移住의 몇 유형-『西溪燕錄·西溪集』을 중심으로-」, 『소통과 인문학』 8, 한성대학교 인문과학연구원, 2009.

김종수, 「西溪 朴世堂의 朝儀記 一考」, 『民族文化』 33, 한국고전번역원, 2009.

김종수, 「『서계연록』과 박세당의 불교인식」, 『국학연구』 14, 한국국학진흥원, 2009.

김종수, 「朴世堂의 『西溪燕錄』에 드러난 考證學 일 경향」, 『인문학연구』 38, 조선대학교 인문학연구원, 2009.

김종수, 「西溪 朴世堂의 對淸 覘國 一考」, 『軍史』 70, 국방부군사편찬연구소, 2009.

김종수, 「西溪 朴世堂의 律曆考證 一考」, 『영남학』 16, 경북대학교 영남문화연구원, 2009.

김종수, 「서계 박세당의 『상서·우공』편 주해 일고」, 『탈경계 인문학』 2권3호, 이화여자대학교 이화인문과학원, 2009.

金鍾圓, 「初期 朝·淸關係에 대한 一考察: 丙子胡亂時의 被擄人 問題를 中心으로」, 『歷史學報』, 歷史學會, 1976.

金駿錫, 『朝鮮後期 國家再造論의 擡頭와 그 展開』, 연세대학교 대학원 사학과 박사학위 논문, 1990.

金駿錫, 「西溪 朴世堂의 爲民意識과 治者觀」, 『東方學志』 100, 연세대학교 국학연구원, 1998.

金鶴洙, 「의정부 長巖의 반남박씨 西溪 朴世堂 가문의 가계와 인물」, 제16회 회룡문화제기념학술대회, 『西溪 朴世堂의 학문과 古文書』, 의정부문화원, 2001.

沈慶昊, 「西溪 朴世堂의 水落山 隱居와 學問 企劃」, 『語文研究』 37권2호, 2009.

安東濬, 『金時習 文學思想 研究－小說의 思想的 基盤을 중심으로－』, 한국학대학원 박사학위논문, 1994.

吳金成, 「明·淸時代의 國家權力과 紳士」, 서울대학교 동양사학연구실 編, 『講座 中國史 Ⅳ－帝國秩序의 完成－』, 지식산업사, 1994.

우경섭, 「滿州로 귀화한 조선인들－『欽定八旗滿州氏族通譜』의 新達理(金汝圭) 가문을 중심으로－」, 『조선과 동아시아, 그 만남의 발자취』, 인하대학교 한국학연구소, 2008.

유미림, 「'울릉도'와 '울릉도 사적' 역주 및 관련기록의 비교연구」, 한국해양수산개발원보고서, 2007.

윤대영, 「18세기 후반 朝鮮과 떠이썬(西山) 王朝 使範團 交流의 일 측면」, 『조선과 동아시아, 그 만남의 자취』, 인하대학교 한국학연구소, 2008.

윤미길, 「朴世堂의 詩論과 詩世界」, 『국어교육』 104, 한국국어교육학회, 2001.

윤사순, 「朴世堂의 實學思想에 관한 研究」, 『韓國儒學論究』, 현암사, 1980.

尹熙勉, 「朴世堂의 生涯와 學問」, 『國史館論叢』 34, 국사편찬위원회, 1992.

李元淳, 「서양문물의 전래와 반응」, 『한국사 31 – 조선 중기의 사회와 문화』, 국사편찬위원회, 1998.

李離和, 「北伐論의 思想史的 檢討」, 『創作과 批評』 38, 창작과비평사, 1975.

이정철, 「조선후기 경제변동의 새로운 성격 규정을 위하여 – 농업사 연구에 대한 개념사적 재검토를 중심으로」, 강만길 엮음, 『조선후기사 연구의 현황과 과제』, 창작과 비평사, 2000.

李昌叔, 「燕行錄 중 中國戲曲 관련 기사의 內容과 價値」, 『중국문학』 33, 한국중국문학회, 2000.

이훈, 「조선 표류민의 일본 체류와 접촉」, 『조선과 동아시아, 그 만남의 발자취』, 인하대학교 한국학연구소, 2008.

이희재, 「17세기 박세당의 유불회통적 불교관」, 『유교사상연구』 25, 韓國儒教學會, 2006.

林熒澤, 「朝鮮使行의 海路 燕行錄: 17세기 東北亞의 歷史轉換과 實學」, 『韓國實學研究』 9, 民昌社, 2005.

鄭萬祚, 「朝鮮 顯宗期의 公義·私義 論爭과 王權」, 『東洋 三國의 王權과 官僚制』, 朝鮮時代史學會, 1998.

정일남, 「『熱河日記·渡江錄』의 康世爵 삽화와 『藥泉集』의 「康世爵傳」의 비교」, 『한문학보』 12, 우리한문학회, 2005.

趙東元, 「金石文의 歷史와 資料的 價値」, 『大東文化研究』 55, 성균관대학교 대동문화연구원, 2006.

曺秉漢, 「淸代의 思想」, 서울대학교 동양사학연구실 編, 『講座 中國史 IV – 帝國秩序의 完成 – 』, 지식산업사, 1994.

주영아, 「『西溪集』 「康世爵傳」을 통해 본 西溪의 현실인식」, 『東方學』 12, 한서대학교 부설 동양고전연구소, 2006.

崔允禎, 『西溪 朴世堂 문학의 연구 – 사상적 특징과 문학과의 관련 양상을 중심으로 – 』, 이화여자대학교 박사학위논문, 2006.

河宇鳳, 「實學派의 對外認識」, 『國史館論叢』 76, 國史編纂委員會, 1997.

한명기, 「‘再造之恩’과 조선후기 정치사: 임진왜란~정조대 시기를 중심으로」, 『大東文化研究』 59, 성균관대학교 대동문화연구원, 1989.

한명기, ‘아픈 역사에서 배운다’: 〈병자호란 다시 읽기〉 no.47(2007/11/28),

no. 50(2007/12/11), 『서울신문』.

한명기, 「丙子胡亂 패전의 정치적 파장」, 『東方學志』, 119집 (연세대학교 동방
학연구소, 2003.

Benjamin A. Elman, "The Unraveling of Neo-Confucianism: From Philosophy
to Philosophy in Late Imperial China," 『淸華學報』 新15卷(12期 合刊),
1983.

Martina Deuchler, "Despoilers of the Way Insulters Sages: Controversies in
Seventeenth-Century Korea," Prepared for the Conference on
Confucianism and Late Chosen Korea, Los Angeles, January 5-8, 1992.

찾아보기

334

342

344